汪 堂 家 文 集

译 作 卷

La Métaphore Vive

活的隐喻

[法] 保罗·利科 著

汪堂家 译

上海三联书店

图书在版编目（CIP）数据

活的隐喻/（法）保罗·利科著；汪堂家译．—上海：上海三联
书店，2022.2
（汪堂家文集）
ISBN 978 - 7 - 5426 - 7292 - 6

Ⅰ.①活… Ⅱ.①保…②汪… Ⅲ.①隐喻－研究
Ⅳ.①I045

中国版本图书馆 CIP 数据核字（2020）第 246231 号

活的隐喻

著　　者 / ［法］保罗·利科
译　　者 / 汪堂家

责任编辑 / 徐建新
装帧设计 / HUANG SHENGJIN
监　　制 / 姚　军
责任校对 / 王凌霄　潜　力　王雅倩　潘　思

出版发行 / 上海三联书店
　　　　　 （200041）中国上海市静安区威海路 755 号 30 楼
邮　　箱 / sdxsanlian@sina.com
联系电话 / 编辑部：021 - 22895517
　　　　　 发行部：021 - 22895559
印　　刷 / 上海展强印刷有限公司

版　　次 / 2022 年 2 月第 1 版
印　　次 / 2022 年 2 月第 1 次印刷
开　　本 / 640mm×960mm　1/16
字　　数 / 376 千字
印　　张 / 28
书　　号 / ISBN 978 - 7 - 5426 - 7292 - 6/B·715
定　　价 / 99.00 元

敬启读者，如发现本书有印装质量问题，请与印刷厂联系 021 - 66366565

《汪堂家文集》编纂组

郝春鹏　　黄　韬　　李之喆
孙　宁　　石永泽　　吴　猛
王卓娅　　叶　子　　张奇峰
曾誉铭

《活的隐喻》编校组

吴　猛　　王卓娅　　孙　宁

《汪堂家文集》编者前言

汪堂家先生是我国当代著名哲学学者,在近现代欧陆哲学、美国实用主义哲学、生命-医学伦理学等领域卓有建树。同时,先生还是一位卓越的学术翻译家,迻译了包括德里达的《论文字学》、利科的《活的隐喻》在内的大量学术作品。此外,先生还是一位优秀的哲学教育家,通过在大学的授课和言传身教影响了众多青年学子的思想和人生道路。

1962 年 5 月 21 日,先生出生于安徽省太湖县。先生早年毕业于安徽大学,后就读于复旦大学并获得哲学博士学位,生前担任复旦大学哲学学院教授、西方哲学史教研室主任,并兼任复旦大学杜威研究中心副主任和《杜威全集》中文版编辑委员会常务副主编。先生因病于 2014 年 4 月 23 日去世,享年 52 岁。

先生一生笔耕不辍,虽天不假年,却在身后为世人留下总计约 400 万字的著述和译作,这些作品记录着一位当代中国学者苦心孤诣的思考历程。为缅怀先生对当代学术与思想所作的贡献,全面呈现先生一生的工作和成就,我们谨编纂《汪堂家文集》,作为对先生的纪念。

从内容上说,《汪堂家文集》(以下简称《文集》)包括两部分,一部分是先生的著述,另一部分是先生的译作。无论是著述部分还是译作部分,都既包括先生生前发表过的作品,也包括先生的遗著中相对完整者。

先生生前发表的著述包括著作和文章。著作中有独著和合著,文章也有一部分已汇成文集出版。先生的独著有《死与思》(完成于 20 世纪 80 年代的遗著)、《自我的觉悟——论笛卡尔与胡塞尔的自我学说》(1995年)和《汪堂家讲德里达》(2008年),合著有《心灵的秩序》(1997年)、《人生哲学》(2005年)、《17世纪形而上学》(2006年);先生的文集有两部:论文集《哲学的追问——哲学概念清淤录之一》(2012年)和散文集《思路心语——生活世界的哲思》(2011年)。我们将尽可能完整地收录先生的这些著述和文章,不过一些作品的呈现方式会有所变化,读者会见到一些在先生生前未曾出现过的书名,原因在于:其一,有不少著述需要从不同地方(合著或期刊)汇集到一起;其二,先生的著述中有不少是未曾发表过的遗稿;其三,先生临终前有过比较明确的系统整理自己著述的想法,并设计好了相应的书名。我们根据先生的遗愿确定了相应作品的书名。具体说来:《文集》将全文发表《死与思》;我们还将《自我的觉悟——论笛卡尔与胡塞尔的自我学说》与先生的多篇"应用现象学"研究论文合为一册,名为《现象学的展开——〈自我的觉悟〉及其他》;同时,《文集》将先生关于伦理学的著述汇作《生命的关怀——汪堂家伦理学文集》;另外,《文集》将先生的学术随笔和其他散文、时评等收入《心造的世界——汪堂家散论集》。除此之外,《文集》将没有收入上述各书的文章以及比较完整的遗稿一起收入《哲学思问录》一书。

先生留下的翻译作品共约180万字。除了他最有影响力的译作《论文字学》(1999年)和《活的隐喻》(2004年)之外,先生还翻译了《乱世奇文——辜鸿铭化外文录》(2002年)、《无赖》(合译,2010年)、《承认的过程》(合译,2011年)、《杜威全集》中期15卷(合译,2012年)等。《文集》将以最大努力呈现先生的这些工作。除此之外,我们将先生的译文遗作汇为《汪堂家遗译集》,其中特别收入先生早年译的福柯《知识考古学》(残篇)。

《文集》的主要编纂工作是汪堂家先生的学生们戮力同心完成的。这部《文集》寄托了我们的期盼:愿先生的生命在他留下的文字中延续。尽管我们在整理先生的文稿过程中尽了最大努力,然囿于识见,相信仍会有不少错讹之处.敬祈诸位师友斧正。

《文集》的出版,若非得到众多师长、同仁和朋友的鼎力襄助,是不可能实现的。在此我们要特别感谢上海三联书店总编辑黄韬先生，正是他的倾力帮助，使本《文集》得以顺利出版。同时我们还要感谢孙向晨先生、袁新先生、邵强进先生、林晖先生、孙晶女士、陈军先生、金光耀先生、汪行福先生、张双利女士、丁耘先生、赵荔红女士、杨书澜女士、杨宗元女士和师母廖英女士的热情支持。本文集的出版，得到了复旦大学哲学学院和复旦大学亚洲研究中心的支持，特此鸣谢。最后，特别要说明的是，由于所涉作品版权等原因，本《文集》的出版采取了多家出版社联合出版的形式，在此我们谨向参与《文集》出版的各家出版社致谢！感谢上海三联书店牵头组织了本《文集》的出版，并感谢复旦大学出版社、上海译文出版社、中国人民大学出版社、上海人民出版社和北京大学出版社在《文集》的整个出版过程中给予的大力支持和帮助。还有其他帮助过我们的朋友和机构，恕不一一，谨致谢忱。

《汪堂家文集》编纂组

2018 年 4 月

思想的历程：从意志哲学到哲学诠释学[*]

汪堂家

　　保罗·利科(Paul Ricœur，1913—2005)是享誉世界的当代法国著名哲学家、文艺理论家，诠释学的重要代表。他的思想不仅在哲学和文艺理论领域占有重要地位，而且对宗教学、语言学、伦理学、美学、修辞学和政治学领域正发生越来越大的影响。他的著作至少被译成二十五种文字就是这种影响的明证。作为哲学家，利科素以学识渊博、见解独到和思想严谨著称于世。他不仅秉承了欧洲大陆哲学的思辨传统，而且对英美分析哲学的成果有着广泛而深刻的了解。同时，他还积极开展与分析哲学传统的建设性对话并试图在这种对话中实现对两种传统的创造性综合。今天，不管人们如何评价利科的理论，都没有人能否认他在现象学史上享有的崇高地位，也没有人能否认他是 20 世纪堪与加达默尔比肩的诠释学大师。

　　利科于 1913 年 2 月 27 日生于法国南部小城瓦朗斯的一个充满新教氛围的中学教师家庭。由于父母早亡，利科由祖父母养大成人。1933 年，利科在雷恩大学毕业后到布列塔尼任中学教师。1934 年，利科入巴黎大学学习并在那里结识了对他一生发生过决定性影响的存在主义哲学家马塞尔。第二次世界大战爆发后，利科应征入伍，1940 年 6 月被俘并在俘虏营度过了将近五年的屈辱时光。第二次世界大战结束后，利科重新开始了哲学研究。他先后在斯特拉斯堡大学、巴

＊ 本书序言系作者为上海译文出版社版本所作序。——编者注

1

黎大学和南特大学任教,并在六七十年代常赴北美讲学。[①] 在漫长的学术生涯中,他像当代法国几乎所有的大哲学家一样深受德国三个 H(即黑格尔、胡塞尔和海德格尔)的影响。但雅斯贝斯在利科思想的形成过程中也起过不可忽视的作用。比如,1947 年他与后来成为著名美学家的迪弗雷纳合作出版了《雅斯贝斯与存在哲学》,1948 年,他又出版了《马塞尔与雅斯贝斯——奥秘哲学与悖论哲学》。在利科的早期思想中,我们可以明显地看到雅斯贝斯的影子,他对世界的和谐性和统一性的说明,对人的神秘感的揭示,对人的超越性领域的探求,都带有雅斯贝斯和马塞尔的风格。

利科是现象学在法国的最早介绍者、阐释者和推进者之一。早在1940 年,他就在法国《西部哲学团体会刊》上发表过一篇以“注意——对注意活动及其哲学联系的现象研究”的论文。在战俘营的几年里,他除了研究雅斯贝斯之外还钻研了胡塞尔的著作。1950 年,他翻译了胡塞尔的名著《观念 I》并写了译者导言和许多注释来阐释胡塞尔的现象学。尽管这本译著并非没有疏漏,但它仍是胡塞尔著作的最好的法文译本之一。1954 年,布雷耶编的《德国哲学史》出版,他为这本书撰写了长篇附录,介绍了胡塞尔、舍勒、哈特曼、雅斯贝斯和海德格尔等人的思想。此外,利科还组织力量在南特大学建立了胡塞尔文献馆并长期担任该馆馆长。值得注意的是,在介绍和阐释胡塞尔现象学的同时,利科就开始形成自己的一套理论,这一理论被一些学者称为“意志现象学”。1950 年出版的《意志哲学》第一卷《意愿与非意愿》与1960 年出版的第二卷《有限与有罪》(分两个分册,第一分册为《易犯错误的人》,第二分册为《恶的象征》)是意志现象学形成的重要标志。

然而,意志现象学的产生既显示了利科与胡塞尔的联系,也显示了他与胡塞尔的分歧。一方面,利科像胡塞尔一样重视意识的意向性问题,重视现象在意识中的构成问题,重视现象学还原和意向分析,并

---

① 关于利科生平的详细介绍,可参看 Charles E. Reagon, *Paul Ricœur*, *His Life and His Work*, The University of Chicago Press, 1996。

高举"面向事情本身"的旗帜；另一方面，他又不满意胡塞尔的纯逻辑主义和纯理性主义立场，并且不满意胡塞尔对本体论问题的刻意回避。在利科看来，胡塞尔把人的理性活动置于情感活动和意志活动之上并把人的历史归结为理性活动的历史，会造成虚假的人和虚假的历史，因为这样做只注意了人的意识的一个方面，从而破坏了人的意识和人的本身的完整性。

为了阐述自己对历史的真理、政治权力、言语与实践以及文化史的相关问题的看法，利科在 1955 年出版了《历史与真理》一书。利科指出："历史真理(不是在对停滞的历史的真正认识的意义上，而是在真正完成我的揭示历史的任务的意义上)问题，在文明的历史运动的固有统一性问题上达到了它的极致。"正因如此，利科即使在讨论历史概念和真理概念的意义时，也不忘记把它提升到文明史的统一性的高度。他在《历史与真理》的第二部分中透过劳动、暴力、言语、焦虑、政治权力、经济预测、伦理选择和民族文化等来探讨历史的总体性与统一性问题就是明证。从《历史与真理》和《意志哲学》的部分内容看，利科最关注的是如何将人的理性活动与非理性活动结合起来，将人的行为、身体经验和意识结合起来，对人和人的历史进行完整的描述和理解。为此，利科将人的意识活动分为意愿与非意愿两个领域，并认为胡塞尔的纯粹现象学描述只适用于第一个领域。他的意志现象学则重点描述第二个领域并力图在这两个意识领域之间建立联系。也许是受马塞尔和学术同仁梅洛-庞蒂以及格式塔心理学的影响，利科十分关注快乐、痛苦、罪感这些非意愿活动并把它们放到人的身体经验与外在世界的关系中来加以考虑，而这一点恰恰是胡塞尔在早期和中期一直不愿涉足的领域(这当然符合胡塞尔现象学还原的最终要求)。正如斯皮格伯格所说，利科"经常关心的问题之一，就是现象学的限度和局限性。同样不无意义的是，他的主要著作的标题或副标题都没有使用'现象学'这个名称，即使它们的方法显然是现象学的时候也是如此"。①

---

① 斯皮格伯格：《现象学运动》，王炳文、张金言译，商务印书馆，1995 年，第 801 页。

对人的意识的非意愿领域的探讨使利科对精神分析学所关注的无意识领域发生了浓厚兴趣。1965年,利科出版了长达五百七十四页的重要著作《论解释——关于弗洛伊德的论文》。这部著作与1969年出版的《解释的冲突》和1986年出版的《从文本到行动》构成了利科的哲学诠释学或诠释学的现象学的完整构架,而1983年、1984年和1985年出版的三卷本《时间与叙事》可以看作哲学诠释学的具体化。依我个人的愚见,《论解释》一书已经孕育了哲学诠释学的所有基本构想。在这部著作中,利科大大拓展了传统的文本概念的外延,他不再把对意识活动的现象学描述,而是把探讨象征以及体现这种象征的语言作为哲学的首要任务。他不仅致力于发掘弗洛伊德的精神分析理论的认识论意义和本体论意义,而且打算在心理学与现象学之间建立一座桥梁。同时,利科在该书第三卷中还把诠释学的视角转向考古学、目的论和宗教问题并且从弗洛伊德的理论中引出了主体问题。这不仅为他在1986年出版的《恶——对哲学与神学的挑战》准备了条件,而且为他在1990年出版的《作为他者的自我》确立了一个不可忽视的主题。利科通过对弗洛伊德的自我-主体的重新解释大大丰富了对自我概念和自我理解的认识,同时也揭示了胡塞尔在《笛卡儿式的沉思》中阐述的现象学的自我学的局限性。在利科心目中,解读弗洛伊德可以成为摆脱理性主义幻觉并实现人的自我理解的手段。"由于精神分析理所当然地成了对文化的解释,它会与对人类现象的所有其他的总体解释相冲突。"①而对我们的文化的整体解释可以改变我们对自身以及生活世界的理解。

解释是什么? 这是利科常问的问题。在精神分析中,解释常常会面临冲突。由于意向性结构只有通过解释才能显示出来,现象学与诠释学之间就具有无法割断的天然联系。1974年,利科在德国现象学学会上宣读了著名的论文《现象学与诠释学》②,确认现象学与诠释学之

---

① Paul Ricœur, *De l'interprétation*, Essai Sur Freud, Édition du Seuil, 1965, P. 8.

② Paul Ricœur, Phenomenologie et herméneutique, in: *Phanomenologische Forschung*, I, 1975, S. 37—77.

间存在互为前提的关系。在利科看来,诠释学的一个重要任务就是要消除解释和理解过程的神秘性。解释既是对意义的回忆,又是进行猜测或怀疑。而怀疑的反面就是相信,相信的极致则是信仰。因此,利科很自然地将解释问题引向了宗教现象学的领域。对信仰而言,"现象学是倾听的工具,回忆的工具,恢复意义的工具。为了理解而信仰,为了信仰而理解,这便是它的箴言。它的箴言就是信仰与理解的'解释学循环'本身"。① 利科是在广义上使用"宗教现象学"一词的。由于对宗教现象的解释都离不开象征和言语启示,利科便顺理成章地把宗教诠释学的考虑与语言哲学的探讨结合起来,因为在他看来,只有通过对语言问题的思考才能提供对神话、象征、仪式乃至梦境的总体解释框架。

20 世纪六七十年代,利科经常应邀到北美讲学并结识了许多分析哲学家。这使他有机会直接了解分析哲学的最新进展,并参与对语言哲学问题的深入讨论。对弗洛伊德的精神分析学的解读以及对宗教象征的研究使他确信对语言和文本可以作广义的理解。作为现象学和诠释学家,利科自然知道解释与理解的秘密归根到底是语言意义的秘密,而在所有语言现象中,隐喻是最让人费解的意义之谜。正如考恩所言,隐喻"渗透了语言活动的全部领域并且具有丰富的思想历程,它在现代思想中获得了空前的重要性,它从话语的修饰的边缘地位过渡到了对人类的理解本身进行理解的中心地位"。②

正是基于对隐喻问题在语言哲学和诠释学中的重要地位的认识,利科从修辞学、语义学、符号学和诠释学的角度对隐喻作了深入的研究。1975 年出版的《活的隐喻》一书便是这一研究的具体成果。就我所知,这是迄今为止阐述隐喻问题的最为详尽的著作,也是利科在 70 年代写的最为重要的著作。它是意志现象学与成熟的哲学诠释学之间的必不可少的环节。

---

① Paul Ricœur, *De l'interprétation*, Essai Sur Freud, Édition du Seuil, 1965, P. 38.
② *On Metaphore*, ed. by Sheldon Sacks, The University of Chicago Press, 1978, P. 1.

该书是根据利科 1971 年在加拿大多伦多大学比较文学系讲学时所用的讲稿的基础上写成的。书尚未出版就有加拿大学者着手将利科的讲稿译成英文,但英文本直到 1977 年才以《隐喻的规则》为题出版。由于讲稿写得比较随意,加之引文不够准确,利科后来在不同场合表达了对英文本的不满。也正是出于对讲演稿的随意性的担心,利科赶在英文本出版前正式出版了《活的隐喻》一书。从这件小事,我们也可以发现利科是一位多么严谨的学者。

《活的隐喻》由八篇各自独立的论文组成。利科在该书前言中指出:"每篇论文都是一条独特路径的一段,这条路径始于古典修辞学,经过符号学和语义学,最后到达诠释学。从一门学科向另一门学科的过渡,与相应的语言学实体,即语词、句子、话语的过渡相一致。"[①]在这本著作中,利科再次显示了他的博学多识和出色的分析技巧以及由小见大的远大眼光。

利科在考察古典修辞学的隐喻理论时考察了古典修辞学的兴衰过程,并极其深刻地揭示了古典修辞学衰落的根源。在他看来,修辞学既是哲学最古老的敌人,也是哲学最古老的盟友。"亚里士多德的修辞学构成了从哲学出发将修辞学制度化的最辉煌的尝试。"[②]也正是亚里士多德为整个西方思想史给隐喻下了定义。然而,亚里士多德仅仅是从语词的层面考察隐喻的,这一点决定了他的隐喻理论的狭隘性。古典修辞学一直停留于亚里士多德的框架内并逐渐把修辞学变成了比喻学,而比喻又被归结为隐喻,以致修辞学渐渐成了植物分类学式的东西。西方修辞学史乃是其内容不断萎缩的历史。修辞学在被归结为它的一个部分时也同时丧失了通过辩证法把它与哲学联系起来的纽带,随着这种纽带的丧失,西方修辞学到 19 世纪渐渐成了一门死学科。

20 世纪下半叶,随着结构语义学、逻辑学、诗学的发展,西方学术界开始了重建修辞学的努力。以比利时列日学派(又称 μ 小组)为中

---

① Paul Ricœur, *La métaphore vive*, Édition du Seuil, 1997, P. 7.
② ibid, P. 16.

坚的新修辞学派应运而生。这一学派以结构语义学为基础不仅提出了更新古典修辞学的分类学计划，而且提出了一系列革命性的概念，如修辞学零度、形象化表达的空间、转义度、修辞学间距、隐喻度、义位转换法，等等。新修辞学以 J. 迪布瓦（J. Dubois）、F. 埃德林（F. Edeline）、J. M. 克林伯格（J. M. Klinberg）、P. 明格（P. Mingue）、F. 皮尔（F. Pire）和 H. 特里能（H. Trinon）组成的 μ 小组为代表，佩雷尔曼（Ch. Perelman）、勒格恩（Le Guern）、G. 热内特（G. Genette）和托多罗夫（Todorov）等人的工作也应包含在内。列日学派或 μ 小组的隐喻理论主要是以格雷马的结构语义学为基础的。在他们看来，"隐喻严格说来并不是意义的替代，而是对一个词项的语义内容的改变，这种改变源于两种基本活动——义素的补充和隐匿——的结合。换言之，隐喻是两种提喻的产物"。①

但是，列日学派的学者们在将隐喻归结为提喻的产物时仍像一些古典修辞学家一样在用一种修辞格来说明另一种修辞格。所不同的是，他们力图为所有修辞格找到一种共同基础并采用更为准确和更为有效的方法来解释那些修辞格的内在机制。正因如此，利科认为，新修辞学对隐喻的阐述仍然停留于古典修辞学的框架内，只是手段更加精巧而已。在利科眼里，新修辞学因不承认隐喻陈述的特殊性并限于证明隐喻语词的优先性而损害了自己的理论的有效性和方法的巧妙性。要解决隐喻问题，我们需要更加开阔的视野、更加完善的理论和更加有效的方法，三者缺一不可。按传统观点，隐喻仅仅起修饰作用，而不能表达真理。利科提出了"隐喻的真实"概念。对他来说，隐喻不仅仅是名称的转用，也不仅仅是反常的命名或对名称的有意误用。隐喻是对语义的不断更新活动。我们既要在语词的层面，也要在句子的层面，更要在话语的层面去解释隐喻。隐喻只有以隐喻的方式才能描述。为此，利科在《活的隐喻》中提出了隐喻诠释学的基本构想，这一构想不但包括对隐喻过程的讨论，而且包括对隐喻与认知、情感、想象

---

① J. Dubois, F. Edeline, J. M. Klinberg, P. Mingue, E. Pire, H. Trinon, *Rhétorique générale*, Librairie Larousse, Paris, 1970, P. 106.

过程的关系的讨论。利科的隐喻理论是在综合各派观点的基础上形成的。阅读《活的隐喻》可以使我们了解西方古典修辞学和新修辞学对隐喻的不同解释,同时也可以使我们了解利科的一些具有洞察力的语言哲学观。

在翻译本书的过程中,译者一直得到上海译文出版社编辑们的帮助,在此,我谨向她们表示深深的谢意。由于水平有限,译文中很可能有不当乃至错误之处。祈望读者随时指正。

目 录

第七研究　隐喻与指称
——献给埃利亚代

第八研究　隐喻与哲学话语
——献给让·拉德里埃

前　言

　　1971 年秋我在多伦多大学比较文学系的赞助下在该校主持过一个讨论班,大家将要读到的这几篇论文就源于这个讨论班。为此,我谨对我的多伦多东道主哈姆林教授表示诚挚的谢意。接下来我在卢汶大学讲课期间,随后在巴黎第十大学主持现象学研究讨论班期间,最后又在芝加哥大学主持纽文讲座期间继续从事过这些研究。

　　每篇论文都提出了一个明确的观点并且自成一体。同时,每篇论文都是一条独特路径的一段,这条路径始于古典修辞学,经过符号学和语义学,最后到达诠释学。从一门学科向另一门学科的过渡,与相应的语言学实体,即语词、句子、话语的过渡相一致。

　　隐喻修辞学把语词作为指称单元。因此,隐喻被归类于由单词构成的话语修辞格并被定义为依靠相似性的比喻。作为修辞格,它包括词义的转移和引申。对它的说明属于替代理论的范围。

　　头两篇论文对应于第一个层面。

　　第一篇论文——《在修辞学与诗学之间》——专门讨论亚里士多德。事实上,正是亚里士多德在以单词或名称作为基本单元的语义学的基础上为以后的整个西方思想史给隐喻下了定义。此外,他的分析处在两个学科——修辞学与诗学——的交叉点上。这两个学科具有不同的目的:通过谈话"进行劝说"以及通过悲剧诗对人的行为进行模仿。直到第七篇论文这种区分的意义才开始显示出来。在这篇论文中我确定了诗歌话语的启发功能。

　　第二篇论文——《修辞学的衰落》——专门讨论欧洲特别是法国

1

的修辞学近著。皮埃尔·丰塔尼埃(Pierre Fontanier)的著作《话语的形象化表达》被作为讨论的基础。我的论证涉及两个主要观点。首先,我们试图表明,在修辞学专注于有关偏离的修辞格或比喻的范围内,它在分级和分类方面达到了顶点,正是通过这类修辞格,语词的意义相对于它的系统化的用法而言发生了转移。其次,我们试图表明,如果分类学观点适用于修辞格的静止情形,它就无法阐明意义本身的形成过程。在语词的层面上,意义的偏离仅仅是结果而已。

只有当隐喻被重新放置于句子的范围并且不再被视为反常命名的情形而是被视为不适当的述谓关系时,语义学观点和修辞学观点才能被区分开来。

接下来的三篇论文属于第二层面的考虑:

第三篇论文《隐喻与话语语义学》包含了分析的决定性步骤。因此,我们可以把它视为关键性的论文。它暂且将隐喻-陈述理论和隐喻-语词理论置于不可克服的对立关系中。邦弗尼斯特(Émile Benveniste)对语义学和符号学所作的区分为这种选择做了准备。在语义学中,句子是具有最低限度的完整性的意义载体;对符号学来说,单词则是词码中的一种符号。与语义学和符号学的这种区分相对应,我们可以将张力理论与替代理论对立起来。第一种理论适用于隐喻在被视为一个整体的句子中的形成过程;第二种理论则涉及意义在孤零零的单词层面上的影响。我们正是在此范围内讨论英语著作家理查兹(I. A. Richards)、布莱克(Max Black)、比尔兹利(Monroe Beardsley)的重要贡献。一方面,我们试图表明,他们每个人所表述的表面上不一致的观点("修辞学的哲学"、"逻辑语法"、"美学")可以归入本文开头所引进的语句语义学的范围。另一方面,我们要努力给这些著作家未能解决的问题,即意义的创造问题划定界限,而新颖的隐喻就是意义创造过程的明证。第六篇论文和第七篇论文将受到这一语义更新问题的推动。

以第三篇论文的结尾所提出的问题来衡量,第四篇和第五篇论文似乎后退了一步。但它们的基本目标是将前面的论文似乎排除了的语词语义学与语句语义学结合起来。事实上,将隐喻定义为名称转换并不算错。这种定义使我们能识别隐喻并将它归于比喻之列。然而,由全部修辞学宣扬的这一定义之所以不能被排除,是因为语词是隐喻意义效果的载体。在这一点上,我们必须记住,正是语词在话语中确保了语义同一性的功能:隐喻所改变的正是这种同一性。因此,重要的是表明,在被理解为整体的陈述的层次上形成的隐喻如何"聚焦于"语词。

在第四篇论文《隐喻与语词语义学》中,论证仅限于那些作为索绪尔语言学的后续工作的作品,特别是厄尔曼(Stephen Ullmann)的作品。当我们处在狭义上的结构主义的开端时,我们要表明,没有区分语词语义学与语句语义学的语言学应当仅限于将意义的转变现象归于语言的用法史。

第五篇论文《隐喻与新修辞学》是在法国结构主义的范围内继续从事相同的论证。这种论证值得根据"新修辞学"另作分析,而新修辞学恰恰发源于结构主义并将已经成功地应用于音位学实体和词汇学实体的切分规则、识别和组合规则推广到话语的形象化表达。我们在开始时详细考察了"偏差"(écart)概念和"修辞学零度"概念,比较了"形象化表达"和"转义"概念,分析了"偏差的减少"(reduction d'écart)概念。这一漫长的预备过程可以作为考察狭义的新修辞学的前奏。我们专心致志地考察了新修辞学在支配基础语言学层次的意义原子的各种活动的基础上,为系统地重建全部修辞格所做的努力。我们的论证基本上旨在确认,新修辞学的难以否认的巧妙性完全淹没在这样一种理论框架中:这种理论框架不承认隐喻陈述的特殊性并限于证实隐喻语词的优先性。然而,我试图表明,新修辞学是在从自身限度内求助于它在它的思想体系的基础上无法提出的一种隐喻陈述理论。

第六篇论文《相似性的作用》确保了语义学层次和诠释学层次之间的过渡,这篇论文重新提出了第三篇论文的结尾所没有解决的问题——语义更新问题,即语义的新的适当性的创造问题。为了解决这一问题,我们重新对相似性概念本身做了细致的考察。

我们必须从一开始就反驳雅科布松(Roman Jakobson)仍然坚持的一种观点,按照这种观点,"相似性"的命运与替代理论的命运不可分割地联系在一起。我们试图表明,在一种张力理论中仍然需要相似性发挥作用。事实上,语义更新应该与相似性的作用联系起来,而我们是通过语义更新发现了两种观念之间的隐含着的"近似性",尽管这两种观念之间存在着逻辑上的"距离"。亚里士多德说过:"做出贴切的比喻就是发现相似性。"因此,我们应该把相似性本身理解为由语义更新推动的述谓活动之中的同一性与差异性之间的紧张关系。对相似性的作用的这种分析反过来导致了对"创造性的想象"概念和"象形功能"概念的重新解释。事实上,在想象中,我们必定看不见准感性意义上的形象功能。用维特根斯坦的一个术语说,它毋宁在于"把……看作……";这种能力乃是狭义上的语义学活动的一个方面。这种语义学活动要从不相似性中发现相似性。

向诠释学观点的过渡与从语句层次向狭义上的话语(诗歌、故事、散文等等)层次的转换相对应。一种新的疑难与这种新的观点同时出现:它不再涉及作为语词所聚焦的话语的形象化表达的隐喻形式,也不仅仅涉及隐喻的意义(这种意义在于确立语义的新的适当性),而是涉及作为对现实进行"重新描述"的能力的隐喻陈述的指称。由语义学向诠释学的这种过渡在意义和指称通过全部话语而进行的联系中找到了最基本的根据,这里所说的意义乃是话语的内部组织结构,而指称是涉及语言之外的现实的能力。隐喻作为话语的策略而出现,该策略在保留和发展语言的创造能力的同时也保留和发展了由虚构所展现出来的启发能力。

隐喻话语表达现实的某个方面的可能性与诗歌话语的明显构造相冲突,而诗歌话语本质上似乎不是指称性的并且以它自身为中心。我们把有关诗歌话语的这种非指称观点与下述观念相对立:对字面指称的悬置乃是发挥二级指称能力的条件,而二级指称从狭义上讲就是诗歌指称。因此,我们不仅必须谈论双重的意义,而且用雅科布松的话说,必须谈论"一分为二的指称"。

我们用这种隐喻指称理论去支持一般的指示理论,这种理论与古德曼(Nelson Goodman)在《艺术的语言》中所提出的理论相近。布莱克在《模型与隐喻》中确认隐喻在艺术中的功能与模型在科学中的功能之间具有相似性,我们就以这种相似性为"虚构式的重新描述"概念作辩护。在启发作用层面上的这种相似性构成了隐喻诠释学的主要论据。

因此,本书会进而讨论它的最重要观点,即隐喻是话语借以发挥某些虚构所包含的重新描述现实的能力的修辞学手段。在以这种方式将虚构与重新描述联系起来时,我们恢复了亚里士多德在诗学中做出的发现的全部意义,这一发现是:语言的创造源于情节和模仿之间的联系。

根据虚构与重新描述的这种关联,我们得出这样的结论:隐喻的地位,隐喻的最内在和最高的地位并不是名词,也不是句子,甚至不是话语,而是"是"这个系词。隐喻的"是"既表示"不是"又表示"像"。如果事情的确如此,我们就有根据谈论隐喻的真实,但我们是在"真实"这个词的同样具有张力的意义上谈论隐喻的真实。

涉足现实和真实问题要求我们揭示隐喻指称理论所包含着的哲学。"第八研究"(最后一篇论文),即《隐喻与哲学话语》回应了这种要求。

这一研究的基本目标是,为话语形式的多样性作辩护,为哲学话语相对于诗歌话语的意义和指称的句子的独立性作辩护。所有哲学并不直接源于诗歌:我们根据显然最不利的情况,根据亚里士多德和中世纪的类似的情况证明了这一点。甚至在"死的"隐喻的名义下任何哲学也不以间接的方式源于诗歌。正是在这种隐喻中,我们可以发现被海德格尔指责的形而上学和隐喻之间的关联。努力恢复隐喻陈述所包含着的本体论的那种话语是另一种话语。从这种意义上说,为所谓的隐喻真实提供根据也就是限制诗歌话语。正是通过这种方式,诗歌话语在它的范围之内得到了辩护。

以上就是本书的纲要。它并不打算用语义学来代替修辞学,也不打算用诠释学来代替语义学并用一门学科来反驳另一门学科,它倾向于将与之相应的学科界限内的每种观点合法化,并且为有关从语词到句子,又从句子到话语的各种观点的系统联系提供根据。

本书的篇幅比较长,这是因为它要努力考察每一种观点所特有的方法论,对每种观点展开分析并且始终把一种理论的界限与相应的观点的界限联系起来。在这方面,大家会注意到本书仅仅是制定和批评各种各样的理论,这些理论把某种观点充分地表达出来并有助于整体论证的继续开展。因此,在这里大家绝对看不到哗众取宠的反驳,至多只能发现对一些据称是独一无二的各种学说的片面性的证明。就起源而言,某些重要的学说来自英语文献,而另外一些学说源于法语文献,这种情形表明了我在最近几年一直在进行的研究和教学工作的双重国籍性。我希望这一点有助于减少这两种语言和文化世界的专家之间长期存在的隔膜。在另一本我目前正在撰写的对诠释学问题进行全面考察的著作中,我打算纠正对德语作者的明显不公。[①]

---

① 我谨把这些论文献给与我思想相近的人,或者献给那些在我撰写论文时对我盛情招待的有关大学的东道主,他们是:蒙特利尔大学的德卡里,巴黎高等应用研究学院的热内特,多伦多大学的哈姆林,法兰西学院的邦弗尼斯特,巴黎高等应用研究学院的格雷马,巴黎大学的迪弗雷纳,芝加哥大学的埃利亚代,卢汶大学的让·拉德里埃。

第一研究
在修辞学与诗学之间：
亚里士多德——献给德卡里

1. 修辞学与诗学的二分

隐喻问题的历史悖论在于,它使我们横跨了一门到 19 世纪中叶已经死亡的学科,那时,修辞学已经不再列入大学的课程。隐喻与一门已经死亡的学科的这种联系就是导致极大困惑的一种根源。现代人回到隐喻问题难道不是空怀让修辞学从死亡中复生的勃勃雄心?

如果这项计划并不荒谬,那么亚里士多德这位首先借助对修辞学进行哲学思考的人的做法可能是恰当的。

在我们的工作开始时,我们可以通过阅读亚里士多德的著作获得一些忠告。

首先,稍稍翻阅亚里士多德《修辞学》的目录就可以明白,我们不仅是从一门已不存在的学科而且是从一门已经残缺不全的学科中接受了修辞格理论。亚里士多德的修辞学涵盖了三个领域:论辩理论、口头表达理论和写作理论。论辩理论构成了修辞学的主轴,并同时提供了它与论证的逻辑和哲学的主要联系(这种论辩理论本身简直占了该书三分之二的篇幅)。最近的修辞学论著,按照热内特的中肯的看法,给我们提供了一门"狭义修辞学",①这种修辞学首先讨论口头表达理论,然后讨论比喻理论。修辞学的历史乃是不断萎缩的历史。修辞学消亡的原因之一是:修辞学在被归结为它的一个部分的时候也同时丧失了通过辩证法把它与哲学联系起来的纽带,随着这种联系的丧失,修辞学变成了一门不定型的、无用的学科。当将修辞格进行分类的兴趣完全代替了给广泛的修辞学领域赋予生机的哲学观念时,当它

---

① 热内特:《狭义修辞学》,载《交流》第 16 期,巴黎,瑟伊出版社,1970 年。

将其部分变成整体并将所有东西与"工具",与第一哲学联系起来时,修辞学也就死亡了。

假如我们认为亚里士多德的庞大计划如果没有缩小,至少代表了一门学科的合理化,这种对不可弥补的损失的情感会继续增强。修辞学这门学科在它的发源地——叙拉古——原本是为了确定公开演说的所有用途而提出来的。① 如果存在修辞学,那是因为存在雄辩术,存在公开辩论术。首先,言说提供了旨在讲坛之前、在公众集会上打动人们的武器,或者说提供了辩论和赞颂的武器,提供了在由言语起决定作用的斗争中赢得胜利的武器。尼采写道:"雄辩术具有共和主义的特征。"从源于西西里人的这一古老定义——"修辞学"是说服艺术的创造者(或者导师)——peithous dêmiourgos②——使人想起修辞学作为一门技巧乃是对自然口才的补充,但是这门技巧潜存在一种自发的天赋中。高尔吉亚在西西里,继而在定居希腊雅典时撰写过教学法的论文,在所有论文中修辞学成了这样一门技艺,它使话语意识到它自身,并使劝说成了一门通过特殊的策略而达到明显目的的手段。

在对修辞格的分类出现之前,就存在过亚里士多德伟大的修辞学。但在亚里士多德之前就存在着对言语的不合常规的用法,以及通过特殊的技巧来诱导有害能力的野心。亚里士多德的修辞学已经是一门很成熟的学科,它通过论辩理论与哲学发生着密切的联系,而修辞学随着论辩理论的衰落而变得残缺不全。

古希腊人的修辞学不仅比现代人的修辞学有着广泛得多的计划,它还从它与哲学的关系中获得了它的地位的所有模糊性。修辞学的

① 关于修辞学的诞生,参见科普:《亚里士多德的修辞学导论》,伦敦与剑桥麦克米伦公司,1867 年版,第 1 卷,第 1-4 页。夏涅:《修辞学及其历史》,布荣和维韦格出版社,1888 年,第 1-69 页;纳瓦尔:《论亚里士多德之前的古希腊修辞学》,巴黎,1900 年版;肯尼迪:《希腊的说服艺术》,普林斯顿、伦敦 1963 年版;罗兰·巴尔特:"古代修辞学",载《交流》第 16 期,第 175-176 页。

② 苏格拉底在谈话中把这种说法归于高尔吉亚,后者反对雅典的这位修辞学大师。见《高尔吉亚篇》,453a。但修辞学的萌芽是由恩培多克勒的学生科拉克斯发现的,后者是写作有关教学法的论文的第一个作者,这种教学法涉及口头艺术,即 techné(技艺)。叙拉古的提西亚斯继承他的工作。这个术语本身包含着非常有效的高超技巧观念(夏涅:前引书,第 5 页)。

"不合常规"的起源非常清楚地说明了这一活动的戏剧性。《亚里士多德全集》仅给我们展示了这些极端张力中的一种可能的平衡,这种平衡与一门学科的现状相一致:该学科不再仅仅是公共场所的武器,但也不是对修辞格的简单分类。

修辞学无疑像哲学一样古老。有人说是恩培多克勒"发明"了修辞学。[①] 就此而言,修辞学既是哲学的最古老的敌人,又是它最古老的盟友。之所以说是它最古老的敌人,是因为"巧妙言说"的艺术始终可能不再顾及"真实言说"。以对产生说服效果的原因的认识为基础的技巧给那些完美地掌握这门技巧的人提供了非常可怕的权力:这是一种不需要实物而支配语词的权力,这也是通过支配语词而支配人的权力。也许我们必须明白这种分裂的可能性伴随着人的言语的全部历史。在变得无用之前,修辞学已经处于危险之中。正因如此,柏拉图指责修辞学[②]:对柏拉图来说,修辞学之于公正——杰出的政治美德——就好比论辩之于法律。这两者之于灵魂,就好比与医学相关的烹饪和与体操相关的美容之于身体。也就是说,修辞学是产生错觉和假象的艺术。[③] 指责修辞学属于谎言的世界,属于虚伪的世界,对这一点我们不应当视而不见。隐喻也是它们的敌人。按照我们对可以称

---

① 第欧根尼·拉尔修:《名哲言行录》,第 8 卷,第 57 节;在《智者篇》中,亚里士多德指出,"恩培多克勒是第一个发现修辞学的人",引自夏涅:前引书,第 3 页,注释 1。

② 《毕达哥拉斯篇》、《高尔吉亚篇》、《斐多篇》标着着柏拉图对修辞学的毫不让步的指责:"让我们睡觉吧,不要理睬提西亚斯和高尔吉亚,他们发现或然性比真实性更有价值,他们知道要通过话语的力量使小事物变成大事物,或者相反,使大事物变成小事物,他们给古老的东西赋予新颖的外观,并给新颖的东西赋予古老的外观。总之,根据他们的看法,人们要么以非常简洁的方式,要么以展开的方式来谈论相同的主题吗……"《斐多篇》,267b;《高尔吉亚篇》,449a - 458c。最后,真正的修辞学就是辩证法本身,即哲学,《斐多篇》,271c。

③ "为简便起见,我要以几何学的语言跟你说(也许现在你会明白我的意思),梳妆之于体操就好比烹饪之于医药,或毋宁说论辩之于律法,就好比梳妆之于体操,修辞学之于公正,就好比烹饪之于医药。"《高尔吉亚篇》,465b - c。这些艺术刺激的总称(烹饪、梳妆、修辞、论辩)就是"奉承",同上书,463b。其中隐含着的论据(关于它的争论提供了否定的答案)在于,我们称之为身体"健康"的存在方式对应于心灵健康的存在方式。正是这两种"治疗"的对应物,一方面支配着体操与医药,另一方面又支配着公正与法律这两对真正的艺术的对等物。《高尔吉亚篇》,464c。

之为"化装术"和"烹饪术"的一种解释,这些敌人在其中仅仅看到了简单的装饰和单纯的乐趣。指责隐喻是诡辩也是对诡辩派本身的指责。

但哲学绝不打算摧毁修辞学,也不打算采纳修辞学。使雄辩术显示其魅力的场所——法庭、聚会和公共活动——是哲学并不提供的场所,也是哲学不打算取消的场所。它的话语仅仅是众多的话语之一,对其话语中的真理性的要求把它排除在权力的领域之外。因此,它不可能依靠它自身的力量破坏话语与权力的关系。

有一种可能性仍然是开放的:给有权力的言语的合法使用划定界限,划一道界线把言语的使用和滥用分开,通过哲学的方式在修辞学的有效性的领域与哲学所支配的领域之间建立联系。亚里士多德的修辞学构成了从哲学出发将修辞学制度化的最辉煌的尝试。

推动这项事业的问题是这样一个问题:劝说意味着什么?在哪一点上劝说不同于奉承、引诱、威胁,也就是说不同于最为巧妙的暴力形式?受话语的影响意味着什么?提出这些问题也就是决定,如果不将言说的艺术从属于彻底的哲学反思,我们就不能将这些言说的艺术技巧化,而彻底的哲学反思则限定了"有说服力的东西"的概念(to pithanon[①])。

但是,逻辑学提供了一种备用的解决办法。它采纳了修辞学的最古老的直观方法之一。修辞学从一开始就在 to eikos[②]——或然

---

① "……即发现每一种主体所包含的劝说手段"(《修辞学》第 1 卷,1355 b 10),"修辞学旨在……发现真正有说服力的东西和明显有说服力的东西,正如辩证法旨在发现真正的三段论和明显的三段论"(1355 b 15),"因此,我们承认修辞学乃是以思辨的方式发现在每一种情况下可能是劝说所特有的东西的能力"(1355 b 25),"修辞学似乎是以思辨的方式给予所有给定的东西发现有说服力的东西的能力"(1355 b 32)。

② 在《修辞学》第 2 卷,9、24、1402a 17—20 中亚里士多德对或然性的修辞学的发明权归于科拉克斯,"科拉克斯的修辞的艺术恰恰由这一系列的运用方法所构成,如果被指控的人并不容易受到指控,如一个软弱的人被判定进行了暴力攻击,那么他的辩护就是他似乎不可能受到指控"。然而,亚里士多德是在明显的三段论或有谬误推理的地方引证了科拉克斯的这些话。在他之前,柏拉图就认为或然推理的先驱是提西亚斯"或者其他人,这个人是真正的发明者,不管人们叫他什么名字(是叫他科拉克斯还是叫他戈尔博?)"。《斐多篇》,273c,关于科拉克斯和提西亚斯对 eikota 的论据的用法参见夏涅:前引书,第 6—7 页,及道布逊:《希腊的论辩者》,纽约自由港出版社,1917 年版,1967 年第二版(第 1 章,第 5 节)。

性——中看到了一种对言语的公开使用所追求的称呼。适用于雄辩术的这种证据不是必然的而是或然的,因为由法庭和集会仔细考虑和决定的人类事务并不会服从这种必然性,不会服从几何学和第一哲学所要求的这种理智的限制。哲学并不指责意见(doxa)低于知识,低于科学,相反,它可能提出一种或然性理论,这种理论在将修辞学与诡辩和论辩术分离开来时把修辞学武装起来去反对对它自身的滥用。亚里士多德的极大优点在于在有关劝说的修辞学概念与有关或然性的逻辑概念之间建立了这种联系,并且以这种关系为基础建立了哲学修辞学的整个大厦。①

因此,我们今天在《修辞学》这一标题下所读到的东西乃是记载两种相反运动之间的平衡的论著,一种运动使得修辞学如果不是代替哲学的话至少是要摆脱哲学的束缚,另一种运动就是哲学把修辞学重新创造为二级证明系统。在雄辩术的危险力量与或然性的逻辑力量的汇合点上存在一门受到哲学监视的修辞学。修辞学的历史已经忘记了理性和暴力之间的这种内在冲突。由于修辞学缺乏自身的动力和戏剧性的发展,它致力于分门别类的工作。分类学的天才占据了被修辞学的哲学所废弃的地位。

因此,希腊人的修辞学不仅是一种比较庞大的计划,而且是比现代的话语修辞格理论远远具有戏剧性的难题,然而它并不涉及话语的所有用法。"巧妙的言说"技巧本来是一门片面性的学科,这门学科不仅受到来自上面的哲学的限制,而且从侧面受到话语的其他领域的限制。仍处在修辞学领域之外的一个领域就是诗学。我们特别感兴趣的就是修辞学和诗学的这种二分,因为在亚里士多德那里隐喻属于这两个领域。

修辞学和诗学的这种二元性反映了话语的运用和语境的二元性。

---

① 省略三段论乃是"修辞学的三段论"(《修辞学》,1356 b 5),而"实例"属于归纳的层次(1356 b 15),省略三段论和实例形成了推理,这些推理"涉及那些常常不同于推理的命题"(1357 a 15),但是"或然性并不完全像某些人所解释的那样是习以为常的东西,而是处在不确定的事物的领域,它是相对于也许与它构成普遍性与特殊性的关系的事物而言的"(1357 a 34 – 35)。

7

我们说过,修辞学首先是一种雄辩的技巧,它的目标也就是雄辩术的目标,即起说服作用。但是这种功能不管如何广泛都无法涵盖话语的所有用法。诗学,写诗的艺术(主要是悲剧诗的艺术),不管从功能上讲还是从语境上讲,既不取决于修辞学即辩护的艺术,又不取决于商谈的艺术,也不取决于指责和赞扬的艺术。诗歌并不是雄辩术,它的目的并不是劝说,相反,它是要净化恐惧和怜悯这类情感。诗歌和雄辩术描述了两个不同的话语世界,然而隐喻却涉足每一个领域。就结构而言,它仅仅在于一种词义的独一无二的转移过程;就功能而言,它追求的是不同于雄辩术和悲剧的目标。隐喻因此有着独一无二的结构,但是具有两种功能,即修辞学功能和诗学的功能。

这种功能的二元性表达了雄辩术的政治世界和悲剧的诗歌世界之间的差别,这种功能的二元性也表现了意向层次上的更为基本的差别。对我们来说,这种对立在很大程度上被掩盖着,因为正如我们通过现代人的近著所认识到的那样,修辞学缺乏其主要部分,即有关论辩的论文。亚里士多德把论证定义为发明和寻找证据的艺术,但诗歌丝毫不打算进行论证,它的目的是模仿。我们以后将会充分地说明,我们应该明白,它的目的在于对人类行为进行基本的描述,它的适当的方法就是通过虚构、寓言和悲剧性的情节来表达真实。诗歌——模仿——净化这个三重结构以独一无二的方式描述了诗的世界,它不可能与修辞——证明——劝说这种三重结构相混淆。因此,我们必须依次将隐喻的独一无二的结构重新置于模仿的艺术的背景下以及说服的艺术的背景下,这种功能和意向的二元性比诗歌和散文的区分更为根本,它构成了这种区分的最终根据。

2. 诗学和修辞学的共同内核："名称的转移"

　　我们暂且把《诗学》和《修辞学》因同样讨论隐喻而提出的问题悬置起来。我们有理由这样做：不管《修辞学》是在《诗学》问世之后撰写的，还是仅仅在《诗学》问世之后修改的，[①]它都是单纯地采纳了《诗学》[②]对隐喻所下的定义。这一定义是众所周知的："隐喻就是把一个事物的名称转用于另一个事物，要么从种转向类或由类转向种，要么根据类比关系从种转向种。"(《诗学》,1457 b 6-9)[③]此外，在这两本著作中，隐喻被置于 lexis(陈述)的相同标题之下。由于以后会讲到的一些原因，这个词很难翻译。[④] 我们暂时仅限于指出语词涉及整个表达层面，但是这两本著作的差别一方面涉及诗歌的功能，另一方面涉及

---

① 关于《修辞学》、《诗学》的写作时间顺序的不同假设，请参见麦克科尔：《古代关于明喻与比喻的修辞学理论》，剑桥(马萨诸塞州)哈佛大学出版社，1969 年版，第 29-35 页。

② 《修辞学》的实际表述参照了《诗学》III,2,1；III,2,5；III,2,7；III,10,7。《修辞学》对eikon(明喻)作了发挥，《诗学》中却没有相应的部分，《修辞学》提出了另外一个问题，对这个问题，本文第 3 节将进行讨论。

③ 参见哈迪的法文译本，由纯文学出版社出版，收入"小木屋"丛书，1932 年版，1969 年第二版。

④ 希腊词 lexis 的法文翻译有不同的处理办法，赫兹斐尔德-迪富尔(Hatzfeld-Dufour)：《亚里士多德的〈诗学〉》，里尔，巴黎，1899 年版，把它翻译为"言语"；哈迪则将它译为"口头表达"；由纯文学出版社出版的《修辞学》第三部分(1973)的翻译者，赫兹斐尔德-迪富尔把它译为"风格"。至于英文译者，罗斯把它译为"朗诵"；拜沃特把它译为"朗诵"；科普把它译为"风格"；对科普来说，勒克斯欧乃是"具有各种优点的风格"。卢卡斯：《亚里士多德的〈诗学〉》(克拉伦登的牛津大学出版社，1968 年版)根据 50b13 写道："lexis 是由风格提供的，但是它包含将语词结合成可以理解的系列的全过程。"(第 109页)

修辞学的功能,涉及 lexis,但不涉及隐喻对言说过程的从属地位。lexis 始终是以不同的方式将隐喻安插在上述两本著作中的工具。

在《诗学》中,隐喻如何与 lexis 联系起来呢?亚里士多德一开始就排除了对 lexis 的一种分析,这种分析是按"口头表达的方式"来安排的,并且与命令、祈求、叙述、威胁、质疑、回应等等概念联系在一起。刚提到的这一系列分析被以下评论所打断:"让我们忽略这个问题,因为这个问题属于另一门科学而不属于诗学。"(1456 b 19)另一门科学只能是修辞学。那里对 lexis 作了另一种分析,这种分析不再涉及口头表达的方式,而是涉及口头表达的根源——涉及它的"部分",它的"成分"。"口头表达被完全归结为以下部分:字母、音节、连词、冠词、动词、词格、短语(逻各斯)。"(1456 b 20 - 21)

这两种分析之间的差别对我们的目的至关重要:口头表达的"形式"从一开始就属于言语行为;用奥斯汀的话说,这就是言语的非表达形式。相反,"口头表达的各个部分"源于将话语分为比句子更小的单元或与句子的长度相当的单元。这种划分今天属于狭义语言学的分析。

对隐喻理论来说,这种层次的变化会导致什么样的后果呢?从本质上讲,它会导致这样的后果:对口头表达的各个部分进行列举以及对隐喻进行定义都需要名称。几个世纪以来,人们对隐喻命运作了这样的确认:它从此与诗学和修辞学相关,但不是在话语层面上而是在话语成分的层面上,在名称的层面上与它们相关。鉴于上述例子的限制,我们仍然有待了解的是,潜在的话语隐喻理论是否会表现为明确的名称隐喻理论。

因此,我们应该密切关注在这两种情况下名称是怎样起作用的:在列举口头表达的各个部分和对隐喻进行定义的时候,名称是如何起作用的。

如果我们首先考虑将口头表达分解为各个"部分",那么显而易见的是,名词乃是对各个部分进行列举的中心;它被定义为复合的声音(1456 a 10 - 11):"复合的声音并不包含意义,也不涉及时间观念,它的任何部分本质上都没有意义。"（哈迪译本为："名称是有意义的声音的复合体，它不包含时间观念并且它的任何部分并不独自具有意义。"）因此，它是被赋予意义的被列举的第一个实体；现在，我们要指出的是，这就是语义单元。前面列举的 lexis 的四个部分被置于语义学的层次之下，对名词的定义则以它为前提。事实上，名词首先是复合的声音，因此我们首先必须定义"不可见的声音"。这就是口头表达的第一部分，即"字母"（现在我们把它称为音素）；它属于"格律学"（即我们说的语音学，或更恰当地说指音位学）。这一点同样适用于口头表达的第二个部分，即音节。我们首先通过与名词的对比从否定的方面对它进行定义："音节是没有意义的声音（asêmos）。"然后，我们又通过把它与字母对比，从肯定的方面对它进行定义："它是由哑音和声母构成的。"（1456 b 34 - 35）我们无法摆脱带有连词和冠词的没有"意义的声音"，因此正是通过与"不可分"的声音（字母）和与"无意义"的声音（音节、冠词、连词）相对比，名词才被定义为有"意义的声音"。也正是在口头表达的这种语义中心的基础之上，我们把隐喻定义为名词意义的转换。在关于口头表达的理论中，名词的重要地位因此具有至关重要的意义。

对口头表达的"各个部分"的定义紧随名词定义之后进一步肯定了这种地位。这一点值得认真考察，因为正是这些口头表达的部分将名称与话语联系起来，也正是这些部分使隐喻理论的引力中心从名称转向了句子和话语。lexis 的第六部分是动词，它与名词的区别仅仅在于它与时态的关系（这种学说与《解释篇》①所提出的学说完全一致）。名词和动词按其定义具有共同的部分："有意义的复合声音"，也有不同的部分："没有时态（的观念）"而"又有时态（的观念）"。名词"并不

① 《解释篇》§2："名词就是一种具有约定俗成的意义的声音，它与时态无关，并且它的任何部分单独地看都没有任何意义。"（16 a l9 - 20）§3："动词除自身的意义外还要加上时态的意义：它的任何部分都不能单独地表示任何东西；它始终表示对另一件事有所断定的某事。"（16 b 6）[方书春先生的中译为："一个词在其本身意义之外尚带有时间的概念者，称为动词。动词的任一部分都没有任何独立的意义。动词永远是说到另外一件事的某事的记号。"见亚里士多德：《范畴篇·解释篇》，方书春译，商务印书馆 1986 年版，第 56 页。——译者]

表示现在时";而在动词中"它一方面将现在时的标志与意义联系起来,另一方面把过去时的标志与意义联系起来"(1457 a 14 - 18)。通过与时态相关从否定的方面去定义名词并从肯定的方面去定义动词,意味着动词优先于名词,因而也意味着句子优先于单词(因为 onoma 既表示与动词相对的名词,又表示与句子相对的单词)吗?丝毫不是这样。lexis 的第八部分及最后部分即"词组"(逻各斯)①——从"有意义的复合声音"中获得它的定义,我们看到这是对名称的定义。它做了以下的补充:"它的几个部分独自具有某种意义。"(1457 a 23 - 24)因此这不仅是复合的声音,而且是复合的意义。这样其中就包含了两个种类:句子和定义。按照《解释篇》的定义,句子是名词和动词的结合,②而定义是名词的组合。③ 因此我们不能把逻各斯翻译为句子或陈述,而只能把它翻译为言语,以便涵盖定义和句子这两个领域。句子在语义学理论中没有任何特权。像名词和动词一样,单词仍然是 lexis 的重要单元。

　　不过,对这种过分轻率的结论,我们持两点保留意见。第一点要

---

① 罗斯在此把 logos 译成"言说"。

② 《解释篇》§4:"言语(logos)是一种具有约定俗成的意义的声音,它的每个部分单独地看都表示某种意义,这种意义是作为陈述而不是作为肯定而存在。"(16 b 26 - 28)〔这段话的中译文与法译文出入较大。方书春先生据英文本译为:"句子是语言的一个有意义的部分,这个部分的某些部分具有一种独立的意义,就是说,它足以作为有意义的发言,虽则不足以作为任何明确的判断的表述。"(见中文本前引书,第 57 页。——译者)〕"然而,所有话语并非都是命题,只有其中存在真假的话语才是命题。并非所有情况都是如此:如祈祷是话语,但它既不真也不假。"(17 a 1 - 5)§5:"因此,我们不妨把一个名词或动词称为简单的陈述(phasis),因为我们不能说,在人们以这种方式表达某种东西时,他们形成了一个命题,不管是涉及一种回答,还是涉及一种自发的判断。有一种命题是简单命题,比如:它要么肯定某个事物的某种性质,要么否定某个事物的某种性质。"(17 a 17 - 21)

③ 定义是事物的意义的统一性:"由此可见,仅有对事物的本质的陈述才是定义。"表示与陈述相同的事物的名称并不是定义,因为,既然始终有一个名词表示与任何陈述相同的东西,那么,所有陈述都是定义。这样,人们最终就会说《伊利亚特》也是一个定义了。实际上,只有当陈述成为第一对象的陈述时,即成为对并不是通过将一物归为另一物而构成的所有东西的陈述时(因此,只有当逻各斯成为存在的逻各斯时),才会有定义。见《形而上学》,Z,4,1030 a 6 - 11;H,6,1045 a 12 - 14。这样的意义的统一性没有任何句子可以来表达。

稍加保留的是：逻各斯是一种似乎不是从语词单元中派生出来的单元（"词组通过两种方式而成为单元：它要么指称唯一的事物，要么由联成整体的几个部分所构成"（1457 a 28－29））。这种看法从两个方面看都是有趣的：一方面，被称为逻各斯的意义单元可以成为不太依赖名词的隐喻理论的基础；另一方面，正是词组的结合变成了一部著作的统一体，如《伊利亚特》。因此，我们必须用话语理论去补充语词理论。但是，我们也必须承认，对逻各斯所包含的意义的统一性的看法中不能明显地得出这种双重结论。

第二点保留是，我们难道不能考虑到"具有意义的复合声音"这个术语描述了名词、动词和词组所共有的语义单元，因而这个术语并不包含对名词的唯一定义吗？亚里士多德超越名词、动词、句子、定义之间的差别而以此差别表示意义功能的承担者本身，我们不妨把这个承担者称为"语义核"。现代的读者肯定有权把这种语义核分离出来，并由此开始对名词的特权进行纯粹内部的批评。我们由此可以使它摆脱与名词的纠葛。对隐喻理论而言这点并非不重要。我们会发现，在亚里士多德本人那里，某些隐喻的例子就循此方向。但是，甚至根据更为宽泛的解释，具有意义的复合声音至多表示单词而不表示句子。名词以及不同于名词的东西所共有的内核事实上不能以特殊的方式表示陈述意义的统一性，因为逻各斯既包含名词的组合或定义，也包含动词和名词的组合或句子。因此，将名词、动词和逻各斯所共有的单元的问题悬置起来比较明智，而这个共有的单元被称为"具有意义的复合声音"。最后，关于 lexis 的明确理论，通过把 lexis 分解为各个"部分"，并不打算把这几个部分实际上所共有的语义核分离出来，而是要把这些部分本身分离出来，并且要把其中的基本部分分离出来。名称具有枢纽功能。

在将 lexis 分为各个部分之后并在对隐喻进行定义之前不久，亚里士多德事实上也谈及名词："所有名词要么是常见的名词，要么是不太常见的名词，要么是隐喻，要么是起修饰作用的名词，要么是作者创造的名词，要么是扩充的名词，要么是缩合的名词，要么是修饰的名词。"(1457 b 1 - 3)这种组合而成的文本显然是通过名词将隐喻与lexis结合起来。

现在,我们不妨转向上面重新提出的隐喻定义。

我们特别强调以下的特点:

第一个特点:隐喻是涉及名词的某种东西。正如我们从前言开始就表明的那样,在将隐喻与名词或与单词而不是与话语联系起来时,亚里士多德很多世纪以来一直都指引着诗学的历史和隐喻修辞学。亚里士多德的定义中仍然保留着比喻理论——或者语词的修辞格。把隐喻限制在语词的修辞格的范围内无疑是精心提炼分类学的机会,但是,它付出了高昂的代价:无法认识到某种功能的统一性。对此,雅科布松表明,它忽略了话语和单词的区别,并且运用了所有层次的语言策略:单词、句子、话语、文本、风格(参见以下的"第六研究"第1节)。

第二个特点:隐喻要按照活动来定义。单词的转移被描述为从……转移到……名称转移这个概念既包含着某种信息也包含着令人困惑的方面。它所包含的信息是:在亚里士多德那里隐喻这个词适用于所有词项的转移,而不像以后的修辞学的分类所做的那样表示众多修辞格之一,比如说与提喻和换喻相并列的修辞格。[①] 他的分析以这种方式为全面思考修辞格本身做了准备。为了明白起见,我们可以表明,这个词时而表示属(转换现象即形象化表达本身),时而表示种(我们以后将它称为相似性的比喻)。这种模棱两可性本质上是令

---

① 卢卡斯的《亚里士多德的〈诗学〉》(牛津,1968年版)作了以下评论(第204页):"(亚氏)在比英文的 metaphore 更为宽泛的意义上使用 metaphora(隐喻)这个词,英文的 metaphore 主要限于亚里士多德的第三和第四类隐喻。"在亚里士多德的著作(《幸福伦理学》)的不同上下文中 metaphora 与 metapherein 这两个词的用法是以一般的转换概念为前提的(1221 b 12 - 13)。用"种"代替"不知其名的"属(1224 b 25),将部分灵魂的性质转移到整个灵魂(1230 b 12 - 13),说明了在给无节制的行为(akolasia)命名时我们是如何使用隐喻的。在《尼各马可伦理学》III,15,1119 a 36 - b 3 中我们可以读到类似的文字。隐喻的转换有助于填补日常语言的空白。

人感兴趣的：它隐含着一种不同于支配着分类学兴趣的兴趣，并且我们将会发现它在分类学的特征上达到了顶峰，以致陷入了话语的盲目化之中。这也是对转换活动的一种兴趣。它对过程的兴趣要远胜过对分类的兴趣。这种兴趣可表述如下：词义的转移意味着什么呢？根据上面所作的语义学解释，这个问题可以得到某种支持：如果"具有意义的复合声音"这个概念既包括名词的领域、动词的领域，也包括口头表达的领域（因而包括句子的领域），那么我们就可以说，名称转移是一种不仅影响名词和动词的语义核的过程，而且是影响所有具有意义的语言实体的过程，并且这一过程表示意义变化本身。因此我们必须牢记隐喻理论的这种扩展，它超出了名词所具有的界限，因而使得它获得了名称转移的共同性质。

名称转移的意义的这种未分化状态的对等物就是它所产生的困惑。为了解释隐喻，亚里士多德又创造了一种隐喻，它源于运动的秩序。众所周知，phora 是一种变化，即位移①，但是当我们说隐喻这个词本身也是隐喻时（因为它是从不同于语言层次的另外一个层次中借用来的），我们也就预示着以后所出现的理论。由此我们认为，第一，隐喻是一种借用；第二，借用的意义与本义相对立，也就是说，它原本属于某些单词；第三，我们求助于隐喻来填充语义的空白；第四，借用词取代了并未出现的本义词，如果这种词存在的话。在下面的文章里，我将表明，在亚里士多德本人那里，名称转移并不包含这些不同的解释，至少隐喻的这种不确定性为解释提供了自由发挥的可能性。如果我们在将隐喻称为名称转移时对隐喻理论不抱偏见，那么我们就可能很快发现，不以隐喻的方式（在"借用"这个概念所包含的意义上）来谈论隐喻是不可能的。简言之，对隐喻的定义是循环的。这种警告当然适用于通过分类来掌握和支配隐喻以及一般修辞格（我们将会发现，"修辞格"这个词本身就是隐喻性的）的修辞学的最终要求。它也是针对那些为了非隐喻概念而试图摆脱隐喻的所有哲学。并不存在这样一种非隐喻的立场，从这种立场出发，我们可以把隐喻以及所有

---

① 《物理学》III，1，201 a 15；V，2，225 a 32 - b 2。

其他的修辞格看作是在我们面前进行的游戏。这篇文章的续篇在许多方面将成为与这种悖论进行的漫长战斗。①

第三个特点：隐喻是名词的转换。亚里士多德把它称为外来者(allotrios)，也就是说"它……表示其他的东西"(哈迪译本)(1457 b 7)，"它属于另一个东西"(1457 b 31)。这种修饰与"日常的、惯用的东西"相对立，亚里士多德对"日常的"作了这样的定义："我把日常的名称叫做我们每个人都运用的名称"(1457 b 3)。因此，隐喻要根据偏离来定义(para to kurion, 1458 a 23; para to eiôthos, 1458 b 3)；隐喻的用法接近对罕见词、修饰词、杜撰词、扩充词、缩合词的用法。上面所列举的那些词就表明了这些用法。这种对立和相似性包含着修辞学和隐喻的重要发展的萌芽：

首先，选择语词的日常用法作为参照项表明了关于"偏离"的一般理论。在一些当代作家那里，这种理论将会成为风格学的标准(参见"第五研究"第 1 节、第 3 节)。亚里士多德给 allotrios 所提供的其他

① 这个悖论是德里达在《白色神话学》中所进行的论证的动力："每当修辞学对隐喻进行定义时，它不仅包含一种哲学，而且包含一个在其中形成哲学的概念网络。在这个网络中，每根线都增加一圈。如果这个概念不太可能是从这里派生的，我们就说出了一种隐喻。被定义者包含在定义的定义者中。"(第 18 页)这种循环在亚里士多德那里尤其明显。德里达对亚氏思想做了长期的发展(第 18 页及以下)：隐喻理论"与亚里士多德的存在类比理论、逻辑学、认识论，更确切地说与他的诗学和修辞学的基本结构一起属于他的本体论的固定不变的庞大系列"(第 23 页)。我们以后会对德里达的观点进行详细阐述和讨论("第八研究"第 3 节)。在此，我仅讨论涉及亚里士多德的解释的一些技术性方面：(1)名词对事物的存在的依附关系在亚氏那里并不密切，以致我们既不能以其他方式给事物命名，也不能以归于"陈述"名义下的不同方式来改变命名。《形而上学》Γ卷篇第 4 章明确指出，"不能指称独一无二的东西也就不能指称任何东西"(1006 a 30 - b 15)。但这种一义性不能排除一个语词有多种意义：用德里达本人的话说，"它仅仅排除无法控制的撒播"(第 32 页)。因此，它只承认有限的多义性。(2)至于存在的类比，严格地讲，它是一种中世纪的学说，这种学说基于对整个范畴系列与它的第一词项即实体(存在)的关系的解释。在合乎比例的隐喻与存在的类比之间走捷径没有任何根据。(3)"日常的"意义概念，正如我们以后将会看到的那样，不会导致"本义"概念的产生，如果我们把本义理解为原始的、本原的、本土的意义的话。将艺术定义为模仿并使之从属于自然似乎提出了隐喻的本体论，但这种本体论并不一定是"形而上学"(在海德格尔赋予这个词的意义上)。在"第一研究"的结尾，我将对亚里士多德的《诗学》隐含着的本体论进行解释，但亚氏的《诗学》并未使用从可见物向不可见物的转移。见第 50 页。

同义词就强调这种偏离的特征："口头表达的基本特征在于它是明晰的而不是模糊的。当它由日常的名称组成时，它是完全明晰的。但是它又是模糊的……当它使用与日常用法格格不入的语词时，它变得高贵起来，并且摆脱了平庸。为此，我把它理解为罕见词、隐喻词、扩充词的名称，并且推而广之用它来表示所有与日常用法相对的东西（para to kurion）。"（1458 a 18－23）在偏离的相同意义中，我们可以发现"摆脱平庸"（exallattousa to idiôtikon，1458 a 21）这种意义。隐喻所接近的所有其他用法（罕见词、新词等等）本身就是对日常用法的偏离。

第二，除了关于偏离的消极观念之外，allotrios 这个词也包含着积极的观念，即借代的观念。在所有形式的偏离中它尤其不同于隐喻。allotrios 的这种特殊含义不仅源于它与 kurios 的对立，而且源于它与 epiphora 这个词的结合。罗斯作了这样的翻译："隐喻就在于将那物的名称赋予这物。"（1457 b 6）被转移的意义是从别的地方来的。我们始终有可能确定隐喻的原有领域或借用的领域。

第三，这难道是说因为有偏离和借用，日常用法就必须是原始的、本源的、朴素的意义的"固有"用法吗？① 从日常用法的观念到本义的观念之间只有一步之遥，也正是这一步决定着转义与本义之间的传统对立。以后的修辞学会跨出这一步，但是没有什么迹象可以表明亚里士多德本人跨出了这一步。② 一个名称本来也就是说本质上属于某种

---

① 罗斯塔尼将 Kurion（日常的）译为 proprio（关于 proprio 一词见索引，188）；参见 57 b 3（第 125 页）。

② 按德里达的解释，这一点很关键。在对隐喻理论与亚里士多德的本体论的密切联系的证明中，它构成了诸多环节之一。虽然《诗学》和《修辞学》的 Kurion 与《论题》的 idion 并不一致，但他说"idion 这个概念似乎支持这门隐喻学，但没有占据它的前台"（前引书第 32 页）。阅读《论题》既不会促进对 Kurion 与 idion 的比较，也不会促进根据原始的原初的和本原的"形而上学"意义来解释 idion。考察《论题》中的 idion 与陈述理论毫无关系，与日常的或反常的命名理论尤其无关。"特性"是四个基本范畴之一，传统上把这四个范畴称为宾词（prédicables）以便把它们与 prédicaments（范畴）相对立（参见布兰斯维克："《论题》第 1 卷至第 4 卷法译本导论"，巴黎，纯文学出版社，1967 年），就此而论，"特性"不同于"偶性"、"属"、"定义"。但说"特性"是宾词是什么意思呢？它意味着，所有前提即推理的所有基础以及所有问题即话语涉及的所有主题，展示了（或表明）一个属，或一个特性，或一种偶性（101 b 17）。特性被分为两个部分，一部分表示"本质的基本要素"（布兰斯维克把它译为"所以是的是"，它常被称为本质）。另一部分则（转下页）

观念,这一点并不是日常用法的观念必然包含的东西,而这种观念就像我们以后所要引用的古德曼的理论那样与约定论完全不矛盾(参见"第七研究"第3节)。上面提到的"日常的"(kurion)和"习惯的"(to eiôthos)之间的同义词如同"明晰性"和"日常用法"之间的对比一样(1458 a 19),保留着使日常用法概念脱离本义概念的可能性。

第四,"替代"这个概念体现了"非固有"的用法概念的另一种发展(并非必然的发展)。以后我们将会发现,盎格鲁-撒克逊的作者们往往把相互作用理论与替代理论对立起来(参见"第三研究")。但是隐喻词源于不相干的领域并不意味着它代替了我们可以在同样的地方发现的日常语词。然而,亚里士多德本人似乎已经在从事这种词义转

(接上页)不表示这种要素。《论题》把第一部分称为"定义",第二部分则是狭义上的"特性"。这样,我们就有四种宾词,即"特性、定义、属与偶性"(101 b 25)。这些概念是所有命题的源头,因为所有命题的宾词都属于这些宾词的一种。由于把特性置于宾词之中,亚里士多德从此可以把特性放在不同于命名的层面上,而日常语词与隐喻词、扩充词、缩略词、反常词等等的对立仅限于命名层面。另一方面,"特性"属于述谓关系的逻辑。后者建立在两极的基础上:本质的与非本质的,有共同广延与无共同广延。定义既是本质的又是有共同广延的。偶性既不是本质的,也没有共同广延。特性作为并非基本因素但有共同外延的东西处于两极的中途:"特性是这样的东西,它虽然没有表达其主词的本质的基本因素但仅仅属于它并且能作为具体主词的宾词与它交换。"(102 a 18-19)因此,能阅读和书写是与人类相关的特性。相反,睡觉并非人特有的,因为这个宾词可以属于另一个主词但不能与人的宾词互换。但只能成为特定的主词并不意味着该主词就是人。因此,特性稍稍不如定义但远远超过偶性,而偶性可以属于或不可以属于同一个主词。为特性保留的标准,由于没有表示本质的主要因素而最终成了主词与宾词的可交换性,亚里士多德把它称为互换。正如我们看到的那样,在这里看不到任何形而上学的深渊。按照布兰斯维克在前面阐述的"交叉二分法",宾词不是基本因素却足以成为具有共同广延的东西。同样,共同广延性的标准在论证本身中可以得到真正的应用。表明宾词并不具有共同广延也就是反驳已提出的定义。一种适当的方法与这一策略相一致,这一策略就是《论题》特性并且适用于非定义的宾词的恰当用法,而这些宾词既不是一般的也不是偶然的。最后,特性理论在《论题》中的地位尤其足以使我们记住,我们在这里处于非基本、非主要的层次中,处在辩证法的层次中。布兰斯维克认为,辩证法将有关事物的话语而不是将事物本身作为正式的对象(前引书,第50页)。正像"以约定为基础的游戏"(同上)一样,"每个宾词对应一种特殊约定"(同上)。"特性"这个不完全的"论题",并不能回避这种性质。它支配着话语的使用,而话语与具有共同外延而又不是本质因素的宾词的应用相关。亚里士多德的《论题》第5卷就专门讨论过这个问题。第5卷,2,192 b 1及以下,第5卷,4,132 a 22-26又可以找到对"特性"的定义。因此,亚里士多德仅仅创造了这个有"适当"意义的概念以便将它与命名的一系列偏差对立起来。但他需要"日常"意义的概念来确立它在命名活动中的用法。

换的工作,这一点为现代人对隐喻的修辞学理论的批评提供了理由：隐喻词取代了我们可以使用的非隐喻词(至少如果这种非隐喻词存在的话)。由于借用了现成的词并且代替了不出现的词,它就具有双重的不相干性。这两种意义虽然不同,但在修辞学理论和亚里士多德本人那里似乎始终结合在一起。因此,意义的转移的例子常常被看作是替代的例子：荷马在谈到尤利西斯时指出,他完成了"成千上万次善良的行为",而不是"许多行为"(1457 b 12)；他同样指出,如果酒杯之于酒神就好比盾牌之于战神,那么我们就可以使用第四个词项来代替第二个词项,反之亦然(1457 b 18)。亚里士多德是想说,对现存的隐喻词的借用始终伴随着对不出现的非隐喻词的代替吗？ 如果是这样,偏离就始终是一种替代,隐喻就会成为诗人的随意变换。①

因此,"替代"概念似乎与"借用"概念密不可分,但是它并不必然派生出这一概念,因为它包含着一些例外。在某个地方亚里士多德提到过可以代替隐喻词的日常词语并不存在。"洒下神圣的光辉"这个表达式可以根据比例式隐喻的规则来分析(B 与 A 之比等于 D 与 C 之比)；太阳之于阳光就好比播种之于收获,但这个 B 项并没有名称(至少在希腊文中是如此。因为在法文中,我们可以说 darder——射出)。在此,亚里士多德表明了隐喻的功能之一。这种隐喻功能填补了语义的空白。按照以后的传统,这种功能是对修饰功能的补充。因此,如果亚里士多德并不停留于此,②那是因为缺乏表示类比的各个项

---

① 关于亚里士多德使用的涉及替代活动的词汇,可参见 1458 b 13 - 26："我们在将日常的名称引入(epithemenôn)格律时,我们可以考虑它们与适当的用法有着多么的不同。"涉及替代活动的词语在他的笔端出现了四次：metatitheis(1458 b 16),metathentos(同上,20),metethéken(同上,24),metatitheis(同上,26)。替代在两个方面起作用：从日常语词到罕见词或隐喻词,从罕见词到日常语词："既然我们用日常语词去代替罕见词、隐喻等等,我们就会看到我们讲得很对。"(1458 b 18)后面的注释用于以隐喻来命名"尚无名称"的属时涉及的重要例外情形。

② 我们已经表明隐喻的这种用法乃是名称转移,这种转移出现在"尚无名称"的属的情况下或出现在无名称的事物的情况下。这类例子很多(《物理学》第 5 卷：对增加与减少的定义同样适用于 la phora)。《智者派的反驳》(第 1 章,165 a 10 - 13)论述"模棱两可"的那一章对这个问题进行了明确的讨论：事物的数目是无限的,语词与话语的数目是有限的,相同的语词和相同的话语必然有多种意义。

目之一的语词并不能妨碍类比的功能本身。在这儿仅有类比让他感兴趣,并且这种例外会对他提出异议:"在一定数目的类比中并不存在现成的名称,但是我们将以完全相同的方式来表达它们之间的这种关系。"(1457 b 25 - 26)为了现代人对替代概念的批评,我们至少可以保留这种例外。

总之,亚里士多德的 allotrios 概念往往把这三种不同的概念联系起来,这些概念是:与日常用法相关的"偏离"概念,与原有领域相关的"借用"概念,与未出场但可以自由使用的日常语词相关的"替代"概念。但这里并不包含以后的传统所熟知的转义与本义的对立。替代概念导致了最为严重的后果。如果隐喻项实际上是被替代项,隐喻所提供的信息就是零,因为不出场的项(如果存在的话)可以得到恢复。如果信息是零,隐喻就只有修饰的价值。纯粹的替代性理论的这两种后果构成了古典修辞学对隐喻的处理方法的特征,拒绝这两种后果意味着拒绝替代概念,而这个概念本身与影响名称的转换的概念联系在一起。

第四个特点:在名称转移这个概念保留隐喻意义的统一性的同时,与在后来的分类学中占支配地位的分类的特点相反,以后的定义勾画了隐喻的类型学的轮廓。据说,这种过渡是从属到种,从种到属,从种到种,或者说这种过渡是由类比(或比例)造成的。对名称转移的领域的列举和分割也由此被勾画出来,这一点导致了后来的修辞学把隐喻仅仅称为与亚里士多德所定义的第四类修辞格类似的修辞格,这种修辞格显然表示相似性:第四项与第三项发生关联的方式(omoiôs ekhei,1457 b 20)与第二项与第一项发生关联的方式相同;老年之于生命就好比黑夜之于白昼。我们以后再来讨论以下的问题:两种关系之间的同一性或相似性的概念是否穷尽相似性概念,由属向种等等的过渡也并不取决于这种相似性(参见"第六研究"第 4 节)。我们暂感兴趣的是这种初步的分类与转换概念之间的关系,正是这种转换构成了隐喻的意义的统一性。

我们要注意两个事实：第一个事实是发生转移的两极也就是逻辑的两极。隐喻出现在由属和种所构成的系列之中，出现在由各种关系所支配的活动中，这些关系是从属关系、协调关系、比例关系和平等关系。第二个事实是，隐喻就在于打乱了这种顺序，破坏了这种活动：它将种的名称赋予属，将比例关系的第二项的名称赋予了第四项，或者相反，将比例关系的第四项的名称给予了第二项。这样做既承认而又违反了语言的逻辑结构（1457 b 6－20）。上面提到的 anti 不仅表示用一个单词去代替另一个单词，而且表示在不仅涉及对单词贫乏进行掩盖的情况下打乱了分类。亚里士多德本人并没有深入探讨"范畴的违反"概念，而一些现代人把这个概念比作赖尔（Gilbert Ryle）①的范畴错误概念。毫无疑问，这是因为亚里士多德在《诗学》中对与名称的转移相联系的意义的兴趣更甚于对这种活动的逻辑代价的兴趣。对这一过程的反面至少像对这一过程的正面一样可以进行有趣的描述。"范畴的违反"概念如果加以改进的话就会保留许多令人吃惊的特点。

我提出三种解释性的假设。首先，它要求不仅要考虑所有隐喻中的单词或独一无二的单词（这些单词的意义已发生转换），而且要考虑成双成对的关系项，要考虑发生转换的关系项：从属过渡到种，从种过渡到属，从种过渡到种，从比例关系的第二项过渡到第四项，以及从比例关系的第四项过渡到第二项。下面这种看法走得更远：正如盎格鲁－撒克逊的作者们指出的那样，要形成一种隐喻始终需要两个概念，如果隐喻中始终存在某种错误，如果我们因为某种估计错误而将其中的一个东西认作另一个东西，那么这种现象就具有散漫性。要规定一个单词的用途，隐喻就需要通过不规则的归属关系来打乱一个网络。同样，"范畴的违反"概念也使得我们能够丰富"偏离"概念，而"偏离"概念则不包含在转换之中。偏离属于纯粹的词汇层次，它现在与威胁着分类的那种偏差联系在一起。我们仍然要考虑的是这种现象的正反两面之间的关系。逻辑的偏差与被亚里士多德称为名称转移的意义形成过程之间的关系。只有当我们充分认识到隐喻陈述的这

①　赖尔：《心的概念》第 16 页及以下，第 33、77－79、152、168、206 页。

种特点时,这个问题才能得到满意的解决。因此,涉及命名的方面可能与这种散漫的结构有着充分的联系(参见"第四研究"第5节)。后面我们将会发现,当亚里士多德在《修辞学》中使隐喻接近于明喻(eikon)——其散漫性显而易见时,他本人就要求采取这种途径。

"范畴的违反"概念似乎暗示了第二层次的反思,而范畴的违反被理解为对已经构成的逻辑次序的偏离,理解为分类中的混乱。这种违反之所以使人感兴趣,仅仅是因为它产生意义:正如《修辞学》所说,通过隐喻,诗人"指引我们并通过属给我们提供一种知识"(III,10,1410 b 13)。这里有如下暗示:我们难道不应该说隐喻仅仅是为了创造一种秩序来破坏另一种秩序?我们难道不应该说范畴错误仅仅是发现的逻辑的颠倒吗?马克斯·布莱克在模型和隐喻之间所做的对比,①换言之,在认识论概念和诗学概念之间所做的对比,使我们能从根本上揭示这样一种概念,这个概念直接地违背了将隐喻全部归结为单纯的"修饰"这样一种过程。如果我们始终坚持这样一种暗示,那么我们就必须说,隐喻包含了某种信息,因为它"重新描述"了现实。因此,范畴错误是处在描述和重新描述之间的具有解构性的中间环节,以后我们将研究隐喻的这种启发功能,但是只有当我们不仅认识到隐喻陈述的这种特征,而且认识到它属于话语和著作的层次时,这种功能才可能被揭示出来。

更有冒险性的第三个假设针对前一个假设。如果隐喻属于启迪思想的方法,我们难道不能假定打乱并且转移了某种逻辑顺序、某种概念的等级关系、某种分类的方法与产生所有分类的方法相同吗?毫无疑问,我们只承认已经构成某种次序的语言功能。只有当隐喻产生了先前的秩序上的偏离时,它才会产生新的秩序。但是我们难道不能想象,这种秩序本身源于它所改变的相同方式?难道没有在逻辑思想的起点、在所有分类的根基上发挥作用的"隐喻性"(加达默尔的术

---

① 布莱克:《模型与隐喻》,伊萨卡,康奈尔大学出版社,1962年版。关于模型与重新描述问题,可参见"第七研究"第4节。

语①)？这种假设比前几种假设走得更远,前几种假设是以一种能发挥隐喻功能的既有语言为前提。偏离概念与这种前提联系在一起：与亚里士多德本人提出的"日常的"语言与"外来的"语言,或者"罕见的"语言之间的对立联系在一起,并且它更有理由与后来提出的"本义"与"转义"之间的对立联系在一起。最初的隐喻性概念破坏了本义与转义的对立,也破坏了日常语言与外来语言、秩序和不守秩序之间的对立。它提出了这样一种观念,秩序本身源于对语义场的隐喻性构造。正是以语意场为基础才会产生属和种。

这种假设超越了亚里士多德的分析所许可的范围吗？是的。如果我们把隐喻明确地定义为名称的转换这一点作为评估的尺度,如果我们把惯常用法和陌生用法之间的明显对立作为转换的标准的话,如果我们考虑到在亚里士多德的分析中存在于这种明确的定义之外的东西,如果我们考虑到这一明显标准的话,这个假设就不会超越亚里士多德的分析所许可的范围。我们始终对亚里士多德的一套说法持保留态度,这套说法似乎为下述最为极端的大胆假设提供了根据："重要的是适当地使用我们所谈到的每一种表达式,比如说,复合词或外来词。但更加重要的是擅于使用隐喻(在字面上指'具有隐喻性的东西'——to metaphorikon einai)。事实上,这是我们唯一不能向他人学会的东西。这是天赋(euphuias)的标志；因为善于做隐喻(eu metapherein,字面上是指恰当地使用隐喻)也就是善于发现相似性(to to homoion theôrein)。"(《诗学》,1459 a 4 - 8)

在该书中,我们将会注意到几点：a)隐喻(名词)变成了动词"使用隐喻"；由此提出了用法问题(khrêsthai,a5)。过程比结果更为重要。b)使用的问题与"适当地使用"(prepontôskhrêsthai)的问题一同出现。这里涉及"善于使用隐喻",涉及"适当地使用"lexis 的方法。这种用法的使用者可以用同样的方法来表示：恰恰是他求助于这个"重要的东西",求助于"隐喻性的东西"；这个使用者可能学会它,也可能学不会。

---

① 加达默尔：《真理与方法》"论隐喻性",同上书,第71页,第406页及以下。

c)善于使用隐喻是无法学会的,这是天赋,也就是天性:在这里我们难道不是处在新发现的层面,也就是说处在我们所谈到的这种启发式方法的层面?关于这种方法,我们可以这样来描述,它仅仅是为了创造另一种秩序才违反一种秩序,它仅仅为了重新描述才进行解构。所有现代的发明理论证明,并不存在发明的规则,也不存在提出好的假设的规则:仅仅存在使这些假设有效的规则。① d)但是,我们为什么不能学会"具有隐喻性的东西"呢?因为"善于使用隐喻"也就是"发现相似性"。这种看法可能令人吃惊。如果不是间接地转弯抹角地谈到第四种隐喻,即类比隐喻(关于这种隐喻我们发现它被分解为两种关系的同一性或者相似性),他至此仍然没有谈到相似性。我们难道不应该假定这种相似性作为积极的原则在四种隐喻中发挥作用(而它的消极原则就是违反范畴的活动)?为了将种的名称赋予属,并且将属的名称给予种,这种相似性难道不必使它们接近吗?隐喻或者说使用隐喻,即隐喻的推动力取决于对相似性的发现。我们已经达到最极端的假设的边缘:违反范畴秩序的隐喻也就是产生这种秩序的隐喻。但是这种基本隐喻所特有的新发现也就是对相似性的新发现,这种特殊证明要过很久才会出现。对此需要进行特殊的论证。我们将在后面展开这一论证。②

---

① 赫希:《解释的有效性》,第169页及以下。
② 在"第六研究"中我们将较少从历史的观点而更多从系统的观点出发,重新解释和讨论亚里士多德的有关相似性的作用的理论。

3. 一个谜：隐喻与明喻

　　《修辞学》提出了一个小小的谜团。这本著作宣称未对《诗学》的隐喻定义作任何补充，但它为何在第四章中对隐喻与明喻进行对比呢（后一本著作未作回应）？[①] 如果我们仅仅讨论《亚里士多德全集》中有关优先性和依赖性的纯粹的历史问题，这个谜团就微不足道。但是它为我们的这类研究提供了大量的指导性意见。我们的研究致力于收集根据话语对隐喻所作的解释的所有证据，而此种解释与根据名称和命名活动对隐喻的明确定义背道而驰。明喻的基本特点在于它的散漫性，"他像狮子一跃而起"就是如此。要形成明喻，就必须有两个比喻项，它们同等地出现在话语中："像狮子"并不构成明喻。提前用理查兹的术语[②]说，它需要某种内容（阿基里斯一跃而起）与表达手段（像狮子）（参见"第三研究"第 2 节）。我们可以辨认出在"转移"（从一极转移到另一极）概念中隐含着的这种散漫性因素。它既在范畴转换（将种的名称用于属等等）中又在类比置换（即用比例的第二项替换第四项）中起作用。当现代人说做隐喻意味着从一个东西中看出两个东西时，他们仍忠实于明喻所揭示的这种特点，而将隐喻定义为名称的转用则可以掩盖这种特点。如果从形式上讲隐喻完全是偏离语词的日常用法，那么，从动力学的观点看，它源于要加以命名的事物与我们要借用其名称的那个不相干的事物之间的接近。明喻表明了借用和

[①] 上面引用的麦克科尔的著作（见第 8 页注释①）花了整整一章的篇幅来讨论亚里士多德的明喻（第 24－53 页）。也可参见科普：《亚里士多德的修辞学导论》，第 290－292 页。

[②] 利科在本书第三篇论文中专门讨论理查兹的术语。——译者

偏离中隐含着的这种接近。

有人会反驳说,亚里士多德的明确目的并不在于用明喻说明隐喻,而恰恰在于用隐喻说明明喻。实际上,亚里士多德六次表明要使明喻从属于隐喻。① 这一特点因后来的修辞学传统在这一点上并未步亚里士多德的后尘而显得更加明显。② 这种从属关系是通过几种一致的方法形成的。

首先,整个明喻领域被分为两个部分:一部分以"寓意"的名义与"论证"理论重新联系在一起,《修辞学》第一卷就专门讨论了这一理论。它包括举例说明,而事例又进一步分为历史的事例与虚构的事例;③另一部分则以明喻的名义与陈述理论联系在一起并且处于隐喻的专有领域中。

其次,明喻与比例式隐喻之间特有的密切联系确保明喻可以被置于隐喻的领域中:"正如我们以前指出的那样(参见 1406 b 20 和 1406 b 18 - 19),恰当的明喻在某种意义上就是隐喻,因为它们始终像类比

① 麦克科尔:前引书,第51页,引用了《修辞学》III,4,1406 a 20;III,4,1406 b 25 - 26; III, 4,1407 a 14 - 15;III,10,1410 b 17 - 18;III,11, 1412 b 34 - 35;III,11, 1413 a 15 - 16。
② 麦克科尔(前引书,第51页)强调晚近的传统所做的"颠倒",而科普在把明喻视为"扩展的隐喻"与西塞罗和昆提利安把隐喻视为"缩略的明喻"之间发现了一种完整的相关性。昆提利安的例子(同上书,第7章,第178 - 239页)特别引人注目。在他那里我们可以看到这样的话:In totum autem metaphora brevior est similitudo("从总体上看,隐喻是缩略的明喻")。见 De Institutione Oratoria Libri Duodecim(《论十二个自由演说训练》),VIII,6,8 - 9。麦克科尔指出,这种表述比昆提利安仅仅说 brevior est quam similitudo 或 brevior est similitudine 更加有力。实际上,这种表述"将隐喻与明喻等量齐观"(前引书,第230页)。勒格恩在《隐喻与换喻的语义学》第54页注释1中反对这种理解,他引用了那本著作的 1527 年版,该版使用了 brevior quam similitudo 一词。果真这样的话,"经典解释就起源于对昆提利安的原文的曲解"(同上)。亚里士多德以后的一贯传统都不太相信这种假设。今后,我们会借考察勒格恩的著作的机会重新讨论涉及隐喻与明喻的关系的内容("第六研究"第1节)。
③ 我们在上面已经看到(第6页,注释①),le paradeigma(范例)不同于 enthumêma(推理),就像似乎真实的归纳不同于似乎真实的演绎。le Paradeigma 又被进一步分为有效的(或历史的)范例与虚构的范例。后者又被分为 parabolê(寓言)与 logoi(比如伊索寓言),《修辞学》II,20,1393 a 28 - 31。在历史范例(le paradeigma 被归结为这种范例)与典型的类似的东西(它构成了寓言的主要部分)之间最终存在着重要的对立。历史的范例与虚构的明喻之间的统一纯粹是认识论的统一:这便是说服或论证的两种形式。关于这些看法,参见麦克科尔:前引书,第24 - 29页。

性隐喻一样由两个词项组成(字面上是指：对它们的表达是从两个词项开始的)。比如,我们说,盾牌是战神阿瑞斯的酒杯,弓是无弦的竖琴。"(III,11,1412 b 34 - 1413 a 2)比例式隐喻①实际上是通过省略复合明喻用第二项给第四项命名,这种复合明喻并不运用于事物本身之间,而是运用于两个事物对两个事物的关系之间。从这种意义上说,比例式隐喻并不像我们把阿基里斯称为狮子时那样简单。与四个项构成的比例的复杂性相比,明喻的简单性并非单词的简单性,而是两个词项的关系。②贴切的隐喻可以导致这种关系的产生(如"盾牌是战神阿瑞斯的酒杯")。这样一来,类比式隐喻往往被等同于明喻。隐喻对明喻的至上性如果不能颠倒,那么无论如何至少可以"改变"(同上)。正因为明喻像类比式隐喻那样"始终是基于两个词项进行表达",③这种关系很容易颠倒。

最后,对明喻的语法分析证明了它对一般隐喻的依赖性。两者的区别仅仅在于比喻词出现或不出现：引自《修辞学》III,4 的所有文字中使用的虚词"像"(hôs),在其他地方不确切地引证的荷马原文中表

---

① 如,A 之于 B 就好比 C 之于 D。——译者

② haploun 这个形容词(简单的)导致了各种各样的解释困难和翻译困难。当我们说明喻"要通过两个词项来表达时",说明喻很简单似乎是矛盾的。我们无疑应当明白,相对于由两种关系和四个词项构成的比例式隐喻来说,明喻是"简单的",因为明喻仅仅包含一种关系和两个词项。麦克斯尔(第 46 - 47 页)讨论了科普与罗伯特的解释。就我而言,我认为将"盾牌是酒杯"这一表述称为简单的表述没有什么矛盾(这个表述中没有战神阿瑞斯与酒神狄奥尼索斯)。这并不妨碍它由两个词项构成。

③ 科普(《亚里士多德的修辞学导论》,第 3 卷,改编本 III,10,11)解释说："明喻就像比例或隐喻一样……由两个词项组成(或表达)。"(第 137 页)他评论说："明喻与隐喻的差别(除了明喻的更重要的细节,明喻是放大的隐喻)在于,它始终明确地表达两个被比较的词项,对它们进行鲜明的对比。另一方面,隐喻通过转换用一个概念来代替另一个概念,将它们仿佛统一在一个形象化的比喻中,用一个词来表达它们,而撇开被描述的对象与重新揭示这种对象的类似概念之间的比较,以便它通过与听者的明显一致显示出来。"(第 137 - 138 页)相反,麦克斯尔根据与比例式隐喻的对比来解释"涉及两种关系"(第 45 页)。他还谈到了《修辞学》III,4,1407 a 15 - 18,这一部分坚持比例式隐喻的可颠倒性。如果我们能用第二项的名称来称呼第四项,我们也应当能用第四项的名称称呼第二项,比如：如果酒杯是战神的盾牌,盾牌也可以合适地被称为战神的酒杯。

示明喻的动词"比作"或表示明喻的形容词"相似的"等等,都是如此。①
在亚里士多德看来,隐喻中并不出现比喻词,并不像我们根据昆提利安
的观点所说的那样意味着隐喻是缩略的明喻,而是相反,即,明喻是展开
的隐喻。明喻说"这个像那个",隐喻则说,"这个是那个"。就明喻是展
开的隐喻而言,不仅比例式隐喻,而且所有隐喻都是隐含的明喻。

　　明喻对隐喻的这种明显的从属关系之所以可能,仅仅是因为隐喻
直截了当地表明了被比较的各项的极性。当诗人谈到阿基里斯时说
"他像狮子一跃而起",那就是明喻;如果他说"这头狮子一跃而起",那
就是隐喻。"由于阿基里斯和狮子都很勇敢,诗人通过隐喻(字面上是
转移)将阿基里斯称为狮子"(Ⅲ,4,1406 b 23)。我们不妨说,隐喻与
明喻的共同因素是以名称的转用为基础的同化,换言之,是对两个词
项的差别中的同一性的把握。通过相似性对属的这种把握使隐喻具
有恰如其分的启发性:"因为,当诗人把老人称为麦秆时,他通过属启
发了我们并向我们提供了某种知识。"(Ⅲ,10,1410 b 13-14)但是,隐
喻相对于明喻的优点在于,它给人以简练感(asteïa)(以后我们再来讨
论隐喻的这个典雅、高华的"效果"):"正如我们以前指出的那样,明喻
是一种仅仅通过描述方式来显示区别的隐喻。它不太令人喜欢,因为
它的描述过长。此外,它并不仅仅指出这个是那个。它不再满足于心
灵所追求的东西。但这种风格和简洁的三段论必定是可以很快向我
们提供新知识的东西。"(同上书,1410 b 17-21)在主词与谓词的简单
对接中包含着的启发人的机会和探求的冲动,在过于明显的明喻中消

---

①　它也适用于《修辞学》Ⅲ,10;引自佩里克尔的例子明显包含明喻的标志(houtôs...
　　hôsper)。相反,引自勒普蒂纳的例子表示隐喻的缩影:"勒普蒂纳对拉塞德莫尼安评论
　　说:我们不会让艾拉德失掉一只眼睛。"(1411 a 2-5)我们会考虑这一点。另有Ⅲ,11,
　　1413 a 2-13举的一些例子。引自亚里士多德的一些原文通常不够切当。在我们可以
　　证明的那些例子中,头两个例子既不包括表示明喻的连词,又不包括表示明喻的动词,
　　也不包括表示明喻的形容词("你们在……之间看到了一种差别","想象以下这种事
　　物……")。只有第三个例子包括表示明喻的词项:"……类似于……"但是,正如麦克科
　　尔注意到的那样,语法标志可以改变,而明喻的一般意义却不改变。通过与具有论证价
　　值的典型明喻进行对比,麦克科尔谈到了与"风格学比喻"相联系的"完整的明喻因素"
　　(第36页)。

失殆尽,而这种明喻通过对比喻项的表达分散了明喻的活力。现代人尽可能充分地采用这种语义学冲突的观念,这种观念导致了比尔兹利的"论辩理论"的产生(参见"第三研究"第 4 节)。亚里士多德发现,在对新名称的转用中潜存着新的归属活动(这个就是那个)——明喻仅仅是在通过明显的比较展开它的根据时来表明这种根据。

在我看来,这就是对隐喻与明喻进行对比的兴趣所在。在亚里士多德使明喻从属于隐喻时,他从隐喻中看出了一种矛盾的归属活动。同样,我们能够接受《诗学》随便提出而后又被抛弃的一种建议:"如果诗人用不常见的语词进行描述(隐喻、罕见词等等),结果么是谜语,要么是隐语;如果涉及隐喻,它就是谜语;如果涉及不常见的语词,它就是隐语。谜语的本质在于以语词的不可能的组合来描述某种事物。我们不能通过简单地将日常语词结合起来而达到这一点,但将隐喻结合起来可以达到这一点。"(《诗学》,1458 a 23 - 33)因此,这本著作旨在将隐喻与谜语分离开来。但是如果它们没有共同性,这个问题就不会提出来。《修辞学》所强调的就是这种共同结构,它始终具有简洁、杰出、典雅的"优点","大部分典雅的语词都是通过隐喻而形成的并且摆脱了一种我们一开始给听者的幻觉:对他来说,更为明显的是,他明白了他什么时候可以进入与过去的心态相反的心态。心灵似乎是在说:是的,这是真的。但我受骗了"。同样,这些迷障层层的谜语由于同样的原因而令人喜欢,因为它们教给我们某种东西并且它们具有隐喻的形式(《修辞学》Ⅲ,11,1412 a 19 - 26)。这里再次出现了与词项的这种对比相联系的启示和信息,这种对比一开始令人吃惊,继而令人困惑,最后揭示了这一矛盾中隐含着的亲缘关系。但是,谜语与隐喻之间的这种近似并不完全建立在奇特的名称的基础上:这个(是)那个——明喻是对这一陈述的展开,同时又是对这一陈述的减弱,隐喻则通过缩略它的表达而保留这一陈述吗?[①]影响到名称的用

[①] 类似的前后演变关系是以格言与隐喻的明显近似为基础的(Ⅲ,11,1413 a 14 - 16);据说,这是以"种"喻"种"式的隐喻。格言实际上是对两个层次的事物进行比较(仆人被主人收留而又受主人的剥削,兔子被农民引到田地里而又吃掉农民的谷物)(Ⅲ,11,同上)。明喻中的"像"可以像在隐喻中那样被省略,但动力是相同的:其类似性(转下页)

29

法的偏差源于归属关系的偏差：希腊人把它确切地称为 para-doxa，即对以前的意见的偏离（Ⅲ，11，1412 a 26）。[①] 对研究历史学家心目中的谜团的理论家来说，这是非常清楚的教训。[②]

总之，隐喻与明喻的对比使我们能重新考虑名称转移的问题。首先，转移，就像明喻一样是在两种项目之间进行的。它首先是言语行为，然后才是命名行为。关于名称转移我们同样可以说，它要从两个词项出发才能得到说明；其次，转移取决于明喻通过描述它的比喻词所显示出来的明显相似性。隐喻这门天才的艺术始终在于发现相似性，隐喻与明喻的对比证明了这一点，明喻表达了在隐喻中起作用的没有言明的关系。我们要指出的是，明喻显示了在隐喻中发挥作用但并非主干成分的相似因素。《诗学》指出，诗人就是"发现相似性"的人（《诗学》，1459 a 8）。《修辞学》补充说，"在哲学上，要在相距遥远的事物中发现相似性需要洞察力。因此，阿契塔（Archytas）说仲裁者与教会是相同的，因为坏人纷纷到那里去寻求庇护。我们甚至说锚与挂钩是相同的，因为两者有某种相同性，但放的位置有上下之别"（Ⅲ，11，1412 a 10 - 15）。感知、思考、发现相似性，这不但在诗人那里，而且在哲学家那里都是将诗歌与本体论结合起来的隐喻天才的表现。

（接上页）因为它出乎意料，甚至矛盾和使人误入歧途而更加明显。正是这一与或明或暗的对比相联系的矛盾造成了夸张的效果，而夸张不过是夸大的明喻而已，也就是说，尽管两者有明显区别，它仍是经刻意加工而成的。正因如此，亚里士多德可以说，"有一些著名的夸张就是隐喻"（Ⅲ，11，1413 a 21 - 22）。

① 在这种意义上说，"新颖的"（Kaïna）隐喻（这是西奥多的术语，亚里士多德把它与"矛盾的"隐喻进行对比）并不是例外的隐喻，而是特别的隐喻（1412 a 26 及以下）。

② 《诗学》忽略了明喻（eikôn 在《诗学》中的唯一用法与隐喻毫不相干，1448 b 10,15），但为什么亚里士多德说 eikôn "具有诗意的特点"（Ⅲ，4，1406 b 24）呢？当《诗学》赞美"恰当地使用隐喻的艺术并将它与辨别相似性的能力进行比较时，这一理由不是明摆着的吗"？（1459 a 5 - 8）我们应仅仅表明《诗学》忽视了明喻："奇怪的是，《诗学》中未出现 eikôn 这个词，这一点尚难确定。"（麦克科尔：前引书，第 51 页）

4. 陈述的"修辞学"地位

　　一旦我们确认了《诗学》和《修辞学》共同具有的隐喻定义以及《修辞学》中十分重要的变相的隐喻定义,那么,主要的任务便是评估其功能差别,这些差别源于《修辞学》和《诗学》处理"陈述"的不同方式。

　　让我们从《修辞学》入手。它在亚里士多德的著作中的地位比较容易确定。在本研究的开头我们就说过,古希腊的修辞学比晚近的修辞学具有远为充分的目的和远为明晰的内部结构。旨在掌控公众言论的说服艺术包括论辩、写作和口头表达术这三个领域,将所有东西归结为第三部分并将后者归结为修辞格的简单分类无疑说明修辞学已经丧失了与逻辑学和哲学本身的联系,并且变成了已在上个世纪死亡的不定型的无用学科。在亚里士多德那里,我们看见了一个修辞学的繁荣时代。就"说服"层次本身成了特殊技艺的对象来说,它构成了不同于哲学的领域。通过说服概念与或然性概念之间的关联,它与逻辑学建立了密切联系。由此形成了一门哲学修辞学,即由哲学建立并受哲学本身监督的修辞学。我们以后的任务是说明通过什么样的中介才能把关于隐喻的修辞学理论与这一工作联系起来。

　　修辞学作为明显的技艺的地位并未提出难以解决的问题。亚里士多德曾打算对他在《伦理学》①的一篇经典文本中所说的"技艺"进行定义。② 有多少种技艺就有多少种创造活动。技艺是比日常工作或经

---

① 指《尼各马可伦理学》。——译者
② "既然建筑是一门艺术并且本质上是某种带有规则的创造设计,既然不存在并非创造设计(带有规则)的艺术,也不存在并非艺术的创造设计,那么,在艺术与带有精确规则的创造设计之间存在同一性。艺术始终离不开变化。致力于艺术意味着考虑创(转下页)

验实践更为高尚的东西。尽管它涉及一种创作,但它包含思辨的因素,即包含对用于创作的方式的理论探究。这是一种方法。这一特点使它与其说接近日常工作,还不如说更接近科学。过去已有过论文创作技巧的观念——这种观念导致了一种分类学计划的产生,对这类计划我们将在下一篇研究中加以考察。这一计划难道不是对话语的技巧化的最后阶段吗? 这一点是确定无疑的。但在亚里士多德那里,"技艺"的自主性不像它与有关话语的其他学科的联系那么重要,特别是不像它与有关论证的学科的联系那样重要。

这种结合是通过修辞学与辩证法之间的联系来保证的。毫无疑问,亚里士多德的天才在于,他在著作的开头就声明要把修辞学放在逻辑学的范围内并通过逻辑学将修辞学放在整个哲学的范围内:"修辞学是辩证法的翻版。"(1354 a 1)但是,辩证法是指或然性层次的一般论辩理论。① 这便是以逻辑学的方式提出的修辞学问题。众所周知,亚里士多德以发明了被称为三段论的论证方法为荣。而被称为省略三段论的辩证法的或然性论证与这种论证方法相一致。修辞学也是一种论证技巧:"只有论证具有技巧的特点。"(1354 a 13)由于省略三段论是"论证的主要部分"(同上),整个修辞学应专注于讨论与这种论证相关的说服能力。仅仅适用于容易影响评判者的情感的方法的修辞学并不涉及这一主题:它并不考虑论证技巧,即,让一门学科"采用省略三段论"(Ⅰ,1,1354 b 21);稍后,《修辞学》指出:"因为很显然这门技艺所特有的方法仅仅取决于论证,论证则是某种证明……修辞

(接上页)造一种可以存在也可以不存在的事物的方式,但这种事物的存在原则处于艺术家的心目中而不处于被创造出来的事物中:艺术实际上既不涉及现在的或必然存在的事物,也不涉及自身中有其法则的自然存在物。"(《尼各马可伦理学》Ⅵ,4,1140 a 6-16;特里科译本)另一个译本载迪富尔:《修辞学导论》,第1卷和第2卷,巴黎,纯文学出版社,1932年版。

① 人们不能过于强调屈辱——"威信的丧失",布兰斯维克在《亚里士多德(论题)导论》中说,辩证法在从柏拉图传到亚里士多德的手里之后遭到了这种屈辱。在柏拉图那里至高无上的纲领性的科学在亚里士多德那里仅仅成了论辩理论而已(参见奥邦克:《亚里士多德的存在问题》,第251-264页,奎鲁:《亚里士多德的逻辑、论辩与哲学史》,载《佩雷尔曼纪念文集》)。

学的证明是省略三段论……省略三段论也是某种形式的三段论,等等。"(I,1,1355 a 3 - 5)

这并不是说,修辞学与辩证法没有区别。在某些方面,它肯定与辩证法相似。它涉及大部分人接受的意见的真理性,①它并不需要任何技能,每个人都能讨论某种观点,能非难别人,并进行自我辩护。但它在其他方面不同于辩证法。首先,修辞学适用于具体情境,如政治会议的商谈,法庭上的审判,公开的赞扬与谴责。这三类语境决定了三种修辞法,即商谈修辞法、审判修辞法、舆论修辞法。如果以前的修辞学因为影响法官的方式很明显而赋予第二种修辞法以特权,那么,以论证技巧为基础的修辞学将会关注必须最终实现审判目的的所有情境(Krisis,I,1,1354 b 5)。由此产生了第二个特点:艺术转向对一些独特事物的判断。

此外,修辞学不可能专注于纯粹的论证性学科,因为它是面向听众的,它也不能不考虑说话者的性格和听众的情绪。简言之,它坚持公开运用话语的主体间向度和对话向度。由此可知,考虑情绪、情感、习惯、信念仍然是修辞学的功能,即便它不应代替或然性论证的优先性。严格的修辞学论证既要考虑那种取决于被讨论的材料的或然性程度又要考虑取决于说话者和听话者的品性的有说服力的涵义。

这种特点自行导致了最后一种观点:由于修辞学与纷纭的意见的内容联系在一起,即与大部分人承认或认可的意见的内容联系在一起,它便不可能变成空洞的形式上的技巧。但修辞学与非批判性内容的这种联系具有将修辞学变成一门通俗科学的危险。通过与"既有观

---

① 《修辞学》(I,1,1355 b 17)的偏见在《论题》,I,10,104 a 8 中被准确地作了定义:"辩证法的前提就是质疑被所有人认可的观念或被几乎所有人认可的观念,或被所有代表真知灼见的人认可的观念,并且对后者来说就是质疑被所有人认可或被几乎所有人认可的观念或质疑被赫赫有名的人认可的观念(这是由矛盾造成的例外)。因为真知灼见所特有的观念具有各种机会被人接受,假如它并不与平庸的看法相悖的话。"(布兰斯维克译本,纯文学出版社,1967 年版)endoxa 就是在构成辩证法的讨论对象的"两人游戏中"接受的观念(布兰斯维克:前引书,XIII)。前提的这种特点造成了论证的三段论(其前提是内在地变化的)与辩证法三段论[其前提"实际上被证明了"(同上书,XIV)]之间的差别,这一点使得那些前提与"明显的意见性"前提相对立,而那些意见性前提使推理从材料上看成了辩论性推理。

念"的联系,修辞学沉迷于对论辩"立场"的分散性追求。这些立场对许多雄辩家来说构成了使之避免口头争辩的惊人之举的秘诀。① 修辞学与这一论题的密切关系无疑是修辞学衰亡的原因之一。也许,修辞学最终是因 19 世纪的过度形式主义而走向衰亡的。但矛盾在于,它被过多的内容所牵累。因此,《修辞学》第 2 卷具有康德所说的"大众"心理学、"大众"道德、"大众"政治学的很多内容。修辞学与关于人的子科学的这种趋同倾向提出了一个十分可怕的问题,这个问题影响到隐喻本身。修辞学与这个论题的密切联系以及修辞学与关于人的子科学通过它们而达成的默契难道不意味着通过寓言、明喻、格言、隐喻来讲话的爱好源于修辞与论题的这种相同复合体吗?我们必须注意这个紧迫的问题。但是在宣布修辞学死亡之前,这种联合已给它提供了一种文化内容。修辞学并不是在知识真空中形成的,而是在大量的意见中形成的。因此,隐喻与格言源于大众智慧的宝库——至少在隐喻与"既有"格言这类修辞格中是如此。这种保留是重要的:因为这种话语的拓扑学为对陈述和隐喻进行修辞学的考察提供了一种背景和余味,这种背景与余味不同于《诗学》所提供的背景与余味。

所有这些不同的特点反映在亚里士多德对修辞学的定义中:修辞学是"以思辨的方式发现在任何情况下可能适合于说服的东西的能力"(1355 b 25 - 26 和 1356 a 19 - 20)。这是一门理论学科,但是以 pithanon 即"说服本身"的(中性的)标准衡量,其主题是不确定的。这

---

① 布兰斯维克以下述方式将"立场"问题与辩证法的推理问题重新联系起来:"通过初步的接近,这些立场可以被描述成规则,或如果我们愿意,可以被描述成论辩的秘诀,这些秘诀旨在将有效的工具提供给非常确定的活动,即,论辩性的讨论活动。"(Ⅸ)这位作者还补充说:"《论题》试图将这种活动从盲目的实践层次推进到有条理的艺术实践的层次。由于与这种活动有着密切的联系,《论题》——优秀的辩证法家的手册,具有成为一场游戏的艺术的危险,但以后再也没有人会从事这种游戏(Ⅸ)。但为什么要谈论这种立场以表示这个从既有结论出发去形成某些前提的机制呢?(同上书,XXXIX)有人可能会强调这些立场是分散的这一事实,或强调每种立场具有收集功能这一事实。实际上,一方面人们可能强调逻辑思想在辩证法领域具有非系统的无头怪物般的特征,"(同上书,ⅩⅤ)强调被如此定位的孤立单元的封闭性质。但人们也可能步《修辞学》Ⅱ,26,1403 a 17 的后尘,注意到这种立场就是"包含许多省略三段论的主要观点"。偶然性的主题、属的主题、本义的主题(第 5 卷)和定义的主题相继履行了这种统一功能。

个起名词作用的形容词①,仍然忠实于修辞学的原初意图,即说服别人,但它表达了向论证技巧的转变。在这一点上,phthanon(说服)与pisteis(论证)的亲缘关系(法语的语义未能保留这种关系)非常具有启发意义:在古希腊,"论证"这个术语(复数的 pisteis)标志着客观的论据优于说服工作的主体间的目的。然而,最初的说服概念并未被排除。它仅仅被进行过简单的修改:向听众摆出论据证明了所有话语向某个人传达的意思,但向听众摆出论据以及使论辩从属于论题的内容妨碍我们将"说服本身"融入或然性的逻辑。因此,修辞学至多是辩证法的"翻版",但它不会解体。

现在有可能勾画一种关于陈述的狭义修辞学理论的轮廓,因而可以勾画关于隐喻的狭义修辞学理论的轮廓,因为隐喻是它的方法之一。

首先,我们不妨指出,隐喻的修辞功能与诗歌功能是不一致的:"散文语言是一回事(亚里士多德说,逻各斯在这种语境中与 poiêsis相对),诗歌语言则是另一回事。"(III,1,1404 a 28)②亚里士多德指出,不幸的是,诗学的陈述理论比公众的话语理论更为高级。③ 因此,重要的如果不是填补空白,至少是要弥补这种落后状态。这一任务并不容易:我们已在前面明确地指出,论辩术、口头表达术和写作是修辞学的三个部分。但是,如果修辞学不能与作为其组成部分的口头表达术统一起来,我们就可能追问它是否与雄辩家对论据的"发现"即与第一部分没有特殊关系。我们难道不能说所有并不涉及论证的东西仍是外在的或次要的吗(I,1,1354 b 17)? 当第 3 卷说"他进行正义的斗争时配备的唯一武器就是事实以致所有并非论证的东西都是多余

① 指 persuasif,这是"说服"一词的形容词,在这里当名词使用。——译者
② 杜林的《对亚里士多德的思想的叙述与解释》(海德堡,卡尔文特出版社,1966 年)采纳了这种散文与诗歌对比的论点,他将《修辞学》第 3 卷称为"散文作品"(第 149 页及以下)。《诗学》,1450 b 13‐15 将陈述等于思想的语言表达,由于没有忘记《诗学》的定义,杜林注意到,在《修辞学》的上下文中,陈述偏偏被等同于文学上的艺术散文(第 150 页),而没有被归结为希腊人创造的关于风格种类的理论(charaktêres 或 genera dicendi)。
③ 注意这个突出的理由十分有趣:"诗人提供了第一次推动,这是自然的事情:事实上,语词乃是模仿,在我们的器官的活动中,声音最适合模仿。"(《修辞学》III,1404 a 20‐22)

的东西"(Ⅲ,1,1404 a 5 - 7)时,它难道没有证实这种特权吗?我们必须停留于这些外在的考虑似乎仅仅是由于"听者的堕落"(Ⅲ,1,1404 a 8)。

人们并不否认,陈述理论与集中讨论论辩术的这本著作的其余部分之间的联系是松散的。然而,我们不应该将亚里士多德也许只是偶然写下本书与 pisteis 和 lexis 之间缺乏逻辑联系混为一谈。"仅仅拥有有待形成的论点是不够的。我们还必须像我们应该做的那样把它们表达出来。这样做大大有助于使话语显示出某某性质。"(Ⅲ,1,1403 b 15 - 18)我们在此应当质疑的恰恰是话语的显现与话语本身之间的联系,因为它预示着形象化表达观念的命运(参见"第五研究"第2节)。话语的"怎样"不同于"什么"。在进一步考察同一种区别时,亚里士多德将通过陈述而进行的安排与"事物本身"(ta pragmata)(Ⅲ,1,1403 b 19 - 20)进行对比。但是这种显现并不外在于话语,因为它是简单的 pronunciatio(口头表达)与 actio(行动)(Ⅲ,1,1403 b 21 - 35)(科普把它译为"传达",迪富尔-瓦尔特尔把它译作"行动"),就像在悲剧演出中一样它仅仅涉及言语的运用(《诗学》以同样的方式将陈述与舞台表演区分开来)。因此,我们必须寻找与说服活动和论据更紧密地联系在一起的显现方面(他说过,论据是"论证的主要部分")。因此,陈述毋宁是对思想的一种表达。这种表达与所有启发活动相关:"对证明而言,存在着需要以这样或那样的方式阐明的某种区别。"(Ⅲ,1,1404 a 9 - 10)就像在几何学中那样,当只有论证才显得重要时,我们并不关心陈述。但是,一旦与听众的关系具有头等重要性时,我们就要通过陈述来教导别人。

陈述理论似乎以相当松散的方式与《修辞学》的直接主题重新联系在一起,但我们将会发现,它以不太松散的方式与《诗学》的直接主题重新联系在一起。《诗学》后来干脆将陈述称为"悲剧的一部分",也就是说称为诗的一部分。可以设想,信息的形式或形象通过诗依附于它的意义以便形成一种与雕刻的统一体相似的统一体。① 在雄辩中,

---

① 我们将研究诗歌中的意义对感性事物的依附关系。见"第六研究"第2节。

说话的方式保持着外在性与可变性。也许,有人会冒险提出这样的想法:雄辩,亦即言语的公开运用恰恰包含将风格与论证分离的倾向。同样,有关论辩术的论文与有关口头表达术或风格的论文之间缺乏一贯的联系在某种程度上源于修辞学本身的不稳定性,而修辞学受到说服目的的内在矛盾的困扰。由于处在外在于它的两种限制——逻辑与暴虐——之间,它在构成修辞学的两极即论证与说服之间摇摆不定。当说服不再在意论证时,劝诱或取悦的欲望就会挤走它。风格本身就不再是外形意义上的形象,而是语词的"美容术"意义上的装饰品。但修辞学计划中一开始就包含这种可能性。这种可能性突然出现在亚里士多德的论文中:因为口头表达术将话语表达出来,使之显而易见,它往往将"取悦"的打算与"论辩"的打算分离开来。这种分离之所以特别具有威胁性,无疑是因为文字构成了第二级表达:"实际上,写下的话语与其说是通过思想还不如说是通过风格产生效果。"(III,1,1404 a 18 – 19)

隐喻的狭义修辞学特点现在如何呢? 它们在某种程度上揭示了陈述的这种表现功能吗? 反之,后者在某种程度上反映了雄辩术的内在矛盾吗?

由于修辞学是"美"言的艺术,它的特点就是恰当运用语言并与一般公开演说的特点联系在一起。后者构成了亚里士多德所说的陈述的"优点",并且指导着我们所说的公开演说的说服策略。"陈述的优点"这一概念是如此重要,以致正是它提供了《修辞学》第 3 卷的分析的主线。在各种优点中,与隐喻密切相关的优点是"明晰"(III,2,1)、"热烈"(与"冷淡"相反,III,3,1)、"丰富"(III,6,1)、"得体"(III,7,1),尤其是"典雅"(III,10,1)。①

---

① 科普在《亚里士多德的修辞学导论》中发现,如果这个一般提纲在亚里士多德的时代已经很普通,那么,对四个"优点"——简练、明快、光彩、贴切——的分类做得不够仔细,也没有通常遵循的秩序(第 279 页)。在其他地方,这条线索常常被打断,比如说,因研究相似性(见后面)而被打断,或被这种因素所打断,这些因素就像对陈述的"形式"(押韵、并列连接与和谐复合的风格)的评论那样难以进入对陈述优点的列举(III,8 和 9)。

明晰显然是使用隐喻的试金石。"起说明作用"(dêloi)的表达式是明晰的;但是语词的日常用法形成了明晰性的风格。在偏离①日常的用法时,它们使陈述"显得更加典雅"(Ⅲ,2,1404 b 9);在普通民众眼里,它仿佛成了"外来"语(Ⅲ,2,1404 b 10)。这种语言风格也给话语提供了一种"陌生的"氛围。"因为我们钦佩遥远的东西,而激起钦佩感的东西同样是令人愉快的。"(1404 b 12)的确,这些评论与其说适用于散文还不如说更适用于诗歌。在那里,庄重与优雅适用于主题,适用于除大众之外的某些人物本身:"在散文中,这些手法很少适用,因为此处的主题不太崇高。"(Ⅲ,2,1404 b 14 - 15)因此,修辞语言是作为诗歌语言而起作用,但程度很低。我们可以有保留地说,"注重修辞的话语的主要优点"是给话语带来一种"陌生感",但它完全掩盖了这一过程。修辞风格以适当的比例将明晰性、愉悦性和陌生感混合起来。

我们在前面借隐喻转换中类的关联所提到的距离感和亲近感有助于这种陌生感的形成,而这种陌生感与明晰性的要求相对立。恰当的隐喻的谜一样的性质也有助于陌生感的形成(Ⅲ,2,1405 b 3 - 5)。②

第二种优点被消极地对待③:《修辞学》Ⅲ,3,1 在考察风格的"平淡"时考虑到各种原因,其中的一个原因是,在散文中不适当和可笑地运用诗歌的隐喻,使用庄重的和悲剧性的风格,使用久远的因而模糊的隐喻(就像高尔吉亚谈到"新鲜的、血淋淋的事件一样")(Ⅲ,3,1406

---

① 表示偏差的动词——exallattô,exallaxai——出现了两次。Ⅲ,2,1404 b 8:"使一个词偏离日常意义";Ⅲ,2,1404 b 30:"人们为达到更高境界而偏离了适当性。"陌生的用法始终与日常的、熟悉的(Ⅲ,2,1404 b 32)或适当的(Ⅲ,2,1404 b 30)用法相反。

② 要将作者随后就语词应具有的"美感"所发表的看法与"明晰性"这个主题联系起来是比较困难的:语词的美感据说在于声调和所指的东西。丑陋也是如此(Ⅲ,2,1405 b 6 - 7)。随后作者又说:隐喻应当从"美的东西"中派生出来,"这些美的东西或因音调,或因意蕴,或因外观,或因某种其他意义而变得美"(1405 b 17 - 18)。悦人的功能间接涉及能指的功能。明晰—美感的这种两极性反映了上面提到的雄辩术所特有的某种张力。

③ 对科普来说,风格的缺陷或趣味的缺乏的这种发展并不意味着引入特殊的优点,这种优点就是风格上的"热烈"(《亚里士多德的修辞学导论》,第286 - 290 页)。

b 9)。在散文中,不需要"过多的诗意性"(同上)。那么,标准是什么呢? 亚里士多德毫不犹豫地说:"所有这些表达方式都不适用于说服工作。"(1406 b 14)①

"恰当"或"贴切"(III,7)的优点为强调散文与诗之间的区别提供了新的机会。需要注意的是,亚里士多德将适合于其主题的风格的这种性质称为"相称"(to analogon)。适合于散文的东西并不适用于诗歌,因为"后者是要灵感的"(III,7,1408 b 18)。

但是,对表达的优美与生动(字面上,指"典雅"的风格——asteion,与平淡的言谈相对)(III,10)的反思为对隐喻的修辞性用法的有趣看法提供了机会。② 首先,亚里士多德将他对隐喻的启发价值的看法与它联系在一起。这种优点实际上涉及理解的快乐,而这种快乐源于惊奇的效果。但是,将一些相隔遥远的事物突然进行对比从而启发别人乃是隐喻的功能:"易于理解自然是所有人都喜欢的。"另一方面,所有语词都有一种确定的意义,以致我们都十分喜欢使我们能得到教益的所有语词。如果我们不认识某些语词,我们会去认识那些惯用的词语。隐喻尤其会产生适当的效果。因为,当诗人把老人称为麦秆时,它启发了我们并通过那种方式给我们提供了某种知识;因为老人和麦秆都给人以凋落感(《修辞学》III,10,1410 b 10 - 15)。此外,亚里士多德把隐喻相对于明喻的优越性归因于这种优美的特点:隐喻比明喻更凝练、更简洁,它使人感到惊奇并且迅速发挥启迪作用,与掩盖结合在一起的惊奇感在这种策略中起着决定性的作用。

亚里士多德将一种仍然不够明显并且初看上去显得有点不协调的隐喻性质与上述特点联系起来。他指出,隐喻"产生形象"(字面上指"浮现在眼前")(III,10,1410 b 33);换言之,它为形象的把握提供具体的色彩,现代人将它称为形象化风格。自皮尔斯以来我们一直谈论隐喻的形象性,但亚里士多德的确没有在这种意义上使用 eikôn 一词。

---

① 相同的论据——避免过于诗意化的东西——被用于起委婉作用的隐喻并且通常用于婉转的说法(III,6,1407 b 32 - 35)。

② 科普的评论特别精彩和……优美! (第 316 - 323 页)

但是隐喻是以具体事物的特点描绘抽象性质这种观念已经存在。亚里士多德如何将这种"浮现在眼前"的能力与妙语①联系起来呢？是通过隐喻的这样一种特点，即"显露"，"使人看见"。但这一特点使我们回到了陈述问题的核心。关于陈述，我们已说过，它的功能是使话语"显现出来"。"浮现在眼前"并非隐喻的附属功能，而恰恰是形象化比喻的本义。同一种隐喻可以因此包含相称性的逻辑因素与形象性的感性因素。亚里士多德乐于将这两种一开始似乎对立的因素结合起来："我们说过，生动的语言源于类比性的隐喻，它们进行描绘（字面意思是，它们将……浮现在眼前）。"（III，10，1411 b 21）《修辞学》III，10，1411 a 25 - b 10 所列举的所有例子就是如此。将无生命的东西显示为有生命的东西的隐喻比其他方式更加具有将多种叙述形象化的能力。人们可能试图步海德格尔和德里达（参见"第八研究"第 3 节）的后尘，从这里发现柏拉图主义的某种不光彩的残余。难道不是这种可见的东西通过它与不可见的东西的所谓相似性来显示不可见的东西吗？如果形而上学与隐喻相结合，那并不是柏拉图的形而上学，而恰恰是亚里士多德的形而上学："我说过，当语词指称那些现实的事物时，它们在描绘这些事物。"（III，11，1411 b 24 - 25）将无生命的东西描述为有生命的东西绝不是将它们与不可见的东西重新结合起来，而是使它们本身显示为现实的东西。②亚里士多德在从荷马那里借用了一些值得注意的术语之后，评论说："在所有这些段落中，给无生命的东西所赋予的生命恰恰表示现实的东西。"（III，11，1412 a 3）但是，在所有这些例子中，形象化的能力，赋予生命的能力，现实化的能力要么与比例的逻辑关系不可分割，要么与比喻不可分割（但我们知道，在由两个词项构成的类比与由四个词项构成的类比中动因是相同的）。因此，相同的话语策略运用了比例的或比喻的逻辑力量，运用了"浮现在眼前"的能力，运用了将无生命的东西表达为有生命的东西的能力，最

---

① trait d'esprit，通常指俏皮话。——译者

② 我们以后再讨论亚里士多德的这种表白的本体论涵义。参见第 58 页以及"第八研究"第 4 节。

后,运用了指称现实性的能力。

有人会提出异议说,散文与诗歌之间的界限在这里消失了:荷马难道不是人们引用最频繁的作者吗?亚氏对荷马不是有过"所有这些语言赋予了运动与生命。但,现实就是运动"(Ⅲ,11,1412 a 10)这样的评论吗?隐喻难道不是被推广到散文的具有诗意的手法吗?

在重新讨论亚里士多德的《诗学》之前,我们无法完全回应这种异议。[①] 我们暂且说,差别并不在于手段,而在于想要达到的目的,正因为如此,我们要把形象化的生动描述放在简洁、惊奇、掩饰、隐晦上,放在反衬这类语境中加以考察。就像所有这些手法一样,妙语服务于相同的目的:说服听众。这一目的仍是修辞的特点。

---

① 参见第 53－55 页。

5. 陈述的"诗学"地位

让我们通过陈述重新考虑隐喻的双重采用①问题的另一极端。诗歌的陈述是什么呢? 在回答这个问题时,我们将会把两部著作共有的隐喻定义与《诗学》的纲要赋予它的不同功能联系起来。

隐喻定义引导我们从陈述下降到它的"部分"并由这些部分下降到名称,隐喻则是名称的转换。对隐喻功能的研究要求我们现在从陈述回溯到它的条件。

最直接的条件是诗歌本身——在这里指悲剧(它被视为整体):"因此,在悲剧中必定有六个要素(merê),它们使悲剧成为悲剧。这就是情节、性格、陈述、意图、场景与歌唱。"(1450 a 7 - 9)②情节是"已完成了的行为的集合"(1450 a 15)。性格就是通过一种隐含在行为之下的独特偏好而给行为赋予一贯性的东西(1450 b 7 - 9)。陈述是"韵文的组合"(1449 b 39)。意图就是一个人为给其行为作论证而说出的东西(1450 a 7)。它之于行为就好比修辞学与政治学之于演说(1450 b 5 - 6)。因此,这就是悲剧诗的狭义修辞学的方面(1456 a 34 - 36)。场景表示外在的和可见的秩序(1449 b 33)。最后,歌唱是"润色的主料"(1450 b 17)。

正如语词被称为陈述的一"部分"一样,陈述乃是悲剧的一"部分"。通过对诗歌本身的考虑,策略的时效发生了改变;隐喻,即语词

---

① 指修辞学与诗学都采用隐喻。——译者

② 《诗学》中译本(罗念生译,人民文学出版社,1962 年版,第 20 - 21 页)将这六个词分别译为情节、性格、言词、思想、形象与歌曲。以本人愚见,将 dianoia 译为"思想"似乎更合情理,将 opsis 译为"场景"则比译作"形象"更好。此处仍从利科的法译文。——译者

的冒险,通过陈述而与悲剧联系起来。或正如我们一开始所说的那样,与悲剧诗"联系起来"(1447 a 13)。

悲剧要根据一种特点即"对活动着的人的模仿"(1448 a l 与 a 29)来定义,这种特点提供了陈述的第二级条件。我们把亚里士多德的"模仿"概念留到以后去讨论,这一概念为诗歌提供了指导性概念,就像"说服"概念为公开演说提供了指导性概念一样。

当我们致力于列举悲剧诗的要素时,为了理解陈述的作用,重要的是把握其中的所有这些因素的联系。它们实际上形成了一种网络,在这个网络中,所有这些因素围绕一种主要因素——情节(muthos)。实际上有三种因素共同起着工具的作用:场景、歌唱、陈述,"因为这些东西是进行模仿的手段"(1449 b 33 – 34)。两种其他因素——意图与性格——被称为行为的"自然原因"(1450 a 1)。而第二种因素给行为赋予了偏好的一贯性;第一种因素则给行为赋予了根据的一贯性。所有因素都在 muthos 这个词语中结合起来,一些译者把它译成情节。实际上正是在这里实现了行为的转换。亚里士多德把它称为高尚行为的模仿:"情节是对行为的模仿。"(1450 a 3)在情节与悲剧之间不仅存在目的与手段的关系或自然原因与结果的关系,而且存在本质的联系。正因如此,那本著作从一开始就在探讨"创作情节的方式"(1447 a 8)。因此,为实现我们的目的,重要的是深入理解悲剧诗的情节与其中包含着隐喻的陈述之间的邻近关系。

情节的基本特点就是它的顺序性、结构性、条理性。这种顺序性反映在所有其他因素中:场景的顺序,性格的一贯,意图的联贯以及韵文的条理。情节也反映在行为、性格和意图的发散性中。重要的是,陈述也具有这类一贯性。怎样分有这类一贯性呢?亚里士多德曾说它源于"dia tês onomasias hermêneian"(1450 b 15),我往往把它译为"语言的解释",哈迪则把它翻译为"通过语言来传达思想"。① 就此而论,它既不是散文,也不是诗。亚里士多德说:"它有诗歌作品和散文作品的共同性。"(同上书,第 16 页)亚里士多德刚才所说的意图丝

————————

① 罗斯把它翻译成"通过言语来表达思想"。卢卡斯把它译成"通过言语进行交流"。

毫没有穷尽这种解释,而意图包含所有这些修辞特点,这些特点对情节与性格进行补充并因此属于语言的范围(它像"所有由语言确定的东西"一样属于修辞学)(1456 a 37)。但这种安排仍有待言语来显示、表达:"如果讲话者的意图是明显的并且并不源于他的语言,那么,讲话者的工作是出于什么原因呢?"(1456 b 8)①如果我们将这三种特点——诗歌的布局、解说、表白——进行比较,我们就会发现陈述的功能已被描述成情节的内部顺序的外在表现与说明。悲剧的情节与它的陈述之间存在着某种关系,我们可以冒险把这种关系表述为内在形式与外在形式的关系。正因如此,陈述——隐喻本身是它的一部分——在悲剧诗中与情节结合在一起并反过来变成了悲剧的"一部分"。

那么,悲剧诗的情节与模仿功能之间有什么关系呢? 我们必须承认,很少有现代批评家赞同亚里士多德将悲剧诗——顺便也将史诗——定义为模仿的做法。大部分人都从这一概念中看到了亚里士多德的审美观的原罪,也许还有全部希腊人的审美观的原罪。麦基翁②(Richard McKeon),最近,还有戈尔登(Leon Golden)与哈迪森(O. B. Hardison),都努力消除一些误解,这些误解模糊了对亚里士多德的概念的解释。但是,我们的一些译者也许很快会为古希腊的 mimêsis 提供对等的术语,我们相信这个术语已众所周知,这个术语就是模仿。大家很容易指责说,模仿从属于自然事物。从形象艺术与非形象艺术的全新对立出发,我们不可避免会触及古希腊的 la mimêsis

---

① 哈迪评论说:"原文和这个句子的意义是非常可疑的。"(见该书)如果我们将对刚才的看法的这一评论与形象化比喻的功能(使话语显示出来)进行比较,这种意义就不太可能有疑问。在这一点上,罗素的翻译消除了所有模糊不清之处:"如果除了讲话者所说的东西之外各种事物能按要求显现出来,讲话者的本事何在呢?""思"要变成"诗"就有待于"显现"。在这一点上,德里达发现:"如果 la dianoia 与 la lexis 之间没有差别就没有悲剧存在的余地……这种差别不仅在于人们应能说出不同于他想的东西。它只有通过说话者才能出现在悲剧中。"(《白色神话学》,前引书,第 20 页)

② 麦基翁:"古代的文学批评与模仿概念",载《现代语文》,1936 年 8 月号;收入《批评家与批评》,克兰编,芝加哥,芝加哥大学出版社,1952 年版,1970 年第五版。"模仿与诗歌",载《思想、行为与情感》,芝加哥,芝加哥大学出版社,1954 年版,第 102 - 223 页。

（模仿）一词。[1] 然而，将模仿的这些特点集中起来并非一件令人感到失望的工作。这些特点使模仿不同于反映自然的简单复制（参见"第七研究"第 4 节）。

首先，我们要注意的是，从柏拉图到亚里士多德，mimêsis 概念的使用范围明显缩小。[2] 在柏拉图那里，它的外延不断扩大。它适用于所有艺术、话语、制度，适用于仿照理念原型的自然事物并因此适用于事物的法则本身。辩证方法——从对话步骤的广义上去理解——给该词的意义赋予了非常广泛的语境规定性，这一点使语义学家面临令人沮丧的歧义。唯一确定的线索是现存事物与相像的事物之间的非常普遍的关系。这种相似性有好坏之分，真实与肤浅之别。参照理念原型仅仅使我们能根据存在物在表面上的近似性的改变来形成相似性的程度。因此，我们可以说一幅画是"模仿的模仿"。

在亚里士多德那里丝毫不是如此。首先，定义是科学话语的开始，但不是辩证使用的结束。因为虽然语词有多种意义，它们在科学中的用法却只能有一种。正是科学的划分规定了这种规范的用法。由此可知，我们只承认 mimêsis 的一种字面意义，这种意义限制了它在诗学范围中的使用，而诗学不同于理论科学与应用科学。[3] 只有存在"制作"的地方才存在"模仿"。因此，在自然中不存在模仿，因为与制作不同，自然的运动法则是内在的。也不存在对观念的模仿，因为制作始终是生产独一无二的事物。在谈到情节及其构思的统一性时，亚里士多德注意到"模仿始终是对独一无二的东西的模仿"（1451 a 30 – 35）。

有人可能会提出这样的异议：《诗学》使用了"模仿"概念，但没有

---

[1] 在上一个注释所引的第二本著作中，麦基翁将对模仿的贬义解释溯源到《天才的审美观》。

[2] 关于所有这些观点，参见麦基翁：前引书。接下来的发展很大程度上归功于这本著作。作者强调不断重建一个使概念从中获得意义的哲学语境的必要性，强调将每个定义与每个哲学家特有的方法论重新联系起来的必要性。

[3] 麦基翁写道："模仿在那个系统中起着种差的作用，通过这种种差，实用的艺术和高雅的艺术得以区分开来，"见《批评家与批评》，第 131 页。

对这一概念进行"定义"。如果唯一标准的定义是属加种差,这种做法
就是正确的。但在列举模仿的种类(史诗、悲剧、喜剧、赞美诗、供笛子
和竖琴演奏的曲子)时,随后,在将据种类所作的划分与按"方式"、"对
象"和"样式"所作的划分进行对比时,《诗学》对模仿进行了十分严格
的定义。如果我们进而注意到其功能就是产生愉悦——我们试图学
会模仿所产生的那种愉悦,那么,我们可以冒险解释说,①模仿完全要
通过这种结构来定义,这种结构与质料因、形式因、动力因和目的因的
区分一一吻合。

　　这种并不普遍的定义提供了如此稳固的四重结构②以致它实际上
决定了悲剧的六个"部分"的布局。而其中的三个部分(muthos,
êthos,dianoia)源于模仿的对象,另两个部分(melos 与 lexis)涉及方
法,最后一个部分(opsis)涉及风格。此外,尽管净化③并不是悲剧的
一"部分",但它可能与模仿的第四个方面联系在一起,与它的"功能"
联系在一起,这种功能就是因模仿而产生的快乐的悲剧的变种。净化
与观众心理学的联系不像它与可以理解的悲剧作品的联系那么密
切。④ 因此,模仿是一个过程,⑤是"构建悲剧的六个部分中的每个部

----

① 戈尔登与哈迪森:《亚里士多德的〈诗学〉,译文和供文学研究者阅读的评注》克利夫斯,
　哈尔出版社,1958 年版,第 68 - 69 页。第 79、87、93 页,第 95 - 96 页,第 115 页以及
　"跋:论亚里士多德的模仿"(第 281 - 296 页)。同样,埃尔斯的《亚里士多德的〈诗学〉:
　论证》(马萨诸塞,剑桥,哈佛大学出版社,1963 年版)有理由关注这一将 la poïêsis(诗)
　定义为 mimêsis(模仿)而出现的矛盾(第 13 页);他在谈及 1451 b 27 - 33 时指出:"诗人
　所创造的并非事件的现实性,而是它们的逻辑结构,是它们的意义。"(第 321 页)正因如
　此,诗作与模仿可能是一致的。也正因如此,"模仿"可以产生恐惧感本身(1453 b 8),因
　为情节本身是模仿(410 - 411,447 - 450)。
② 按哈迪森,前引书第 96 页的看法,它构成《诗学》的"第一种逻辑统一性"。它同时给亚
　里士多德的卷首表白赋予了深刻的意义:"从第一原则开始遵循自然的顺序。"(1447 a
　7)
③ "净化"原文为 katharsis,对这个词的理解与翻译,学术界争议颇多。有的学者主张译为
　"陶冶",有的主张译为"净化",还有人主张译为"宣泄"。罗念生先生曾在《剧本》1961
　年 11 月号上发表"卡塔西斯浅释"一文,为将此词译为"陶冶"作辩护。利科显然把这个
　词理解为"净化",故译者仍采用"净化"作译名。——译者
④ 同上书,第 115 页。哈迪森在此利用了戈尔登的一篇文章《净化》,载《美国哲学协会会
　刊》,XLIII(1962),第 51 - 60 页。
⑤ 同上书,第 286 页。

分的过程,是构建从情节到场景的每个部分的过程"。

关于模仿的这种逻辑结构,我们将会考虑容易引起我们的隐喻哲学的兴趣的两种特点。

这些特点中的第一个特点取决于情节在诗歌创作中的作用。我们说过,这种特点就是模仿。更确切地说,正是这个虚构的东西的"结构"构成了模仿。这是十分奇特的喜剧,它构造了它所模仿的东西本身:对虚构的东西的"全部性质"的所有描述,对开始、过程和结尾的安排的所有描述,以及对情节的统一性和顺序的所有描述,有助于将喜剧与对现实的全部反映区别开来。我们也已表明,悲剧诗的所有其他因素在不同程度上表明了结构、顺序、统一性的相同性质。但它们在所有不同方面都是模仿的因素。

顺序的这种功能使我们可以说,诗歌"比历史更具有哲学的意味"(1450 b 5－6)。历史学描述已发生的事情,诗歌则描述过去有可能发生的事情。历史停留于特殊性,诗歌则上升到普遍性,此处所说的普遍性是指某一类人"很可能或必然地"(1451 b 9)说出或做出的那种事情。通过这类事情,听众"才会相信可能性"(同上书,第 16 页)。① 在从属于现实——人的行为——与作诗本身这种创造性工作之间的张力会在模仿中显示出来。"据此可以清楚地看出,诗人应当成为编造情节的艺术家而不是成为创作韵文的艺术家,因为他是由于模仿而成了诗人,并且他模仿各种行为。"(1451 b 27－29)

顺序的这种功能还说明,我们从模仿中得到的快乐就是人们从学习中得到的那种快乐,在诗歌中令我们愉悦的东西是悲剧的创作所获得的那种净化感,通体的透明感。②

因此,恰恰由于严重的误解,亚里士多德的 mimêsis 概念可能与

① 哈迪森甚至于说悲剧诗将历史或自然"普遍化"(同上书,第 291 页及以下)。历史本身仅仅提供特殊性或漫无差别的个别性。但是,传说就是对历史的可以理解的解释,这里的历史要从特殊性的集合的广泛意义上去理解。这种"被普遍化"的行为显然不会是一种复制。
② 在这里,戈尔登对悲剧的净化的解释获得了某种可能性,这至少是因为对情节、插叙、人物、思想的可理解性所做的澄清将对怜悯与恐惧的净化间接化了。

"复制"意义上的模仿混为一谈。如果 mimêsis 包含对现实的初步参照，这种参照只不过表示自然对所有制作活动的支配。但这种参照活动与创造性的方面不可分割。模仿即是创作(la mimêsis est poiêsis)，反之亦然。亚里士多德的"模仿"将接近人的现实性与虚拟的距离感结合起来，这种模仿已经预示着支配我们自身的研究的(参见"第七研究"第4、5节)主要矛盾。这一矛盾并非不涉及隐喻理论。但我们要提前结束对"模仿"概念的描述。

令我们的研究感兴趣的第二个特点可以这样来表述：与喜剧不同的是，在悲剧中，对人的行为的模仿是使人高尚的模仿。与前一种特点相比，这种特点更是理解隐喻功能的钥匙：亚里士多德说，喜剧"试图表现下层民众"，悲剧则试图"向现实的人表现上层人物"(1448 a 17 - 18)(这个主题出现了几次：1448 b 24 - 27；1449 a 31 - 33；1449 b 9)。因此，情节不仅是以比较一贯的形式对人的活动的重新安排，而且是一种进行升华的创作。于是，模仿不仅旨在恢复人的本质，而且是恢复其更伟大、更高尚的方面。模仿的特有张力是双重的：一方面，模仿既是对人的描绘，也是具有原创性的创作，另一方面，它包含恢复与升华。这个特点与前一个特点结合在一起，它使我们又回到隐喻上来。

由于被重新置于模仿的基础上，隐喻丧失了所有无根无据的特点。它被看作简单的语言事实，因而可以被视为在生僻词、反常词、扩充词、缩略词、杜撰词方面对日常语言的简单偏离。陈述从属于情节已使隐喻服务于"言说"，服务于"诗化"，这一点不仅出现在语词的层次，而且出现在整个诗的层次。使情节从属于模仿为风格所使用的手段提供了全部的目的，这一目的相当于"说服"在修辞学上的目的。从形式上看，作为偏离，隐喻仅仅是一种意义上的差别。由于与最好的行为相关，它具有体现后者的特点的双重张力：既从属于现实又进行虚构，既有恢复又有升华。这种双重张力构成了诗歌中的隐喻的指称功能。抽象地看，也就是说，除了这种指称功能，隐喻穷尽了它替代的可能性并且消失于装饰中：由于致力于漫游，它迷失于语言的游戏中。

　　总而言之,悲剧的模仿所特有的意义升华(它发生在被理解为整体的诗歌中)和隐喻所特有的意义转移(它发生在语词层次)之间存在更为密切的配合关系,我们难道不能将模仿的第二种特点与这种配合关系联系起来吗? 亚里士多德对诗歌隐喻的恰当用法所做的一些评论①与我们搜罗的,被归为修辞学隐喻的"优点"的那些评论相得益彰。它们以诗歌语言的义务论为目的,这种义务论与有关模仿本身的目的论不无相似之处。

　　亚里士多德在这里讲些什么呢? "明晰而不含混"(1458 a 18)就是陈述的特点。这种明晰是什么呢? 这种含混性又是什么呢? 既明晰又含混的诗歌作品恰恰是仅仅包含日常语词的作品。那就是对偏差的恰当运用。它在于新奇与典雅(semnê)的结合。怎样才能不使这种结合走得更远呢? 如果新奇与典雅不能在"恰当的隐喻"中结合在一起,那不是因为语言的典雅适合于表达被描述的行为的高尚吗? 如果这种解释有价值——我乐于承认它创造了作者不想要而又被文本认可并通过阅读而产生的东西——那么,我们必须追问,作为语词层面上的意义转移,隐喻的秘密是否不在于意义在陈述层面上的升华。如果可以这样想,隐喻不仅是对日常语言的偏离,而且通过这种偏离成了提升意义的特殊工具,而意义的提升造成了模仿。

　　在诗歌层次的情节所引起的意义升华与语词层次的隐喻所引起的意义升华之间所发现的这种类似性无疑应当扩大到净化,我们可以把它视为情感的升华,这种升华与行为的升华,与语言的升华相似。从功能的观点看,模仿构成了整体。在这种整体中,向情节的提升,通过隐喻对语言的转用,与对恐惧感和怜悯感的净化并行不悖。

　　但是,我们要说的是,对模仿的解释是以模仿与情节的联系为基础的,这种解释并不会掩盖一个重要事实:模仿乃是对自然的模仿。因此,模仿的确不是通过追溯到《诗学》的第一个概念而达到最后一个概念。"对自然的模仿"这个术语似乎使我们走出了《诗学》的领域并

① 参见"优点"(aretê,1458 a 18)、"尺度"(metrion,1458 b 12)、"不适当地"(aprepôs,同上,14)、"适当的用法"(to harmotton,15)、"适当地使用"(prepontôs khrêsthai,1459 a 4)。

且回到了《形而上学》。① 通过将话语的创造与自然的生产重新联系起来，这难道不会同时破坏以前的所有分析吗？通过将语义的丰富性与自然的丰富性联系起来，这难道会最终使隐喻的偏离变得毫无用处和毫无可能吗？②

因此，我们必须最终回到这堆议论，这堆议论在为情节和隐喻创造空间的审美观中构成了对自然的参照。

如果模仿在亚里士多德的体系中是作为将各种艺术——高雅艺术与实用艺术——与自然区分开来的明显标志，那么，我们就应当说，"对自然的模仿"这个术语的功能既是将人的创作与自然的生产区分开来，又是将它们协调起来。"艺术模仿自然"这个命题既将艺术与自然区别开来又将艺术与自然连接起来。③ 语词的任何简单的操作性用

---

① "自然"(phusis)一词在《诗学》中的许多意义值得注意，因为它们构成了为《诗学》之外的东西提供许多暗示的紧密网络。如果我们遵循"自然的顺序"，我们首先要说的就是"模仿"(1447 a 12)：在此"自然"表示根据事物的顺序对知识所作的划分，领先这一划分，模仿属于"制作"的科学。对自然的间接暗示要通过目的概念来进行："行动(acte)与情节是悲剧的目的。"(1450 a 22)稍稍说得明白点就是，"情节是悲剧的本原(arkhê)，就像它是悲剧的灵魂(psukhê)一样"(1450 a 38)，而思想与性格是行为的"自然原因"(pephuken)(1450 a l)。至于模仿本身，它与天性联系在一起，因为模仿是人与生俱来的能力(sumphuton)(1448 b 5)。此外，人与动物的不同之处在于人"非常善于模仿"(同上书，7)。正是这一点使最有天赋的艺术家与其他人区分开来，"因为艺术家是靠天赋而成为艺术家的"(1459 a 7)。实际上，诗人是"根据自己的本性"而激发写悲剧与喜剧的灵感。最后，在各种诗作中，随兴而作并与天性相续的悲剧在达到"它自己的本性"(1449 a 15)时已臻极致。此外，悲剧的条理性、完整性、对称性的特点，简言之，所有构成自足的完美作品的东西同时也揭示了"符合事物本性的界限"(1451 a 9)。在《诗学》中尚未被作为主题的自然概念不断作为操作概念而出现，但这是芬克赋予这个词的意义上的操作概念，它与主题概念相对照。

② 在德里达看来(前引书，第 23 - 24 页)，将"模仿"与"自然"联系起来的严格一致性构成了"形而上学和人道主义的构成形式"(第 24 页)。前一个注释得益于德里达的分析，它大量借用了这种分析。

③ "艺术模仿自然"这一表述在亚里士多德的著作中是一个经久不变的表述。德卡里(《亚里士多德论形而上学的对象》，蒙特利尔-巴黎，弗兰出版社，1961 年版)从 Protreptique (《规劝》——这一表述与柏拉图的《法律篇》X,888e,890d 形成了对照)开始就提出了这一表述："自然的产品有一个目的，它始终是为一个比艺术品的目的更高的目的而创造出来的，因为艺术模仿自然，而不是自然模仿艺术。"(第 23 页注释 3)在此，这一表述并不是用来区分的，也不是用来协调的。它旨在使艺术从属于自然。原文提供了这样的根据：对哲学家的这种激励是本文的对象，它以"自然的意志"为基础(同上)，(转下页)

法（因为这种用法使用了"自然"一词的不同词义，或它在《诗学》原文中的复合词）都不及这种主题性用法。

正因为"模仿自然"这一术语的功能是将诗意的东西与自然的东西区分开来，参照自然丝毫不会成为诗歌创作的限制。诗歌模仿人的行为，"或者仿照它们过去的样子或仿照现在的样子，或者仿照人们认为的那个样子以及它们显示的那个样子，或者仿照它们应该有的那个样子"（1460 b 7 - 11）。由此保留了广泛的可能性。从此，我们可以理解这个哲学家为何写道"诗人因为模仿而成为诗人"（1451 b 28 - 29；1447 b 1 - 5）以及"情节是行为的模仿"（1450 a 4）。也正因为自然为模仿性的"创作"留下了空间，人们可能根据诗作是悲剧还是喜剧而将人的行为描述成"好的"或"坏的"。现实仍是一种参照，而不会变成一种限制。正因如此，艺术作品可能服从纯粹的内在标准而绝不会像在柏拉图那里一样受到道德和政治考虑的干扰，尤其不会理会使表面现象与实在性相称这类本体论的关切。柏拉图对"模仿"的用法使我们甚至能将自然事物看作对永恒理念的模仿并将绘画称为模仿的模仿。在放弃柏拉图对"模仿"的这种用法时，亚里士多德被迫将对自然的模仿这一概念仅仅用于一门有关诗歌创作的科学的范围，而这门科学已经获得充分的自主性。传奇类作品应当反映人的行为，而人的行为在这里则是被模仿的自然。

最后，我想冒然提出最后一个论证，它超越了被用于过去的一位哲学家的论著的语义学根据，激活了它在当代语境中的意义并因此属于一种诠释学。这个论证涉及 phusis 一词，即 mimêsis 的最终参照

（接上页）因此，我们必须从艺术的目的上升到更高的目的。《物理学》II，2，194 a 21 - 27 以另一种方式提供了论证，它从艺术显示出来的东西过渡到向自然显示出来的东西，即形式与质料的结合以及目的论。论证如下："如果艺术模仿自然……那么它属于认识两种自然（形式与质料）的物理学。"原著继续写道："……自然是目的和最终原因。"（同上书，a 28）大家明白，同一表述可以得出另一种意义并由此将艺术与自然区分开来，因为艺术正是从自然中获取目的，也正是从自然中艺术获得了自主性，因为自然中可以模仿的东西并非我们复制的产品，而是生产过程本身及其目的论秩序，这些顺序仍有待理解，情节则可以重组它们。关于亚里士多德的"模仿"概念，可参见奥邦克：《亚里士多德的存在问题。论亚里士多德的难题》，法国大学出版社，1962 年版，第 487 - 508 页。（在"第八研究"第 1 节大家可以发现对这本著作的另一个论证的讨论。）

物。我们认为只有把 phusis 翻译为"自然"才能理解它。

但是，"模仿"一词导致了对 mimêsis 的误解，"自然"一词难道不会同样导致对 phusis 的误解吗？希腊人无疑不会像我们那样迅速将 phusis 等同于有惰性的被给予性。也许是因为自然本身对希腊人来说是有生命的，mimêsis 才不至于成为役使性的活动，在写作和创造时模仿自然才是可能的。这难道不是《修辞学》这一最晦涩的文本所表达的见解？他之所以说，隐喻是"使……浮现在眼前"（met sous les yeux），是因为它"表示现实中的东西"（III,11,1411 b 24 - 25）。《诗学》作了这样的回应："……在进行叙述时……或在将所有人描述为行动着（hôs prattontas）的人，描述成现实中的（energountas）人时，我们能够进行模仿。"（1448 a 24）在"指称现实"与道出"自然"之间难道不存在隐含着的亲缘关系？

如果这一假设有效，我们可以理解为什么《诗学》绝不可能脱离"模仿"也不可能脱离"自然"。"模仿"这个概念归根到底可以作为理解语境的索引。这意味着，任何话语都不能排除我们对世界的归属性。所有模仿，甚至创造性的模仿，尤其是创造性模仿，处在"在世"①的领域，就它上升到情节而言它显示了这种"在世"。我从亚里士多德的"模仿"中所看到的便是想象物的真实性，是诗的本体论发现的能力。陈述因模仿而生根，隐喻的偏离属于表达现存事物的伟业。但模仿不仅意味着所有话语都属于世界。它不仅保留了诗歌话语的指称功能，作为"自然的模仿"，它把这种指称功能与将实在表现为现实的过程联系起来。在"自然的模仿"这个术语中，"自然"这个概念的功能是将此一"线索"用作现实性的方面，这个方面并不出现在对被给予的事物的简单描述中。将人描述成"行动着的人"，将所有事物描述成"活动着的"事物很可能是隐喻话语的本体论功能。在此，存在的所有静态的可能性显现为绽放的东西，行为的所有潜在可能性表现为现实的东西。②

"活的"这个词语就是道出"活的"存在的东西。

---

① 这是海德格尔的用语。——译者
② "第八研究"的结尾将采纳这个解释并加以展开。

第二研究
修辞学的衰落： 比喻学
——献给热内特

本研究的主线从修辞学延伸到语义学,再从语义学延伸到诠释学。我们在此关注的正是从修辞学向语义学的过渡。我们试图证明导言中提出的假设,根据这种假设对隐喻的纯粹修辞学考察源于在意义理论中一开始就给语词赋予过多的特权,更确切地说源于给名称、命名活动赋予了过多的特权。而纯粹的语义学考察始于将句子认作基本的意义单元。在第一种情况下,隐喻就是转义,即影响语词意义的偏离——在第二种情况下,它是一种述谓行为,是话语-句子层次的异常归属活动(我们将会看到我们是否能——以及在何种程度上能——谈论这一分析层次上的偏差)。

　　直接的改变可以直接通过一种分析来进行,这种分析略去了比喻修辞学并且像理查兹以来的大部分英国作者所做的那样一下子处于命题逻辑的层面。我们选择了间接论证的较长途径,这种论证主要是从日薄西山的修辞学的失败中获取证据。后者实际上提供了使隐喻理论依赖话语-句子理论的必要性的相反证据。对修辞学近著之一即丰塔尼埃的《话语的形象化表达》①的考察乃是主线。

---

① 　此书问世于 1830 年,1968 年由修辞学家热内特重新整理出版。——译者

1. 比喻学的修辞学"模式"

我们的假设旨在对修辞学的衰落进行说明,这种说明显然不同于一些具有结构主义倾向的新修辞学家提供的说明。如前所述,①后者②把这归因于修辞学领域的逐渐缩小。自古希腊以来,由于修辞学的两个主要部分,即论辩理论与写作理论的萎缩,它实际上被逐渐收缩为口头表达理论。口头表达理论或风格理论被归结为对修辞格的分类,而对修辞格的分类又被归结为比喻理论。比喻学本身仅仅关注由隐喻与换喻构成的一对修辞格,其代价是将换喻归结为邻近性,将隐喻归结为相似性。

这种说明同时也是一种批评,它想为新修辞学计划开辟道路,而新修辞学首先打开了渐渐封闭的修辞学空间。因此,这一计划与隐喻的专横相对立。但此项工作不会不忠实于古典修辞学的分类学理想,它仅仅较为关注形象化表达的多样性:"除了形象化表达还是形象化表达"——这就是它的箴言。

依我之见,修辞学领域的缩小并不是决定性的事实。这不是因为它不涉及具有重要意义的文化现象,也不是因为我们不能提防隐喻的过分增加。如果我们不揭示新修辞学也许并不打算承认的比较深刻的根源,这种警告就不起作用。问题并不在于恢复原始的修辞学空间——由于不可避免的文化原因,这也许超出了我们的爱好——而是以新的方式理解比喻的功能并由此出发最终以新的术语重提修辞学

---

① 参见"第一研究"第1节。
② 热内特:《狭义修辞学》,载《交流》第16期,瑟伊出版社,1970年,第158-171页。

的目的问题。

修辞学的衰落源于影响到比喻理论的最初错误,而不管比喻学在修辞学领域中的地位如何。这一最初错误取决于语词在意义理论中的独霸地位。从这种错误中,我们仅能发现最遥远的效应:将隐喻归结为单纯的修饰。在起点(语词的优先性)与终点(作为修饰的隐喻)之间一系列的假设得以展开,这些假设逐步将以命名为中心的初级的意义理论与关于比喻的纯修饰理论紧紧结合在一起,而关于比喻的纯修饰最终证明了被柏拉图置于与"美容术"同等地位的一门学科的有用性。

我们可以以下述方式恢复这一系列的假设,它的整体构成了比喻学的内在模式。

a) 某些名称本身属于某些种类(属和种)的事物。我们可以把这些语词的意义称为本义。相比之下,隐喻与其他比喻乃是引申义或转义:这便是关于本义与引申义或转义的假设。

b) 我们用一个非专有名称而不用相应的专有名词来称呼某些事物。在现实的话语中缺乏专有名称,要么源于具有风格学特征的选择,要么源于缺乏实在性。但在这两种情况下,诉诸引申义旨在填补语义空白,或更确切地说,填补词汇在现实信息或信码方面的空白:这便是语义空白假设。

c) 语词空白是通过借用外来词来填补的:这便是借用假设。

d) 借用词被用于相关事物,其代价是在借用词的引申义或转义与本义之间出现了偏差:这便是偏差假设。

e) 从转义上来理解的借用词代替一个未出现的词(这是它缺乏的词或人们不愿用的词),而这个未出现的词可能被用于本义上的相同地方。当存在专有名词时,这种代替是通过自愿而不是通过强制来进行的。我们谈到了严格意义上的比喻。当替代对应于词汇的真正空白并且这种替代是出于强制时,我们指的是词的误用:这便是替代公设。

f) 在借用词的转义与借用词所代替的那个不出现的语词的本义

之间,存在着某种我们可以称之为转换推论的关系。这种推论构成了对语词的替代的范例。在隐喻中,范例的结构乃是相似性的结构,这便是关于比喻的范例假设。①

g)说明(或理解)一种比喻就是在比喻推论的指导下或者说在替代的范例的指导下寻找未出现的语词,因而就是恢复以并非固有的语词来代替的原有语词。但这种恢复活动所包含的解述活动原则上是彻底的,因为替代与恢复的总和是零:这便是彻底的解述假设。

最后两个假设恰恰源于这一系列的前提,它们显示了对隐喻,推而广之,对比喻进行狭义修辞学考察的特点:

h)语词的转义用法并不包含任何新的信息。这种假设与前一种假设相互关联。如果恢复使替代无效,如果它可以提供对隐喻,以及推而广之,对比喻的彻底解述,隐喻就不能提供任何知识:这便是零信息假设。

i)当比喻不提供任何知识时它就只有单纯的修饰功能。它在修饰语言时,在为话语提供"色彩"时,也给思想提供富有色彩的"外衣"。

这便是对隐喻的纯修辞学考察所包含的一系列前提。这一系列前提从使隐喻成为命名行为的起点出发一直延伸到给它赋予简单的修饰功能并把全部修辞学仅仅作为取悦人的艺术。隐喻不提供什么知识并且仅仅用来修饰话语——这两个论断逐步发端于把隐喻作为称呼事物的异常方式这一最初决定。

事后从这种模式来考虑,亚里士多德的分析似乎成了预示。但我们并不能指责亚里士多德把丰富的修辞学归结为口头表达理论,更不用说指责他把修辞学归结为修辞格理论了。他并未沉迷于运用纯粹的分类方法:他区分的四类修辞格仍是隐喻的类型。这些隐喻的类

---

① 一些新修辞学家将口头表达的修辞学与发现论据的修辞学及写作修辞学(按亚里士多德的《修辞学》的三分法)进行对照,就像他们将范例学与意群学对照一样(罗兰·巴尔特:"古代修辞学(助记术)",载《交流》第 16 期,瑟伊出版社,1970 年,第 175–176 页)。就像相互作用理论或辩论理论一样,关于隐喻的零散的理论剥夺了这种区分的许多力量。

型并不与其他修辞格相对立。至于隐喻与明喻的差别,对它进行分析恰恰是为了隐喻而缩小这种差别。如果亚里士多德是这种模式的开创者,那丝毫不是因为他对修辞学领域的定义,因而不是因为他对陈述在这一领域中的地位所下的定义,而仅仅是因为在列举陈述时它给名称所赋予的中心地位以及隐喻定义对名称的指称。正因为如此,亚里士多德的隐喻理论包含许多暗示,这些暗示或多或少地依赖这样或那样的假设,我们刚刚依次列举了这些假设,它们是:"日常"语词与"罕见"语词,第二种语词对第一种语词的偏离,对"借用"词的意义转用于命名的事物,用这个词去代替我们放在同一位置的那个词,"恢复"后者的可能性,隐喻风格的修饰性,从这种风格所取得的快乐。

的确,亚里士多德描述的其他特点阻碍着将这种描述归结为相关模式。但这些特点在陈述理论中丝毫不会令人想起修辞学最初的广泛内容。它们毋宁指向一种关于隐喻的不再具有唯名论性质的零散的理论。我们不妨回顾一下其中的某些特点。首先,隐喻与明喻接近。明喻之所以从属于隐喻,是因为隐喻总体上包含了归属关系(阿基里斯是狮子),而明喻使这种归属关系过多地带有一种推断的性质(阿基里斯像狮子)。隐喻与明喻的区别是两种形式的述谓关系即"是"与"像"的区别。正因为如此,隐喻更为有力:直接的归属关系显示出惊奇感,而明喻消除了这种惊奇感。同样,给一个事物的名称赋予另一事物的活动揭示了它与述谓活动的密切关系。不仅比例式隐喻表现出与明喻的这种亲缘关系,而且所有隐喻都通过两项之间的极性(它以三种隐喻为前提)表现出与明喻的这种关系。如果隐喻不是"说出两种东西"——出借其名称的事物与接受这一名称的事物,那么,如何将种的名称给予属呢? 隐喻的词义转移并不能由此穷尽它在借用、偏离、替代这类概念中的意义。当隐喻类似谜语时,它与其说使人想起替代理论还不如说使人想起张力理论。因此,亚里士多德无疑也表明隐喻"泛泛地提供知识":这种声明违反了后两条假设,而这些假设使修辞学模式变得完整起来。

因此，当亚里士多德创造了在日薄西山的修辞学中占支配地位的模式时，他也提供了使这种模式无效的某些论据。但这不是因为他的修辞学比口头表达理论更宽泛，而是因为显然以名称为中心的陈述暗中取决于述谓活动。

2. 丰塔尼埃^①：
观念与语词的优先性

丰塔尼埃的著作《话语的形象化表达》（1830年）是对我们系统地建立的修辞学模式的最近似的实现。

在那里，语词的优先性已被毫不含糊地加以证明。这种优先性是由分析方法来保证的（如果不是从意识形态方法中借来的，至少与这种方法相关），而这种方法在被用于修辞格之前已被用于"思想与表达式的各种因素：观念与语词"（《基本概念》，第39页）。我们确实应该由此开始，因为对转义的定义是以对观念-语词这两者的定义为基础的："转义或多或少是不同于原始意义的意义，被应用于新观念的语词通过思想的表达提供了这种原始意义。"（第39页）在思想-观念这对范畴之内，观念处于原则的地位："思想由观念构成，言语对思想的表达由语词构成。因此，我们不妨看看本质上是观念的那类东西⋯⋯"（第41页）正是观念的优先性保证了语词的优先性。这样，修辞学取决于一种超语言学的理论，取决于一种狭义上的"意识形态"，这种意识形态保证了从观念向语词的运动。^②

我们不妨回顾一下被如此置于语词理论的基础上并进而置于比喻理论基础上的意识形态的基本概念。观念是"我们的心灵关注的对象"（第41页）。各种观念之间的简单区别涉及这种直接的观察，这些

---

① 丰塔尼埃：《话语的形象化表达》（由热内特撰写"导言"），弗拉马里翁出版社，1968年版。

② 修辞学甚至包含一种神学："但只有上帝才能以单一的眼光了解多种多样的个体，同时综合地和逐一地看待这些个体。"（《话语的形象化表达》，第42页）

观念是复杂观念、简单观念（除了那些无法分析的观念之外，没有什么真正的简单观念）（第 42 页）、具体观念、个别观念、一般观念。这一点也适用于这些观念在我们心灵中相互联系、相互连接的方式，以便形成多种多样的联系、多种多样的组合或多种多样的集群（第 43 页）。主要观念与次要观念或附属观念之间的区别建立在这些联系方式的基础上。这里包含语法原理：在引入名词之前，我们本质上可以对实体性的观念，亦即"个别观念本身"进行定义，"因为它与作为实体而存在的这种特殊的个别对象具有直接关系"（第 42 页）。在讨论形容词之前，我们可以同样给具体观念下定义，也就是说，给"通过复杂对象的观念来表示性质、行动或情感的观念下定义"（第 42 页）。最后，我们应到附属观念中寻找关系观念或情状观念，我们要通过作为这种观念的符号的语词才能认识情状（第 42 页）。

由此可见，可以对语词进行描述的所有东西源于"它们与观念的一致"（第 44 页）。谈论观念与语词也就是两次谈论观念：第一次描述"观念本身"，第二次描述作为"语词的描述对象"（第 41 页）的观念。

因此，对词类的描述会反映对观念种类的描述。人们区分了两个大类：对象观念的符号与关系观念的符号——名词、形容词、分词、冠词、代词。名词对应于实体性观念。在名词中，专有名词对应于个别的观念，普通名词则对应于一般的观念。形容词对应于有关性质的具体的观念，分词对应于表示行动的具体情境或状态的观念。冠词表示名词的延伸，代词则是对名词的补充。动词、介词、副词、连词属于第二类。我们在这里必须把动词理解为唯一的动词"是"。具体的动词是通过动词"是"与分词的结合（我阅读，我正在阅读）而形成的。动词"是"表示某种实体性观念与具体的或形容词的观念之间的共存关系。在将动词放在关系观念的名义下进行这样的考察时，丰塔尼埃不仅使动词从属于观念-语词理论，即从属于关于思想与表达式的要素的理论，而且从属于第一语词，即具有优先性的名词。在考虑发生词性、数、人称、时态、语态变化的六类语词时，他指出，"容易看出，它们或多或少直接地汇聚到其上的那个实体性观念，要么通过它自身要么通过它具有的附属观念而使那些活动从属于它自身"(第 46 页)。汇聚、从属、引发——这都是加强名词优先地位的有力方式,而名词的优先地位是由实体性观念的优先地位来保证的。

的确,这一领域并非不可分割。我们已经提出了第二个出发点,这个出发点不再是观念而是思想本身。后者从一开始就与语词同时被命名:"思想的观念构成言语,对思想的表达由语词构成。"(第 41 页)对转义的定义也意味着:"转义是或多或少不同于本义的某种意义,在对思想的表达中,它提供了应用于新观念的语词。"(第 39 页)因此,思想与语词似乎是同样基本的东西。对对象的观念与关系的观念进行区分已准备了关于思想及其表达的特定理论。如果动词成了实体观念与具体观念的共存的符号,这种共存就可能被肯定或否定。思想不过是通过我们心灵的内在活动对这两种观念的重新联系,我们的心灵将一种观念置于另一种观念之中或置于另一种观念之外(第 49 页)。在此,修辞学基于两个中心即观念与判断的分析。从表达式的方面看,语词与句子对应于观念和判断,后者不过是在我们的心灵中形成的判断,它好像出现在眼前,出现在他人的心灵之前一样(第 49 页)。

那么,根据语词在句子中的作用而对语词种类所做的所有区分可以一一地复现出来。从判断方面看,实体性观念成了句子的主语,具体观念则是我们所说的表语,而名词由"是"来表达的共存关系就是我们所说的系词。

语词和句子构成了对思想的表达的不同两极,对意义和涵义概念的定义证明这一点。对意义的定义首先与语词相关:"相对于语词而言,意义就是使我们借助涵义而理解、思考和感受的东西,它的涵义就是它所指称的东西,也就是说,是语词所表示的东西,语词是这个东西的符号。"(第 55 页)但"意义这个词也可以用来描述整个句子,有时甚至可以用来描述整篇文本"(同上)。此外,"只有当一个命题因有某种结构而表示完整的意义时,它才会成为一个句子"(第 53 页)。关于命题的整体,我们可以区分客观意义、字面意义与精神意义。客观意义并不与其他两种意义相对立,它是命题的基本意义,即"它与它所适用的对象发生关联的那种东西"(第 56 页)。归于客观意义之下的重要范畴是观念理论所提供的范畴:名词的意义或形容词的意义,及物(动词)的意义或不及物(动词)的意义等等。对我们来说,更为重要的是区分字面意义与精神意义。与客观意义不同的是,它们形成了一对范畴。这两种意义适用于命题,但它们因语词具有的一个特点而区别开来:"字面意义是这样一种意义,它们取决于从字面上理解的语词,取决于那些要根据它们在日常用法中的意义来理解的语词。因此,这种意义直接呈现给那些理解语言的人的心灵。"(第 57 页)精神意义、语词组合的引申义或转义就是通过语境、声调或观念的结合(这些结合以非观念的东西来表达)由字面意义在心灵中引发的意义(第 58—59 页)。

语词理论最终比语句理论占优势对我们来说具有至关重要的意义。实际上,比喻理论将最终以语词为基准而不是以语句为基准。比喻学的意义概念与字面意义概念直接对立,但它受到了明显的限制,重要的是孤立地理解的语词的字面意义:"只涉及一个单词的那种字面意义要么是原始的、自然的和固有的意义,要么是派生的意义,如果必须这么说的话,是比喻的意义。"(第 57 页)形象化表达概念本身被引入了相同的轨道,但它首先不是作为以比喻为种的属,而是作为比喻也在其中占有一席之地的两种方式之一:"有选择地通过比喻的方式"与"必然地通过引申的方式"形成了对照(第 57 页)。在第二种情况下,即在比喻的引申意义中,重要的是"补充这种语言中所没有的表达某种观念的语词"(第 57 页);在第一种情况下,即在比喻的转义中,重要的是,"以比它们原有的符号更为生动、更为明显的形象来表达那些观念"(第 57 页)。

当意义概念要通过整个句子而不是通过语词来承担时,我们可以通过对字面意义与精神意义的区分,重新肯定语句理论所稳定的语词领域。

对一个单词表示的比喻或狭义的比喻与多个语词表示的比喻的

区分建立在相同的基础上。然而,对字面意义与本义的区分似乎是强调另一极:本义在某种意义上难道始终不是"语词的组合"的意义,因而与多个语词表示的比喻联系在一起吗? 字面意义导致我们心灵中的精神意义的产生难道不是"有赖于语境、语调或以非观念的东西来表达的那些观念的结合",也就是说,有赖于影响句子层面上的思想的那些特点吗? 本义的表达难道不会使人想到正是"心灵形成了这种意义"? 我们心灵中的内在活动难道不是判断吗?

我们可以看到,语词的优先性并不能完全排除思想与思想的表达这种两极结构。但是,每当一些例子将话语置于语词之上时,观念就会重建语词的领域。

3. 比喻与形象化表达

在处处呼吁回到观念与判断的两极性(它反映在语词与句子的两极性中),而句子仅仅表示"某种完整的意义"(第53页)时,有关比喻与形象化表达的全部理论是以语词的这种优先性为基础的。

然而,被置于分类工作的基础上的实体并不是比喻(我们已开始发现它对语词的优先性),而是形象化表达(它漫无差别地涉及语词、陈述、话语)。在为丰塔尼埃的著作撰写的著名"导言"中,热内特工作的主要兴趣在于将比喻与非比喻在形象化表达概念之下重新统一起来。选择这个既非语词又非陈述的相关单元表明了介于亚里士多德(他仍然激励着整个修辞学领域)的办法——论证法、剪裁配置法、口头表达法——与迪马尔塞的办法[他将修辞学归结为语法,而语法的功能是使人明白语词的真正涵义以及它们在何种意义上被用于话语(转引自热内特的"导言"第8页)]之间的办法。对丰塔尼埃来说,典型的单元既不是话语也不是语词。热内特评论说,语词"与其说是修辞学单元还不如说是语法单元"(同上)。下述格言清楚地表达了丰塔尼埃的折中办法:"除了形象化表达还是形象化表达。"(同上)第三种办法的优点是将修辞学建立在能维持完全枚举与系统分类的雄心的实体的基础上,而那种系统分类使丰塔尼埃的著作成了"体现分类的智慧的杰作"(第13页)。① 修辞学能够担当这种建筑学的角色,因为

---

① 《告白、前言与开场白》(第21-30页,第271-281页),在这一点上十分有趣:丰塔尼埃在其中赞扬他的"体系","无疑是最为严谨,最有趣味,同时也是最完整的体系,这个体系尚未出现在我们的语言中,也许尚未出现在其他语言中"(第23页),它是(转下页)

它具有与一般话语同样的丰富性:"一般话语的形象化表达是什么呢?它是形式、面貌或者多多少少引人注目的轮廓以及多多少少令人愉快的效果,正是通过这种效果,话语在表达观念、思想或情感时或多或少脱离了已经成为简单的普通表达式的东西。"(丰塔尼埃,第64页,第179页)因此,形象化表达漫无差别地涉及语词、句子或表达情感冲动和激情的语言行为。

但形象化表达本身是指什么呢? 我们应当承认,形象化表达本身就像亚里士多德的名称转移一样仅仅是通过隐喻来描述。形象化表达之于话语就好比轮廓、容貌、外形之于身体。"言语虽然不是身体,而是精神活动,但它通过不同的指称方式和表达方式在某种程度上类似于外形与真正的体形中的那些特点的差别。"(第63页)

我们又想起了亚里士多德,他将话语的"怎样"与"什么"区分开来,并将话语的"怎样"与"显现"进行比较。[1](也许,表达式概念包含着相同的隐喻的萌芽。)

丰塔尼埃似乎并未被这种循环的诱惑所困扰(隐喻就是一种形象化表达,"形象化表达"这个词本身就是隐喻词)。[2] 他宁愿直接讨论形象化表达的两个特点。第一个特点就是新修辞学所说的"偏离"。丰塔尼埃运用了这一特点。他指出,"在表达观念、思想或情感时话语或多或少脱离了已成为简单的普通表达式的东西"(第64页,第279页)。的确,就像亚里士多德的名称转移一样,脱离、偏离或转向仍然是有关运动的隐喻,至少"偏离"这个概念并不涉及表达式的外延,不管表达式是语词、句子,还是话语。这便是问题的关键所在。由此可以发现我们的模式的基本假设之一,即"偏离"的假设突显出来。

第二个特点并未导致对外延的限制,而是导致对过程的限制:形象的运用应当是自由的,即使它是惯用的东西。语言强加的偏离、牵

(接上页)一个"合理的哲学体系,这个体系的所有细节通过结合起来仅仅形成了相同的整体从而彼此协调并且相互联系"(第28页)。

[1] 亚里士多德《修辞学》III,1,2;参见"第一研究"第40页与第48-49页。

[2] 丰塔尼埃仅仅指出,"不应把隐喻看成真正的形象化表达,因为在这种语言中我们没有其他语词来表示同一种观念"(第63页)。

强的用法,不配享有形象化的名称。因此,语词的误用或词义的牵强运用被从形象化表达领域排除出去(第213-219页)。第二个特点与我们的模式的其他两个假设一同出现:自由的非牵强的用法一方面意味着表达式脱离了它的本义,也就是说,要在我们暂时赋予它们的意义上去理解并且这种意义仅仅是纯粹的借用意义(第66页)。另一方面,自由的用法意味着可以自由地使用适当的表达式,并且我们可以通过自由选择以一个表达式去代替另一个表达式:"将火焰描述成爱情就是形象化表达。"热内特评论说:"形象化表达之所以存在,仅仅是因为我们能将它与字面表达相对比……形象化表达的标准就是用一种表达式(语词、词组、句子甚至句子的组合)来代替另一种表达式,修辞学家为了有权谈论形象化表达就应当在心里恢复那种表达式。因此,在丰塔尼埃那里,形象化表达的替代性本质已被最清楚地予以证明。"(热内特:"导言",第11-12页)此外,这位评注者还将"这种替代性观念"(第12页)与对话语(或大或小的)单元的范例方面的非常珍贵的强烈意识联系起来。这种范例特征逐步从语词扩展到句子和话语,即越来越广的意群单元。①

因此,在丰塔尼埃那里,至少在整个计划的层面上,我们可以发现置于本篇文章开头的修辞学模式的本质,然而,我们相信属于基本假设的东西,即语词的优先性是例外。丰塔尼埃试图建立一门关于形象化表达的修辞学(这种修辞学不能归结为比喻学即关于词义偏离的理论)吗?

毫无疑问,丰塔尼埃的愿望就是如此。我们甚至有理由说,他的著作《话语的形象化表达》在某种程度上实现了这一愿望。按热内特

---

① 我情不自禁地要引用热内特的值得注意的论述:"辨别话语的单元必然意味着暗中将它与可能取代它的东西进行比较和对照,与另一个等值单元,也就是说,与另一个既相似又不同的单元进行比较和对照……理解一种文化必然意味着在相同的地点或相同的时刻想象某种沉默或想象另一种语言……如果不能保持沉默或说出其他东西,就会出现言不尽意的情形:这便是丰塔尼埃对词的误用的重要诘难所象征和显示的东西……惯用的言语并不起强制作用。并非从其他可能的言说中选择的言语什么也不表达,它不是言语。如果没有形象化表达,岂不是只有一种语言?"("导言",第12-13页)

的说法,"修辞学的林奈"(第 13 页①)——丰塔尼埃对修辞格的"划分"非常精彩。古代的比喻仅仅构成了修辞格的一种:表达涵义的修辞格或狭义上的比喻,即由单一语词形成的比喻。修辞学的其他领域分为五类:表达式的修辞格,句法结构的修辞格,口头表达的修辞格,风格的修辞格,思想的修辞格。

我们无法对问题的细节进行同样的讨论。有一点使我们警觉起来:将形象化表达作为修辞学的典型单元来接受丝毫没有触及隐喻理论。隐喻被归入由单个语词组成的比喻之列或被置入狭义的比喻之列。比喻理论反而构成了自足的整体,形象化表达概念则与它形成了单纯的重叠关系。正因如此,我们已重组其假设网络的修辞学模式继续在比喻层面上发挥作用,而丝毫不会因其他种类的修辞格而受到影响。也不会因更一般的形象化表达概念与比喻概念重叠而受到影响。至于其他修辞格,它们仅仅是对形象化表达-比喻的补充。而且,在所有修辞格中比喻仍是一个"标志性"的语词。这本著作就是从"狭义上的比喻"开始的(狭义上的比喻是单个语词组成的、涉及涵义的修辞格),然后补充"非狭义的修辞格"(它们是包括语词组合的表达式的修辞格),以便最终展示所有其他修辞格,它们一直被称为"非比喻的修辞格"。② 比喻之所以是值得重视的单元,是因为语词是基础。由此可见这本著作的奇特性。在这本著作中,比喻既是众多修辞格之一又是所有修辞格的范例。③

———————

① 林奈(Carolus Linnaeus,1707 - 1778),瑞典博物学家,近代分类学奠基人。——译者
② 第 281 页,第 451 页及以下;第 461 页及以下;还有其他一些地方。甚至在对这些修辞格的定义中语词的影响仍很明显(第 283 页,第 323 页)。只有涉及风格和思想的修辞格不大从属于语词:第一种修辞格之所以如此,是因为它们显然是言语行为,第二种修辞格之所以如此,是因为它们"独立于语词,独立于表达式和风格"(第 403 页),而冒着不再成为修辞格的危险("这些修辞格也许被不恰当地称为修辞格,它们仅仅涉及思想,涉及被抽象地考虑的思想,而不关心它能从语言中借用的形式,我认为,这些修辞格仅仅包括某种性情和想象……")(第 403 页)。
③ 丰塔尼埃表明,意义的形象化表达与所有其他修辞格有着多么的不同,"因为它们并不像后面那些修辞格一样包括几个语词,而仅仅包括一个语词,并且它们通过奇特的形象表现出来的并不是全部的思想,不是观念的总和,而是单一的观念,是思想的简单因素"(第 453 页)。

丰塔尼埃的著作似乎有两个计划。一个计划是将形象化表达作为典型的单元,另一个计划是确保观念的关键地位,因而确保语词的关键地位并进而确保比喻的地位。如果第一个计划支配着这本著作对话语修辞格的分类,第二个计划则将修辞格分为比喻与非比喻。如果话语能将语词补充进关于"第一基础"(第39页)的理论,第一个计划就优于第二个计划。但按意识形态的精神,关于"第一基础"的理念乃是关于"因素"的理论(同上)。值得重视的单元是简单观念,只有这种观念才配称为"思想的简单因素"(第453页)。

因此,不管修辞格理论如何,比喻理论,特别是隐喻理论证实了上面提出的模式。这里仅仅保留修辞格概念的第二种涵义——与夸张引申相对的意义,只有这种意义才能使我们将修辞格概念不再作为最高的属,而是看作种,"根据它所涉及的新涵义究竟是被自由地随意地赋予语词还是成了习惯的牵强的涵义并且成了几乎像原义一样的本来意义"(第75页),比喻的意义要么是转义,要么是引申义。由此导致了这样一个矛盾的后果:比喻理论包括对形象化表达和夸张引申的区分。"但这些比喻不管是形象化表达还是夸张引申会以多少种不同的方式存在呢?"(第77页)

丰塔尼埃的确保留了这样一种可能性:句子像语词一样提供了"一种比喻意义"(第75页)。这种可能性包含在对原始义与比喻义的定义中,我们还记得,比喻义首先适用于句子可能具有的不同意义。确切地讲,这仅仅是"一种"比喻意义,是"表达式的修辞格"所表示的意义,而这些修辞格不过是"不恰当地表述的"比喻而已(第109页)。

4. 换喻、提喻与隐喻

在如此划定的范围之内,丰塔尼埃系统地、彻底地将各种可能的比喻建立在对比关系的基础上,[1]而比喻的"产生"有赖于这种关系。

最后这个词语[2]值得注意。比喻实际上是结果,因为"它们(涉及意义的形象表达)的产生有赖于一种新的词义"(同上)。自由的使用与牵强的使用之间的对立是比喻的转义性必不可少的,它使比喻成了语义更新,但这种更新只是"暂时"(第66页)存在而已。比喻并不是对比关系本身,而对比关系就是比喻赖以存在的基础。我们在这里看到了我们所说的替代的"根据"(第5条模式假设)。但,这是什么东西与什么东西之间的对比关系呢?比喻赖以存在的这种关系是观念间的关系,是两种观念之间的关系,是"与语词相联系的最初观念"(即借用词的原始涵义)与"我们附加在最初观念之上的新观念"(第77页)(即代替我们不愿在同一个地方使用的另一个专有语词的比喻意义)之间的关系。最初观念与新观念之间的关系与亚里士多德的名称转移是一致的,但也有某些差别。这些差别表现在以下方面。一方面,丰塔尼埃的定义似乎没有表明转移活动。这是千真万确的。但就像对比喻种类的列举所表明的那样,静态对比仅仅是"动态的转移"的基础。另一方面,在亚里士多德那里,隐喻被看作属而不是被看作种。亚里士多德的隐喻相当于丰塔尼埃的比喻。丰塔尼埃的隐喻或多或

---

① 为熟悉专业术语,我们参考了莫里埃:《诗学与修辞学辞典》,巴黎,法国大学出版社,1961年版。

② 指"产生"。——译者

少相当于亚里士多德的第四种隐喻。这种区别比前面的区别更为重要。但它甚至可以在某种程度上被看作是词汇的简单区别。另一个明显的区别是：在将语词或名称重新联系起来之前，丰塔尼埃那里的对比关系就影响"观念"。但我们已经看到，观念乃是隐含在语词之下（在表示实体存在的观念中隐含在名称之下）的思想因素。除了这种保留之外，丰塔尼埃的比喻与亚里士多德的名称转移十分吻合。

我们可以将我们对名称转移的描述用来描述比喻赖以产生的那种对比关系：比喻恰恰包含一个单词，如果可以这么说的话，它通过一种观念向另一种观念的转移从而处在两种观念之间。在我们必须详细说明的某种意义上，比喻的产生就像亚里士多德的名称转移一样"是以两种观念为基础的"（参见该书第 36 页）。

如果名称转移与比喻十分吻合，我们就无法同等地看待亚里士多德的四种隐喻和丰塔尼埃所说的三种关系。相对于他的所有先驱来说，后者的深刻原创性就表现在这里，我们将会看到，相对于他的一些后继者他的深刻原创性也在这里。丰塔尼埃通过区分对应关系或符合关系、联结关系、相似关系，自豪地提出了关于观念之间的关系的完整理论。三种比喻——换喻、提喻与隐喻——分别通过这三种关系而"存在"。

在这种范例系统中，值得注意的是丰塔尼埃给这三种关系中的每一种关系赋予的丰富内容：他把符合理解为完全不同于邻近性的东西，而丰塔尼埃的后继者恰恰将换喻的功能归结为邻近性。他把符合理解为使两种对象接近的关系，每一个对象形成了"绝对分离的整体"（第 79 页）。换喻的多样性反过来有赖于关系的多样性（它满足符合的一般条件）：原因与结果的关系，手段与目的的关系，包涵者与内容的关系，事物与地点的关系，符号与涵义的关系，自然与精神的关系，模型与事物的关系。

在联结关系中，两个对象"形成了一个整体，形成了物理的或形而上的整体，一种对象的存在或观念包含在另一种东西的存在或观念中"（第 87 页）。因此，联结关系本身也包含许多种类：部分与整体的关系,质料与事物的关系,单一性与多样性的关系,种与属的关系,抽象与具体的关系,类与个体的关系。所有这些关系的内容或多或少有所不同,但这种变化所依据的关系的多样性比单纯的数量关系更为广泛,或者说相当于属的单纯外延。

符合与联结表示两种关系,这两种关系作为排斥("完全分离")与包容("包含在……")彼此区分开来。而且,显而易见的是,这两种基本关系在将观念重新联系起来之前已将对象重新联系起来,对名称的表示方式的转用是以客观关系为基准的(然而,这里有一个细微差别:在联结关系中,对象属于相同的整体,这是因为一种对象的存在或观念包含在另一个对象的存在或观念之中)。由此可见对换喻的定义与对提喻的定义之间的近乎完全的对称:在两种情况下,一个对象要以另一个对象的名称来表示;在两种情况下,对象(部分地包括观念)均进入了排斥或包容的关系。

相似性的作用破坏了这种对称性并使隐喻发生了一定程度的分裂。

首先,这一定义并不直接涉及以名称所进行的指称的变化,而仅仅提到观念之间的关系。这种忽略并不是偶然的:由于不像其他两种比喻那样包含种,隐喻比其他两种比喻的范围"要广得多"。"因为不仅名词而且形容词、分词、动词以及各种各样的语词都属于它的领域。"(第99页)为什么隐喻可以运用各种话语而换喻只能影响名词性的指示方式呢?我们可以追问,这种扩展是否会预示着只有在关于隐喻的狭义述谓理论中才会看到的那种比较重要的转移。让我们考察一些例子。名称的隐喻用法是什么呢?"把凶悍的人比作老虎"、"把大作家比作天鹅"无异于用新名称来称呼他们吗?这难道不是描述各种修饰意义上的"称呼"吗?这种将名称转移到"种"之外的做法难道不正是一种获得整个句子的归属关系吗?如果形容词、分词(它因为起着修饰语的作用而与形容词相似)、动词(它被分为分词与系动词)和副词(它修饰动词)很容易适合隐喻用法,那难道不是因为它们在不仅使两种观念相互关联而且使两个语词(即非隐喻性的并且作为基础的词项与起描述作用的隐喻性词项)相互关联的句子中起作用吗？这种看法使我们接近理查兹对"内容"与"表达手段"的区分。① 丰塔尼埃的例子走向了这一方向。我们谈论天鹅，谈论折磨人的内疚，谈论渴望危险与赞扬的勇敢，谈论她那不安的性格等等。这类隐喻并不进行命名，而是描述已被命名的东西。

隐喻的这种准述谓特征已被另一个特点所证实。不仅隐喻的定义并不直接涉及名称，而且它也不再涉及对象。它旨在"以另一种更为明显，更为熟悉的观念的符号来表示某种观念"(第 99 页)。观念之间存在着类似性。对观念本身的理解并不"涉及心灵所发现的对象"(第 41 页)，而是"涉及从事观照的心灵"(第 41 页)。因为只有在这种意义上才能说它更为明显、更为熟悉。(当我们将人称为老虎时)即使我们发现了作为类比的基础的客观关系，"名称的转移仍发生于同类事物之外，发生于一类事物向另一类事物的过渡"(第 100 页)。但重要的是，这种相似性出现在"常识"(第 100 页)的层次上。联结关系与对应关系主要是对象之间的关系。相似性则主要是意见中的观念之间的关系，第二个特点肯定了第一个特点。描述不同于命名，它是通过意见方面的比较而产生的，也就是说是通过判断方面的比较而产生。

毫无疑问，丰塔尼埃出于忧虑而看不到这些结果，这种忧虑情绪弥漫着他对隐喻的分析的结论部分。也许为了恢复隐喻与其他两种修辞格之间的对称性，他试图将隐喻分为几类——尽管他最初声明"我们通常不能像把换喻与提喻分为几类那样将隐喻也分为几类"(第99 页)。他到事物的本性中寻找分类的原则，而这些事物要么规定了借用词的领域，要么规定了应用的领域，然而，这难道不是在说，隐喻是从观念过渡到观念吗？但相对于从事观照的心灵而言，观念乃是心灵所发现的那些对象的意象。因此，我们始终能通过语词想起观念，由观念想起事物。此外，由于相似性涉及公众心目中的事物的性质，

---

① 理查兹：《修辞学的哲学》，牛津大学出版社，1936 年版，1950 年第二版。参见"第三研究"第 2 节。

我们能从这种性质过渡到拥有这种性质的事物。作者认为，"转移"（第 101 页）发生在被描述的事物之间。但如何对借用词的领域和应用领域进行分类呢？丰塔尼埃注意到隐喻源于我们周围的一切东西，源于所有现实的东西与想象的东西，源于心智的或精神的存在物以及物理的存在物，丰塔尼埃也注意到隐喻可以适用于思想的所有对象。随后，他有点随意地选择了有生命的东西与无生命的东西之间的分界线。他由此保证了能使他摆脱无限划分的困扰的古老分类。他的五种隐喻（"将一个有生命的东西的专有名词用于另一个有生命的东西"，"将无生命的物理的东西的专有名词用于纯精神性的或抽象的无生命的东西"，"将无生命的东西的专有名词用于有生命的东西"，"以有生命的东西喻无生命的东西的物理隐喻"，"以有生命的东西喻无生命的东西的精神隐喻"）最终被归结为一对隐喻，即"物理隐喻（对两个有生命或无生命的物理对象进行比较的隐喻）与精神隐喻（将某种抽象的形而上学的东西，将某种精神层面的东西与某种物理的东西进行比较，不管是从第二种东西转移到第一种东西，还是从第一种东西转移到第二种东西）"（第 103 页）。

我们以后将有机会揭示存在于这种分类原则与对物理的东西和精神的东西的"形而上学"区分之间的协同关系。[①]

我觉得，大家会同意这样一种观点：这种分类毋宁是对过去的让步，而不是以相似性对隐喻所进行的定义的必要涵义。把隐喻分为几类源于相似关系的多样化，并且与对隐喻的定义毫无关系。就换喻与提喻而言，情况同样如此。我们必须回到下述定义上来："以另一种更为明显、更为熟悉的观念的符号来表示某种观念"（第 99 页）。这一定义丝毫不意味着对有生命的东西与无生命的东西的区分。我们不必从借用词与应用的现实领域出发去恢复相似性的作用，而应当从活泼与熟悉的特征中派生出这些领域并从意见的观念中派生出那些特征。在将这一"领域"视为"标签"的总和时，在将隐喻定义为通过标签的转

---

① 德里达：《白色神话学》，载《修辞学与哲学、诗学》第 5 期，瑟伊出版社，1971 年版，第 1—52 页。

移而进行的重新描述时,纳尔逊·古德曼所做的恰恰就是这一点。①
丰塔尼埃的最初表述在某种程度上已经预示着这一理论:"以另一种
更为明显、更为熟悉的观念的符号来表示某种观念。"但单词性的比喻
概念使我们无法看到这种第二级意义概念的所有内涵。

① 纳尔逊·古德曼:《艺术的语言》,鲍勃-梅里尔公司,1968 年版。

5. 隐喻簇

单词性的比喻概念不仅扼杀了对隐喻的令人佩服的最初定义所
包含的潜在意义,而且打破了观念之间的类似性的问题的统一性,而
这种类似性分散于各种各样的修辞格中。

在"不恰当地表述的比喻"中——"在取决于句子的特殊表达方
式"的"表达式的修辞格"(第 109 页)中,虚拟(la fiction)表现了它与隐
喻的重要渊源关系:"为使思想更明显或让人感到更愉悦"而将另一种
思想的特点、色彩(同上)赋予某种思想,不是相当于以另一种更明显
更为人熟悉的观念的符号来描述某种观念吗? 拟人化(虚拟的第一个
亚种)使无生命的、不能感知的、抽象的或观念的存在物变成了生动
的和可以感知的存在物,简言之,成了人格化的东西。这难道不会
使人想起由无生命的东西向有生命的东西的隐喻性转移吗? 的确,
拟人化不仅是由隐喻造成的,而且是由换喻与提喻造成的。是什么
东西将隐喻形成的拟人化与狭义上的隐喻区分开来而又不扩充语
词实体呢?

我们试图对讽喻进行同样的描述。讽喻也是用另一种思想的形象
化比喻来表示某种思想,这种形象化比喻比直接地不加任何掩饰地表达
思想更适合于使思想为人了解,或使它更加明显(第 114 页)。讽喻通过
不同于它与句子的联系的另一个特点而与隐喻区分开来。按照丰塔尼
埃的看法,隐喻,甚至包括延伸的隐喻(他称之为 allégorisme,即寓意化
解释)仅仅提供了唯一真实的意义,即转义,而讽喻"包含了具有双重意

义的句子,即将字面意义与精神意义结合在一起的句子"(第114页)。①
这意味着双重意义仅仅是形象化表达的结果并且可能出现在涵义的形象化表达中吗?似乎是这样,虽然理由并不清楚。为将两种意义保持在一起,我们也许需要心灵的活动,需要判断,因而需要句子吗?将字面意义概念和精神意义概念放在句子范围内加以定义而不是放在语词的范围内加以定义是考虑到对讽喻的这种分析吗?

但是,虚拟表明了我们的讨论的另一种兴趣。它反复揭示了形象化表达概念的一个特点,我们多次提到的隐喻定义也许已经表明了这一特点。以另一种观念的符号来表示某种观念意味着两种观念不仅在涉及对象的种类方面,而且在活泼性和熟悉程度方面有所不同。但丰塔尼埃并未研究这种差别本身。它包含形象化表达概念的意义的细微差别(虚拟与讽喻使我们能将形象化表达分离出来):以可感知的形式来表达某种思想。这种特点常常被称为形象化比喻。丰塔尼埃对讽喻作了这样的描述:"它以另一种思想的形象化比喻来表达某种思想,而这种形象化比喻适宜于使思想变得更易感知、更为明显。"(第114页)因此,作者会认为,马蒙泰尔(Marmontel)"把他的心灵比喻为灌木,他以此描绘从与伏尔泰和沃夫纳格(Vauvenargues)的交往中获得的优点,这两个人被比喻为两条河流"(第116页)。因此,形象化表达、描绘、形象化比喻成对出现。稍后,丰塔尼埃在谈到作为"比喻的产生原因之一"(第161-162页)的想象时看到,想象"在所有为心灵提供某种意象或某种画面"(第162页)的比喻中起作用。如果诗歌的语言具有"某种动人之处,迷人之处"(第173页,179页),那难道不是因为像拉辛这样的诗人"非常喜欢用形象化比喻吗?难道不是因为在他那里一切均以形象的方式出现[只要这样做适用于主题和体裁(第173页)]吗?所有比喻,都不满足于传达观念与思想,它们或多或少生动地描述观念与思想,它们要给观念与思想涂上或多或少丰富的

---

① 在丰塔尼埃看来,具有双重意义的能力给讽喻带来了优势:"讽喻就像隐喻一样并不或多或少地发现对象和改变对象,而是使它处于自然状态,并且仅仅像透明的镜子一样反映这种对象。"(第205页)

色彩"——这难道不是所有比喻的效果？这是因为，"就像许多镜子一样，它们反映了对象的不同方面并且显示了对象的最突出方面；它们是观念和思想的装饰并且使它们生动起来或显示出新的美感；它们仿佛是一幅幅图像、一幕幕场景出现在我们的眼前，我们希望了解它的本质，它也显示出新的魅力"（第 174 页）。因此，形象化表达的确是通过给话语提供类似于形体中的那种轮廓、容貌、外形使话语得以显示出来（第 63 页）。关于所有比喻，我们必须指出的是，它们就像诗歌一样乃是虚拟的雏形（第 180 页）。因为诗歌更多关注的是相似性而不是真实性，它与形象化比喻联系在一起，与给语言润色联系在一起，与给语言赋予形象和场景联系在一起（第 181 页），与使它成为有生命的、会说话的画面联系在一起（第 181 页）。这并不是因为类似于隐喻的那些比喻提供了"可以感知的形象以及可能通过眼睛和画家之手来塑造的形象"（第 185 页）。丰塔尼埃反驳说，这过分依赖于视觉。通过这种保留，它预示着维特根斯坦与赫斯特（Hester）所做的区分，即"看"与"看作"之间的区分。[①] 我们说，形象化表达始终是"看作"，但它并不总是"看"或"使看见"。

我们仍然必须使研究超出不适当表述的比喻的范围并且在"句法结构的修辞格"中，在"口头表达的修辞格"中，在"风格的修辞格"中发现类比的作用。因此，它被看作"句法结构的修辞格"中的模仿，继而被看作"风格的修辞格"中的模仿。思想的修辞格本身仅仅与思想有关，这类修辞格接近隐喻与类比。"思想的修辞格"通过想象（拟人法）、通过展开而表现出我们刚刚说明的形象化表达的一般特点，即思想的上演。至于"描述"，我们可以说，"它旨在说明眼前的对象并使我们认识到所有最为有趣的详细情况……当对对象的说明非常生动和有力以致可以通过风格而形成一种形象、一种场景时，它就会形成形象化描写"（第 420 页）。这种描述概念特别有趣，它包括地形学、编年学、拟人学、人类品格和情欲描述学、描绘、类比、场景。

---

① 赫斯特：《诗歌隐喻的意义》，穆东出版社，1967 年版。

　　只有当我们拒绝将隐喻限于单词性比喻时,只有当我们始终追索将隐喻与命名的语言游戏分离开来的过程,以便将隐喻与话语的主要活动即述谓活动联系起来时,我们才能保持这一广阔的类比领域的完整性。

6. 牵强的隐喻与新颖的隐喻

　　我最后要分析一个特点,这一特点比所有其他特点更表现出下述
倾向:它涉及每种比喻的形象化表达特征与夸张引申(catachrèse)特
征之间的区别。丰塔尼埃十分强调这种区别,以致他无意中宣布这些
有关"夸张引申的原则成了(他的)比喻学体系的基础"(第 213 页)。

　　这种区别首先涉及一个语言事实,即某些观念缺乏表达的符号:
"夸张引申通常在于,已经用于表达最初观念的符号也被用来表达一
种新观念,而这种新观念本身没有自己的符号或在这门语言中没有其
他适当的符号。因此,它成了用法牵强的必要比喻,成了从中产生纯
粹的引申意义的比喻。它是具有第二根源的本义,是原始的本义与转
义之间的中间状态,但它本质上与其说接近第二种意义还不如说更接
近第一种意义,虽然它本身原则上很可能具有转义性。"(同上)因此,
我们不能将形象化表达称为牵强的隐喻,不管它们是名词(以光明表
示头脑清晰,以盲目表示思维混乱与模糊)、形容词(洪亮的声音)、动
词(明白)、介词(向着)等等。纯粹引申性的比喻由于产生了第二级本
义而仅仅表示(或仅仅试图表示)独一无二的观念,并且它"以赤裸裸
的毫无掩饰的方式"表示这种观念,而与始终表示两种观念的比喻-形
象化表达恰恰相反,比喻-形象化表达故意表示两种观念并且用另一
种观念的形象化比喻来表示某种观念或将它与另一种观念相并列(第
219 页)。

　　我们应该注意比喻-形象化表达的自由特点。它难道没有表明,
虽然狭义上的比喻是以单词的形式出现,但由于它不受限制地以另一

种观念的形象化比喻来表示某种观念从而具有邦弗尼斯特所称的"话语事件"的特点?[1]

作者对新颖的隐喻的看法(第 504 页)证明了比喻与言语事件的密切联系。由于对自由-牵强的区分影响到语词的用法,所有惯用法往往成了习惯用法,隐喻往往酷似夸张引申。它仍是一种形象化表达,因为它并不用来填补符号的空白,而是被强制通用,从这种意义上说它有赖于"语言的基础"(第 104 页)。正因如此,恰当的隐喻的必要条件——准确、明晰、典雅、自然、协调——"仅仅与我们通过形象化表达而使用的新颖的隐喻有关,而这种新颖的隐喻并没有得到惯用法的认可"(同上)。

因此,我们必须以形象化表达的内在区别即最初用法与最新用法(实际上可能会成为牵强的用法)的区别强化形象化表达与夸张引申的区别。

的确,修辞学反映了这种日常区别。如果说我们像布瓦洛(Boilean)和迪马尔塞(Dumarsais)一样发现"在某个交易日市场上使用的隐喻多于整部《依尼德》和科学院接二连三的会议上使用的隐喻"(第 157 页),那么,我们必须承认,大部分比喻的例子都是强制通用的比喻的例子。关于后者,我们可以说:"我们是通过使用来把握它,就像把握母语一样,我们无法说我们是在什么时候以及如何学会它的。"(第 157 页)正因为如此,我们可以说"它们使言语成了语言的重要部分"(同上),它们有赖于语言的基础(第 164 页)。换言之,常用的比喻处于新颖的比喻与夸张引申之间的中途。牵强的比喻与夸张引申之间的界限往往由于耗损现象像比喻本身一样可以追溯到语言的起源而消失。夸张引申的条件可以在比喻本身的起源中找到时,这就是确切的语词的缺乏以及对弥补这种贫乏和不足的需要与必要(第 158 页)。这是我们应该感谢的贫乏与不足。因为,如果我们有多少观念就有多少语词,"那么,我们要描述这些观念需要什么样的记忆力才足以学会这么多的语词,记住这么多的语词呢?"(同上)就像洪堡将言语

---

[1] 邦弗尼斯特:《普通语言学的若干问题》,伽里玛出版社,1967 年版。

定义为有限语词的无限使用一样,丰塔尼埃认为靠记忆只能掌握"非常有限的语词",这些语词提供了表达无数观念的手段(同上)。比喻-形象化表达至少在起源阶段与比喻-夸张引申具有同样的广泛功能。正因如此,比喻-形象化表达与比喻-夸张引申通过惯用法而重新结合起来。

但是,比喻-形象化表达具有不同于必然性的偶然的原因,亦即娱乐性。"经过选择的引人兴趣的比喻即比喻-形象化表达具有另一种偶然原因:一种本能首先使我们预感到继而体验和发现快乐与愉悦。"(第160页)于是,娱乐性作为创新的动力起着与必要性相反的作用。

正是这种创新要求我们将比喻的偶然动因(必要性和娱乐性)与比喻的狭义上的动因(想象、个性和情感)区分开来。赋予色彩,通过出乎意料的新组合而激起惊异感、惊奇感,给话语注入力量与活力——如此之多的动力只有通过比喻-形象化表达表现出来,我们应把这种比喻称为"作家的比喻",因为它们出自"诗人的特殊创造"(第165页)。如果"背负年龄的负担"这个比喻显然是日常语言,那么,在高乃依之前谁会说"吞掉一个王国呢"?(第165页)

但是,"对比喻在话语中的用法"(第155页)的考察并不出于附带的考虑。这种用法(丰塔尼埃在他的《比喻理论》的第三部分中对此做过研究)如果不是基于特殊关系的比喻的要素,至少是基于它的形象化表达的要素。如果曲解了的意义是我们"暂时赋予"(第66页)语词的意义,那么,最真实的比喻乃是唯一新颖的比喻。因此,我们的考察必须从语词转向话语,因为只有话语所特有的条件才能将比喻-形象化表达与比喻-夸张引申区别开来并把比喻-形象化表达的自由使用与牵强使用区分开来。

第三研究
隐喻与话语语义学
——献给哈姆林

在我们的前两篇研究中,语词被看作比喻所包含的意义变化的基础。古代的古典修辞学始终把比喻称为隐喻。因此,我们把这样一种隐喻定义作为初步近似的定义:这种定义把隐喻等同于用一种外来名称表示另外一种事物,而这个事物并不由此获得专名。但是,对导致名称的转移的意义变化进行研究已经不断揭示语词的框架,当然更会揭示名称的框架。此外,这种研究还试图把陈述看作意义的转移得以发生的那种语境。本研究致力于对陈述在隐喻意义形成过程中所起的作用进行直接的考察,而陈述乃是"完整的有限的意义"(丰塔尼埃本人的术语)的载体。正因如此,我们以后要讨论隐喻陈述。

这意味着将隐喻定义为名称的转移是错误的吗?我宁可说这种定义只是名义定义而不是现实定义(在莱布尼兹赋予这两个术语的意义上)。名义上的定义使我们能辨认某种事物,现实定义则表明它是如何产生的。亚里士多德和丰塔尼埃的定义是名义定义,因此它们能使我们将隐喻与其他的比喻辨别开来。由于这些定义限于辨别隐喻,它也仅仅限于对隐喻进行分类。从这种意义上讲,比喻学所特有的分类法会超越名义定义的层次。但是,一旦修辞学探讨它的各种成因,它就会不仅仅考虑语词,而且要考察话语。因此,隐喻陈述理论会成为有关隐喻意义形成的理论。

由此可见,名义定义不会被现实定义所取消。但本研究承认这种选择,它始终将一种关于隐喻的散漫理论与把隐喻归结为命名事件的理论对立起来。有几位作者走得更远,他们坚持认为,与关于隐喻的散漫观念结合在一起的相互作用理论与替代理论格格不入。关于这种理论,我们已经发现,它与将隐喻定义为命名的偏离形式是不可分割的。

在提前采用"第五研究"所作的分析时,我们从现在起不妨提出,根据陈述对隐喻进行的现实定义并不能排除根据语词或名称对隐喻所下的名义定义,因为语词仍然是隐喻的意义效应的载体。关于语词,我们可以说,它具有隐喻意义。正因如此,一种不再涉及隐喻在话语中的地位,而是涉及隐喻过程本身的理论并不排除亚里士多德的定义。我们不妨采用以后要加以论证的布莱克的术语,即使语词获得了句子的"框架",它仍然是"焦点"。如果语词是隐喻意义的效应的基础,那是因为语词在话语中的功能就是体现语义的同一性。但是,隐喻恰恰影响这种同一性。最难的莫过于评价语词的功能,这种评价首先在语词实体的符号学与语句语义学之间左右为难。因此,我们首先要在反思语词作为符号学与语义学的中介这一功能之后再尽一切努力将替代理论与在不同层次起作用的相互作用理论协调起来。

因此,我们在本研究中将采纳有关符号学与语义学的关系的权宜性观点。我们首先要阐述这种观点。然后,我们将把它与相互作用理论结合起来。但人们要求以相互作用理论去代替关于隐喻的纯粹替代性的理论。我们会由此得出有关隐喻的名义定义与发生定义之间的对立的所有结果。

1. 语义学与符号学之争

在隐喻陈述概念中起作用的假设是,话语语义学无法归结为语词实体的符号学。语词的情形要放到"第五研究"中去讨论。

在或多或少与英语的语言学分析传统相联系的隐喻理论中,话语理论不是由语言学家提出的,而是由逻辑学家,由认识论者提出的。他们有时关注文学批评但很少关注语言学家的语言学。对忽略语言学阶段的话语现象的直接探讨的优点是,话语的固有特点是在它们本身中被认识到的,而不必将它们与其他东西进行对照。但语言学在人文科学中取得的进步使我们无法通过暗示忽略法考察话语与语言的关系。今天人们掌握了将话语单元与语言单元对立起来的间接途径,这种途径试图将其研究置于当代的基地上。受语言学指导的语义学要经过与语言学对照的间接途径,要付出更大的辛劳,才能获得英国的哲学语义学可以直接地比较轻松地获得的那些结果。在将邦弗尼斯特①的著作中对语义学与符号学的区分作为指导时,在将英国语言学分析的结果与这一主线相联系时,我们在这里恰恰采取了这条途径。

邦弗尼斯特对话语一词的选择是意味深长的。就语言学首先是关于语言的学问而言,它往往使言语成了它的分析的简单剩余物。为了表明对象的一贯性,邦弗尼斯特优先选择了"话语"这个词而不是"言语"这个词。通过考虑语言结构的层次差别,这位伟大的法国梵文学家引入了对语言单元与话语单元(一边是符号,另一边是句子)之间

---

① 邦弗尼斯特:《普通语言学的若干问题》,巴黎,伽里玛出版社,1967 年版。

的区分。层次概念本身并不外在于分析,它被作为动作的因素(《普通语言学的若干问题》,第 122 页)纳入分析之中。因此,我们想指出的是,只有当我们能将语言学单元同化到更高的单元中去(将音素同化到语词中,将语词同化到句子中),这种语言学单元本身才能被接受。因此,语词处于"起间接作用的地位",而这种地位取决于它的双重本性。一方面,它分解为低层次的语言学单元;另一方面,它作为能指单元并与其他能指单元一起进入高层次的单元"(第 123 页)。我们将在"第五研究"中再来讨论这一观点。

这种高层次的单元又怎样呢? 回答是坚定的:"这种单元不是较长或较复杂的单词。它属于概念的另一个层次,即句子。句子通过语词来实现,但语词并不单纯是它的部分。句子构成了一个整体,这个整体不能被归结为部分的总和。这个整体的内在意义被分配到各要素的总体。"(同上)因此,不仅句子不是从语词派生的,而语词被理解为词素,也就是说它就像单词存在于词典中那样孤零零地存在着,而且语词本身作为意义乃是句子的成分,简言之,是"意群的要素"或"经验陈述的成分"(第 124 页)。所以,这种进展并不是从一个单元过渡到另一单元的线性进展。这里出现了一些新性质,这些性质源于不同层次的单元之间的特殊关系。不同层次的单元因此具有整合关系,而相同层次的单元之间具有分散关系。

这两种关系的区分支配着形式和意义的区分:从同一层次的分散性的分析得出了形式上的部分,即"要素"。分解为低层次的单元提供了"构成整体的要素",它们与高层次单元处于意义关系中。"问题的关键是:分解活动为我们提供了形式结构,整合活动为我们提供了意义单元。……语言学单元的形式被定义为分解成低层次因素的能力。语言学单元的意义被定义为整合高层次单元的能力。"(第 127 页)

在将这种区分用于从词素到话语的过渡时,我们说过:"通过句子,我们跨越了界限,进入了新的领域。"(第 128 页)邦弗尼斯特把"充当谓词"(同上)这一特征作为本层次的最突出特征。在他眼里,这便是"内在于句子的明显特点"(同上)。语法上的主词的出现甚至是随意的。单独的符号足以构成谓词。

但是,正如对音素和词素的定义那样(正因如此,我们可以把音位学分析的原则推广到词素学),这种单元不能根据与其他单元的对比来定义。不存在几种述谓关系。我们不能像对待词素和音素那样,对各种谓词成分或句素进行对比:"因此,我们必须承认,谓词成分层次仅仅包含语言学陈述的特殊形式,即命题;后者并不构成一类特殊单元。"(第 129 页)由此可以得出,并不存在高于命题的单元(与命题相比,它可以构成一类特殊单元)。我们可以把这些命题一个接一个地联结起来,但不能把它们整合起来。由此也可以得出,命题包含符号,但它本身并不是符号;最后还可以得出,与分散于各层次并用于更高层次的音素和词素不同的是,"句子没有分配功能,也没有语法功能"(同上)。邦弗尼斯特断言:"句子是话语的单元。"(第 130 页)他还说:"句子、不确定的创造、无限制的变化,乃是动态的语言的生命。"(同上)

这些方法论涵义是值得注意的。两种不同的语言学分别与符号和句子相关,也分别与语言和话语相关。这两种语言学分道扬镳,但它们的道路有交叉之处。这位研究语言的语言学家从不同的单元出发,把句子看作最终单元。但他的方法以相反的分析为前提,而这种分析比较接近说话者的意识:它从无限多样的信息出发,下降到它使用和碰到的数目有限的单元,即符号。研究话语的语言学重新考虑了这一方法。它的最初信念是,"正是在通过句子而实现的话语中,语言得以成形。言语就是从这里开始的。我们可以模仿经典的格言说'nihil est in lingua quod non prius fuerit in oratione'(凡在语言中的莫不事先存在于言语中)"(第 131 页)。

几年以后,[1]邦弗尼斯特将"符号学"与"语义学"这两个名称与上述两种语言学对应起来。符号是符号学单元,句子是语义学单元。这些单元属于不同层次。符号学与语义学由此划定了不同领域并且获得了有限的意义。像索绪尔那样指出语言是符号系统仅仅描述了语

---

① 邦弗尼斯特:《语言中的形式与意义》,1966 年法语哲学协会第 13 次会议会刊,载《语言》,日内瓦,拉巴科尼埃尔出版社,1967 年版。

言的一个方面而没有描述它的全部现实性。

这一结果对推广能指与所指这类著名的区分来说是至关重要的。对符号的这种分析仅仅存在于符号学层次而不存在于语义学层次。邦弗尼斯特指出,符号所表示的东西是无法确定的。承认这一点是符号存在的充分必要条件(chapeau 存在吗? 存在。chareau 存在吗? 不存在)。① 涉及所指的问题仅仅要求回答"是"或"不是"。它指称还是不指称呢? 如果所指毋需内在的定义,那么,就要通过其他符号对它进行外在的定义,而其他符号确定了它在语言之中的范围:"每种符号本身具有将它与其他符号区分开来的特点。"具有特殊性与具有意义是同一码事(《语言中的形式与意义》,第 35 页)。由于这种限定,符号层次处在话语层次之外。

根据对符号学层次与语义学层次的这种区分能够支持和产生许多其他类型的区分,我们可以发现这种区分的多产性。在其他类型的区分中,有些区分是由邦弗尼斯特本人做的,而另一些区分是由英国人的语言学分析在分散的层次上发现的。上面,我们已经强调了这些区分相对于语言学的独立性。哲学的语义学与语言学的语义学之间的这种结合特别宝贵。

在对这些不同描述进行综合并且暂限于指出这些描述各自的常常不一致的起源时,我将话语的不同特点列举如下。这些特点容易以成双成对的形式呈现出来,它给话语赋予了明显的辩证性质,并强调了它多么需要一种方法论,而这种方法论与适用于语言的纯粹分类学观念中的分割和分配活动的那种方法论并不相同。

第一对特点:所有话语是作为一种事件而出现的,但它们被理解为意义。为了表明话语的事件性质,邦弗尼斯特创造了"话语事件"②这一术语,他用这一术语表示"语言体现在说话者的言语中的不太明显的独特活动"(第 251 页)。这一特点使话语与语言形成了强烈对

---

① chapeau(帽子)与 chareau 在法语中发音有些相似。——译者
② 《普通语言学的若干问题》,第 251 - 257 页。

比。它也是一种语言系统,这恰恰因为同时性在连续的时间中仅有潜在的存在。严格说来,只有当说话者能支配语言并实现语言时,语言才会存在。但是,在话语事件成为短暂的、转瞬即逝的东西时,我们可以把它认作和重新认作"相同者"。从广义上讲,意思是与对所有话语单元在原则上的认同一起引入的。意义之所以存在,是因为有相同的意义。正如斯特劳森的《论个体》①确定的那样,关于全部个体,我们的确可以说,可以被认同的东西也可以被重新认同。因此,这便是话语事件:一种明显可以重复的事件。正因为如此,我们可以将这种特点与语言的某种要素相混合。但这是事件的可重复性而不是系统的要素的可重复性。

我们可以将第一对特点与格里斯(Paul Grice)在他的意思理论②中对陈述的意思,陈述活动的意思、陈述者的意思所作的区分联系起来。恰恰是话语的本质使这种区分成为可能。当他一方面像我们刚刚发现的那样谈论话语事件,另一方面谈论话语的意向内容(它完全不同于孤立的符号的所指)时,我们可以在邦弗尼斯特的分析中发现它的基础。正如索绪尔明确指出的那样,所指仅仅是能指的对立面,是语言系统的单纯的差别,意向内容是"说话者想说的东西"(第36页)。所指属于符号学层次,意向内容则属于语义学层次,格里斯在他的分析中恰恰是以意向内容为对象。

第二对特点介于认同功能与述谓功能之间。这种典型的两极性有着悠久的历史。柏拉图的《克拉底鲁篇》、《泰阿泰德篇》和《智者篇》把它称为"逻各斯"本身,并把它描述为名词和动词的"交织"。③ 通过诉诸言说的逻各斯,柏拉图走出了语词的"正当性"问题使他陷入的死

---

① 斯特劳森:《论个体——关于描述的形而上学论文》,伦敦,梅休因出版社,1959年版;法译本,巴黎,瑟伊出版社,1973年版。
② 格里斯:《论意思》,载《哲学评论》,1957年;《说话者的意思,句子的意思与语词的意思》,载《语言的基础》,1968年8月号;《说话者的意思与意图》,载《哲学评论》,1969年。
③ 柏拉图:《克拉底鲁篇》,425a,431 b-c("话语是名称与动词的综合"),《泰阿泰德篇》,206d;《智者篇》,261d-262d。

胡同。在语词层次,我们无法解决这个问题:我们可以说"约定俗成的"语词或"自然的"语词。只有话语的交织"涉及某物"。[①] 真理与错误仅仅出自话语。《克拉底鲁篇》的失败乃是命名理论的失败并且被迫提出述谓理论。《克拉底鲁篇》的失败也在一种隐喻理论的失败中得到了响应,而这种隐喻理论同样处于对名称性指称进行反思的范围内。

斯特劳森对认同活动与述谓活动进行了特殊的描述。[②] 所有命题通过逐步还原而指涉个体(皮埃尔,伦敦,塞纳河,这个人,这张桌子,看到了那个见过的熟人)。在这里,我们要把个体理解为逻辑上的专有主词。我们创造语言以便能使特殊的认同成为可能。在它使用的各种方式中,有四种方式显得十分突出:专有名词、指示词、代词以及使用最多的方式,自罗素以来,我们将这种方式称为"确定的摹状词"[③]:某某东西(le tel et tel,定冠词后接限定词)。意指一种事物并且意指唯一的事物:这便是认同性表达式的功能。逻辑上的主词最终可以归结为这种表达式。我们可以放在谓词方面的词有:性质形容词(大的,好的)与性质名词(大,好)——个体从属的类(矿物、动物)——关系(X 在 Y 的边上)——行为(布鲁图杀了恺撒)。性质、种类、关系与行为具有可普遍化这一共同点("跑"作为一种行为可以用来描述阿基里斯与乌龟)。由此可以看到语言的基本极性:一方面,这种极性根植于被命名的个体中,另一方面根植于性质、种类、关系和行为(它们从根本上讲是普遍的)的宾词中。语言是在两种功能间的这种不对称性的基础上起作用。认同的功能始终表示现存事物(就像在虚构中那样,它们的存在已不起作用)。[④] 从原则上讲,我在谈论某

---

① "不可能存在关于虚无的话语。"(《智者篇》,263c)

② 斯特劳森:前引书,第二部分。

③ 罗素:《论指称》(1905 年),载《逻辑与知识论文集》(1901-1950 年),伦敦,艾伦与昂温出版社,1956 年版,参见林斯基:《指称》,劳特利奇与保罗出版社,1967 年版,法译本《指称问题》,瑟伊出版社,1974 年版。

④ 关于与认同功能相联系的本体论假设,参见塞尔:《言语行为》,剑桥大学出版社,1969年版;法译本,巴黎,埃尔曼出版社,1972 年版,对"存在公理"可以表达如下:"凡被指称的东西必定存在。"(第77 页)

种现存的东西。存在概念与语言的特殊性功能联系在一起。逻辑上
的专有主词潜在地是存在者。语言恰恰"粘贴"在那里,也正是在那
里,语言依附于事物。反之,谓词功能在意指普遍性时涉及非存在。
在中世纪,有关普遍性的不幸论争只有通过混淆特殊化功能与述谓功
能才是可能的:追问善是否存在,追问某个善的东西是否存在是没有
意义的。两种功能之间的不对称性也包含主词与谓词之间的本体论
上的不对称性。

我们试图将邦弗尼斯特的评论与斯特劳森的这一分析进行对照:
仅有谓词就足以成为话语单元的标准。"主词与谓词并非必不可少。
命题的谓项是自足的,因为它实际上是主词的限定词。"(《普通语言学
的若干问题》,第 128 页)也许,这种明显的不一致性源于逻辑学家的
观点与语言学家的观点之间的差别。后者可以表明没有主词的谓词,
前者则认为,限定主词(这是谓词的工作)始终是特殊化的认同活动的
对等物。斯特劳森的区分如果没有从符号学与语义学的区分中找到
根据,至少从这种区分中找到了等价物。实际上,符号学具有一般功
能,语义学则具有独特的目的:"符号始终有并且仅仅有一般的和概念
的价值,因此,它不承认特殊的或偶然的所指。所有个体的东西都被
排除在外。情境被看作无关的东西。"(《形式与意义》,第 35 页)这种
特点源于话语事件概念。在运用和行动中,语言可能取决于环境并且
具有特殊的用法。邦弗尼斯特更进一步指出:"句子,语义的表达式仅
仅是特殊的。"(第 36 页)我们因此回到了斯特劳森的分析。只有在话
语中,一般的术语才能获得特殊化的功能。罗素的确定摹状词理论已
经以令人信服的方式确认了这一点。但是,本身普遍化的谓词之所以
具有这种状语的特性,仅仅是因为它决定了逻辑上的专有主词。这无
疑是斯特劳森的分析与邦弗尼斯特的分析之间的重要分歧(如果我们
提出仅有谓词才显示句子的特点的话)。因为,在斯特劳森的分析中
谓词具有普遍的价值,这是由于它们表示种类、性质、关系或行为的类
别。为了解决这个剩余的矛盾,我们无疑必须提供两种明确的说明。
一方面,甚至当谓词成为一般的东西时,被视为整体的句子,即话语的

意向内容仍包含特殊的用法:"句子始终具有此时此地的性质……所有动词形式,不管它们是什么样的习惯用法,都毫无例外地始终与某个此刻联系在一起,因而与情境的始终独一无二的整体联系在一起,语言则以特殊词法表示这种情境。"(第37页)另一方面,正如我们看到的那样,这个句子的整体本身具有意义与指称:"法国国王是秃头"具有整个情境之外的某种意义并具有处于特定情境之中的某种指称,而这种情境使指称时真时假。[1] 在这里,语言学分析比语言学家们的语义学更加明确,这些语言学家似乎过于依赖符号学与语义学之间的对照因而过于关注确保两个层次之间的差别的唯一特点。

第三对特点涉及言语行为的结构。我可以考虑每一种言语行为的表达方面与非表达方面(此处且不说言语的表达效果方面,这个方面在目前的讨论语境中与我们没有多大关系)。奥斯汀[2]引入的这种区分很容易被置于邦弗尼斯特的话语事件理论的延伸部分中。当我们讲话时,我们做些什么呢? 我们在几个层面做了几件事情呢? 首先这里有言说或表达活动。这是我们在将述谓功能与认同功能结合起来时所做的事情。但是,将"关门的行为"与主词"门"结合起来这一相同的行为可以表现为确认、命令、遗憾、失望,等等。但相同的句子内容的这些不同形式不再涉及句子表示的行为本身,而是涉及它的"力量",即我们在说话时所做的事情。这里有非表达的方面。在说话时,我已作出一种承诺,或发出了一道命令或作出了一种确认(智者派已经与普罗塔哥拉一道区分了几种话语形式:问答、祈求、命令)。[3]

令这种分析的奠基者奥斯汀首先感兴趣的是另一种区别(在他看来,这种区别是我们所关注的那些区别的一个特例),即述愿语与述行

———————

[1] 斯特劳森:《论指称》,载《心灵》LIX,1950年版,法译本,瑟伊出版社,1975年版。又见林斯基前引著作。

[2] 奥斯汀:《怎样以语言做事?》,厄姆森编,牛津,克拉伦登出版社,1962年版;法译本,巴黎,瑟伊出版社,1970年版。《述行语-述愿语》,载《分析哲学》,巴黎,子夜出版社,1962年版。

[3] 亚里士多德:《解释篇》,第1章。

语的区别,它的模式是承诺(在承诺时我做了在诺言中所说的事情:在说话时,我自我约束,我承担了行为的义务)。[①] 述行语是单数第一人称直陈式现在时的陈述,并且涉及那些依赖于自我约束的人的行为。言语行为理论随着人们注意到述行语并不仅仅是做某种事情而取得了进步。在确认中,我以不同于承诺的方式自我约束:我相信我说的话。如果我说"猫呆在地毯上,但我不信",其矛盾并不存在于句子层次,而是存在于第一个句子隐含的诺言与其后的明显否定之间。因此,述行语并不仅仅描述言语行为的复杂结构。我们将会注意到,表达行为使我们能将被视为心理因素:信念、欲望、情感以及相应的(精神活动)[②]的那些因素固定在语言中。这种观点对讨论我们以后要讲到的言说者、谈话主体很重要。

正如我们从邦弗尼斯特对"分析哲学与语言"[③]的阐述中看到的那样,他已经将言语行为理论与他本人对话语事件的看法轻而易举地结合起来。

第四对特点——意义与指称的特点——已被弗雷格在《论意义与所指》[④]中引入当代哲学。我们将会看到它也被固定在邦弗尼斯特的语义学的概念中。实际上只有句子才使这种区分成为可能。只有在被视为整体的句子的层面上,我们才能区分被言说出来的东西与我们的言说所依据的东西。A=B这一方程式的简单定义已经包含这种区别,在这一方程式中,A与B具有不同意义。如果我们说一个东西等于另一个东西,我们同时在说它们指称同样的东西。当我们考虑到一

---

① 奥斯汀:《说即做》(即《怎样以语言做事?》),第一部分。
② 吉奇:《精神活动》,伦敦,劳特利奇与保罗出版社,1957年版。关于每种言语行为所特有的"承诺"与这种承诺包含的"欲望"和"信念"这类心理因素,可参看塞尔:《言语行为》,第64—71页。利科:《话语与交流》,载《交流》,法语哲学协会第15次会议会刊,蒙特利尔,蒙莫朗希出版社,1973年版。
③ 邦弗尼斯特:《普通语言学的若干问题》,第13章和第14章。
④ 弗雷格:《论意义与所指》,载《哲学与哲学评论杂志》第100期,1892年;法译文:《意义与指称》,载《逻辑学与哲学论集》,巴黎,瑟伊出版社,1971年版;英译文:《论意义与指称》,载《弗雷格的哲学论著》,牛津,布莱克韦尔出版社,1952年版。

种指称显然有两种或更多种（亚历山大的老师和柏拉图的学生）意义的情形时，或者当我们考虑没有可以通过经验确定的指称物（离地球最远的天体）时，我们可以显示意义与指称的区别。

意义与指称的区别完全是话语的特点。它与语言的内在性原理相抵触。在语言之内没有指称问题：符号指涉同一系统中的其他符号。通过句子，语言显示出来。指称标志着语言的自我超越。

这一特点也许比其他特点更能表明语义学与符号学的区别。符号学仅仅考虑语言的内部关系。只有语义学关注符号与被指称的事物的关系，也就是说，只有语义学归根到底关注语言与世界的关系。将符号定义为能指–所指关系与将符号定义为与事物的关系并不对立。以第一个定义代替第二个定义恰恰使符号学成了符号学。但第二个定义无法排除。当我们把握了语言充当人与人之间，人与世界之间的中介从而将人纳入社会并确保语言与世界的一致性这一功能时，第二种定义仍然对处于使用过程和行动中的语言有效。我们也可以将指称问题与意向内容概念联系起来。在前面我们已将意向内容概念与所指概念区分开来。意向内容具有外在于语言的意指对象，所指则没有这种对象："我们通过符号把握语言的内部实在。我们通过句子与语言之外的事物联系起来。意义包含对语境和说话者的态度的指称，而符号将内在于它的所指作为相应的构成因素。"[1]因此，我们要指出的是，意向内容的超越功能完全恢复了弗雷格的指称概念。同时，以意向性概念为基础的胡塞尔的现象学分析获得了充分的辩护：语言尤其具有意向性，它指向不同于它自身的东西。[2]

第五对特点：指涉现实与指涉说话者。指称本身是一种辩证现象。就话语涉及情境、经验、现实、世界而言，简言之，就话语涉及语言之外的东西而言，它也通过本质上属于话语而不属于语言的方法指涉

---

① 邦弗尼斯特：《语言中的形式与意义》，前引书，第 36 页。
② 胡塞尔：《逻辑研究》，第二版，哈利，尼迈耶出版社，1913 年版；法译本《逻辑研究 I》和《逻辑研究 V》，巴黎，法国大学出版社，1961 年版，1962 年版。

说话者。① 在这些方法的第一个层次，人称代词严格说来是"无词义的"："我"这个词本身并没有意义，它是话语对说话者进行指涉的标志。由于"我"是说话者，"我"在一个句子中是可以适用于"我"本身的人。因此，人称代词本质上是话语的功能，并且只有当某个人谈话且在说出"我"时表示自身，这个人称代词才会获得意义。动词的时态是对人称代词的补充：动词时态构成了截然不同的语法系统，但它固定于现在的某个时刻。但"现在"像人称代词一样是指涉自身的。现在是讲话的时刻。这便是话语的现在时。通过现在时，话语暂时称呼自身。这也同样适用于各种副词（此时此地等等）。所有东西都与话语事件联系在一起。这也同样适用于指示词，"这个，那个"，它们的对比是通过与谈话者的关系决定的。作为自身指称者，话语决定了绝对的此物-此地-此刻。

显而易见，这种自身指称性质包含在话语事件的概念中。它也可能接近言语行为理论。实际上，"句子容易采取的形式"（第130页）——肯定句、疑问句、祈使句——虽然同样取决于述谓活动，但在话语中表达了说话者的各种承诺："这三种形式反映了通过言语影响对话者的说话者的三种基本行为。他想向对话者传递认识的因素或从对方那里获得信息或向对方发布命令。"（同上）但是，这是一系列的交流功能，这种功能取决于话语的自身指称功能。实际上这是话语的三种人际交流功能，它们被包含在三种形式的句子单元中，每种形式与说话者的一种态度相对应（同上）。

这样一来，在言语行为理论与本身包含在话语事件概念中的话语自身指称性质之间建立了密切的联系。

最后一个特点对我们的隐喻研究来说是一种重要结果。符号学与语义学的区分导致了对词例学与意群学的重新分类。词例学关系（主要指词形变化、派生法等等）涉及系统内的各种因素。它们属于符

---

① 邦弗尼斯特：《普通语言学的若干问题》，第五部分："语言中的人"，第227-285页。

号学层面。雅科布松和一些结构主义者所接受的二元性的法则对它们是有效的。① 但是,意群是使句子的意义得以实现的特殊形式的名称。这一特点对我们的研究十分重要:因为如果词例属于符号学,意群属于语义学,那么,替代活动,词例学规律,就属于符号学领域。因此,我们必须指出,话语采用的隐喻——隐喻陈述——是一种意群,我们再也不能把隐喻过程置于词例学一边,将换喻过程置于意群学一边。正如我们将要在"第五研究"中表明的那样,这样做并不妨碍将隐喻(被视为影响语词的意义效应)置于替代活动之列。反过来,这种符号学的归类并不排除对话语形式的狭义语义学研究,因而不排除对通过隐喻而实现的意群的研究。如果意义效应的确源于语词之间在句子中相互施加的某种影响,那么,我们应当把隐喻陈述视为意群。在邦弗尼斯特的阐述中可以发现隐喻的空白:"由于语词彼此配合,它们承载了它们本身并不具有的意义,这些意义甚至与它们从其他地方获得的意义相矛盾。"(《形式与意义》,第 38 页)

---

① 雅科布松:"语言学",载《社会科学与人文科学研究的主要倾向》,第 6 章,巴黎—海牙,穆东,联合国教科文组织,1970 年版。

2. 语义学与隐喻修辞学

理查兹[1]的《修辞学的哲学》所起的开创性作用不可低估。他一开始并未将他的著作的第五、六章所关注的隐喻理论与语句语义学联系起来，而是与修辞学的新定义联系起来。但是不难证明他的修辞学概念[2]源于与我们刚刚指出的语义学相近的语义学观念。他意识到要在对语言进行重新分析的基础上"复活旧的主题"。

理查兹从英国 18 世纪最后一批重要论文之一——惠特利（Whateley）大主教的论文中借用了他的修辞学定义。惠特利宣称，修辞学是"一门旨在把握语言用法的基本规律的哲学学科"（前引书，第 7 页）。我们可以看到，这一定义的每个基本概念都恢复了古希腊修辞学的广泛性。在强调语言的用法时，这位作者将修辞学置于理解与交流的狭义上的言语层次。修辞学是关于言语的理论，是关于作为言语的思想的理论。在探讨语言用法的规律时，他对这些技巧的规则进行了系统的了解。当他认为把握这些规律是修辞学的目的时，他把对言语误解的研究置于与言语理解的研究相同的层面［在他之后，理查兹把修辞学称为"对言语理解和言语误解的研究"（第 23 页）］。最后，保证这门学科的哲学性质有赖于弥补"交流的失败"这一重要努力，而不是让修辞学去承担说服、影响和取悦他人的工作。保证这门学科的哲

---

[1] 理查兹：《修辞学的哲学》，牛津大学出版社，1936 年版，1971 年版。

[2] 注意到下面这一点不会不引起人的兴趣：从我们在本章中触及的三种研究中可以看出，第一种研究是"修辞学"的衍生，第二种是"逻辑语法"的衍生，第三种是"文学批评"的衍生。我们无法明显地突出这些学科的界限的不确定性。将它们植根于同一门语义学的尝试更有意义。

学性质也有赖于过去使修辞学逐步脱离哲学的努力。因此,我们将修辞学称为"对误解以及弥补误解的方式的研究"(第 3 页)。

这种计划不仅因修辞学的雄心而且因它坦率地反对所有分类方法而偏离了衰落的修辞学的计划。在这本小书中我们并未发现任何对修辞格进行分类的尝试。隐喻在这里占支配地位,但并未暗示像亚里士多德的《诗学》所表明的那样将隐喻与换喻或提喻对立起来的那些东西。这一消极特点并不是偶然的。如果我们不能对偏离进行分类还能对什么进行分类呢? 偏离的存在如果不是相对于固定的意思而言又是相对于什么而言呢? 除了名称之外,话语的哪些成分基本上是固定意思的载体呢? 但理查兹的全部修辞学工作致力于通过牺牲语词的权利而重新确立话语的权利。他的探讨从一开始就涉及古典修辞学对本义与转义的基本区分,涉及他在考察"对本意的迷信"(第 11 页)时所作的区分。但语词并无本义,因为它们并没有固有的意思。它们也没有任何自身的意义,因为被理解为整体的话语以完整的方式拥有意义。因此,作者根据有关意义的明确的语境理论["意思的语境定理"(第 40 页)所概括的理论]对本义概念进行指责。

至于这种语境规律,作者把它建立在下述因素的基础上。首先,正是变化的事实规定了语境的优先性:"我们是能回应其他事物的事物。"(第 29 页)话语的语境本身即是由问答的情境构成的更广泛的语境的一部分。此外,在一部分话语中,语词不应将其意义仅仅归于具有"被赋予的有效性"(第 32 页)的现象。这种现象是语境概念的关键。语境是"许多一起出现的事件组成的网络的名称,它包括既定的条件,也包括我们可以将其作为原因或结果而分离出来的东西"(第 34 页)。因此,语词只有通过语境的省略才有意义。"符号所指称的东西表达语境的缺少部分,而它正是从这种语境中获得了被赋予的有效性"(第 35 页)。因此,语词的确意指……,表示……,但并不代表某个事物或观念。相信语词具有本意乃是魔法的一种残余,是"具有魔力的名称理论"(第 71 页)的残余。所以,语词丝毫不是呈现给心灵。与给与性的任何固定的联系都不能构成语词。语词限于反映语境缺少的部分。因此,意义的恒常性不过是语境的恒常性,这种恒常性是自明的。稳定性本身是有待说明的现象。自明的东西就像被怀特海作为现实性的原则的东西那样乃是过程的规律或发展的规律。

因此,没有什么东西可以妨碍一个语词表示多种事物。既然语词反映了语境缺少的部分,那么,后者属于相反的语境。语词以其"词义的限制"表达了"语境之间大范围的竞争"(第 40 页)。对迷信的独一无二的真正意思进行这样的批评为对隐喻的作用进行积极评价做了明显的准备。但这一看法适用于各种形式的双重意义,这些意义可以与意向,与内心的想法,与语境的缺乏部分所传达的约定俗成的东西联系在一起。

语词与句子之间的优先顺序被完全颠倒了。我们还记得在丰塔尼埃那里观念与命题之间的一致性以及观念在《话语的形象化表达》①中的最终特权。在理查兹那里,犹豫不再存在。句子的意义不再源于语词的意义,但语词的意义出自句子的分解以及把句子的某个部分分离出来。《泰阿泰德篇》的方法优于《克拉底鲁篇》的方法。在意味深长地以"语词的相互激活"为题的会议上,理查兹提出了话语成分的相互渗透的理论,适用于隐喻的相互作用理论就建立在这一理论的基础上。

这种相互渗透的形式本身就是词义的稳定度功能,也就是说,是被省略的语境的功能。就此而论,技术语言与诗歌语言构成了同一层面的两极:一端是在定义中被固定的单一意义,而在另一端,任何意义都无法在"意思之间的游移"(第 48 页)之外被稳定下来。毫无疑问,一些杰出作者的这种做法往往将语词固定于习惯性的意义。通过习惯性用法来固定意义无疑是这样一种偏见的根源:语词具有意义,拥有意义。惯用法理论并未颠倒而是巩固了有关语词本义的偏见。但与固定语词的惯用法相反,语词的字面用法恰恰在于恢复在陈述整体内解释的可能的作用(第 55 页)。正因如此,语词的意义每次都必须"猜测"(第 53 页),我们决不能信赖既有的稳定性。翻译的经验具

---

① "第二研究"第 2 节。

有相同的倾向：它表明句子并不是拼凑物，而是有机体。翻译就是创造一个具有同一性的词集，在其中，每个单词获得了所有其他单词的支持并且逐步受益于全部语言中的亲近关系。

我们说过，理查兹已与把语词视为观念的名称的语词理论进行决裂。必须补充的是，在主张话语事件比语词具有优先性方面，他比邦弗尼斯特走得更远。后者无疑使语词的现实意义从属于句子的状语的意义，但并未将它融入其中。这是因为，在他那里，语义学与通过符号的差别和对立来确保符号同一性的符号学之间具有紧张关系。我们将在"第五研究"中重新讨论基于差异律并由此保证了分类学的建立的符号学与只承认一种作用即谓词作用的语义学之间的冲突，这种语义学至多使列举（正像维特根斯坦所表明的那样，也许可以无限列举）[1]"言语行为"成为可能。我们随理查兹一起进入了隐喻语义学，这种语义学忽视了符号理论与话语事件理论的二元性，并且直接建立于有关语词通过在活的陈述中相互激活的观点的基础上。

这种理论教会我们通过了解理解的标准（这一标准不同于逻辑所依据的意义的简单同一性标准）而把握语境的作用，就此而言，这种理论是一种修辞学。对这些标准的关注源于古人对"陈述的优点"[2]的思考。但这些标准——准确性、生动性、表现性、明晰性、优美性——仍然取决于对本义的迷信。如果修辞学是对误解以及我们可以提供的补救办法的研究（第 3 页），那么，这种补救办法就是对意义的转移的"把握"。[3] 这些转移通过交流保证了语言的有效性。日常的交谈在于跟上这种转移。修辞学应当教会我们把握这些转移。对各种反复出现的模糊性或转移现象的"系统"（第 73 页）研究乃是新修辞学的紧迫

---

① 维特根斯坦：《哲学研究》(1953 年版)，纽约，麦克米伦出版公司，1963 年版。法译本，巴黎，伽里玛出版社，1961 年版，第 23 节："有多少种句子呢？也许是肯定句、疑问句、祈使句吗？——句子的种类不可数计……"

② "第一研究"，第 41 页。

③ 亚里士多德在《诗学》(1459a8)中所说的这段著名表白提出了"精通"这个词，它为第六次讲演提供了题目（这次讲演题为"精通隐喻"）。理查兹把亚里士多德的那段话翻译为："到目前为止，最重要的事情是精通隐喻，只有这一点无法给予他人：它是天分的标志，因为作出贴切的隐喻意味着发现相似性。"（前引书，第 89 页）

任务。然而,有人可能怀疑这类研究按分类学的本意是系统的。重要的是进行"澄清",是本着与英国人的语言分析相近的精神,"将我们的技巧转换成理解"(同上)。

理查兹就隐喻所作的两次讲演(讲演五与讲演六)恰恰作了这样的澄清。

我们首先必须在日常用法中发现它的功能。因为与亚里士多德的名言(按他的看法,擅长是一种天赋并且不是教会的)相反,语言就像雪莱发现的那样"从根本上讲是隐喻的"。[①] 如果"精通隐喻"就是把握相似性,那么,我们就无法在不把握相似性的情况下了解事物之间的未知关系。它远远不是对语言的日常用法的偏离,而是适用于所有自由活动的"普遍原则"(第90页)。它并未构成增补能力,而是构成了语言的构成形式。由于仅限于描述语言的修饰性,修辞学被人指责为仅仅是在考察肤浅的问题。但隐喻触及语词的相互作用的深处。

隐喻的这种普遍存在源于"意义的语境定理"。如果语词是各个方面的组合的替代物(这些方面本身是它们的不同语境的缺乏部分),隐喻的原理就来自语词的这种构造。按照一种初步的表述,隐喻保持了在语词或简单表达式(其意义是它们的相互作用的结果)中同时起作用的不同事物的两种观念,其意义就是它们相互作用的结果。为使这种描述与意义定理相配合,我们要指出的是,隐喻将这种意义的不同语境的两种不同的缺乏部分结合成简单的意义。因此,它不是涉及语词的简单转移,而是思想之间的交流,即语境之间的和解。如果隐喻是一种技巧,一种才能,那就是一种思想的才能。修辞学仅仅是对这种才能的反映并且把这种才能转换成特殊的知识。

在描述的这一阶段,面对的危险毋宁与比喻学的过分琐碎所面临的那种危险相反。通过唯一的表达式而浓缩的这两种观念不能构成隐喻吗? 正是在这里,理查兹引入了一种特殊因素。就"语境间的和

---

① "语言从根本上讲是隐喻的,即它表示以前没有被理解的事物的关系并保持对它们的理解,直到描述它们的语词始终成为表示思想的各个部分或各个种类的符号,而不是成为内在观念的图画。这样,如果没有新的诗人重新确立已被瓦解的联系,语言将会无法实现人类交流的所有比较高尚的目的。"转引自理查兹,前引书,第90-91页。

解"这个一般概念而言,这一因素起着独特的作用。我们以一种观念的特点来描述另一种观念的特点,在这种意义上说,这两种观念在隐喻中具有某种程度的层次差别。丰塔尼埃从理查兹对隐喻的定义(隐喻是"以一种……观念的符号来表示某种观念①……")中发现了这一点。但由于缺乏适用的话语理论,他无法从中引出全部结论。理查兹试图把"内容"称为隐含的观念,而把"表达手段"称为通过其符号理解第一种观念的观念。② 但重要的是充分注意到,隐喻并不是"表达手段":它是由两个部分构成的整体。这个词无疑不像另一个词那样为人们所熟悉。为什么不说原来的观念和借用的观念呢?或者,为什么不说被现实地思考或表达的东西呢?为什么不说我们将这种观念与之比拟的东西呢?或者为什么不说主要的主词以及与它相似的东西呢?或者为什么不说观念与它的形象化比喻呢?但这个词的难懂优点恰恰在于排除对本义的所有暗示,排除所有求助于观念的非语境理论的做法,排除从心理意象概念中借用的所有东西(在这里,理查兹将18世纪英国修辞学家作为主要的对手,他将后者与具有洞察力的柯勒律治对立起来,他还从柯勒律治那里引用了一段令人叹服的文字③)。在这一点上,没有什么比混淆风格的形象表达与意象更使人误入歧途

---

① "第二研究",第78页。

② 前引书,第90页。"内容"一词的基本意义保存在理查兹引用的贝克莱的下述原文中:"我永远期望,无论是谁都会认为他值得花点时间明白他不应拘泥于这样或那样的措辞或表达式,而要从我们的话语的全部要点和内容中直截了当地领会我的意思并且考虑基本概念本身,而尽可能把语词搁在一边……"前引书,第4-5页。佩雷尔曼和奥尔布勒希-提特卡(L. O. Olbrechts-Tyteca)在他的《论辩论》(法国大学出版社,1958年版)中引入了主旨(thème)与phore这两个术语,它们可能构成了"内容"与"表达手段"这两个词的恰当翻译。然而,这些作者对将这两个词用于类比即比例关系作了限制:"我们主张把结论所涉及的A项和B项一起称为thème……并用来支持推理的C项和D项一起称为phore……"(第501页)

③ 在引自《政治家手册》"附录C"的这段文字中,柯勒律治将想象力的发展比作植物的生长。更确切地说,正是通过思考个体生命与宇宙生命之间的交流(正是通过这种交流,部分变成了"可见的有机体"),他同时通过隐喻的方式创造了所有符号的意义。实际上,符号"在表示整体时,继续作为它所代表的统一体的活生生的部分而存在"。理查兹:前引书,第109页。关于柯勒律治的隐喻,参见理查兹:《柯勒律治论想象》,伦敦,劳特利奇与保罗出版社,1934年版,1962年第三版。

了。如果我们把意象理解为感性知觉的模仿,那么,从所有这些混淆的方面看,"内容"与"表达手段"都不过是中性词。这使我们不能脱离形象表达来谈论内容,也不能把"表达手段"看作补充的修饰:内容与表达手段同时出现以及它们的相互作用产生了隐喻。因此,内容并非一成不变,仿佛表达手段仅仅是一种装饰。我们将会看到布莱克对这种观点的部分利用。

在对隐喻中起作用的自发才能进行反思时,"对隐喻的把握"意味着什么呢? 以"必然简化的、歪曲的理论"去取代我们在许多方面难以解释的奇妙才能会带来很大的危险。也许,修辞学的复兴要冒陷跌入这种错误的危险,威廉·詹姆斯把这种错误称为"心理学家的诡辩"(第116页):"新的尝试很可能重新导致人为性与任意性。"(第115页)(这种警告也许适用于我们将在"第五研究"中考察的那些尝试。)

反思的修辞学无法回避的第一个关键问题涉及字面意义与隐喻意义之间的区分。我们看到"内容"与"表达手段"这对范畴完全忽略了这种区分。虽然我们不能从这里出发,但我们也许能回到这里。隐喻的唯一标准是,语词同时提供了两种观念,[①]它使"内容"与"表达手段"相互影响。相比之下,这一标准有助于给字面意义下定义:如果我们不能区分内容与表达手段,语词可以被暂时视为字面的东西。字面义与隐喻义的区分并非不可接受,但它并不属于语词的固有特性。它属于在语境意义定理的基础上发生相互作用的方式。但字面意义与本义毫无关系。此外,除了科学的技术性语言之外,仅有字面意义的语言非常少见。

适用于隐喻才能的思想明晰性很大程度上在于考虑到隐喻的基础,在于考虑到它的"根据"。不管是涉及死板的隐喻(椅子的脚)还是生动的隐喻(作家的隐喻),我们都不约而同地在一种共同的性质中寻找根据。但后者并不必然取决于"内容"与"表达手段"的直接相似性。它可能源于一种共同态度。两个极端之间的间接情况的广泛性由此展示出来。

---

① 理查兹回顾了约翰逊的话:隐喻是给我们提供表示一个东西的两种观念的语词。

一个关键的新问题源于前一个问题:"内容"与"表达手段"的关系必然属于比较的层次吗? 比较是什么呢? 比较可能是把两种东西结合在一起以便让它们一起发挥作用。这可能是发现它们的相似性,或者,是通过一起出现的另一个事物把握一个事物的某些方面。正在衰亡的修辞学将隐喻定义建立于其上的相似性仅仅是接近的特殊形式,通过接近,我们以另一种事物的措辞来描述一种事物。"表达手段"有各种方式支配对"内容"的理解形式。但是,有一种观点采取完全相反的立场,即,把隐喻严格定义为相似性,以便像勃勒东那样通过提出两种异质观念"突然强烈地"①替换明喻(comparaison)——这种观点只有产生对古典修辞学的负面印象的价值。理查兹坚持认为,比较始终是重新联系,"心灵是进行沟通的器官,它只有在进行沟通时才能发挥作用,它能以不同方式对两个事物进行千变万化的联系"(第125页)。我们可以看到,"修辞学的哲学"由于对本义抱有敌意,它不会为可预先估计的混乱进行辩护。弓可以张开到极点,箭则指向某个目标。没有语言不为一开始就让心灵无所适从的东西赋予意义。有时,心灵需要整首诗来创造或发现某种意义,但心灵始终在进行沟通。

因此,相同的张力理论为不相似性和相似性提供了相同的地位。也许,表达手段对内容的改变与其说是由它们之间的相似性造成的,还不如说是由它们之间的不相似性造成的。②

最后一个关键问题涉及隐喻语言的本体论意义。

这里首先暗示了有关自发技能的问题。语境意义的定理既使我们能通过语境理解隐含在语词意义中的话语的缺乏部分,也使我们能理解这些缺乏的词项所指代的情境。正因如此,我们可以讨论对现实本身的隐喻理解。理查兹指出:"我们的世界是被谋划的世界,它充满了源于我们的生活的性质……在明显的语词隐喻中我们所研究的词义间的交流被强加给被感知的世界,这个世界本身乃是以前的自发隐喻的产物。"(第109页)所有这些都存在于意义的一般定理中。但是,

---

① 勃勒东:《连通器》,转引自理查兹:前引书,第123页。

② 相似性问题将在"第六研究"中加以讨论。

正像我们在"第七研究"中将要考察的惠尔赖特的分析那样,理查兹的分析并不针对隐喻与现实的关系问题。我们必须暂不考虑这个问题,因为我们在研究的这一阶段无法区分意义与指称。

反思的修辞学不能解决这个问题,但它至少可以在着手讨论信念问题时澄清这个问题。我们应当为了充分理解一个陈述而去相信这个陈述所表达的东西吗? 我们应当把《圣经》或《神圣的喜剧》以隐喻方式说出的东西看作真的吗? 关键性的回答在于区分四种可能的解释方式,因而也在于区分四种可能的信仰方式,其根据是,后者涉及以对"内容"的抽象为基础的陈述,或者涉及源于唯一的"表达手段"的陈述,或者涉及与它们的关系相关的陈述。或者,"我们可以接受或拒绝它们试图为我们的生活方式所指引的方向"(第135页)。理解隐喻陈述的最后一种可能性似乎(以批判的方式)大大增加了上面引用的对世界的隐喻把握的自发活动。我们自己将这种理解方式看作隐喻的诠释学观点的范式。[1] 正如理查兹指出的那样,"掌握隐喻也就是掌握我们为了生活于其中而创造出来的世界"(同上)。作者并未继续走向这一方向。他仅限于引用精神分析的案例,在这里,"转移"——隐喻的另一种说法——并不能归结为语词之间的游戏,而是在我们思考、爱和行动的方式之间起作用。正是在密切的活生生的关系中,我们根据形象化表达,比如,根据类似的形象化比喻,对新的情境进行辨认,这些形象化表达对被视为"内容"的新情境起着"表达手段"的作用。解释过程是在存在方式的层次上进行的。前面简单地援引的精神分析的例子使我们能发现修辞学问题的视域(horizon)。如果隐喻在于以另一个事物的语词来表示某一种事物,它难道也不在于以另一个事物的语词来理解、思考或感知某个事物吗?

---

[1] 参见"第七研究"。

3. 逻辑语法与语义学

布莱克以"隐喻"为标题并发表在《模型与隐喻》①中的那篇文章在大西洋两岸已成了有关这一主题的经典之作。公正地讲，为考察以语词为中心的意义变化，它以某种核心的方式浓缩了对隐喻的语义学分析的一些重要主题，而隐喻建立在整个陈述的层次上。然而，这篇短文并未超过理查兹的著作，尽管后者作了一些尝试并且在某种程度上缺乏技术性。理查兹的著作实现了突破。在他之后，布莱克和其他人占据并组织了这一领域。

首先，布莱克的目的似乎不同于前者的目的。他丝毫不想恢复旧修辞学。他打算制定隐喻的"逻辑语法"并且借此理解对下述问题的所有令人信服的回答：我们从什么东西中认出隐喻的典型呢？有什么标准可以让我们发现隐喻呢？我们应从中看到对单纯的意义的简单装饰吗？隐喻与明喻之间有什么关系呢？我们通过使用隐喻来达到什么效果呢？正如我们看到的那样，这些问题所提出的澄清的任务几乎与理查兹所说的修辞学没有多大差别，因为对理查兹来说，掌握隐喻要求我们明白它的功能以及所有语言的功能。经过周密思考对隐喻进行把握与（对隐喻进行）澄清之间存在着十分密切的联系。而且，这两位作者有着这样一个共同的信念：澄清工作在一个人那里是以对隐喻用法的专门技巧为前提的，而在另一个人那里是以自发地同意预先列出一系列隐喻的明显例子为前提。因此，正如我们如果不首

---

① 布莱克：《模型与隐喻》，伊萨卡，康奈尔大学出版社，1962年版。第3章："隐喻"；第13章："模型与原型"。

先依赖说话者的语法意识就不能开始提出完善的表达式一样,正是自发用法指导着逻辑语法的第一步。因此,后者涵盖了理查兹的修辞学所考虑的相同领域。由于布莱克具有逻辑学家和认识论者的技能,这种自发用法为理查兹的修辞学增添了具有更高准确性的技巧。

布莱克的澄清工作至少在三个方面标志着重大进步。

第一方面涉及隐喻陈述的结构本身,理查兹以"内容-表达手段"的关系来表达这种结构。在能够引入这种区分并对此进行评论之前,我们要从以下方面入手:正是整个陈述构成了隐喻,但我们要专注于一个特殊的语词,这个语词的出现确保我们可以将陈述看作隐喻陈述。陈述与语词之间的意义对称乃是以下重要特点的条件:在同一个陈述内部,存在着以隐喻的方式使用的语词与不以隐喻的方式使用的语词之间的对比。在"The chairman plowed through the discussion"①中,"plowed"这个词就是在隐喻上使用的,其他词则不是。因此,我们说,隐喻是一个句子或同类的表达式,在这类表达式中一些语词是以隐喻的方式使用的,而其他词是以非隐喻的方式使用的。这一特点提供了将隐喻与谚语、讽喻、谜语区别开来的标准。在那里,所有语词都是以隐喻的方式使用的。基于同样的原因,卡夫卡的《城堡》的象征手法就不属于隐喻。这种简洁的说明除了使我们能限定这一现象之外,还能使我们修正对内容与表达手段的区分,这种区分涉及"观念"或"思想"的缺陷,我们常说它们都是"活跃的"。尤为突出的是,它们都包含变动不居的意思(第47页,注23)。上述定义使我们能够将隐喻语词与句子的其他语词分离开来。我们可以用"焦点"表示这个词,用"框架"表示句子的其他成分。这些表达式具有直接表达语词的聚集现象的优点,而不会回到语词本质上具有意义这种错觉。"核心"一词的隐喻用法源于"核心"与"框架"之间的关系。理查兹完全发现了这一点。他说,隐喻源于内容与表达手段的联合活动。布莱克使用的更确切的词语使我们更加接近这种相互作用,它在陈述的未分化的意义与语词的"集焦"的意义之间起作用。

---

① 利科引用的这句英语的大意是"主席费力地主持讨论"。——译者

这里出现了第二个决定性的步骤：在源于以前的分析的相互作用理论与被这位作者分为两类（关于隐喻的替代观念与比较主义观念）的经典理论之间划了一条分界线。在这一点上，布莱克已对一种明确的替代性理论作出了解释，它为我们自己在"第四研究"和"第三研究"中提出的质疑提供了起点。但我们首先要经过布莱克所确立的替代性的理论。

布莱克所说的替代的理论与我们在"第二研究"中提出的模式十分吻合，这种模式乃是古典修辞学观念的试金石。布莱克集中探讨了我们所说的第五种假设：说话者并不使用这类具有字面意义的表达式，而是有选择地用另一种表达式来代替它，而这种表达式要从不同于它自身的正常意义的意义上去理解。正如我们自己所做的那样，布莱克将另两种假设与这一假设联系起来，而另两种假设最终确立了这样的模式：如果隐喻是一种替代尚未出现的文字表达式的表达式，那么这两种表达式就是等值的。因此我们可以通过彻底的解述来翻译隐喻。所以，隐喻并不包含任何信息。如果隐喻不能提供任何知识，那么，我们就要到它的认识功能之外去寻找它的根据。要么，就像夸张引申（隐喻只是它的一种）一样，它填补了词汇的空白。但是，它也起一种文字表达的作用并且作为隐喻而消逝。要么，它是话语的简单装饰，这种装饰为听众要么提供惊奇的乐趣，要么提供伪装的乐趣，要么提供形象化表达的乐趣。

但布莱克并不限于将相互作用理论与替代理论进行对比。他还将替代理论与比喻理论结合起来，在比喻理论中他看到了替代理论的一个特例。然而，他并不是通过这种方式而是基于对"形象化"语言概念的一般反思来引进比喻理论：所有形象化比喻都包含语义层次的某种转移、转化和改变，这种转变使形象化表达成了以前的字面表达的"代数学意义上"的功能。由此提出了这样的问题：是什么东西显示了隐喻所发挥的转化功能的特点呢？答案是：隐喻的根据是类比或相似（前者出现在对比之间，后者出现在事物之间或观念之间）。我们还记得，理查兹曾将这类论据运用到反思的修辞学中。但在布莱克看来,比喻理论仅仅是替代理论的一个特例。实际上,说明类比的理由也就是形成字面的比较,它被视为隐喻陈述的等值物从而可以代替隐喻陈述。

然而,我们可能会怀疑在隐喻中起作用的相似性在明喻中简单地表现出来(如果可以这么说的话,被以字面的方式来表达)。我们对亚里士多德的研究已经表明了隐喻与明喻的关系的复杂性。隐喻是浓缩的、缩略的、简练的明喻这种观念并不是自明的。此外,这丝毫没有说明,通过对比喻词(comme, semblable, ressemble à……)①的说明所恢复的明喻构成了字面陈述,我们可以把字面陈述看作隐喻陈述的等值陈述,隐喻陈述可以代替字面陈述。简言之,相似性在其中起作用的理论并不一定是认为明喻构成隐喻的解述的理论。我们将在"第六研究"中再来讨论这个问题。

此外,布莱克对明喻理论提出了一系列直接的异议,这些异议并未运用这种理论对替代理论的依赖性。他的确必须这么做,因为明喻理论有它自身的论据并且仅仅通过它的结论与替代理论联系在一起。的确,布莱克并未重新考虑形象化的语言概念,形象化比喻概念。但这种概念引起了另一场讨论(正如亚里士多德对"浮现在眼前"的看法以及丰塔尼埃对形象化语言与比喻性语言的密切联系的看法证明了这一点)。布莱克的攻击集中于通过相似或类比对隐喻的形象化表达所作的解释。他宣称,相似性即便不是空洞的概念,也是模糊的概念。除了接受不同程度因而接受不确定的极端情形之外,它与其说源于客观的观察还不如说源于主观的评价。最后,在我们可以合理地引用相似性的情况下,有一点比较清楚:与其说隐喻表达了以前存在的某种相似性,还不如说隐喻创造了相似性。我们将在"第六研究"中再来详尽讨论这些异议。我们暂且要指出的是,人们并未一致确认那种相似性与形式上的比喻的相似性相联系,也没有确认后者可以通过替代构成解释的情形。

最为重要的无疑在于,在排除类似性或相似性的优先性时,我们

---

① 这三个词均有"像……"的意思。——译者

也排除了全部的比喻理论以及构成这种理论的转化功能(类似是它的一种)理论。布莱克不理会所有分类学,他承认各种各样的"基础"适合随语境而发生的意义变化,甚至适合于缺乏正当理由的情形(第 43页):"通常不存在意义的必然变化的'简单基础'——没有任何理由说明某些隐喻为什么成功,其他隐喻为什么失败。"(第 45 页)这一论据在形式上与明喻主题并不相容。

从"第四研究"开始,我们将重新讨论把替代理论与相互作用理论明显地对立起来的合法性。在这种对立之下是符号学与语义学之间的二分(dichotomie)。我们把它作为在本研究中发挥作用的假设。我们以后再来讨论这个问题。我们宁可强调相互作用理论与它的对方之间的这种明显对立的好处。问题的关键是,相互作用的隐喻是不可替代的,因而无法在"不失去认识内容"(第 46 页)的情况下翻译出来。它不可翻译,但它是信息的载体,简言之,它向人提供知识。

布莱克的第三个主要贡献涉及相互作用的功能。"框架"——语境——如何影响核心词项以便从中产生既不能还原为字面用法又不能还原为彻底的解述的新意义呢?这是理查兹的问题。理查兹的解决办法要么是通过引用共同的性质而回到明喻理论,要么是在谈论两种心灵的同时性活动时陷入混乱。然而,理查兹指点了迷津,因为他表明读者被迫"将两种观念"联系起来。但如何做到这一点呢?

不妨作个隐喻:"人是狼。"核心——狼——并不是在它的日常词义的基础上起作用,而是通过"联系起来的常识系统"(第 40 页)起作用,即通过一个语言共同体的说话者根据他说话的事实而信奉的意见和偏见起作用。这种常识系统补充了句法规则和语义学规则所支配的语词的字面用法,以便形成一种涵义系统,这一系统是或多或少容易的以及或多或少自由的回忆所特有的系统。把人称为狼意味着展示由相应的常识组成的贪婪成性①的系统。因此,我们"以狼形容"人。由于过滤(第 39 页)或屏幕(第 41 页)的效果,"隐喻——狼——隐去

---

① 原文为 lupin,本意为羽形豆,据说这种植物好占地方,故人们把它与贪婪成性的狼相比。——译者

了某些细节,而强调了其他细节,简言之,构成了我们对人的看法"(同上)。

因此,隐喻提供了一种洞见。通过应用一种附带主词形成一个主要的主词,这一点实际上构成了无法还原的精神活动,这种活动提供信息并进行说明,任何解释与阐述都无法与之相比。模型和隐喻之间的近似性(布莱克在另一篇论文①中运用这种近似性)在这里提供了充分的注解。它坚决地揭示了隐喻对一种创造逻辑的贡献。在"第七研究"中当我们把隐喻的指称功能与隐喻的狭义上的意指功能完全区分开来时,我们将沿着这条路继续走下去。但是,本研究仅仅考虑话语的内在因素——主要主词与附带主词,因而不能公正地对待与模型联系在一起并反过来与隐喻联系在一起的重新描述能力。然而,在本研究中,我们可以谈论"隐喻的认识内容",这一点与替代理论赋予它的零信息形成了对比。

布莱克的这种理论的优点是很大的。尽管如此,这些问题仍然没有答案。我们已对排除替代理论,尤其是排除明喻理论提出了几点质疑。引用常识组成的体系来解释相互作用需要特别谨慎。

主要的困难——作者在别处意识到这种困难(第43-44页)——在于,回到常识构成的体系就是诉诸既定的涵义。这种解释同样限于平淡的隐喻。在这一点上,值得注意的是,"人是狼"这个例子暗中替代了最初列出的比较丰富的例子。但是,确立涵义的新结构难道不是诗歌的作用,有时也是典雅的散文的作用吗?我们应当承认:"隐喻既能得到特别建成的涵义系统的支持又能得到已被接受的常识的支持。"(第43页)这一改变是很大的,它几乎毁掉了解释的基础。在以论文形式出现的总结中,作者宣布:"联系起来的涵义首先包括关于附带主词的常识,但在适当的情况下可能包括作者为了工作需要而确立的引申涵义。"(第44页)在此场合创造的这些涵义如何呢?

我们可以从另一个方面重提相同的问题。作者承认,涵义系统并没有因隐喻陈述而保持不变:应用这个系统同时有助于确定这一系

---

① "模型与原型",参见第114页注释①。

统(当我们通过将人称为狼而对人进行特别的说明时,狼似乎更人性化了)。但是,丰塔尼埃所说的新颖的隐喻所特有的意义创造活动分布于整个隐喻陈述,过滤或屏幕的类比不再起很大的作用。隐喻意义的出现仍像以前一样令人费解。

布莱克所说的对隐喻谓词的应用比较直接地提出了意义的出现问题。这种应用实际上是某种孤立的事情并且在狭义上是矛盾的。如果说隐喻选择、强调、隐去了主要的主词,简言之,组成了主要的主词,那是因为它将通过适用于附带主词的性质转移给主要的主词。当亚里士多德说人们将种的名称赋予属以及将属的名称赋予种时,他表明了一种轻视的态度。我们后面将会看到[1],杜伯纳(Turbayne)在将这种特点与赖尔的"范畴错误"对比时十分强调这一特点。但这个与名称转移概念有关的矛盾被一种与其说强调核心词语的应用本身还不如说强调它的涵义的理论所模糊。

就现有描述的认识论地位而言,我们可以追问,布莱克是否履行了对隐喻的"逻辑语法"进行描述的诺言。作者提出一个对等的词,即"语义学"这个词。他将这个词一方面与"句法学"进行对照,另一方面与语言的"形态研究"相对照;实际上,同一种隐喻在被翻译为另一种语言时独立于它的语音结构或语法形式。但是,如果只有我们的语言规则可以使我们说出一种谓词表达式是否能作为隐喻使用,而这个隐喻一方面独立于陈述的环境,另一方面独立于说话者的思想、行为、情感与意向,那么,这种分析就是纯语义学的。但作者肯定(第29页),对隐喻的了解与解释极少允许这种双重的抽象。我们所说的"重量"或"强调"与一个表达式的特殊用法相联系,它在很大程度上取决于使用这个表达式的人的意图。谈论"逻辑形式"的思想者在多大程度上从内心里想到了容器、外形的类比,他又在多大程度上想强调这种密切联系呢? 因此,我们应当承认(第30页),隐喻既属于"语用学"又属于"语义学"。但这个关于方法论的变化问题与我们以前对"由常识构成的体系"的地位的质疑结合在一起。通过语词的言外之意而进行的

---

[1] 杜伯纳:《隐喻的神话》,参见"第七研究"。

这种解释很难形容语义学。我们无疑会指出,这种解释丝毫不是心理学解释,因为涵义仍然受到语言共同体的谈话主体所"服从"的规则的支配。但我们也要强调,"涉及隐喻有效性的重要内容并不在于常识是真的,而在于它们容易引起随心所欲的自由联想"(第 40 页)。但一个联想系统的这种运用确实构成了我们在这里只能用心理学语言来谈论的创造活动。

因此,从各个方面看,根据"逻辑语法"或"语义学"而进行的解释触及一个它所回避的谜:出现了不受所有既定规则支配的新意思这样一个谜。

4. 文学批评与语义学

　　对隐喻的解释属于哪个学科呢？我们已经听到两种回答，即修辞学的回答以及逻辑语法的回答。现在让我们看看比尔兹利在《美学》[①]中提供的文学批评的回答。它如何植根于语句语义学的共同土壤呢？它开辟了什么样的不同道路呢？隐喻理论从这种方向的改变中得到了什么益处呢？

　　我之所以关注比尔兹利的《美学》，不仅是因为这位作者提供了对隐喻的解释，而这种解释重新考察了在布莱克的分析中悬而未决的问题，而且是因为他的解释在其中占有一席之地的文学批评是以一种语义学为基础的，这种语义学接近我在本研究的开头所解释的那种语义学。

　　在构成不同结构的层次之前，文学作品实际上成了与句子同质的语言学实体，也就是说，成了与"话语的最小的完整单元"（第 115 页）同质的语言学实体。因此，我们恰恰应在这个层次上提出（文学）批评所依据的主要技术性概念。文学的纯语义学定义建立在这些概念的基础上。

　　这些技术性概念旨在限定句子和语词中的意指现象，以便文学将它揭示出来。在那里这位作者与对文学的情绪主义定义保持距离。他以内在于意指活动的初级意指与二级意指的区分来代替逻辑实证主义对认识语言与情绪语言的区分。初级意指是句子"明确提出"（陈述）的东西，二级意指则是句子"暗示"的东西。这种区分与奥斯汀对

[①]　比尔兹利：《美学》，纽约，哈考特、布雷斯与世界出版社，1958 年版。

述愿语与述行语的区分并不一致。因为一个陈述性的命题可以确定某个东西并且暗示另一个意思，这个东西就像第一个东西一样可能是真的或假的。请看弗雷格的例子："拿破仑意识到他右翼的危险，亲自带卫兵扑向敌人所在的位置。"这个复杂的句子"提出"拿破仑意识到……并且带领……但它"暗示"，这次用兵是在意识到危险之后并且是由于这种意识才出现的。简言之，这种意识是拿破仑决定用兵的原因。比如，如果有人发现这不是作出决定的命令的话，暗示可能是假的。因此，一个句子"暗示"的东西乃是我们可以推断说话者也许相信的那种东西（超出了他所证实的东西的范围）。"暗示"的本义就是"能够使人误入歧途"。我们之所以把它称为二级意指，是因为我们感到它不像初级意指那样重要和根本。但它成了意指的一部分。我们要指出的是，它是隐含的而不是明显的。所有句子都不同程度地包含隐含的、暗示的、第二级意义。

让我们将这种区分从句子转移到语词。语词具有独立的意指，但它仍是句子的一部分，因为我们只能通过与现实的句子或可能的句子的关联来定义它和理解它（第115页）。语词的明显意思是它的指称；它的隐含意思即是它的涵义。在日常语言中，任何特殊语境绝不可能实现"完整系列的涵义"，它只能实现从这个系列中选择的一部分涵义，即"语词的语境涵义"（第125页）。在某些语境中，其他语词排除了特定语词的不合乎要求的涵义。技术语言和科学语言就属于这种情况，在这类语言中，一切都是明确的。"在其他语境中，涵义是随意的：使语言成为形象化语言尤其是成为隐喻性语言的语境就属于这类语境。"（同上）关于这类话语，我们可以说，它既包括意指的第一层次又包括第二层次，它具有多种意义：文字游戏、暗示、隐喻、嘲讽都是这种多义性的特殊情形。我们要注意的是，这里必须说出多种意义而不是模棱两可的意义，因为从狭义上看，只有当我们从两种可能的意义中获得了唯一的意义时，只有当语境没有提供在它们之间进行抉择的根据时，才会存在模棱两可的意义。确切地讲，文学使我们面对同时指称几种事物的话语，而读者不必对它们进行选择。对文学的语义学定义，即根据意义而进行的定义，可以从话语包含的第二级隐含的或暗示的意指的比例中推演出来。不管是小说、散文还是诗歌，"文学作品乃是包含隐含意指的重要部分的话语"（第126页）。

但文学作品不仅是与句子同质的语言学实体，而这种实体仅仅根据长度而区分开来。这是在适当层次构成的总体，这样，我们就能区分几类作品，即诗歌、散文、小说（我们承认，这是所有文学作品的主要类别）①。正因如此，这本著作提出了重构问题，比尔兹利将这种重构称为"解释"。但是，在进入解释的方法论之前，我们可以提出关于意指概念的重要说明：与前面对隐性和显性的区分不同，它只有在被视为整体的著作的层次才能辨别出来，虽然它仍然根基于语句语义学。但这本著作事后才揭示话语的这种特性。一部作品的意义可以从两种不同意义上来理解。首先，我们可以把它理解为"作品的世界"：它讲述了什么呢？它显示了什么特点呢？它显露了什么情感呢？它反映了什么东西呢？这些问题是自发地浮现在读者脑海中的问题。它们涉及我在"第七研究"中所说的指称，这种指称是指作品的本体论价值。从这种意义上说，意义乃是可居住的可能世界的投射。当亚里士多德将悲剧的情节与对人类行为②的模仿联系起来时，他已看到了这种投射。文学批评在追问作品是什么时所关注的问题仅仅涉及词语结构或话语，而话语是可以理解的语链（第115页）。关键的事实是，这个问题源于对前一个问题的悬置和推迟（比尔兹利的《美学》第5卷第15节讨论了前一个问题）。用亚里士多德的话说，在将情节与模仿分离开来并将创作归结为情节的构造时，批评产生了意指的第二种涵义。意指概念的这种分裂乃是文学批评的结果。然而，它的可能性取决于话语的构造，而话语基于本章开头所阐述的语句语义学。我们像邦弗尼斯特一样承认，与符号学层次的所指不同的是，话语的意指对象与物相关，与世界相关。但是，继弗雷格之后，我们同样提出，就所有陈述而言，可以将它的纯粹的内在意义与它的指称区分开来，这就

---

① "所有文学作品可归为三类：诗歌、散文、小说。"（第126页）

② 参见"第一研究"第5节。

是说,将这种内在意义与它向超语言学的外在性的超越运动区分开来。在话语的自发用法中,理解并不停留于意义,而是越过意义指向指称。弗雷格在他的文章《意义与指称》中提出的主要论据是,在理解意义时我们趋向指称。然而,文学批评将这种自发活动悬置起来,专注于意义并且仅仅根据对意义的解释来重提指称问题:"既然(作品的世界)作为被语词意指或反映的东西而存在,那么,语词就是我们首先必须考虑的东西。"(第 115 页)这一陈述清楚地表达了文学批评的目的。对文学作品的纯语义学定义源于对意义和指称的分离以及对这两个意指层次的优先顺序的颠倒。这个问题涉及这种分离或颠倒是否存在于文学作品的本性中以及批评是否会服从文学作品本身的命令。在"第七研究"中我们再讨论这个问题。不管对这个问题的回答是什么,也不管人们在否定指称方面走得多远,至少对某些形式的文学作品来说,我们决不应当看不到意义问题脱离了指称问题,我们也不应当看不到我们在这种抽象的范围内可以赋予隐喻的那种纯语词的可理解性源于对另一个问题的掩盖,也许源于对另一个问题的遗忘。但另一个问题不再涉及结构,而是涉及指称,即涉及隐喻反映和显示世界的能力,对世界进行谋化和升华的能力。

比尔兹利本人并未遗忘:"文学作品的创作者所做的主要事情就是创造或发现对象——它要么是物质性的对象,要么是一个人,要么是一种思想,要么是一种事态,要么是一个事件——围绕这个对象我们集中了一系列的叙述,我们可以把这种关系看作因它们在对象中的交叉而结合起来的东西。"(第 128 页)因此,创作者之所以运用具有多义性的话语,仅仅是因为他给话语所指涉的对象赋予了他的话语的第二级意指所展现出来的特点。正是通过第二个步骤,文学批评从这些被赋予的对象回到具有多种涵义的纯粹的语词现象。

这便是通过文学批评而不是通过逻辑语法所进行的研究的优点:在形成考察的层面时,文学批评揭示了在单纯的句子层面无法看到的两种理解方式之间的冲突:第一种方式(它成了最终方式)涉及作品的世界,第二种方式(它成了最初的方式)则涉及作为话语的作品,即

涉及作为语词结构的作品。在理查兹的修辞学中相关的差别更难捉
摸，这种差别也许是纯形式的差别，因为对修辞学的定义涉及话语活
动（因此是相对于意义的转移以及古代修辞学的比喻而言的），而对文
学批评的定义涉及作品（诗歌、散文、小说）。

正是在如此划定的领域中，人们提出了对文学的纯语义学定义的
问题并随之提出了对隐喻的定义问题。

但是，如果不涉及修辞学，为什么要提出隐喻问题呢？如果文学
批评的特有考察层面是被看作整体的文学作品——诗歌、散文、小说，
那么，为什么要提出这个问题呢？比尔兹利提出隐喻问题的比较间接
的方式本身非常有趣。对隐喻的解释旨在成为解决更广泛的问题，即
解决适用于被视为整体的作品本身的解释问题的试验台（第 134 页）。
换言之，隐喻可以被视为"微缩的诗歌"。我们可以提出这样一种有效
假设：如果我们能令人满意地解释诗歌意义的这些内核的涵义，我们
也能将相同的解释推广到更大的对象（如整部诗歌）。我们首先要限
定赌注的大小。选择"解释"一词表明了克服文学中的相对主义的坚
定意图。后者实际上在意指理论中找到了牢固基础。如果"了解诗歌
中的意思的确意味着对诗歌进行解释"（第 129 页），如果诗歌的意思
的确代表了一种深度，一种不可穷尽的宝藏，那么，显示诗歌意义的目
的本身事先就要受到谴责。如果所有意思都是语境意思，那么，如何
谈得上解释的真实呢？怎样形成一种识别转瞬即逝的意思，一种我们
可以称之为"昙花一现的意思"（第 131 页）的方法呢？假如我们可以
认为"涵义的潜在因素"构成了语词意思的客观部分是因为它们根植
于事物在人类经验中的显现方式，决定这些涵义中有哪些方面在特定
诗歌中起作用仍然是主要困难。如果缺乏诉诸作家的意图的能力，那
么，岂不是由读者的偏好最终作出决定？

因此，为了解决与赫希（E. D. Hirsch）在其著作《解释的有效性》①
中提出的相似的问题，比尔兹利求助于隐喻，就像他求助于一种缩小

---

① 赫希：《解释的有效性》，纽黑文与伦敦，耶鲁大学出版社，1967 年版，1969 年版。特别参
考第 4 章、第 5 章。

的模型一样,而这种模型具有相对主义的批评所表达的极大困难。如何"制定有关解释的非相对主义逻辑"(第 134 页)呢? 更确切地说,我们怎样知道应将哪些潜在的意思归于诗歌而排除哪些其他意思呢?

我们不会停留于他的隐喻理论的那些引起争议的方面:比尔兹利的对手也几乎是布莱克的对手。将隐喻归结为明喻遭到了同样有力的反对。它与"忠实于字面意义的"理论相似。一旦我们了解了明喻的根据,隐喻之谜就会消散,所有解释问题就会消失。①

比尔兹利的积极贡献(第 138 - 147 页)与布莱克的贡献的明显不同在于他们给逻辑的归谬法在一级意指(作为解放二级意指的手段)层次赋予的关键作用。隐喻仅仅是属于一般策略的手法之一:作出某种不同于既定的东西的暗示。讽喻是另一种手法。你在提出讽喻的同时收回了你所肯定的东西,由此,你暗示了你所说的反面。在属于这种策略的所有手法中,这一把戏旨在提供指向第二级意指的标志:"在诗歌中,为获得这种结果而采用的主要手法就是逻辑学的归谬法。"(第 138 页)

因此,在理查兹、布莱克和比尔兹利那里,出发点是一致的:隐喻是"归属活动"。它需要一个"主词"和一个"修饰语"。我们从中看到了与"内容"—"表达手段"相似或与"核心"—"框架"相似的一对范畴。此处的新颖之处在于对"逻辑上空洞的归属关系"的强调,特别是对这种归属关系的所有可能形式中的不相容性的强调,亦即对"自我矛盾的归属关系"的强调,对自行毁灭的归属关系的强调。除了不相容性之外,我们还必须将多余的东西,也就是说,将比句子(两足动物有两

---

① 在 1962 年 3 月发表于《哲学与现象学研究》的"隐喻的曲解"一文中,比尔兹利为他以前对比较文学的研究者的隐喻理论的批评补充了一个重要论据。按照他的看法,明喻是在对象之间进行的,而对照是在语词之间进行的。话语本身的张力造成了这种扭曲,这种花招。因此关于语词对照的理论不同于对象的明喻理论,就像语词的顺序不同于事物的顺序。纯粹的语义学理论所求助的涵义与其说存在于对象的领域还不如说存在于这些对象的主体共有的信念领域。另一个论据是:对明喻的动机的探求几乎必然走向想象心理学。实际上我们不仅必须增加比喻项,而且要增加它所包含的意思。在创造一个不存在的事项时,解释既专注于读者的特异性图景也专注于诗人的特异性图景。最后一个论据是:引用明喻也就是追问它是否适当或是否过于生僻。正如"论辩"理论大量证实的那样,实际上并不存在对隐喻特性与特定主题之间的适当性的限制。

条腿)更短的表达式中的自我包容的归属关系以及同语反复即一个句子中的自我包容的归属关系(两足动物是有两条腿的生物)置于逻辑上的空疏的归属关系中。就不相容性而言,"修饰语"通过它的一级意指表示这样一些特点,这些特点与其一级意指的主词所表示的特点相矛盾。因此,不相容性是一级意指的指称之间的冲突,这一冲突迫使读者将二级意指从涵义的完整状态中抽引出来,而二级意指容易使自我破坏的陈述变成"能指的自相矛盾的归属关系"。逆喻是能指的自相矛盾的最简单的类型,如,活的死者不朽。在我们通常所说的隐喻中,矛盾比较间接:我们与诗人一起将街道称为"形而上学的"街道意味着要求我们从"形而上学的"这个定语中抽引出某些适用的涵义,尽管街道具有明显的物理性质。因此,我们说,"当归属关系间接地看是自相矛盾的,当'修饰语'包含容易归于主词的那些涵义时,这种归属关系就是一种隐喻的归属关系,就是一种隐喻"(第141页)。因此,逆喻是直接矛盾的极端情形。在大部分情况下,它涉及常见指称的相互关联的前提。

对以后的讨论来说,要加以强调的重要方面涉及我所说的意义的加工:实际上正是读者制造了修饰语的"涵义",而这些涵义很容易形成意义。在这方面,能将无意义的界限不断后推乃是生动的语言的重要特点。它也许不是如此不相容以致诗人无法在其间架桥的语词。创造新的语境涵义的能力似乎是无限的。这类明显"荒谬"的归属关系在某个没有预料到的语境中可能有意义。讲话者绝不能穷尽他的语词的各种意义。①

现在,我们懂得了在何种意义上"隐喻解释为所有解释提供了一种模式"(第144页)。解释的逻辑在意义的建构活动中起作用。有两

---

① 在既反对心理主义又反对实在论的"隐喻的曲解"一文中,比尔兹利十分强调使一种表达式成为隐喻表达式的那种对立在意指的结构内起作用(第299页)这种逻辑对立迫使读者从中心意指过渡到边缘意指,我们可以独立于意向对这种逻辑对立进行定义。对意指的两个层次——第一层次和第二层次——的区分以及同一个层次的逻辑对立——归属关系的对立,乃是语义学的事实而不是心理学的事实,从指称转向内涵完全可以根据对句子和语词的语义分析来描述。

条原则支配着这种逻辑：现在能从微缩的模型过渡到整部著作，从隐喻过渡到诗歌。第一条原则就是适当性原则或一致原则：重要的是"决定修饰语的涵义中哪种涵义能适合主词"（同上）。

第一条原则毋宁是选择的原则。在阅读诗句时，我们不断缩小涵义的各个部分的范围，直到仅仅保留能在整个语境中继续存在的二级意指的各个部分。第二条原则修改了第一条原则。这就是丰富性的原则：能与其他语境"相配"的所有涵义应当被归于诗歌：诗歌"表示它所能表示的一切"（同上）。读诗不同于读技术论著或科学论著，读诗并不服从对语境中同样可以接受的两种涵义进行选择的规则。在另一种论著中模糊的东西在这里恰恰可以叫作丰富性。

这两条原则足以驱除相对主义的幽灵吗？如果我们可以将阅读比作按乐谱演奏，我们可以说解释的逻辑旨在给诗歌提供正确的演奏方法，虽然所有演奏是单独的和个人的。如果我们不会忘记丰富性原则完善了适当性原则，也不会忘记复杂性改变了一贯性，我们就会承认，支配着这种逻辑的经济原则并不限于排除这种不可能性。它也要求将意义"最大化"，也就是说，从诗歌中吸取尽可能多的涵义。这种逻辑应当做的唯一事情是保持"从诗歌中吸取意义"与"给诗歌赋予力量"之间的区别。

比尔兹利的理论部分地解决了被布莱克悬置起来的一些疑难。在给逻辑归谬法赋予决定性作用时，他强调了隐喻陈述的创造特征和更新特征。其优势是双重的：一方面，转义与本义的古老对立获得了全新的基础。我们可以将本义称为一个陈述的意义，这个陈述仅仅诉诸一个已经记录下来的词典上的涵义，亦即构成其指称的涵义。转义并不是语词的引申意义，而是一个陈述的意义，它完全源于将修饰词的固有涵义赋予特殊主词的活动。因此，如果我们继续谈论语词的转义，那仅仅涉及完全的语境意思，即，仅在此时此地存在的"突然出现的意思"。另一方面，迫使我们从指称过渡到内涵的语义冲突给隐喻性的归属关系不仅提供了独一无二的性质，而且提供了建构的性质。词典中没有隐喻，隐喻仅仅存在于话语中。从这种意义上说，隐喻性的归属关系比语言的其他用法更能显示活生生的言语是什么。它尤其构成了"话语事件"。通过这种方式,比尔兹利的理论可以直接用于新颖的隐喻。

"隐喻的曲解"对论辩理论所做的修正恰恰旨在强调隐喻的意义的建构性质。"内涵的潜在系列"概念与布莱克的"联系起来的常识系统"概念招致人们提出同样的保留意见。新颖的隐喻难道不是对这种常识的宝库,对这种内涵的系列进行补充的隐喻吗?在语词史上的某个特定时刻所有的性质也许尚未得到运用并存在着语词的未知涵义,指出这一点是远远不够的。我们应当指出,也许有一些涵义为了实现自己而出现在事物的本性中,它们就像它们在未来的某种语境中的部分意思一样……有待于被语词所捕捉(第 300 页)。如果我们想在隐喻的范围内给惯用的隐喻种类与新的隐喻种类划一条界线,我们就应当说,当隐喻第一次被创造出来时,修饰语获得了它迄今为止尚未有过的涵义。同样,布莱克被迫谈论"为了工作的需要而建立的系统",并且承认,通过隐喻的归属关系,附带的主词在被应用于主要的主词时就像主要的主词一样被改变了。由于考虑到隐喻的用法对涵义的层次本身的影响,比尔兹利无意中指出"隐喻将某种(现实的或被赋予的)性质变成了意义"(第 302 页)。换言之,隐喻并不限于实现潜在的涵义,相反,它把潜在的涵义确立为一系列涵义的一种要素(同上)。

这种改正很重要:与关于客观比较的理论相反,他曾保证仅仅诉诸语言的表达能力本身。从这里可以看到作者谈到了需要表示的一些"特性",谈到了通过隐喻的归属关系本身而获得作为词义因素的新地位的那些"特性"。当一个诗人第一次写到"贞洁是天使的生命,是灵魂的光泽"[①]时,某种东西已经进入了语言。五彩斑斓的性质到那时尚未被完全确定为语词的既定涵义,但这些性质已进入了语言:"因此,隐喻并不限于把潜在的涵义带入第一级意指。它运用了到那时尚未被指称的特性。"(第 303 页)正因如此,这位作者认识到,关于客观

---

① 泰勒:《论神圣的生命》,伦敦,1847 年版(转引自比尔兹利:"隐喻的曲解",第 302 页,注释 20)。

比较的理论需要发挥某种作用。这种理论确定了"某些特性符合候选条件,它们将成为(语词)意向的一部分:至此,还只是一种特性的东西至少暂时被视为意思"(第303页)。

比尔兹利的隐喻理论使对新隐喻的研究更进了一步。但它也反过来涉及在隐喻的归属关系中第二级意指来自何处的问题。也许,这个问题本身——我们从何处得到这种意指——就是不适当的。涵义的潜在系列仅仅道出了联系起来的常识系统。毫无疑问,在将第二级意指作为涵义纳入意指的整个领域时我们已扩充了意指概念,但我们并未停止将隐喻的创造过程与语言的非创造方面重新联系起来。像比尔兹利在"被修改的论辩理论"中所做的那样以并不属于我们的语言的涵义系列的一系列特性去补充涵义的潜在系列难道就够了吗?乍一看,这一补充改进了理论。但是,谈论尚未成为所指的事物或对象的特性就等于承认新出现的意思并不出自某个地方,至少不出自语言中的某个地方(特性乃是事物的内容而不是语词的内容)。说新的隐喻并不出自某个地方意味着把它认作当下的东西,认作语言的瞬间创造,认作语义更新,这种更新既不是以指称形式也不是以涵义的形式作为既定事物出现在语言中。

这种说法难以理解。我们可能追问,我们怎样才可以把语义更新或语义事件看作容易辨识和再辨识的意思。按照本研究的开头所说明的模式,这难道不正是话语的第一标准吗?只有一种答案是可能的:我们必须采取听众或读者的观点并把新颖的突然出现的意思看作读者的即兴作品。如果我们不采取这条途径,我们就不能真正摆脱替代理论。我们像布莱克和比尔兹利一样以涵义和常识的系统代替隐喻表达,而不是像古典修辞学以解述活动所恢复的字面意思来代替隐喻表达。我宁愿说隐喻的归属关系的本质包括对相互影响的网络的建设,这种建设使语境成为一种现实的独一无二的语境。因此,隐喻是一种语义事件,这一事件是在几个语义场的交汇处形成的。这种建设就是所有被作为整体的语词借以获得意义的手段。那时并且只有在那时,隐喻的歪曲既是事件又是意思,是指称事件,是由语言创造的突然出现的意思。

只有将理查兹、布莱克和比尔兹利的分析推向极致的严格的语义学理论才能满足我们在本研究的开头给话语确定的主要原则。让我们再次回到形成鲜明对比的第一对范畴：事件与意义。在隐喻陈述（我们不再把隐喻作为语词而是作为句子来讨论）中，语境活动创造了新意思，这种意思具有事件的地位，因为它仅仅存在于此时的语境中。然而，我们可以同时把它看作相同的东西，因为它的建构可以重复。因此，突然出现的意思的更新可以被视为语言学创造。如果它被语言学共同体的某个有影响的派别采纳，它就可以反过来成为惯用的意义并且增添语词实体的多义性，从而对作为用语、信码或系统的语言史作出贡献。但在最后阶段，当我们称之为隐喻的意义效应与增加多义性的语义变化重新结合起来时，隐喻就不再是生动的隐喻，而是死板的隐喻。只有真正的隐喻即生动的隐喻既是事件又是意义。

语境活动同样需要我们的第二种极性：它处于个别的认同与普遍的述谓活动之间。一个隐喻描述一个主要的主词。作为这个主词的修饰语，它起一种限定作用。我在上面提到的所有理论都取决于这种述谓结构，不管它是将"表达手段"与"内容"、"框架"与"核心"进行对照，还是将"修饰语"与"主要的主词"进行对照。

在描述比尔兹利的理论时，我们已经开始提到隐喻需要意义与指称的两极性。我们毫不犹豫地限于讨论将指称问题悬置起来的意义理论。但这种抽象仅仅是暂时的。如果隐喻不能使我们描述、确定和保留经验与变化的微妙之处，而按照斯蒂文斯（Wallace Stevens）在《隐喻的动机》①这首诗中的精彩表述，语词仅仅通过简短的语词性指称道出了：

> 正午的重要，
> 存在的 A、B、C
> 红润的质地，

---

① 斯蒂文斯：《诗集》，纽约，克诺夫出版社，1955 年版，第 286 页。

红蓝相间的锤子……

那么，我们怎么需要一种语言来满足一致性和丰富性这两种原则呢？

但是，诗歌话语的指称问题会使我们从语义学过渡到诠释学（这是"第七研究"的主题）。我们不会停留于修辞学与语义学的二元分裂。

第四研究
隐喻与语词语义学
——献给邦弗尼斯特

本研究追求的目的是双重的：一方面，我们打算确定被下一篇研究列在"新修辞学"这一标题之下的那批作品使自身得以彰显出来的理论背景和经验背景；另一方面，我们试图突出并且最终保留语词语义学的某些概念和某些描述，这些概念和描述并未完全融入那些具有比较确定的形式主义特征的近著中，相反，与"新修辞学"的概念工具相比，它们更容易与"第三研究"所阐明的语句语义学的概念和描述相一致。第二个目的只是逐步表现出来并且显然仅仅出现在最后一节中，在那里，我们致力于有效地运用语词语义学与语句语义学之间的联系。

1. 符号一元论与语词的优先性

一些论述隐喻的最新著作源于语言学家的语义学,当读者将这些著作(特别是"第五研究"阐释的那些法语著作)与前一篇研究所阐释的著作(主要是英语著作)进行比较时,他会感到惊奇,这种惊奇促使我们对一个多世纪的语义学史进行回顾。在第一类著作中,我们可以发现具有很高的技术性并因此具有很大的新颖性的分析,但是其基本假设与古典修辞学的假设是完全一致的。这一假设是,隐喻是一种以单词形式出现的修辞格。正因为如此,研究偏差和如何缩小偏差的科学,对于修辞学传统而言,丝毫不会产生与上面阐述的隐喻理论所产生的那种断裂相似的断裂。它仅仅是把隐喻-替代理论上升到更高的科学性的程度。尤为重要的是,它试图把这种理论纳入关于"偏差"和"缩小偏差"的一般科学中。但在那里,隐喻一如既往仍是以单词形式出现的比喻。体现隐喻特征的替代仅仅成了更一般的概念的特例,即成了"偏差"和"缩小偏差"这类概念的特例。

当我们考虑到历史情境的差别时,隐喻语词的主题的这种永久性以及新修辞学对替代理论的这种忠实性也就不值得大惊小怪了。英国人的分析远远不像受益于逻辑学那样,更确切地说像受益于命题逻辑那样受益于语言学家们的语言学(它甚至常常极为忽视这种语言学)。命题逻辑一下子就上升到考虑句子的层次并自发地要求把隐喻放在述谓关系的范围内进行考察。相反,新修辞学建立在一种语言学的基础上,这种语言学以各种方式导致我们加强隐喻与语词的联系并最终导致我们强化"替代活动"这一主题。

　　首先,新修辞学继承了在半个世纪中逐步得到加强的语言观。这种语言观主要受索绪尔的《普通语言学教程》的影响,按照它的看法,不同层次的语言结构所特有的单元是同质的并且属于独一无二的科学,即符号学。对符号一元论的这种基本定向是造成隐喻解释方面的分歧的根本原因。我们发现,英国的修辞学派对隐喻的最重要分析表明它与类似于邦弗尼斯特的理论的一种语言理论具有密切联系。在邦弗尼斯特看来,语言取决于两个单元,即话语单元或句子以及语言单元或符号。相反,结构语义学被逐步建立在所有语言单元(作为符号)的同质性的假设的基础上。在基本假设层次上的这种二元性反映在隐喻理论层次的分离之中。对古代的古典修辞学的考察已经表明隐喻-替代理论与将语词作为基本单元的语言观之间的联系。这种语词的优先性并不基于一门关于符号的明确的科学,而是基于语词与观念之间的关系。自索绪尔肇始的现代语义学能够为比喻的相同描述提供新的基础,因为它掌握了关于基本的语言学实体即符号的新概念。哥德尔发表《普通语言学教程》的手稿证明,认同、定义、限定基本语言学单元即符号,的确成了这位现代语义学大师关注的焦点。①

　　符号一元论在索绪尔那里仍然有各种各样的限制和五花八门的对等物。在索绪尔之后,它仍不断变得更极端。

　　正因为如此,替代理论与相互作用理论在隐喻层面的对立反映了语词语义学和语句语义学所从属的符号一元论与符号学和语义学的二元论之间在语言学的基本假设层面上更为根本的对立。而在符号学和语义学的二元论中,语句语义学是根据所有运用符号的活动的不同原则而形成的。

　　只有在语义学发展的最新阶段,这种一般的定向才能得到说明并且变成独一无二的东西。但这种一般定向被补充了第二种动力。与前一种动力不同的是,第二种动力自语义学历史发端以来便拥有全部力量。自开始以来,实际上,在布雷阿尔(Bréal)和达姆斯特泰尔

---

① 哥德尔:《索绪尔的〈普通语言学教程〉手稿探源》,日内瓦,德洛兹,巴黎,米纳尔,1957年版,第 189 页及以下。

(Darmesteter)时期,语义学本身就被定义为关于词义以及词义变化的科学。[1] 语义学与语词之间的"条约"如此牢靠,以至没有人想把隐喻放在不同于适合语词的意义变化的框架的另一种框架中。

我将这种动力称为第二种动力,因为符号理论较晚才吸收语词理论。但是,它是不同的动力,这是因为它先于索绪尔对符号的定义,甚至在很大程度上支配着这种定义:索绪尔的符号实际上首先是一个词。音位学对索绪尔来说仅仅是一门附属的科学并且它的不同的单元仍然没有符号的崇高地位。这样,我们就确定了非常严格的框架,这种框架以十分明确的方式限定了主题的范围,它将隐喻强行置于概念网络之中。瑞典语言学家斯特恩的标题非常贴切地把它称为"意义与意义的变化"。[2] 特里尔(Josef Trier)[3]的语义场理论证明索绪尔对同时性的结构语言学的看法主要适用于词汇研究领域。对这种语言学来说,语言的所有要素是相互依赖的并且是从被视为整体的整个系统中获得它的意义。

如果我们比较一下这两种重要倾向——符号一元论,语词的优先性,那么,《普通语言学教程》不仅构成了一种断裂,而且构成了一门学科内的中间环节。早在本书问世之前,这门学科的基本轮廓已被绘就,但本书强化了对这门学科的词汇方面的关注。正如以后我们将要指出的那样,索绪尔将方法论的危机引入了一门在他之前以及在他之后均有定义的学科。这种方法论危机的特殊框架仍然是语词。他仅仅是为了语词而确定了一些重要的二分法,这些支配《教程》的二分法是:能指与所指的二分、同时性与历时性的二分、形式与内容的二分。

---

① 在1883年的一篇文章《语言的精神法则》(载《法国希腊研究促进会年鉴》)中,布雷阿尔将语义学的名称赋予"意义科学"。他试图不再关注"形体与语词形式",而是关注支配意义的改变、支配新的表达式的选择、支配词组的生灭的规律。这样,词义的改变被放在新科学的首要地位。达姆斯特尔的著作《论语词意义的生命》(1887年),随后的布雷阿尔的著作《语义学论文——意义科学》(1897年)证实了这种基本定向。

② 斯特恩:《意义与意义的变化——以英语作为特别参照》,《哥德堡学术档案》,哥德堡,1931年。

③ 特里尔:《以理智的眼光看德语词汇——语言场的历史 I:从起源到13世纪》,海德堡,1931年。

这不是由于句子在那里被忽视了：最基本的二分，即语言与言语的二分渗透(traverse)了信息，而信息只能是句子。但是，我们以后不再讨论言语，语言学也将成为涉及语言即词汇系统的语言学。① 正因如此，《教程》最终倾向于将一般语义学与语词语义学统一起来。这种统一如此强有力，以至对受到索绪尔影响的大部分作者来说语词语义学的表达式本身形成了同义叠用(pléonasme)。语词层次不仅是音素层次和意群层次的中间层次，而且是起连接作用的层次。一方面，第一层次的不同单元以词汇层次的意义单元为前提(音素的变化并不引起词义的变化，即便问题仅仅涉及这个词是否存在，而不涉及它指称的东西)。从这种意义上讲，音位学在语义上是有条件的。但这一点同样适用于意群：它所依据的关系单元作为词项以中间层次的意义单元为前提。对受索绪尔影响的语义学来说，这就是语词在语言单元组合中的优先性。的确，严格地说，语义学与词汇学并不一致：因为，一方面，就形式与意义而言，语词属于两个学科(语词语义学与词法：组合、派生、接合、加后缀派生等等形成对照)；另一方面，句法本身也表现了一种词法学与语义学(就意义而言，功能研究与句法形式相一致)。② 更为明显的是，我们决定，用形容词转变而来的名词——例如

---

① 在区分联想关系与意群关系时似乎可以马上认识到句子的适当层次。意群关系的游戏构成了"语言的机制"(《教程》第二部分，第5、6章)。实际上，正是"在话语之外"，语词隐含地联系在一起，而"在话语之内"(第171页)，语词通过意群关系明显地联系在一起。因此，参照话语对符号关系理论是必要的。与联想关系相比，意群关系甚至更多地诉诸话语-句子理论：这难道不是说"句子是意群的突出类型吗"？(第124页)但没有任何这类的东西。意群并不属于言语，而是属于语言，因为它们是"套语"，习惯用法阻止对它们进行丝毫的改变(第172页)。我们看到，索绪尔从语言与言语之间仅仅看到了心理学的区分(与自由相反的限制)，而这种区分本身以社会学的区分为基础(言语是个人的，语言是社会的)(第30页)。意群是"构成每个人的语言的内部财富"(第171页)的一部分，意群属于语言，而不属于言语。因此，《教程》完全忽视了话语与语言之间狭义的逻辑区别，即主语中的述谓关系与符号的对立关系之间的区别。从这种意义上，我们可以说，在索结尔那里有一种心理学的和个人意义上的言语理论，而不是严格语义学意义上的话语理论，我们在第三研究的开头已对这种语义学意义作了定义。在他那里，句子并未获得与实体相似的地位，而《教程》的主要部分正是围绕这种实体而展开的。

② 它在这里涉及厄尔曼在《语义学原理》(牛津，布莱克韦尔出版社，1951年版，第31-42页)中提出的模式。在本研究第2节中我们将对此详细讨论。

la sémantique——简单地表示单一的语词语义学，即关于词义的理论。至于隐喻，它仍然要归入意义的转变之列。我们还记得，这就是亚里士多德在把隐喻定义为名称的转移时给隐喻赋予的地位。因此，语词语义学采纳的正是亚里士多德的定义的最明确的意图。

2. 逻辑学与命名语言学

　　一些隐喻理论将隐喻语词的优先性建立在对意思与意义变化概念的纯语言学分析的基础上。在考虑这些隐喻理论之前,我想讨论一下一部法语著作,最近,一位作者评论说,"在 20 多年的时间里,这部著作被公正地看作阐述这一主题的最好著作"。[①] 这就是康拉德(Hedwig Konrad)对隐喻的研究。[②] 他对被视为一种命名形式的隐喻的描述正是基于逻辑-语言学的考虑(这不是作者的描述,而是勒格恩的描述),而不是基于狭义的语言学考虑。除了许多详细分析的诱人之处以外,[③]这部著作之所以令我们感兴趣,是因为语言学受到逻辑学的推动以便巩固语词的优先地位并把隐喻理论纳入命名的范围。这里涉及一个问题,即源于鲍狄埃和格雷马并且作为我们以后要研究[④]的这些著作的基础的成分分析能否成功地彻底摆脱逻辑理论,将语词的语义组合与它们的指称对象的概念结构清楚地区分开来。从这种意义上说,尚未掌握现有的技术手段的这本著作丝毫没有过时并且预示着当代语义分析的真正困难。我们在此处对它进行考察,恰恰不是由于这个原因,而是由于命名在考察隐喻过程中的优先性。

---

① 勒格恩:《隐喻与换喻的语义学》,巴黎,拉鲁斯出版社,1973 年版,第 121 页。

② 康拉德:《隐喻研究》,巴黎,拉维涅出版社,1939 年版,弗兰出版社,1959 年版。

③ 对勒格恩的著作的讨论("第七研究"第 1 节)使我能回过头来看看康拉德对提喻(第 113 页)、明喻(第 150 页)、象征(第 151 页)、省略(第 116 页)的考察。对隐喻在德里达那里的"形而上学含义"的考察提供了展现对拟人化的看法的机会(第 159 页)。科恩的语义不适当性概念("第五研究"第 3 节)使我们想起了这里对谜语的描述(第 148 页)。

④ 列日学派的《普通修辞学》("第六研究")和勒格恩的《隐喻与换喻的语义学》("第五研究")。

这位作者将他对语词和隐喻的命名方式的看法与关于概念的理论，与关于语言学的意义与逻辑概念之间的关系的理论联系起来。这种概念理论被视为卡西尔和比勒（Bühler）的理论的发展，它在许多方面很有原创性，并且它的原创性导致了对隐喻的解释的原创性。

这位作者首先反驳了将意义的模糊性与概念的明晰性对立起来的所有观念。这种观念去掉了对本义与转义进行区分的全部基础，正如我们以后将要看到的那样，它去掉了这种影响到两种情况下的抽象功能的区分的全部基础。这位作者以胡塞尔在《逻辑研究》中表现出来的那种勇敢精神，主张"意义的正常价值等于概念的价值"（第49页），但概念不应被看作一种普遍性，这种普遍性的功能是将可感知的对象集中在一个类中从而对它们进行分类，概念的功能则是通过给指称对象赋予秩序、结构，对对象进行区分、限定。概念的第一种功能就是承认对象的个体性而不是构成一般属性，[①]这种功能特别适合在它通过形容词和动词为名词增加性质或活动之前，为名词在语言中的用法提供基础。对隐喻理论来说，重要的是，辨别与对象的情境相关的结构先于对种类的列举和对外延的研究。因此，分类问题显然从属于结构问题。同样重要的是，主要特点或主要属性的作用本身从属于限定活动和对这些特点的系统连接活动。因此，概念只不过是这种基本秩序的符号，也就是说，是将它们之间的个别对象的各种因素重新联系起来的关系系统的符号。

我们可以用这种方式对概念的抽象进行定义。我们以后再将隐喻抽象与概念抽象进行对比。概念抽象不过是揭示被概念符号化的各种因素的复合体而已。做以下补充至关重要：同样，由于与隐喻抽

---

① "因此，名词概念的作用就是将个别的独一无二的结构符号化并且确定对象的每一种表象在我们心灵中应有的、相对于其他表象的特殊地位。在所有述词中，那些特有的述词起着某种特殊限定作用。我们把它们之间的特殊述谓关系称为概念的基本秩序。"（第66页）作者明确地谈到了胡塞尔的《逻辑研究》第2卷中的Gegenstandsbezug（对象关联）概念（第51页）。使他的分析接近斯特劳森在《论个体》中对逻辑主词的认同功能的看法并不过分。但这位作者表明，不增加表示时间和地点的指示词概念就无法满足对个别事物的辨识功能。从这种意义上讲，说概念仅仅通过它呈现个体的轮廓是令人怀疑的。

象形成对照,概念抽象并不在于忘记、忽略、排除第二性质,这便是完善结构并鉴别结构的规则(因此,对各种可能颜色的表象也包含在金属概念中)。

这大致上就是隐含在命名理论中的概念理论。

这些优势对有关隐喻的逻辑-语言学理论是十分重要的。

首先,这里提供了有关意义变化的明确标准:隐喻"并不属于语词的正常使用"(第 80 页)。但是获得第一个优势所付出的代价很高昂。我们可以追问,是否为了概念的逻辑理论而没有排除语词语义学的特殊问题——特别是多义性问题:卡西尔并未这样做,即便他已经有目的地将"语言的观念"(《符号形式的哲学》第 1 卷的对象)与"概念的观念"(第 3 卷的对象)联系起来。概念与意义的同一在卡西尔那里仅仅属于意义对概念的有目的的从属关系。①

第二种优点(对他来说也是它的不利方面)在于隐喻问题与对象的限定问题联系在一起。正如比勒和卡西尔早在樊索夫(Geoffroy de Vinsauf)之前所看到的那样,关于抽象的问题实际上是隐喻命名的核心问题。②

因此,隐喻意义的改变并不像冯特(Wundt)和温克勒(Winkler)认为的那样涉及心理学和社会学,它们把隐喻置于个人意义的转移中,因而置于主观任意的意义的转移之中。语言学,即此处的逻辑-语言学,考察了隐喻意义的这种转变。这种转变是非故意的,无意识的。这一点证明,它们遵循结构的普遍规律并且出于语言本身的"倾向"。在这一点上,我们必须感谢这位作者,他大大推动了将其他倾向(反讽、婉转、升华、贬义化)和其他心理社会学因素从属于可以被逻辑-语

① "用来表示具体对象的语词随时随地都可以展示独一无二的结构。'玫瑰'这个词展示了玫瑰的具体结构,'树'这个词展示了树的具体结构。要用一个词表示几个对象就必须展示一般属性的无定形的总体。一旦语词的正常用法发生了改变,语词就不再是对象的确切符号并不再产生假借效果……因此,就正常用法而言,意义是一种概念。"(第 72 页)作者进一步指出:"语词并不随对象的部分表象的部分改变而改变意义。只要语词适用于逻辑的'种'之一,它就不会改变意义。"(第 79 页)

② 樊索夫:《新诗学》,载法拉尔编:《12 世纪与 13 世纪的诗歌艺术》,荣誉冠军出版社,1958 年版。

言学方法接受的"命名倾向"(第116页)。

隐喻的命名(为把它与我们以后要谈到的"美学隐喻"区分开来,我们在此把它称为语言学隐喻)取决于不同于抽象的功能。它并不在于发现结构的层次,而在于"遗忘"、排除——确切地讲在于"抽象出……"几种属性,隐喻化的语词使我们想起其正常用法。因此,把一个队列称为 queue[①] 就是忽略除语言形式之外的所有概念的特点。说"这些面颊般的玫瑰花褪色了"意味着忽略"这朵玫瑰是新鲜的"表现出的许多属性。这位作者通过这种隐喻抽象理论预示着我们在"第五研究"中要加以探讨的各种当代理论,这些理论试图通过词素的语义组合的改变,尤其是通过语义的还原来说明隐喻。

但这位作者清楚地发现,抽象仅仅是基本的机制。还需要补充其他三种因素。首先,通过抽象,语词为了涵盖一般意义而舍弃了对个别对象的指称关系,一般意义则为在概念的相反意义上的隐喻抽象确定方向(我们看到,概念旨在表示个别对象)。从这种意义上讲,我们可以谈论隐喻的普遍化。因此与所有其他名词相比,隐喻化的名词与表示属性的名称更为相似。然而,隐喻语词不是逻辑学上的"种"的符号,因为——这是要补充的第二个特点——"它成了表示一般属性的载体的名称并因此适用于具有表达出来的一般性质的所有对象"(第88页)。因此,隐喻的这种普遍化可以通过具体化来补偿。由此可见,被转换的词项也就成了表示现有属性的最适当符号,换言之,成了主要属性的指代者(它的涵义可以因文化而异,因人而异)。[②] 正因如此,当一般性质被指代者表示时,名词的功能仍被保留着:"隐喻语词完整地表示新的对象及其全部结构,正如它曾表示在它开始推广时所涉及的对象"(第89页)。但这还不是问题的全部:隐喻最终起着一种分类的作用。相似性甚至在这里出现。实际上,共同属性——抽象的产物——为转义与本义的相似性提供了根据。因此,"隐喻的两个部分

---

① "尾巴",喻"队伍"。——译者

② 对此,樊索夫也做了评论,按照他的看法:隐喻是以特殊的类似性为基础的。我们可以把作为属性的最明显指代者的事物理解为转换项:奶与雪表示白色,蜜表示甜等等。转引自康拉德:前引书,第18页。

仿佛是由一个属的表象联接起来的两个种"(第 91 页)。①

但是,隐喻的分类也有不同特点,这些特点使隐喻分类介于以概念结构为基础的逻辑分类和以孤立的特点为基础的分类之间,它们类似于卡西尔在《符号形式的哲学》第 1 卷的末尾归之于"原始特点"的那种特点,涂尔干和毛斯在对"分类的几种原始形式"的研究中对这些特点也做过描述。② 隐喻的分类不同于被抽象作用归之于原始分类的那种分类,抽象提供了以孤立的特点为基础的分类完全缺少的一般目标。它表达了以结构为基础的逻辑分类与以孤立特点为基础的分类的交叉关系。

我们可以发现将相似性的功能与抽象、普遍化和具体化这三种特点联系起来的观念多么丰富。这种观念可以用以下定义来概括:"隐喻借助于表示对象属性之一的最典型的指代者来给对象命名。"(第 106 页)

对隐喻命名的这种逻辑语言学考察的反面是由此导致了对语言学隐喻与美学隐喻之间的分离,而后者是对隐喻的风格学表达。只有美学隐喻的几种功能可以延伸语言学隐喻的功能(提出新词汇,弥补词汇的不足)。美学隐喻的重点则在其他方面。它的目的主要是在描述世界的新方面时制造幻象。但是,这种效果在很大程度上牵涉到不同寻常的比较工作,牵涉到从个人观点出发在一些对象之间建立联系的工作,简言之,牵涉到关系的创造。③ 这位作者承认:"不仅语法关系在这里起作用,而且第二种关系要借助所有这些对象来表现。"(第 137

---

① 亚里士多德在通过运用种与属的关系来定义"隐喻"的"三个类"时已经发现了这一点。作者努力表明,四个类实际上要通过与从种到种的转换关系的对照来定义。康拉德:前引书,第 100 页及以下。

② 涂尔干与毛斯:"论分类的几种原始形式。对集体表象的研究的贡献",载《社会学年鉴》,1901 - 1902 年。基于同样的原因,这位作者与卡西尔的著作所描述的隐喻与神话之间的相似性拉开距离(第 154 - 162 页)。

③ 请注意雨果的星球隐喻研究(第 131 - 136 页)。作者对他的发展作了如下总结:"所有明喻的效果是使我们置身于幻觉和梦的氛围中,因为雨果尽可能提出他的类比并为它们提供根据,以致他给人以发现新真理的印象,给人以了解存在物与事物之间实际上具有更为深刻的关系的印象。"(第 136 页)

页)这里所出现的是成为我们的"第七研究"的对象的本体论方面。幻象本身作为准现实性具有本体论的后果。我们暂且可以说,这种目标难以与命名的简单过程相一致,并且它更难与异乎寻常的归属过程相一致。

正因如此,这本具有很强综合性的著作导致我们将处于命名功能(因而包括"限定功能",第 147 页)与审美功能之间的隐喻领域一分为二,而审美功能仅仅为了提供后者的"新印象"(第 147 页)而强调对象的特点。在两个部分起作用的抽象并不足以保留它们的统一性。

语言学隐喻与审美隐喻的对照表明了初步的怀疑,这种怀疑导致我们更加严肃地对待对事实的限定。隐喻问题的核心真的是命名吗?

在这位作者提出的逻辑-语言学观点之内,对形容词隐喻的情形与动词隐喻的情形提出了一些有趣问题,这些问题突显了命名的严格框架。作者再次明确地谈到樊索夫,他感谢他(第 17‐18 页)考虑了形容词隐喻或与名词结合在一起的动词隐喻(Dormit mare, nudus amicis)①。作者打算(第 49 页)跟随他填补他在前辈们那里发现的空白。他特别改正了梅耶(Meillet)的看法,梅耶使形容词十分接近名词,而形容词本应类似于动词。实际上,两者都是名词的功能,名词则仅仅独自表示一个对象。此外,它们并不包含各种因素的复合体:它们肯定容纳一些"种"(它们本身不过是属性与行为,第 69‐71 页),但这是依赖性词项和简单词项。因而,形容词与动词无法适应与名词相同的抽象:"在此,抽象相当于遗漏形容词或动词与特定名词的关系。"(第 89 页)正因为如此,"在被用于非具体对象时,用来表示股市的'疲软'一词具有更一般的意义"(第 89 页)。但所有的保留都基于形容词或动词的逻辑简单性——这难道不是谓词应用的明显例子,不是相互作用的例子吗?

一旦引入了相似性问题并随之引入分类问题,就会提出相互作用问题。副标题"作为分类的隐喻结合"本身就讲得十分明确(第 91 页)。作者突然发现,"在一个隐喻中我们需要两种相互搭配的意义"

---

① 即沉睡的池塘,赤裸裸的友爱。——译者

(同上),"两个种通过属的表现而结合起来"(同上)。相似性恰恰出现于这"两种相互搭配的意义"之间,出现在"这两个相互结合的属中"(同上)。这位作者并未发现操作的谓词特性,因为他想将描述放在命名框架中。作为分类本身的操作的结果实际上是一种新的命名方式。但在命名上没有模棱两可的情形吗?当我们说隐喻借助于对它的属性的最典型指代者来给对象命名时,命名可能要么意味着提供新名称,要么把 X 称作 Y。[①] 当作者说"隐喻项表示对象群"(另一个对象具有某种典型特点而应当被包含在这个对象群)(第 107 页)时,命名行为与这个词的第二种意义相联系。在此,分类不再被纳入命名之中,但与述谓关系联系在一起。

述谓关系的这种隐含的作用证实由作者归类于"隐喻簇"(第 149 页)的两种语言事实:比较与从属。

作者承认明喻与隐喻都觉察到了相异性:"在两种情况下,我们会发现一个对象可以比作另一对象,这并不是由于一种简单的相似性,而是由于另一对象似乎是这种明喻基础的突出指代者。"(同上)因此,区别仅仅在于,一个由一个词构成,另一个则由两个词构成。但是,正如勒格恩十分强调的那样,在明喻中两个概念的近似并不能排除它们的二元性,在隐喻中(更确切地说在隐性隐喻中)情况同样如此。因此,这种近似关系并不像在隐喻中那样密切。在隐喻中,被转换的词项取代了原有的词项(第 150 页)。[②]

这难道不表明在显性隐喻中比在隐性隐喻(在那里替代关系使近似关系相形见绌)中更容易看出词项之间的二元性以及我们以后所要说的张力?

在"替代"的方式下〔比如,在"树是一个大王"(l'arbre est un roi)

---

① 吉奇在讨论不同于我们的情境的另一种情境中的归属概念时注意到,如果我们通常没有忽略把事物称为"P"与断定这个事物的"P"之间有区别(但通常忽略的是称事物为"P"与断定一个事物的"P"之间的区别),我们就不会提出将归属与描述对比的问题。"归属主义",载《哲学评论》第 69 卷,1960 年第 2 期。收入吉奇:《逻辑问题》,加利福尼亚大学出版社,伯克利和洛杉矶,1972 年版。

② 在认识到明喻的功能并不是命名时,作者将它奇怪地放在美学一边(第 149 页),在这一点上他似乎受到文学的比喻所要求的那种夸张的鼓舞。这一论据不太有说服力。

中有"是"的形式],问题恰恰涉及显性隐喻(第 150 页)。这位作者承认这是"隐喻的最常见形式"(同上)。在那里,一个词项同样没有被取代,而是"通过句子表达出来并且从属于隐喻项"(同上)。作者从这种功能中仅仅看到了对源于隐喻抽象的一般意义的肯定,看到了作为"种"的从属关系与一项对另一项的完全替代的共同基础。他并未从中得出在从属关系中起作用的述谓功能的结论。我们必须明白从属关系是替代的不完善形式吗?但句子的全部作用与对符号的运用混淆不清。

最后——这也许是我们对有关隐喻命名的逻辑-语言学理论的最严重异议——我们可以追问,完全以命名为中心的解释是否能将活的隐喻与过时的隐喻区分开来。除了源于诗人并且仅仅说明审美隐喻的例子之外,所有例子都是处于先进的词化状态的隐喻用法。这种理论尤其说明了隐喻的单词化现象,说明了它在补充多义性(尚未形成有关多义性的理论)时增加我们词汇的能力。这一过程隐含着另一个过程,即隐喻形成的过程。

3. 作为"意义变化"的隐喻

康拉德的著作，由于其逻辑-语言学性质仍然在许多方面没有后继者。这种观点的统一性受到索绪尔语义学的压力，而索绪尔语义学不再在一种被视为超语言学概念的概念中寻求衡量语词意义的尺度。但是，如果说实现语言学家的语义学与逻辑学家的语义学之间的分离在过去是轻而易举的事情[①]，那么，实现语义学与心理学的分离却花了更长的时间。[②]

我们现在尚未处于实现语义学与心理学分离的阶段。为语义学提供外部支持的不是德国人的 Begriffsbildung（概念形态）意义上的概念，而是观念的联想（association）。

我们选择将厄尔曼（Stephen Ullmann）的《语义学》（连续出了三版）[③]以及其他一些相关著作（斯特恩[④]，尼罗[⑤]）作为主要证据。这样做不乏理由：语义学的一般观点在那里得到了经验描述（主要是法语）的敏锐感觉的支持。此外，自布雷阿尔、马蒂、冯特以来的语义学的漫长历史在那里并未被忘却。然而索绪尔的革命提供了描述的主线，但我们也考虑到布龙菲尔德、哈里斯和奥斯古德的语言

---

① 在表面上，仅仅像"第五研究"第 4 节的成分分析的困难所证明的那样。

② 也许，这种第二次分离需要修正，在隐喻领域尤其如此。在"第六研究"第 6 节中我们将会看到，这一领域从心理—语言学的观点看提供了特别有力的证据。

③ 厄尔曼：《语义学原理》，格拉斯哥大学出版社，1951 年版；《法语语义学纲要》，伯尔尼，弗兰克出版社，1952 年版；《语义学——意义科学导论》，牛津，布莱克韦尔出版社，1967年版（1962 年第一版）。

④ 斯特恩：前引书。

⑤ 尼罗：《法语历史语法》，第 4 卷：《语义学》，哥本哈根，1913 年版。

学。① 最后,我们既不怀敌意也不抱热忱地关注结构主义的最新发展。因此,我们怀着特别的好奇心去质疑隐喻在这种稳固而周到的框架中的地位以及可能起到的作用。

隐喻出现在"意义的变化"中,因而出现在一篇论著的"历史"部分,其主线是由语言状态的同时性结构提供的。所以,隐喻运用了对意义的变化现象进行阐释的共时语言学的能力。我们对厄尔曼的思想的阐述要根据这个特殊问题来进行。

第一种观点涉及对作为意义载体的语词的选择。在语言学要加以考察的四个基本单元——音素、词素、单词、短语(句子)中,单词是确定语言学的词汇层次的单元;在这个层次,狭义语义学不同于作为形式意义的词法。

第一种观点既没有被无差别地接受也没有被无保留地接受。梅耶对语词做了这样的定义:"特定的意义与可以进行特定的合乎语法的使用"②的特定声音的结合。这一定义毋宁被理解为围绕语词问题而积累起来的所有难点的中心。在第 4 节中,我们会谈到这些难点,主要涉及语词意义与句子意义的关系的那些难点问题。对语词的五花八门的传统定义证明,③在语词辨析的层面上,将语词与句子分开并

---

① 布龙菲尔德:《语言学》,纽约,霍尔特、莱因哈特和温斯顿,1933 年版,1964 年第二版。哈里斯:《结构语言学的方法》,芝加哥,芝加哥大学出版社,1951 年版。奥斯古德:《意义的本质与测度》,载《心理语言学通报》,XLIX,1952 年,第 197 - 237 页。

② 梅耶:《历史语言学与普通语言学》,第 1 卷,第 30 页,转引自厄尔曼:《语义学原理》,第 54 页。在反心理主义倾向尚不明显的时期,这些古老的定义毫不迟疑地使语词与精神实体,与相同的概念在心灵中的同一性相一致。梅耶这样写道:"一种语音整体与每一种概念相联系,这种整体被称为语词,它使主体心目中的这个概念具体化并且唤起对话者心中的相同概念或相似概念。"《历史语言学与普通语言学》,第 2 卷,1938 年版,第 1 页和第 71 页。转引自厄尔曼:《语义学原理》,第 51 页。同样,格雷提出了"可以口头表达的最小思想单元",见《语言的基础》,纽约,1939 年,第 146 页。转引自厄尔曼:前引书,第 51 页。

③ 我们不妨回顾一下布龙菲尔德的定义:"最小的自由形式。"(《语言学》,第 178 页。转引自厄尔曼:前引书,第 51 页。)这同样适用于弗思对语词的定义。他把语词定义为"词汇上的替代对等物",《语义学的技巧——哲学协会会刊》,1935 年,载《语言学论集》(1934 - 1951 年),牛津大学出版社,1957 年(第 20 页。转引自厄尔曼:前引书,第 56 页)。此外,该会刊还显示了从音位学向词汇学转换的尝试。

非没有困难。然而这位语义学家极力反对将语词的意义完全归结为它们的纯语境意义。主张语词仅仅从语境中获得意义的观点在他看来原则上是反语义学的。一种词汇语义学之所以可能,是因为我们能够理解一个孤零零的语词的意义(如,一本书的标题:"鼠疫","如果","虚无")是因为我们可以把握事物的名称并以另一种语言提供它的相应名称,是因为我们可以编词典,是因为一种文化往往要通过将信念凝聚在关键性的语词(17世纪的"老实人")与指示词中来实现自我理解。^① 因此,我们必须承认,不管各种语境(句子、文本、文化、情境,等等)多么重要,语词都具有恒常的意义,语词正是通过这种意义表示某些指称对象,而不表示其他东西。这位语义学家主张语词是语境无法改变的硬核。

但是,如果我们撇开语词与句子的关系像语义学要求的那样仅仅研究孤零零的个别单词,那么语词的辨认问题被证明是值得考虑的。对语词的音位学限定,即,语言为保持语词在这一层次[特鲁贝兹科依(Troubetzkoy)的界标(les Grenzsignale)]的统一性而采取的措施仅向自身提出了我们在此没有提到的大量问题。^② 同样,当语词的作用作为话语的一部分在词化的语词的界限内被纳入语义内核时,将语义内核与将语词置于话语的这个或那个部分(名词、动词、形容词,等等)中的语法功能区分开来不可能不遇到极大的困难。这里会增加某些语词问题,这类语词相对于独自具有某种意义的语词("语义"、"范畴学"、"完全的语词")而言只有与其他语词相结合[如,希腊的"无意义"(asémiques),马蒂内的"综合范畴学"这类语词在这里被称为"形式语词"]才会有意义。因此,这位语义学家克服重重困难开辟了一条通向

---

① 厄尔曼在这里提到了马托雷的著作《词汇与路易—菲力普统治下的社会》、《词汇学方法》,他将这些著作与特里尔对语义场的研究进行比较。

② 马蒂内:"语词",载《第欧根尼》第51期,巴黎,伽里玛出版社,1965年,第39-53页。我们将会重新考虑作者的这一定义:"言语之链的一部分或书写文本的一部分,以致我们可以在将它单独说出时或在以空白将它与文本的其他因素分离开来时,将它与它的语境分开并给它赋予某种意义或某种特殊功能。"(同上书,第40页)同样,可以参见《普通语言学基础》,巴黎,科兰出版社,1961年版(第4章:"有意义的单元")以及《语言的功能观》,牛津,克拉伦登出版社,1962年版。

他心目中的词义单元,即通向他的科学对象的道路。

这种语义学包含的第二个论点涉及意义的地位。在这一点上,除了两点补充之外,厄尔曼的观点肯定也是索绪尔的观点。

我们仿效索绪尔的做法抛弃了奥格登和理查兹[①](Ogden and Richards)的著名三角形即"符号"-"思想"(或"指称")-"事物"(或"指称对象")的第三个预角,我们置身于一种双重意义的现象,即能指-所指(索绪尔),表达式-内容(叶尔姆斯列夫),名称-意义(龚博兹)[②]的范围内。我们的作者保留了最后这个术语,他同时强调命名现象,这一现象对后来的意义变化理论并非无关紧要(意义的变化首先是名称的变化)。语词的意义是名称与涵义的双重统一。考虑到说者与听者的观点的相互影响,我们将把名称-涵义关系的相互性与可颠倒性纳入意义的定义中。因此,意义将被定义为"名称与涵义之间可以颠倒的相互关系"(《语义学》第67页)。正是进入语词的结构的这种双重入口的可能性使得我们或者按字母顺序来编词典,或者按概念来编词典。

厄尔曼对这一核心观点作了两点重要补充。首先,名称-涵义关系——除了在非常系统化的科学、技术或行政词汇中——极少是一一对应的关系,即一个语词表示一种意义。一种意义可能有几个名称,同义词就属于这种情况;一个名称有几种意义,同音异义词就属于这种情况(但同音异义词实际上是不同的词而不是同一个词有多种意义),我们将会看到,一词多义尤其如此。

其次,我们应当既给每个名称又给每种意义补充一个"联想场"(champ associatif),这个联想场要么在名称的层面上,要么在意义的层面上,要么同时在两种层面上运用各种连续关系。这种补充使我们能立即区分四种意义变化并且确定隐喻在其中的地位。

这便是"语义关系的无限复杂性"(第63页)。

如果我们给语词的指称价值加上"情绪的暗示",即,既补充它们在表达说话者的情感和心绪方面的价值,又补充可以维持听者的相同

---

① 奥格登和理查兹:《意义的意义》,伦敦,劳特利奇与保罗出版社,1923年版,第11页。

② Z. Gombocz, Jelentéstan, Pécs, 1926.

状态或过程的语词能力,那么,这种复杂性似乎更为重要。意义变化理论,特别是隐喻理论,不会不维持与这种情绪功能的重要关系,在这一点上,它可以成为"词汇手段"之一(第136页)。

我们从厄尔曼的《语义学》中援引的第三种观点涉及可以由"描述"语言学来理解的意义的各种特点,作者始终将这种描述语言学与"历史"语言学进行对比,而历史语言学可以将那些意义特点作为变化的原因保留下来。

整个语词语义学的重要现象,即一词多义性,处在所有描述和讨论的中心。我们的作者的三部著作在这一点上做了许多非常有力的声明。① 他在以前确立的名称-意义关系的基础上来定义多义性。它表明:一个名称可以表示多种意义。然而,对一词多义性的研究要以包含它的更一般的看法为前提,在第 4 节中我们将回过头来讨论这种看法。一词多义性以语言的普遍性为前提,作者把这种性质称为模糊性。多义性也表明了语言的词汇结构的不太全面的性质。我们恰恰不应把模糊性理解为抽象(它是一种有条理的现象,是一种分类学性质),而要理解为无条理的、不确定的、不清楚的意义上的"一般"方面,这个方面始终需要通过语境进行区分。我们也将回过头来讨论模糊性与语境区分之间的联系。我们暂且指出日常语言的大部分语词符合维特根斯坦所说的"家族相似"②这种特点,而不是符合词汇本身隐含的分类。一词多义性仅仅是词汇模糊性的更普遍现象的较为确定和较有条理的性质。

另一种现象促进了对多义性的理解,因为多义性是这种现象的反面。它就是同义词现象。对语言的系统性与不系统性的一般反思也关心这种现象。同义词现象包含语义的部分同一性,这种同一性无法纳入仅仅取决于各种对立的系统中。它包含语义场之间的重叠,这些语义场使得一个单词的某种意义与另一个单词的某种意义相同。在

---

① 关于多样性,参见《语义学原理》,第 114 - 125 页;《法语语义学纲要》,第 199 - 218 页;《语义学——意义科学导论》,第 159 - 175 页。

② 维特根斯坦:《哲学研究》,I,§ 67。

这一点上,铺路或摩西的形象比喻是骗人的。语词不仅互有差别,也就是说要通过与其他词的对比来定义,就像在音位学体系中对音素的定义那样:它们部分重叠。但这种语境的区分就像自然语言的描述特点一样恰恰以同义现象为前提。没有办法通过转换探求在什么样的语境中同义词并非不可互换,如果不存在造成这种现象的语境的话。规定同义词的东西恰恰是在某些语境中可以替代它们而不改变客观意义和情感意义的可能性。反之,给同一个词的不同意义提供同义词的可能性,对多义性本身的可替换性的检验,证明了同义现象的不可还原性:"revue"这个词有时是"parade"(检阅)的同义词,有时是"magazine"(杂志)的同义词。意义的共同性始终以同义词为基础。由于同义词是不可还原的现象,它既可以为细微的区别[用 fleuve(河)代替 rivière(河),用 cime(山峰)代替 sommet(山峰),用 minuscule(极小)代替 infime(极小),等等],也就是说,为积累、强化、强调(就像贝玑的矫饰主义风格表现的那样)提供风格学的根据,也可以对多义性的可转换性进行检验。通过部分语义的同一性概念,我们可以依次强调同一性或差别性。

首先,我们要像第一个发现这一点的布雷阿尔那样,把多义词定义为同义词的反面,即不再以几个词表示一种意义(同义词),而是用一个词表示几种意义(一词多义)。

应将同音异义的情形分离开来。同音异义与一词多义无疑有赖于一个能指与几个所指的结合的相同原则(《法语语义学纲要》,第 218 页)。一词多义出现在同一个单词中,它将这个单词的几种意义区分开来,而同音异义包含两个单词之间的区别以及它们的完整语义场之间的区别。的确,如果说在涉及语源学上的同音异义词[locare 与 laudare 同样表示 louer(赞扬)]时容易追溯这一界限,那么,在涉及语义学上的同音异义词时这一界限就更容易辨别。对这些语义学上的同音异义词要根据一个单词的各种意义的不同演变超过了某种程度来说明,在这种程度上,我们再也看不到意义的共同性(就像 pupille[1]

---

① 由政府或社会团体收养的孤儿。——译者

这个词那样）。厄尔曼指出，正因如此，在一词多义与同音异义之间存在着朝两个方向跨越界限的活动（第222页）。

描述语言学的主要现象是一词多义，在此，我们把它称为词汇的模糊性，以便把它与模棱两可性或意义的含混性区分开来。在历史语义学中，意义变化理论本质上有赖于对多义性的描述。这种现象意味着，在自然语言中一个词相对于其他语词的同一性同时承认内在的异质性、多元性的存在，以致同一个语词可以随着语境的不同而获得不同的意义。这种异质性并不破坏语词的同一性（不同于同音异义），因为(1)这些意义可以被列举出来，也就是说，通过同义词统一起来；(2)可以对它们进行分类，也就是说，它们可能涉及各种语境用法；(3)可以对它们进行有条理的安排，也就是说，它们描述了某种等级体系，这种体系确立了相对的邻近关系，因而确立了最外围的意义与最内在的意义的相对距离；(4)尤为明显的是，说话者的语言意识不断从词义的多元性中发现意义的某种同一性。因为这些原因，一词多义不仅属于"模糊性"的情形，而且是一种秩序的开始，并因此成为模糊性的对抗手段。

一词多义并不是一种病态现象，而是语言的健全性的特点，这一点已被相反假设所证实：一种无多义性的语言违反了经济原则，因为它无限地扩充词汇。它也违反了交流规则，因为像人类经验的多样性和经验主体的多元性原则上要求的那样，它大大增加了名称。我们需要一个经济的、灵活的、对语境敏感的词汇系统，以便表达和交流各种各样的人类经验。语境的任务就是筛选适当的意义变种并用多义性的语词去形成各种话语，这些话语被看作相对单义的，也就是说仅仅提供一种解释，即说话者有意赋予这些语词的解释。[1]

厄尔曼把他对意义变化（隐喻是它的一种）的研究置于"描述"语义学（索绪尔意义上的同时性语义学）的这种基础上。

---

[1] 参见雅科布松："语言学"，载《社会科学与人文科学研究的主要倾向》第一部分："社会科学"，穆东，联合国教科文组织，巴黎——海牙，1970年版，第6章。关于"当代语言学的性质与目标"，我们要特别参考第548页及以下。

由于隐喻被置于意义的变化中，它因此并不属于"描述语义学"，而是属于"历史语义学"。① 因此，我们越过了《普通语言学教程》在过去常被混淆的两种观点之间坚定地划定的方法论界限。语义的构成与语义的改变属于"虽然相互依赖但彼此并不一致的两个系列的事实……"（《法语语义学纲要》，第 236 页）。厄尔曼仍然相信索绪尔，他写道："我们肯定可以把两种观点结合起来——我们甚至应该在某些情形中，比如说在同音异义词的冲突的整合性重构中这么做。但这种组合决不会导致混乱。忘掉这条教训意味着歪曲现在和过去，描述和历史。"（第 236 页）而且，在将对意义变化的研究作为他的著作的宗旨时，这位作者与第一批语义学家保持着距离，这些语义学家不仅一口气把语义学定义为对词义及其变化的研究，而且主要强调这些变化。相反，通过结构语义学，这种描述性观点提供了研究这些变化的主线。

的确，意义的变化本身就是更新，也就是说，是言语现象。这类更新常常是个人的，甚至是有意识的：与通常很少有意进行的语言变化不同的是，"语义的改变常常是创造性意图的结果"（第 238 页）。而且，新意义的出现是突然的，没有任何中间环节："在人的咽喉（gorge）与山谷（montagne）之间有什么中间环节呢？"（第 239 页）就像从朱庇特的头脑中产生的密涅瓦②一样，隐喻完全源于"直接的感知活动"（同上）。社会融合可能是缓和的，但更新本身始终是突然的。

但是，如果意义的变化始终是更新，那么，后者可以在描述性观点中发现它们的解释的基础。

首先，正是词汇与系统的本性使得意义的变化成为可能：正是意义的"模糊"性质，语义界限的不明晰性，尤其是我们尚未揭示的多义性的特点，也正是与词义相联系的累积性质，使得意义的变化成为可能。实际上，仅有以下这一点是不够的：在一个系统的某种状态在某个特定时刻，一个词具有几种意义，也就是说，具有属于几个语境类型

---

① 《语义学原理》第四部分："历史语义学"，第 171－258 页。《法语语义学纲要》第 10 章："语词为什么改变意义"（第 236－269 页）；第 11 章："语词如何改变意义"（第 270－298 页）。

② 密涅瓦为古罗马的智慧女神。——译者

的变体。此外,它必须能获得新的意义而不丧失以前的意义。这种累积能力①对于理解隐喻是必要的,因为后者描述了这种双重图景的性质,描述了我们在前一篇研究中已经描述过的立体图景的性质。语词的累积性质比所有东西都更能使语言容易更新。我们以后再考察这种意义累积概念对讨论索绪尔假设的意义。我们要记住这一主要特点:一词多义性,突显的描述性事实使得意义的变化成为可能,并通过多义性使得意义的累积现象成为可能。一词多义性证明了语词结构的开放性:一个语词有几种意义并且能再次获得意义。因此,意义的可描述性特点被意义变化理论所采纳,这一特点就是,一个名称可以表示多种意义,一种意义可以用多种名称来表示。

意义变化理论在上面指出的"可描述性"特点中——在对每种意义的补充以及对"联想场"的每一个名称的补充中获得了新的支持,而这种"联想场"使得在名称层次、意义层次或同时在两个层次出现的转换和替代成为可能。由于这些通过联想而进行的替代是由邻近性或相似性造成的,于是出现了四种可能性:在名称层次上通过邻近性而进行的联想与通过相似性而进行的联想,在意义层次上通过邻近性而进行的联想与通过相似性而进行的联想。后两种情形规定了换喻与隐喻。②

在语义学理论中不应突然出现诉诸心理学解释的情形。在纯索绪尔的传统中这种介入因能指与所指作为听觉印象与概念都具有心理学的地位而更加不会造成困难。③ 因此,从冯特④的传统中借用语

---

① 厄尔曼(《语义学原理》,第 117 页)以赞同的口吻引述了乌尔班的下述原文:"一个符号可以意指某个事物而又继续表示另一个事物,它成为第二个事物的表达符号的条件恰恰在于它也是第一个事物的符号。这一事实恰恰使语言成了认知的。工具语词的这种'累积起来的内涵'是模糊性的丰富根源,但是,它也是那种类似的述谓关系的根源,只有通过这种述谓关系,语言的符号力量才会产生。"(《语言与实在》,伦敦,艾伦与昂温出版社;纽约,麦克米伦公司,1939 年版,1961 年第 8 版,第 112 页。)人们将注意到,这种累积性质在论述多义性的部分被放在描述语义学的范围内加以阐述。

② 《语义学原理》,第 220 页及以下;《法语语义学纲要》,第 277 页及以下。

③ 有关作为听觉印象的能指,参见《普通语言学教程》,第 28、32、98 页。关于作为概念的所指,参见同书,第 28、98、144、158 页。

④ 冯特:《大众心理学——I:语言》,两卷本,莱比锡,1900 年版。

义变化的分类原则并把它与索绪尔的符号理论结合起来以使对语义更新的解释与结构语言学的重要表述统一起来——这样做并非不合逻辑。而且,联想主义心理学与结构语义学的这种联姻甚至在《普通语言学教程》中,在论述"符号机制"的著名的篇章中可以找到先例。在那里,意群和词例的这两种功能被按照组合来解释。五十年以后,在将隐喻过程与换喻过程的区分直接引入索绪尔的区分(它本身要根据相似性联想和邻近性联想来解释①)时,雅科布松在语义学与心理学的这种交流方面几乎没有遇到原则上的困难。

因此,正是一种心理机制支配着语义更新,并且这一原理就是联想。卢德与龚博兹分别在 1921 年②和 1926 年③首先表明了我们如何才能由纯粹的心理学解释派生出对语义变化的解释,这种解释将修辞学的一些重要范畴结合起来。在将联想场理论与将意指活动定义为名称和意义的关联这一做法紧密地联系起来时,厄尔曼完成了将修辞学的分类纳入语义学的步骤。在采纳卢德在这个问题上的建议时,他指出在表达的努力中(就像柏格森在著名的《论精神的努力》④中所描述的那样)两种系统即意义系统与名称系统如何相互影响。由于某种语词与某种意义的惯有联系减弱,观念只好通过另一个语词表达出来,这个语词要么通过相似性,要么通过邻近性与第一个词相联系,这样,我们要么有隐喻,要么有换喻。厄尔曼明确指出:心理的联想决不会导致意义的改变,而只是决定它的"展开"。实际上,表达的努力仍然是动因(《法语语义学纲要》,第 276 页)。

心理学在语义学与修辞学之间所做的这种调和值得注意。不管

---

① 的确,索绪尔只将第二种关系称为"联想关系"(《教程》,第 17 页及以下)。意群关系仅仅与语言的线性特征相联系,即与它的时间连续性方面相联系。意群的密切联系丝毫不能称为邻近性联系。雅科布松的解释构成了一种更新:"语境的构或因素具有邻近性地位,而在替换群中,符号通过不同程度的相似性在它们之间建立联系,这些不同程度的相似性源同同义词与反义词的共同内核的等值性。"见《语言学家和人类学家的共同语言》,载《普通语言学论文》,第 48 - 49 页。

② 卢德:《论心理学对语义变化的分类》,载《心理学杂志》,XVIII,1921 年,第 676 - 692 页。

③ 见前引书,第 145 页,注释 2。

④ 柏格森:《论精神的努力》,载《心灵的力量》、《著作集》,百年出版社,第 930 - 959 页。

我们以后做何种保留,这样做的好处是十分肯定的。首先,在个人的言语活动与语言的社会性质之间架起了桥梁。联想场提供了这样的中介。按索绪尔的看法,它们属于语言并且描述了与语言宝藏同样的潜在性质。同时,它限制了作为表达努力的个人活动的游戏空间:"不管它是否涉及填补真正的真空,避免语词禁忌,让情绪或表达的需要自由地发泄,这些联想场都会提供(意义)更新的第一手材料。"(第276-277页)

其次,联想心理学使我们能将分类与解释结合起来,也就是说,将分类学原则与操作原则结合起来。迪马尔塞与丰塔尼埃根据对象之间的不同关系或它们的观念之间的不同关系将比喻区分开来,从而努力实现这一目标。丰塔尼埃的相似关系被原原本本地保留着,只有接纳与排斥这两种关系既在操作层次又在修辞格的层次被浓缩为邻近性的观念。因而,换喻与提喻都被归结为隐喻。

另一个优点是,隐喻与换喻的相似性源于联想本身:唯一的不同表现在联想的本质上。修辞格之间的区别被归结为同一种普遍机制内的心理学差别。

至于隐喻本身,它保留与两个词项构成的明喻的深刻联系应归因于它与相似性联想的接近。换言之,心理学化的语义学使显性隐喻优先于隐性隐喻。我们将会看到,在割断与心理学的所有联系的语义学中不再会出现这种情形。明喻的优先性实际上是狭义心理学的优先性。埃斯诺[1]强调"隐喻是一种浓缩的明喻,心灵通过这种明喻肯定了直观的具体的同一性"(第277页)。在他之后,厄尔曼评论说:"隐喻归根到底是一种简略的明喻。我们并未明确地指出那些类似性,而是把这些类似性浓缩成形象化比喻,这种比喻看上去是一种认同。"(第277页)对两种观念之间的相似性的感知的确是隐喻的关键[根据亚里士多德的词(homoïon theôrein)]。[2]

相反,与联想主义心理学的这种联姻不会不碰到严重困难。除语

---

① 埃斯诺:《民众的想象——西方的隐喻》,1925年版,参见第183页注释①。
② 参见"第一研究",第25页。

言学对其他学科的一般依赖性之外，即，除了以后的语言学不再容忍的依赖性之外，两门学科的混合不会不妨碍对话语的修辞格的分析。它首先会损害其复杂性。对两种联想的区分可能是一种简化并因此满足了经济性要求。这一点很快显示出是一种限制。在以邻近的名义将接纳与排斥关系结合起来时，联想主义原则会使这种活动以及从中产生的修辞格变得空疏贫乏。将提喻归结为换喻就是将逻辑差别（并列关系对从属关系）归结为相同的心理过程的明显例证，亦即归结为邻近性的明显例证。讨论两种修辞格的修辞学——尤其是"狭义修辞学"①——经过这种步骤而得以保存下来。

对隐喻本身的分析受到心理学解释的损害。人们可能认为，"简略的明喻"的观念本可以为根据陈述和述谓关系而进行的描述提供指导。《语义学》（第 213 页）显然使这里阐述的隐喻观类似于理查兹的隐喻观。通过联想场而接近的比较者与被比较者的关系相当于理查兹的内容与表达手段的关系。隐喻采取简捷的语词途径，而不是对两个事物进行明显的对比：人们将某个器官组织说成肌肉，而不把它比作小老鼠。从理查兹那里，我们同样可以得到这样一种重要观念：内容与表达手段之间的距离越大，②它们的对照越是出乎预料，隐喻就越明显和令人惊异。但这些看法不会动摇处于语词界限内的描述原则。诉诸联想过程会巩固这些界限：联想主义实际上仅仅运用了几种因素——意义与语词，但没有见到狭义的述谓活动（我们以后再来讨论对隐喻中的语词意义与陈述意义之间的关系具有决定作用的观点）。正因如此，这种分析很快就能将明喻降低到替代活动的层次，而替代活动实际上是在各项之间、各因素之间、各个心理原子之间进行的。意义之间、名称之间双重的联想活动最终仅仅考虑了导致新的名称出现的替代活动："我们仅仅将梳子称为 les dents du peigne，而不明确

---

① 我们已经提到热内特揭示了涉及两种修辞格甚至仅仅涉及一种修辞格即隐喻的狭义修辞学。

② 我们应注意华兹华斯的诗歌（《语义学》，前引书，第 213 页）：这首歌曲谈及/那无止境的建筑/它是通过观察对象中的相似性而建造的/对被动的心灵来说/对象中没有相似的品性。

指出梳子像牙齿。这样,我们就将人的器官的名称转用来表示无生命的东西。"(《法语语义学纲要》,第 277 页)两者的相似性使我们能将一个东西的名称赋予另一个东西。

由于对隐喻的研究限于命名的范围,只有当我们列出它的各个类别时,这种研究才会像以前的修辞学家们所做的那样充分展开。这里的主线仍然是联想。隐喻所利用的借用词实际上涉及好几大类,它们支配着最典型亦即最习以为常的各种联系,其范围不仅从意义延伸到意义,而且从一个意义领域(比如人体)延伸到另一个意义领域(比如物理的东西)。我们可以发现丰塔尼埃列出的几个大类,在那里,从有生命的东西向无生命的东西的转移,偶尔还有无生命的东西向有生命的东西的转移取代了选择。从具体向抽象的转移形成了另一大类(如,接受—理解)。"感觉的转移"将两个不同的知觉领域结合起来(暖色,明亮的声音),这种转移可以被纳入庞大的隐喻"家族"中,因为联觉根据说话人的心理倾向构成了对相似性的自发感知的场所。感觉的对应性与名称的替代容易取得一致,因为两者是通过"感觉"之间的相似性而进行的联想。感觉的相似性与语义的相似性之间的层次区别由于以下事实而减弱了:正如波德莱尔的著名十四行诗《通信》所证明的那样,联觉本身正是通过语言的某个阶段才能被认识。

4. 隐喻与索绪尔假设

在厄尔曼那里,在索绪尔之后的一些语义学家(接近厄尔曼)那里,隐喻理论首先不过是结构语言学的基本假设向历史语言学领域、向意义变化领域的应用。对更关键的第二种近似而言,它们的分析完全不同于应用:它们通过结果来修改这些假设至少在实际上如此。这些结果对原则的冲击值得关注,因为它是在一种语义学中起某种作用的标志,这种语义学仅仅相当于语词语义学。在下一节中,它试图利用语词语义学将本篇研究和下一篇研究所讨论的单词隐喻与前一篇研究所讨论的陈述隐喻并列起来。

在索绪尔之后人们对隐喻的考察似乎表明,《普通语言学教程》既构成了语词语义学纲要中的中间环节也构成了一种断裂。这一特点可以通过《普通语言学教程》显示的方法论危机来进行十分清楚的说明。

这场危机实际上具有双重性:一方面,《普通语言学教程》通过本质上单纯的活动消除了混乱和模糊性;另一方面,通过它所确立的二分法,它留下了令人困惑重重的遗产。在索绪尔之后,这种甚至限于语词语义学的隐喻问题仍然是检验这些困惑的试金石。隐喻实际上保持着索绪尔所造成的大部裂口并且揭示了在何种程度上这些二分法在今天构成了需要减少或调和的矛盾。

因此,对索绪尔来说,语言与言语之间的断裂使语言成了完全包含在一门独一无二的科学中的同质对象,因为符号的两面——能指与所指——处在断裂的同一边。[①] 但这种二分法制造的问题就像它解决

① 《普通语言学教程》,第 25 页。哥德尔:《索绪尔的〈普通语言学教程〉手稿探(转下页)

的问题一样多。从现代语言学的综合中,雅科布松发现:"虽然这种有限观点仍然有一些支持者,但两个方面的完全分离事实上会导致对两种不同的等级关系的认可:对信码的分析会正式考虑到信息,反之亦然。如果不将信码与信息进行对比,就不可能形成语言的创造力的观念。"①在补充雅科布松提出的信码与信息交流的事例[如,谈话主体根据交流情境自由选择的子信码的作用,支撑着谈话主体的同一性的个人信码的构成,等等]时,隐喻构成了信码与信息交流的极好例子。我们发现,隐喻要归类于意义的改变。但是"在言语,即语言的具体实现中,此一改变才得以表现出来"(《法语语义学纲要》,第 237 页)。而且,我们已发现这些变化的并不引人注目的性质:不管有多少种中间环节被词义变化的历史所证明,个体的每种改变都是一种能证明意义更新对言语的依赖性的突变。另一方面,隐喻取决于信码的性质,即多义性。当不再更新的隐喻成了惯用的隐喻,继而成了口头禅时,它就会在某种程度上增加多义性。这样,语言与言语间的循环便完成了。我们可以这样来描述这种循环:最初的多义性等于语言;活的隐喻等于言语;惯用的隐喻等于言语向语言的回归;最新的多义性等于语言。这种循环完全说明坚持索绪尔的二分法是不可能的。

第二种重要的二分法——将同时性观点与历时性观点对立起来的二分法②——并不像前一种二分法那样有益。在根据同时性与连续性将语言事实的两种不同关系与时间结合起来时,它不仅结束了一种混乱状态,而且在提供一种新的优先性即系统对演化的优先性时,在可理解性原则的层面上结束了历史的支配地位。

但是,这里产生的困惑可与新发现等量齐观。像隐喻这样的现象既有系统的方面也有历史的方面。因为多义词严格说来是一种同时性的事实。在信码中,它表示几种事物。因此,必须把多义性放在同时性一边;意义的变化补充多义性并在过去有助于形成现实的多义

（接上页)源》,第 142 页及以下。

① 雅科布松:"语言学",载前引书,第 550 页。

② 《普通语言学教程》,第 114 页及以下。

性,这种意义变化是一种历时性的事实。因此,作为更新现象的隐喻要被置于意义变化的领域,从而要被置于历时性事实中。但是,作为已被接受的偏差现象,它与多义性相对立,从而与同时性层面相对立。① 因此,我们必须再次调和一种非常严重的对立,并把结构的方面与历史的方面联系起来。依靠获得新意义并在不丧失传统意义的情况下保留这些新意义的能力,语词似乎汇聚了两个层面的因素。这一累积过程因其双重性质似乎导致一种演变缓慢的观点。②

在考虑意义变化之前,对多义性的完整描述需要这种演变缓慢的观点。要描述它而又不追溯它的起源实际上十分困难,因此,尽管提出了我们读到的那些声明,厄尔曼仍然在阐述多义性的那一章中考察了它所"提供的四个主要来源"。③ 但这四个来源具有或多或少被注意到的历时性特征:意义的"转变"就是朝不同方向发展。"形象化表达"源于隐喻与换喻,它们要立即起作用就得成为产生多义性系列的言语事件。"普通语源学"作为后来的推动力产生了一种多义性状态。至于"各种外来影响",正如这个词所表明的,它们重新进入了演化的范围,而那些演化活动通过语义的模仿产生了各种情形。此处引入的"语义复制"概念意味着回到类似性,而类似本身被视为语义变化的一种因素。因此,尽管为了将描述与历史分开而做了各种各样的努力,但对多义性的描述仍然要涉及语义变化的可能性。多义性本身(也就是说,对其"来源"不予考虑)要涉及历时性特征的各种可能性:多义性意味着以新的意义补充原有词义而又不使原有词义丧失的那种可能性。语词的开放结构、它的灵活性、它的流动性已经暗示着意义变化现象的出现。④

如果多义性难以包含在同时性描述的范围内,那么,只有当源于

---

① 厄尔曼回忆说:"纯粹的同时性,概念多义性,包含着历时性层次的重要结果:语词可以在不丧失原始意义的情况下获得新的意义。这种能力的结果就是造成语义关系的灵活性,这种语义关系在语言领域没有对应的东西。"《法语语义学纲要》,第199页。

② 厄尔曼:《原理》,第40页。这种演变缓慢的观点同样出现在历史语义学中。同上书,第231页,第255－257页。

③ 厄尔曼:《法语语义学纲要》,第200－207页。

④ 厄尔曼:"词汇并未像音素与语法形式那样被严格地系统化:任何时候,我们可以给词汇补充语词以及意义方面的无数常新因素。"(《法语语义学纲要》,第242页。

历史观点的这些意义变化处于同时性层次并且表现为各种各样的多义性时,它们才能被完整地统一起来。因此,厄尔曼本人在论述多义性的那一章中考察了"风格"的模糊性。这个术语十分确切地表明了关于修辞格的修辞学方案("由于外国人担心这种模糊性,由于逻辑学家指责这种模糊性,由于日常语言对明晰性的需要克服了这种模糊性,这位作家有时为了风格的目的而研究这种模糊性")。[①] 将风格的模糊性归入同时性事实,与多义性相同的领域是完全合理的,因为它在特定时刻处于作为双重意义的语言状态中:意义变化的同时性投射因此完全成了与多义性属于同一层次的现象。

此外,我们还可以把这种模糊性视为语义变化的条件。[②] 在被纳入一种模糊的句子(对它可以作两种解释)时,语词获得了新的意义。因此,话语的模糊性为语词的模糊性开辟了道路,而语词的模糊性可以导致既有意义的改变,意义的变化则增加多义性。

最恰当的莫过于指出,索绪尔的一些二分法制造的问题与它们解决的问题一样多。

甚至索绪尔的最确实的区分也无法不成为困惑的根源:我们知道,索绪尔是何等严格地将意义的纯内在关系,即,能指与所指的关系与它所抛弃的符号—事物这种外在关系对立起来。然而,"事物"不再属于意义的因素:语言符号并不将事物与名称统一起来,而是将概念与听觉印象统一起来。[③]

索绪尔之后的所有语言学家都接受了这种分裂,但它也产生了一种疑难。因为话语通过其指称功能确实将符号与事物联系起来。指称是符号与事物的关系,而意义是能指与所指的关系。[④] 它由此导致了意义概念的模糊性。作为索绪尔所说的所指,意义不过是能指的反

---

① 《法语语义学纲要》,第215-216页。

② 同上书,第243页。

③ 《普通语言学教程》,第98页。

④ 我们已将所指与所示之间的区分和符号与句子的基本二分法联系起来,用邦弗尼斯特的术语说,也就是将这种区分与符号学层次和语义学层次的对立联系起来。参见"第三研究"第1节。

映，它被同时分割开来，就像剪刀同时剪开纸的两面。与被指称的现实相比，意义仍然是语词与事物之间的中介，也就是说，正是通过它语词与事物发生关联：voxsignificat mediantibus conceptis[①]。这道裂缝贯穿于广义的语义学并把索绪尔以来的语言学家的语义学与卡尔纳普、维特根斯坦等哲学家的语义学分离开来，对这些哲学家来说，语义学基本上是对符号与被指称的事物之间的关系进行分析。

在排除意义—事物的关系时，语言学家完全摆脱了与规范的逻辑—语法科学的关联，他通过确保对象的同质性而确立自己的自主性，而能指与所指处于语言学符号的范围内。但反面是沉重的。在符号理论的范围内考虑语言的指称功能如果不是不可能的，也是非常困难的（符号理论只承认能指与所指的区别），而这种指示功能不会造成语言观方面的困难，这种语言观一开始将符号与话语区别开来，并通过与超语言学实在的对比，对与符号截然相反的话语进行规定。正因如此，英国哲学家的语义学是一种话语的语义学，这种语义学一开始就处于指示活动的领域，甚至在它考察语词时也是如此。因为对它来说，语词作为话语的一部分同样是部分指示活动的载体。[②] 千真万确的是，厄尔曼的那类语义学在丝毫不利用与超语言学实在的关系符号理论的范围内成功地定义了它所描述的大部分现象——同义性、同音异义性、一词多义性。但是，一旦我们关注这些差别在话语中所起的作用，我们就会需要那种利用符号与事物的关系的指示关系。在话语中，多义性，即语词意义的纯粹潜在性质经过了筛选。相同的语境机制（语词或非语词的）有助于排除多义词的模糊性并且决定着新意义的形成："词语或非词语的语境使得偏差，使得不合习惯的意义的使用成为可能。"[③]要确定同一个语词的不同意义，不管是惯用的意义还是

---

① 关于意义一词的这种模糊性，请看《意义与符号》，载《世界百科全书》。

② 在弗雷格那里，意义与指称的区分首先是在专名层面上确立的，然后扩大到完整的命题："一个专名（语词、符号、符号组合、表达式）表达了它的意义、指称或表示它的外延。我们通过符号表示专名的意义，我们也通过符号表示它的外延。"见《意义与指称》，载《逻辑学与哲学论集》，法译本，第107页。

③ 厄尔曼：《法语语义学纲要》，第243页。

不惯用的意义,都必须诉诸它们的语境用法。语词的不同意义不过是语境的变异,我们可以按它们出现的种类对它们进行分类。一旦我们走上这条道路,这些概念的变异的种类就很快会取决于分析对象(即事物或事物的指代)的不同可能性。就像《普通修辞学》乐于承认的那样,①对对象进行质料分析,把它分为各个部分,对概念进行理性的分析,把它分为不同要素,需要对指代领域进行描述的各种模式。一旦我们把同一个语词的多义性的变异描述成语境意义,就可以将这些多义性的变异归于不同种类,要了解这些种类,对指示的考虑就必然干扰对纯粹所指的考虑。话语引入了"语境的"这个形容词并随之引入了语言的指示目标。

如果多义性作为同时性的事实具有这样一些涵义,那么,隐喻作为意义的变化就更有理由如此。厄尔曼提醒说,狭义上的语义更新是一种言语事实。② 我们已经看到它对语言—言语关系以及同时性—历时性关系的影响。它对所指—所示对象的关系的涵义并非不够重要。语义更新是创造性地回答事物所提出的某个问题的一种方式。在某种话语情境中,在特定的社会环境中,在特定的时刻,我们试图表达某种需要言语活动的东西,需要言语对语言发生影响,正是这种影响将语词与实物对立起来,最后,关键是对指代领域进行新的描述。在下一篇研究中,我们将会讨论这种重新描述问题。③ 从现在开始,我们必须表明它已被纳入了语义理论中,而语义理论限于讨论意义变化,即限于对单一所指的研究。所有的变化都包含着说话者和民众的全部讨论。

但是,在索绪尔的所指与超语言学的指称对象之间无法直接架起桥梁。我们必须绕过话语并忽略句子的指称以便达到语词的指称。只有这种迂回才能使我们将命名活动与隐喻活动和述谓活动联系起来,而述谓活动为这一工作提供了话语框架。

---

① 《普通修辞学》,第 97 页及以下,参见"第五研究"第 4 节。
② "(意义的)变化恰恰表现在言语,即语言的具体实现中。"《法语语义学纲要》,第 237 页。
③ "第七研究"第 4 节。

5. 意义游戏：在句子与语词之间

　　将索绪尔的语言学的基本原则用于隐喻的结果是使一些支配着理论的重大方法论决定重新成了疑难问题。它使语词语义学中出现了一种不确定性，一种骚动，一种游戏空间。正因如此，在语句语义学与语词语义学之间，相应地在隐喻—替代与隐喻—相互作用这两种理论之间，可以重新架起一座桥梁。如果这种扩充被证明是切实可行的，那么，隐喻在话语理论中的真正地位就会开始出现在句子与语词之间，述谓活动与命名活动之间。

　　我首先想揭示三种标志。在像厄尔曼的语义学一样专注于语词的语义学中，这三种标志表示这种语义学与前一篇研究所阐述的语句语义学之间的接合点。

　　a) 第一种标志是由词汇系统的不完整方面（如果可以这么说的话）提供的。从量的观点看，词汇信码表明了这样一些特点，这些特点既将它与音位学信码（《牛津英语词典》中的四万五千个词仅仅依靠四十四或四十五个音素！）又将它与语法系统（即便我们把词法——后缀、前缀、词形变化、派生组合等等纳入这种系统中）彻底区分开来。个人记忆肯定不能与信码相提并论，词汇层次要发挥作用不必受个人意识的决定性影响。但不同于词汇信码的信码单元的数量与人的记忆能力并非没有关系。如果我们补充说词汇信码处于这样一种状态：能给它补充新的实体而不会从根本上改变它，那么，没有终结会促使我们认为词汇结构包括比其他系统"大无数倍的单元的松散结合"①。

---

① 厄尔曼：《语义学——意义科学导论》，第195页。

如果我们考虑到这个信码的确定成分，而这些成分导致按特里尔的方式对"语义场"的最出色的分析，那么，这些领域似乎表明了那种很容易改变的组织程度；某些领域表明了意义的分类，以致每种因素恰恰限制了邻近因素并且就像镶嵌画一样被邻近因素所决定：颜色的名称，关系项，军衔，某些抽象观念的集合［就像特里尔研究的大约 1200年时的中古高地德语中的 Wisheit（智慧）、Kunst（技巧）、List（狡猾）这个三重组合一样］。① 其他领域远远没有条理。这些领域毋宁是不完整的，如，画了一半的轮廓（厄尔曼在这里借用了恩特威斯尔）的"不完整的模式"和"完成了一半的设计"（在那里，部分重叠带来了限制）。索绪尔从既有的术语（比如，教育）中看到了语簇的中心，看到了其他彼此并列的术语的汇合点，这些术语的总体是不确定的。② 可以肯定的是，延长了这种语簇形象化比喻的双重联想场概念决不会与延长了镶嵌画的画面的相互限定概念走向相同的方向。开放系统的概念再一次成为必要。

如果我们最终考察一下它的那些孤立的语词，我们在上面就同义性与多义性所发表的所有看法就是针对相同的开放结构概念的。它在词汇总体的层次，在语义场的区域性层次，在孤立的语词的局部层次一再出现。语词的模糊性，它的界限的不确定性，将词义分散的多义词以及将多义性区分开来的同义词的结合，尤其是使语词能获得新意义而又不丧失原有意义的语词的累积能力——所有这些特点促使我们表明语言的词汇"是一种不稳定的结构，在这种结构中，个别单词可以轻而易举地获得和丧失意义"。③ 这种不稳定的结构使得意义成了"语言学的全部要素……这些要素，也许很少能抗拒变化"。④

用厄尔曼引用的一位作者的话说，语言从总体上看"既不是系统的，也不是完全非系统的"。正因如此，它不仅受一般变化的支配，而且受变化的非语言学原因的支配，其结果之一是，它阻障将词汇学建

---

① 同上书，第 248 页。
② 《普通语言学教程》，第 174 页。
③ 厄尔曼：《语义学——意义科学导论》，第 195 页。
④ 同上书，第 193 页。

立在完全自主的基础上：新的自然对象与文化对象出现在命名领域，对关键语词的信念的积累，社会理想投射在一些象征性的语词中，语言禁忌的强化或排除，语言群体、社会等级和文化环境的政治与文化支配——所有这些原因使得语言至少在我们的作者选择的语词语义学的层面上受到社会力量的影响。而这些社会力量的有效性强调系统的非系统特征。

这种特征最终使我们怀疑信码这个词被严格地用于语言的词汇层次。雅科布松在我们刚刚引用过的那段文字①中要求采用"信码"这个词的复数形式，尽管子信码彼此纠缠在一起，而从这些子信码中我们学会指导自己以适当的方式根据语境和这些子信码出现的情境去说话。也许，我们必须更进一步并拒绝将信码称为不太系统的系统。

b) 语词的狭义语境特征提供了语词语义学向语句语义学开放的第二个标志。语言的述谓功能在某种程度上反映在语词本身中，并且是以几种方式反映在语词本身中。

首先，不参照作为完整陈述的最终情形，对语词的限定就无法进行。将语词称为"最小的自由的形式"（布龙菲尔德）就是不可避免地将它与句子即自由形式的模型联系起来。可以构成完整陈述（如，你快乐吗？非常快乐！）的形式是随意的吗？

此外，在许多语言中，该语词（名词，动词，等等）所属的话语形式呈现了词典收录的该语词所涵盖的特征。无论如何，语词至少能够出现在一个类中，因为语义内核与种类一起规定着语词。简言之，语词通过语法来确定。②

最后，不参照语词在话语中的功能，上面提到的对范畴学语词与综合范畴学语词的区分就无法进行。

---

① 《语义学——意义科学导论》，第 148 页，注释 1。

② 缺乏语法的自主性会使人联想到语词是对陈述进行分析的结果。萨丕尔对语词作了这样的定义：语词是"最小的完全自足的孤立的意义片断之一，句子则分解为这种意义片断"。《语言——言语研究导论》，伦敦，1921 年，第 35 页。我们在前面（第 152 页注释①）引用了梅耶对语词的定义，这一定义将语法的使用纳入语义的功能中。正因如此，语词没有与它的句法作用分离的语义同一性。它只有被语法的作用赋予的意义，这种语法作用与话语中的一种惯用法相对应。

述谓功能对语词的这种影响如此强烈,以致某些作者提供了对意义的完全语境化的定义,或用厄尔曼的话说,提供了"操作性"定义。①维特根斯坦在《哲学研究》中提出的理论(在我们仍能谈论理论的情况下)乃是这一观念的最有挑战性的例子。"对我们能在其中使用'意义'一词的大批情形而言——尽管不是对所有情形而言——对意义可以这样来定义:语词的意义就是它在语言中的用法。"②把语言比作装着锤子和钳子的工具箱,我们从里面拿出钳子,③然后把语词比作棋盘上的一颗棋子④(至少在表面上非常带有索绪尔的色彩)——所有这些类比往往把语词的意义归结为句子意义的简单功能,而句子被理解为一个整体。这至少是英语国家的哲学家们提出的语义学的最普遍倾向。赖尔在一篇论文中宣称:"语词的意义就是它的用法,也就是说,是它在句子中的用法。但句子并非用法:它仅仅进行表达。"⑤

语词对话语的各种各样的依赖性丝毫不意味着语词没有语义上的独立性。支持语词独立性的上述原因仍然是:我能指出如何称呼某个事物并在外文中找到它的相应名称;我想发出这个部落的一些关键词的读音;我能表示这种或那种道德规范的主要实质,这种或那种哲学的基本概念;我能极力确切地指出一些情绪或情感的细微差别;我能用其他词定义某个词;为了分类,我应当定义属、种、亚种,也就是说给它们下定义。简言之,命名是一种重要的语言游戏,这种语言游戏为词典的编纂提供了充分的根据并极大地确保了根据名称与意义的相互关系来定义意义的可行性。但是,如果命名是重要的语言游戏,那么,高估语词,甚至迷恋语词,以至到了迷信、崇拜或恐惧语词的程度也许源于一种重大的幻觉,源于维特根斯坦在《哲学研究》的开头指责的那种幻觉,即,命名活动是所有语言游戏的范式这样一种

①　厄尔曼:《语义学——意义科学导论》,第 55 页,第 64-67 页。
②　维特根斯坦:《哲学研究》,第 43 节。
③　同上书,第 11 节。
④　同上书,第 31 节,关于索绪尔使用的相同概念,参见《普通语言学教程》,第 43、125、153 页。
⑤　赖尔:《日常语言》,载《哲学评论》,LXII,1953 年。

幻觉。①

人们会考虑这种自在的命名游戏吗？语境又重新出现在语词的领域：语境的类别就是我们所说的语词的不同意义,经过对用法的范例进行耐心比较它们从语境本身浮现出来。因此,我们可以把一个语词的各种意义作为典型的语境意义而辨别开来。于是,语义学家除了进行严格的分析定义或指称定义之外被迫为对意义进行语境定义开辟道路。或毋宁说,语境定义成了狭义的语义学定义的一个阶段:"两种方法之间的关系或者说研究的两个阶段之间的关系最终与语言和话语之间的关系相同:操作理论对话语中的意义感兴趣,指称理论则对语言中的意义感兴趣。"②我们已有力地证明对语词的定义只能出现在言语与语言的交汇处。

c) 当我们不再考虑孤零零的语词而是转而考虑语词在话语中的实际有效功能时,语词的意义对句子的意义的依赖性就变得更加明显。孤立地看,语词只有潜在意义,这种潜在意义是由它的部分意义的总和构成的,并且它们本身要由它们可能出现的语境的类型来确定。只有在特定句子中,也就是说,只有在邦弗尼斯特的意义上的话语中,它们才有现实的意义。如果将潜在意义归结为用法是有争议的,那么,将现实意义归结为用法就是无可争议的。邦弗尼斯特注意到:"句子的意义就是它的观念,语词的意义则是它的用法(始终在语义学的意义上)。说话者始终是从特别的观念出发将语词综合起来,这些语词通过这种用法而具有特殊意义。"③

从语词的现实意义对句子的现实意义的这种依赖性中可以得知,与被视为整体的句子相联系的指称功能在某种程度上被分摊到句子的语词之间。用维特根斯坦的语言④(此处接近于胡塞尔⑤的语言)说,句子的指称对象是一种"事态",而语词的指称对象是一种"对象"。

---

① 维特根斯坦:《哲学研究》,第 7 节及以下。
② 厄尔曼:《语义学——意义科学导论》,第 67 页。
③ 邦弗尼斯特:《语言中的形式与意义》,载《语言》,第 37 页。
④ 维特根斯坦:《逻辑哲学论》,2,01;2,011;2,02。
⑤ 胡塞尔:《观念 I》,第 94 节。

在十分接近的意义上,邦弗尼斯特将语词的指称对象称为个别的对象,语词在具体的环境或用法中与这种对象相对应。[①] 他将这一点与句子的指称区分开来:"如果句子的'意义'是它所表达的观念,那么,句子的指称就是它所引起的事态,就是它所涉及的话语情境或事实情境,对这种情境我们既不能预见,也不能猜测。"[②]

如果我们极端强调语词的现实意义以至将语词与它在话语中的这种现实意义等同起来,我们就会最终怀疑语词是词汇实体,并认为符号学宝库中的符号处在狭义语义学的开端。词汇实体至多是词素,也就是说,是通过抽象与表明类别的标志分离开来的语义内核,语词作为话语的部分则属于这个类。语义内核也就是我们上面所说的语词的潜在意义,或它的语义潜能。但是,这既不是实在的,也不是现实的。实在的语词,作为句子中的现象的语词则完全是另一码事:它的意义与它成为特殊意群的一部分的能力以及履行一种命题功能的能力不可分割。[③]

因此,我们在上面不得不将语境的效果与潜在意义本身,也就是说与孤零零的语词结合起来,这样做并不是偶然的。按照邦弗尼斯特的评论:"我们所说的多义性仅仅是制度化的总体,如果可以这么说的话,是这些始终转瞬即逝的语境意义的总体,这些语境意义容易被不断丰富,也容易消失,简言之,它们没有持久性,没有恒久的价值。"[④]

由此导致我们将话语描述成语词与句子的相互作用:语词保存着语义的财富,这种财富是由其语义场中积淀的语境意义构成的。它通过句子表达的东西乃是意义的潜能。这种潜能是不定形的。存在着语词的同一性。我们说过,这毫无疑问是复数的同一性,是一种开放结构。但这种同一性并不足以使我们把它认作和重新认作不同语境中的相同性。我们刚刚说过的命名活动之所以可能,仅仅是因为语词所包含的语义的"多样性"仍然是有限的、规则的和等级化的异质

---

① 邦弗尼斯特:前引书,第 37 页。
② 同上书,第 38 页。
③ 同上。
④ 邦弗尼斯特:前引书,第 38 页。

性。多义词并非同音异义词。但这种复数同一性也是一种复数的同一性。正因为如此，在语词游戏或句子游戏中，意义的创造（如果我们可以这么说的话）重新过渡到了句子一方。由潜在意义向现实意义的过渡需要新的句子作中介，就像潜在的意义源于以前的语境意义的积淀和制度化一样。这种特点如此重要，以致雅科布松毫不犹豫地将"对语境的敏感性"与多义性和意义的可变性这两个标准一起作为与人工语言相对的自然语言的标准。①

如果我们重新像厄尔曼一样考虑到语词的"模糊性"，尤其是一词多义现象，我们就特别需要新句子的这种中介性。语词正是从语境中获得可以减少其模糊性的规定性。这一点同样适用于专有名词：厄尔曼注意到，如果专有名词有几个方面——年轻的维多利亚女王或布尔战争时期的维多利亚女王，那么，只有一个人适合一个特殊情境。②同样，斯特劳森注意到，只有当专有名词成了出现在提到这种专有名词的其他情境（言语或非言语的）中的一些既有描述的缩略形式时，这个专有名词才会表示一个人并且表示独一无二的人。③

但是，通过语词的"协作"（弗思的术语）或"相互适应"（邦弗尼斯特的术语）来筛选多义词首先是语词的功能。对语义学上并存不悖的各种词义的这种相互选择常常是以悄悄的方式进行的，以至于在特定的语境中，其他不适当的词义甚至不会浮现在我们的脑海中。正如布雷尔对此所做的评论那样："我们甚至不努力去排除语词的其他意义：这些意义并不是为我们存在的，它们并未跨越我们的意识的开端。"④

这种语境活动——句子、话语、著作、话语情境——就像多义性的减少一样，乃是推动本研究的问题的关键所在。

在隐喻陈述中出现的情形要完全按以前的现象来理解。如果隐

---

① 雅科布松："语言学"，前引书，第508页："意义的可变性，尤其是各种意义和重要内容的转换以及各种解述的无限能力恰恰是赋予自然语言以创造性的特点。并且这些特点不仅赋予诗歌创作活动而且赋予科学活动以不断创造的可能性。在这里，不确定性与创造能力紧密联系在一起。"

② 厄尔曼：《语义学——意义科学导论》，第52页。

③ 斯特劳森：《论个体——关于描述的形而上学论文》，第20-21页。

④ 转引自厄尔曼：《法语语义学纲要》，第207页。

喻的确补充了多义性,那么,隐喻所履行的话语功能乃是我们刚刚描述的那种功能的反面。句子要有意义就应从相关语词的语义潜能中排除所有(既定)词义,只有一个词义除外:这个词义与该句子的其他词语的意义(本身已被适当减少)彼此相容。就隐喻而言,没有一种编入词典的意义不适当。我们应当保留所有"正面"的意义,即拯救了整个陈述意义的那种词义。隐喻陈述强调述谓作用。它现在似乎并不与隐喻语词理论矛盾。通过语词的转用,隐喻陈述的意义得以表达。我们刚刚像厄尔曼一样指出,对语词的"分析性"定义与"语境性"定义彼此并不矛盾,因为语言观与言语观彼此呼应、相互补充。我们必须指出的是,隐喻语词理论与隐喻陈述理论处于相同的关系中。

下述方式可以表明两种理论的补充价值,这种价值打破了折中主义的所有异议。隐喻陈述理论通过上一篇研究所突出的一个重要特点与隐喻语词相关联,我们把这种特点称为向语词的"聚集过程",这一点使人想起布莱克对"焦点"与"框架"的区分。"焦点"是一个词,"框架"则是一个句子。"相互联系的常识系列"被以过滤的方式或屏蔽的方式运用于这个"焦点"。由于向语词聚集的结果,相互作用或张力被集中于"表达手段"与"内容"。正是在陈述中,它们相互关联,但语词具有两种功能中的任何一种。在下一篇研究中,我同样试图表明,语词层次的偏差本身也是向语词聚集的结果(按科恩的看法,[①]述谓层次的偏差即语义的不适当性通过语词层次的偏差而减少),向语词的聚集起源于新的语义适当性在包含不适当性的层面即述谓活动层面上的确立。因此,隐喻陈述的动力以各种方式浓缩在或结晶在意义的效果中,而意义以语词为焦点。

但是,这种相互性不太真实。语词语义学常常考虑的意义变化需要完整表达的中介。陈述为语词提供语境与语词为陈述提供焦点相对应。在这一点上,联想场在厄尔曼的语义学中所起的作用具有导致错误的危险。诉诸观念的联想是规避意义变化的分散性的有效方式,也是仅仅运用各种因素、名称与意义的有效方式。就隐喻而言,相似

---

① 参见"第五研究"第 3 节。

性的作用尤其被保存在各种因素的层次，但它无法显示这样一种观念：相似性本身源于把一种不适当的反常谓词应用于某个主词，而这个主词，用我们以后要加以评论的古德曼的话说，"一边抵制一边在退让"。①

争论并不限于提出以述谓活动来代替联想的另一种表达方式。以我之见，至少在两点上，语义学与联想心理学的联姻具有有害的结果。

首先，我认为，对修辞格的心理学化的解释导致了隐喻与换喻之间的错误对称，这种对称在联想主义的"狭义修辞学"中占支配地位。这种对称是完全骗人的。只有换喻才能被纯粹看作一种命名现象：以一个名称来代替另一个名称。在这种意义上说，只有它才能满足一种替代理论，因为只有它才被包含在命名的范围内。就通过相似性而进行联想而不是通过邻近性而进行联想而言，隐喻与换喻并没有差别。但由于这样一个事实隐喻不同于换喻：它在两个领域，即述谓领域与命名领域发挥作用。它之所以在第二个领域发挥作用，仅仅是因为它在第一个领域发挥作用。英国作者们完全了解这一点。语词之所以改变意义，仅仅是因为话语面临狭义述谓层次上的不一贯性的威胁并且只有以语词语义学范围内的语义更新为代价才能恢复它的可理解性。换喻理论丝毫不求助于话语与语词之间的这种互换。正因如此，隐喻在话语中起着换喻无法比拟的作用。它们的大量差别运用了比两种联想的简单差别更为复杂的因素。隐喻优于换喻并不是因为邻近性是比相似性更为贫乏的关系或者说是因为换喻关系是在现实上给予的外在关系，隐喻的等值性则是由想象创造的，而是因为隐喻的等值性的产生运用了换喻所忽略的述谓活动。②

对修辞格的心理学化解释具有比较严重的缺点——阻碍对修辞格的构成过程中语词与句子之间的交换的充分认识。联想场的作用

---

① 参见"第七研究"第 3 节。

② 埃斯诺指出，隐喻似乎遵循事物的顺序："它尊重自然现象的进程，尊重其恒常秩序。"转引自厄尔曼：《法语语义学纲要》，第 285 页。

使我们能将隐喻与换喻保持在命名的范围并因此在依赖邻近性联想或相似性联想的心理机制时强化了替代理论,而这里的相似性要么在名称与名称之间起作用,要么在意义与意义之间起作用,要么同时在两者之间起作用。但是,如果我们像布莱克那样在联想中看到外来的谓词应用于主词的一个方面,而这个主词本身由此被重新揭示出来,那么,观念的联想就需要完整的表达框架。

一旦这种障碍被排除,那么,为了说明隐喻而揭示语词与句子之间的相同交换机制(我们已看到这种交换机制在多义性中发挥作用)就会重新成为可能。最后,分别根据陈述和语词来表述这种机制也是可能的。这两种分析不仅是互补的,而且是互逆的。正如隐喻陈述的"焦点"是发生意义变化的语词一样,词义变化的"框架"是处于意义紧张状态的完整表述。

在我们的"第三研究"与"第四研究"的汇合处,我们可以进行这样的描述:隐喻源于述谓活动与命名活动之间的冲突。它在语言中的地位处于语词与句子之间。

第五研究
隐喻与新修辞学
——献给格雷马

本研究致力于考察新修辞学著作。这些著作的共同愿望是,通过将分类的种类建立于操作形式在所有语言表达层次上发挥作用的基础上,更新古典修辞学的基本分类计划,在这一点上,新修辞学有赖于将结构的完整性发挥得淋漓尽致的语义学。

这一时期十分短暂,加之,那些著作刚刚出版,在将 μ 小组(列日大学诗学研究中心)①发表的《普通修辞学》作为最终标志时,我们与其说关注这些论点的历史连续性还不如说关注它们的重要理论表述。这并不是因为我们沿着这条思路所考察的所有局部分析不折不扣地汇集在这里,而是因为引起具体分析的所有问题已被纳入《普通修辞学》所进行的综合中。

上一篇论文所阐述的语词语义学为本研究的充分展开提供了背景。从这种语义学中它继承了我们在上一篇论文的开头就阐述的两个基本假设:隐喻属于语词语义学;语词语义学则包含在符号学中,对符号学而言,所有语言单元都是符号的变种,也就是说,是否定的、不同的、相对的实体,它们与其他的对等单元的关系内在于语言本身。

但是,新修辞学所依据的结构语义学并不是上面所阐述的语义学

---

① μ 小组:杜布瓦、埃德利纳、克林肯伯格、曼格、皮尔、特里农(列日大学诗学研究中心),《普通修辞学》,巴黎,拉鲁斯出版社,1970 年版。我们还必须补上勒格恩的《隐喻与换喻的语义学》,拉鲁斯出版社,1973 年版,它也描述了法语研究的最新情况,然而,我们在本研究中只是零散地参考这本著作,因为它与我们只在"第六研究"中加以讨论的雅科布松的观点有着密切的联系,因为它让"联想的意象"发挥作用,只有在下一篇论文中我们才能对这种作用做出评价。

的简单发展,它源于革命中的革命,这种革命给索绪尔主义的一些假设赋予了某种晶体般的明澈性。首先,对符号的定义脱离了它的心理学的粗糙外观(听觉印象、精神内涵)和社会学的粗糙外观(铭刻在每个人的记忆中的语言的社会宝藏);能指与所指的关系被视为自我生成的关系。此外,所有的结果源于索绪尔对形式和内容(不管是能指的声音内容还是所指的心理—社会的内容)的区分:我们以后要加以界定的操作活动在语言的所有层次上发挥作用。被索绪尔看作附属学科的音位学提供了有关对立、分离和联结的最单纯模型,这些对立、分离和联结使得语言学从描述和分类的阶段过渡到了说明的阶段。尤为重要的是,对所指的分析被推上了确保所指与能指这两个层次相互平行的道路。正如自特鲁贝茨科依以来对能指的分析本质上是通过将它分解为本身不再属于语言层次的不同符号而取得进展一样,在普里托①和格雷马②那里对所指的分析超出了不同的词汇种类,超出了词语的语义内核而一直过渡到义素的层次,而义素之于所指(上一章所说的词汇单元)就好比这些不同符号之于音素。这样,通过语言学步骤,结构语义学的策略就由语词层次过渡到了义素层次,因为无论是在信息的发出者那里还是在信息的接收者那里,说话者的意识并不伴随着作为义素集合的词语的构成。同时,不仅能界定义素层次的各种实体是可能的,而且能界定纯粹的义素层次的活动也是可能的——这里主要是界定各种二元对立,由于这些对立,我们才能将义素的集合描述成具有分离性的等级系统,正是这个系统为语言在狭义语言学层次(在谈话者表达、表示和交流的层次)提供的所有索引赋予了"树"状结构或"图形"样结构。

在前一篇论文中,我们并未考虑特里尔的"语义场"理论,而这种理论之于义素分析就好比对表现型的描述之于生物有机体学说中对基因型的重构。同样,我们在此也不考虑狭义语义学在将严格的结构

---

① 普里托和米勒尔:《统计学与语言学分析》,斯特拉斯堡文学院与人文科学院,1966年。

② 格雷马:《结构语义学——方法研究》,巴黎,拉鲁斯出版社,1966年版。《论意义——符号学论文》,巴黎,瑟伊出版社,1970年版。

主义方法用于义素分析时获得的结果。为了阐述这些著作,我们仅仅讨论格雷马的《结构语义学》。我们主要致力于在纯粹的结构语义学的基础上尝试着重新界定修辞学领域。正如我们在前一篇论文的引言中表明的那样,我们不要指望新修辞学会排除隐喻方面的疑难,这种疑难堪与盎格鲁—撒克逊的作者们在这一领域所处理的疑难相比。符号学模型的彻底化毋宁会加强语词的特权,会缩小隐喻与语词之间的差距并且巩固隐喻—替代理论。此外,在改变策略层次时,结构语义学使我们不太容易发现语词符号学与语句语义学之间可能的连接点,同时,也不太容易发现命名活动与述谓活动之间的交汇点。这个交汇点也是隐喻语词在隐喻陈述中找到的下锚点。

正因为如此,新修辞学乍一看不过是古典修辞学的重复,至少是有关比喻的修辞学的重复,只不过更讲技巧而已。

但是,这只是表面现象。新修辞学远远不能归结为以更形式化的术语对比喻理论的重新表述。它毋宁试图恢复修辞格理论的全部规模。我们已多次暗示,现代人反对"狭义修辞学"[1],更确切些说反对将修辞学归结为比喻学并为了隐喻的最大光荣,为了达到比喻学大厦的顶点而最终将比喻学归结为换喻和隐喻。丰塔尼埃已经怀抱将比喻理论纳入修辞格理论的勃勃雄心。但是,由于缺乏适当的工具,他只好满足于根据比喻的修辞学来重构关于修辞格的全部修辞学的领域,并把所有其他的修辞格称为"非比喻的修辞格"。因此,比喻仍然是强的概念,形象化表达则是弱的概念。新修辞学明确提出把比喻概念建立在形象化表达概念的基础上,而不是相反,并直接建立一种象征的修辞学。因此比喻仍可能是它在古代修辞学中的那种样子,也就是说是单词层次上的替代的象征。它至少被更一般的概念即偏离概念所环绕。

我们发现这一概念已出现在亚里士多德的《修辞学》中,在那里,除了语词的其他用法——罕见词、缩合词、扩充词,等等——之外,隐喻被定义为对语词的"日常"意义标准的偏离。在给丰塔尼埃的《话语

---

① 热内特:《狭义修辞学》,载《交流》第 16 期,巴黎,瑟伊出版社,1970 年版。

的形象化表达》撰写的"导言"中,热内特不无担心地表示,偏离是象征的确切特点。[①]

但是,当代的风格学为更一般的偏离概念开辟了道路。科恩在《诗歌语言的结构》[②]中使人想起这一点:"偏离事实上是布律诺对风格的定义,瓦莱里则恢复了这一定义……(风格)是对某种规范的偏离,因而,是一种缺陷。但布律诺说,这是一种有意制造的缺陷。"(前引书,第13页)

新修辞学的全部努力就是将偏离概念与其他操作活动结合在一起。关于这类操作活动,结构语义学指出,它们在所有语言表达层面——在音素、单词、句子、话语等等层面上起作用。语词层面上的偏离,即比喻,似乎是偏离的总体格局中某种程度的局部偏离。正因如此,一方面,我们可以在新修辞学中发现古典修辞学在隐喻的描述方面不太有启发意义的重复——它仍是过去那个样子,即,语词层面上的意义的替代;另一方面,我们可以在新修辞学中发现一种非常明确的解释,这种解释源于将比喻纳入一般的偏离理论。在重提由具体的隐喻理论的单纯重复方面所提出的问题之前,值得努力充分展开一般修辞格理论的这些新方面。

我们以下述方式来安排一般修辞格理论所提出的问题:

1. 首先,与什么东西发生偏离呢? 我们可以感知、评估甚至测量与其距离的修辞学零度在哪里? 古典修辞学还会因为给我们留下了这个没有回答的预备性问题(除了其他致命的缺点之外)而走向死亡吗?

2. 偏离是什么意思呢? 形象化表达的有形隐喻与偏离的空间隐喻可以相互说明吗? 它们加在一起又意味着什么呢?

3. 如果偏离与形象化表达意味着某种共同的东西,那么,我们谈论偏离和形象化表达时使用的元语言的规则是什么呢? 换言之,在修

---

① 热内特:《形象化表达的修辞学》(丰塔尼埃:《话语的形象化表达》的"导言"),巴黎,弗拉马里翁出版社,1968年版。参见"第二研究",第69-70页。

② 科恩:《诗歌语言的结构》,弗拉马里翁出版社,1966年版。

辞学话语中偏离与形象化表达的标准是什么呢？第三个问题会产生一种新因素——减少偏离这一因素，它并不限于说明偏离概念，而是调整它直至把它颠倒过来。由此提出了这样的问题：在形象化表达中重要的东西是偏离还是偏离的减少呢？

4. 寻求标准导致一些谈话者没有意识到的功能问题的产生，因为我们会从此运用基础语言学单元，即义素。意义在话语层面的效果如何与对基础语言学层次的意义原子的影响联系起来呢？第四个问题使我们回到了我们最初的问题——将隐喻单词置入隐喻话语这个问题。

我们将与以后的研究对象相关的问题纳入研究视野。人们可能会问，为什么语言的用法要诉诸偏离游戏呢？是什么规定了形象化语言的修辞学意向呢？究竟是新信息的引入丰富话语的指称功能，还是应当使意义的明显剩余物反映话语的另一种非信息性和非指称性的功能呢？只有在比较明确地讨论话语的指称范围的"第七研究"中才能找到最后一个问题的答案。

1. 偏差与修辞学零度

　　第一个问题值得单独考虑。它严格地支配着对修辞学对象的界定。[①] 古典修辞学也许由于没有解决这个问题而走向衰亡。但新修辞学并未完成对这个问题的回答。所有人都一致认为，只有当我们能将形象化语言与其他非形象化语言对比时，形象化语言才会存在。在这一点上，盎格鲁-撒克逊的语义学家们同样达成了共识：隐喻语词，我们已经看到，只有与其他非隐喻语词对立和结合时才能起作用（布莱克）。[②] 字面解释的自我矛盾对隐喻解释的出现是必要的（比尔兹利）。[③] 没有从修辞学观点指出的其他语言是什么呢？首先要承认这种语言是无法找到的。迪马尔塞将它与语源学意义等同起来，但所有派生意义，即所有实际用法都是转义。修辞学被与语义学混为一谈，或正如有人所说，与语法混为一谈。[④] 换言之，对非形象化语词的语源学定义，因而包括对这种语词的历时性定义，往往把形象化表达与多义性本身等同起来。正因如此，丰塔尼埃在给本义赋予惯用法的价值而不是赋予起源价值时将转义与本义对立起来，而不再把它与原始义对立起来。但在实际使用时转义与本义相对立。意义的各个部分之间有一道分界线。修辞学不适用于"日常的普通的说话方式"，也就是

---

① 托多罗夫：《文学与意义》，附录："比喻与象征"，巴黎，拉鲁斯出版社，1967 年版。

② 参见"第三研究"，第 114－115 页。

③ 同上书，第 122－135 页。

④ 将两种定义进行比较就够了：修辞学是"有关在同一门语言中使用同一个词的不同意义的知识"，见《比喻与象征》，第 5 页，转引自托多罗夫：前引书，第 94 页；另一方面，"让人明白语词的真正含义以及在什么意义上将这些语词用于话语是语法的动力"，见《比喻与象征》，第 22 页。

说,不适用于这样的说话方式:这种方式在强制地必然地运用惯用法时只能用一个词而不能用其他词来表示。修辞学只关注非本义的东西,也就是说,只关注借用的灵活的语境意义。不幸的是,在语词的实际用法之内不能划定这种界线:中性的语言并不存在。对一些标准的考察可以立刻证明这一点。

我们必须仅限于记住这次失败并用修辞学本身来掩盖这一问题吗? 我们应当信任新修辞学,因为它拒绝在这个问题面前让步,在某种程度上讲,这个问题守护着修辞学的大门。

我们已经提出三种并不相互排斥的答案:人们会像热内特①一样认为,转义与非转义的对立乃是现实的语言与潜在的语言的对立,两者的相互参照以说话者或听话者的意义为据。这种解释因此将具有修辞学零度的语言的潜在性与人的精神状态联系起来;诗人想到的东西与他写下的东西之间存在差距,意义与文字之间存在差距。不幸的是,作者(热内特)将这种潜在意义的发现与所有形象化表达均可以翻译的观念等同起来,因而与替代理论等同起来。诗人想到的东西始终可以通过将形象化表达翻译为非形象化表达的另一种思想来重新确认。我们不妨指出,求助于不出现的词项完全取决于隐喻的替代性观念,并且一般取决于形象化表达,因而与“所有形象化表达都可翻译”(同上书,第 213 页)这种观点有着密切的联系。现实的语词被认作未出现的语词,但通过翻译可以恢复。②

① 热内特:《修辞格》,载《修辞格》,第 1 卷,巴黎,瑟伊出版社,1966 年版,第 205－221 页。
② 这是热内特的评论,他集中了这里提到的所有特点、间断以及对间断的意识,未表明的语言的潜在性,形象化表达原则的可译性。“修辞学的精神完全体现在对现实语言(诗人的语言)与潜在语言(使用简单的普通表达式的语言)之间的间断性的这种意识中。为了限定形象化表达的空间,我们只需通过思想来重新确定这种潜在语言。”(前引书,第 207 页)热内特又说:“在我能将这个单词或这个句子的形式与另一个单词或另一个句子的形式(这个句子本可以取代它们并且人们也会认为它们会取代另一个句子)进行比较的地方修辞学事实就开始出现。”热内特还说:“所有形象化表达都是可译的,并且就像言外之意或隐迹纸本那样在明显的文本之下包含明显可见的译文。修辞学与语言的这种双重特性联系在一起。”(第 211 页)正是在这种意义上,热内特采纳了帕斯卡的格言并把它作为《修辞格》第 1 卷的题记:“形象化表达集显隐于一身。”由此可见丰塔尼埃对词的误用(它的用法是强制性的)与形象化表达(它的组合是自由的)之间的对立的辩护。

这种将偏差意识与可译性联系起来的方式事实上包含对我们如果不想拯救至少想描述的那种东西的谴责。诗歌语言的不可译性不仅是浪漫主义的要求,而且是诗歌的本质特征。我们的确可以拯救这种观点,其前提是,我们像热内特本人一样认为,就意义而言,形象化表达是可译的;而就意思而言,即,就其包含的增加部分而言,形象化表达又是不可译的。此外,我们可以将对形象化表达的这种增加部分的研究交给另一种关于涵义的理论,而不是交给指称理论。以后,我们将重新讨论这个问题。在这里造成困难的是"所有形象化表达均可译"这样一种观念。关于现实符号和潜在符号或隐而未现的符号之间的差距的观念与这种观念是不可分割的。我要追问的是,我们是否应当将关于偏差的假设与关于隐含的翻译的假设,即,与关于替代的假设分离开来;我们是否应当像比尔兹利一样[1]认为,与形象化表达形成对照的东西就是与整个句子的字面解释形成对照的东西,而字面解释的不可能性推动着隐喻意义的形成。这种不可能的潜在解释并不是用一个隐而未现的词来翻译现有的单词,而是给现有的词赋予意义的一种方式,这是一种自我毁灭的方式。因此,我认为,关于相互作用和隐喻话语的理论比取决于语词优先性的替代理论(如以"航行"取代"船")能更好地解决非转义的地位问题。形象化语言试图与纯粹潜在的非形象化语言相对立。这种观念之所以存在,是因为它从根本上讲是正确的。但这种潜在语言不能通过语词层次的翻译来恢复,而要通过句子层次的翻译来恢复。

科恩的方式是解决无法找到的修辞学零度的悖论的第二种方式。在下一节中我们将用较长的篇幅从"偏差的缩小"这一概念的观点出发展示他的工作。这种方式并不把绝对的零度,而是把相对的零度,即把语言的惯用法的零度作为基准。从修辞学的观点看,这种语言不太明显,因而不太具有形象性。这种语言的确存在,那就是科学的语

---

① 参见"第三研究",第 129 - 130 页。

言。① 这种起作用的假设的优点很多。首先，我们要考虑这样的事实，修辞学观点并非没有定型，它已有一种语法形式——前面的理论没有忽视的那种形式；并且它尤其具有一种语义学形式；前面的理论并没有将这种形式作为主题，而是以这种理论作为前提：因为潜在符号与实际符号之间存在差距，因而必定存在语义上的对等。或如前所述，当意思不同时意义仍然相同。因此，我们如果不能表明完全中性的语言（托多罗夫说这种语言是"没有色彩和死板的"语言），至少要表明我们最接近这种中性语言。这使得我们能选择科学的语言作为相对的"零度"。最后，采纳这种层面的参照物使我们能给"偏差"概念赋予一种量的价值并将统计学工具引入修辞学。我们不妨测量间距而不是将它隐喻化。我们要加以测量的不仅是所有诗歌语言与科学语言的间距，而且是各种诗歌语言之间的相对间距。对间距的发展过程的历时性研究，比如说，对从古典诗歌到浪漫诗歌再到象征主义诗歌的发展过程的历时性研究，可以由此避免印象主义和主观主义并获得科学的地位。②

理论上的困难也许还没有解决，但被淡化了。它们之所以没有解决，是因为科学散文的风格已经标志着一种间距："语言上的间距不是零，但它肯定最小。"（第 22 页）"自然语言"，即零间距的负极，在哪里呢（第 23 页）？这种最小的间距确定了什么呢？如何看待这种风格所特有的间距的频率呢？这里的困难因为下述论断而被淡化了：科学语言中间距并不是零而是趋近于零，因而这种语言提供了与"写作零度"（同上）最近似的东西。稍后，在考察内容即所指时，科恩从另一个侧面回到了风格的零度概念。绝对的散文就是不同于表达式的内容。

---

① 科恩：前引书，第 22 页。

② 通过一系列前后相继的近似的东西——（1）散文，（2）散文作品，（3）科学的散文作品——我们达到了相对的零度。（1）"我们想将诗歌比作散文，我们暂且把散文理解为惯用法，即在相同的语言学共同体从统计学上看使用频率最高的形式"（第 21 页）；（2）"同质性原则要求写出的诗歌可以比散文作品"（第 22 页）；（3）"在各种风格的散文作品中，选择什么作为规范呢？基于所有证据，我们必须转向不太关心审美目的的作者，即转向学者"（同上）。

不论是翻译为另一种语言还是翻译为同一种语言都能使我们确定两种信息在语义上的等同性,即信息的同一性。因此,可翻译性可以被看作两种语言的区分标准。绝对的散文乃是内容的本质,是确保目标语言信息与起始语言信息之间的等同性的意义。零度是由信息的同一性确定的意义(第 16 页)。困难被排除了吗? 如果我们认为绝对的翻译本身是理想的界限,这种困难就不能完全被排除。

在我看来,这种方法的优点是不可否认的。它的结果就是明证。但我认为衡量这种间距的尺度无法代替谈话者对间距的意识。它仅仅提供了这种意识的等值物。科恩仅仅要求用这种方法去"证实一种假设",①而这种假设是以"广大公众(我们称之为后继者)"(第 17 页)对诗歌事实的预先认同和确认为前提的。它是不能被代替的,因为在其他谈话者采用的另一种话语即科学的话语中比喻词出自诗歌陈述本身之外。同时,修辞学的意识随着两个系列的意义之间的内在张力的消失而消失。正因如此,我以为比较合理的做法是保留热内特的隐含在字里行间的潜在语言概念,其代价是做出某种改正,它排除了因赞同整个陈述的不一贯的字面解释而进行直译的观念。由于两种解释间的张力的原动力仍然内在于陈述本身,我们必须用热内特对翻译的看法去描述字面解释,即,形象化表达导致了"透明的可见性,这种可见性有如隐含在明显的文本之下的言外之意或寓意"。② 形象化表达理论不应该丢掉"语言的这种双重性"③这一宝贵概念。

因此,我认为,根据指称的内部词项,根据在两个解释层次之间的陈述中所发现的东西衡量诗歌语言与其他语言的偏差,仅仅提供了一种等价物。

---

① 科恩注意到,统计学是关于一般偏差的科学,风格学是关于语言偏差的科学,因此,他试图"将后者的成果应用于前者:诗歌的事实成了可以测度的事实并且表现为中等频度的偏差,这种偏差是相对于由诗歌语言所表现的文风而言的"(第 15 页)。因此,正是在科学—美学的计划中存在着此类事情。应将诗学建构成定量科学。"诗歌的风格会成为所有诗歌的中等程度的偏差。由此出发,衡量特定诗歌的'诗意性的比率'在理论上是可能的。"(同上)

② 热内特:《修辞格》,第 1 卷,第 211 页。

③ 同上。

在提出这种异议——他的最有趣贡献在于把偏差与偏差的缩小之间联系起来,我们是更加公平地对待科恩的工作。但这种联系内在于诗歌陈述并因此涉及在诗歌陈述内部对阅读的现实层次与潜在层次的比较。

考虑修辞学零度的另一种方式是把它看作元语言的结构,这种结构既不是热内特意义上的潜在结构,也不是科恩意义上的现实结构,而是被建构出来的结构。这就是《普通修辞学》的作者们采纳的方法。① 正如分解为越来越小的单元使能指的各种要素——在语言中没有独立的明确存在的不同符号得以显示出来一样,所指的分解使并不属于话语表达层次的各种实体(义素)得以显示出来。从两个方面看,最后的分解状态是基础语言学的状态:"意义单元,正如它们在话语中所表现出的那样,是从直接的最高层次开始的。"(第 30 页)因此,我们不必限于明显的词汇层次,而是将分析转向义素层次。热内特所说的潜能并不与谈话者的意识重新联系在一起,而是与语言学家的建构联系在一起:"零度并不像它给予我们那样包含在语言中。"(第 35 页)"零度是被归结为基本义素的话语。"(第 36 页)但由于后者并非不同的词类,这种还原乃是元语言学的一个步骤(同上)。这一步骤使我们能将形象化话语分为两个部分:未被改变的部分或"基础"与经受了修辞学偏差的部分(第 44 页)。后者把并非偶然的而是系统的关系连同它的零度一齐保留下来,这种关系使得我们可以将另一个部分与不变项辨别开来。基础具有意群结构,而这些不变项具有构成例词的结构:在那里既有零度,又有转义度。

我们以后再考察对《普通修辞学》的基本观点的讨论。在这里,我们仅仅指出,就零度的实际规定而言,这些问题与前面的解释中出现的问题相同。实际上,偏差本身属于话语的表达层次:"在修辞学的意义上,我们把偏差理解为零度的明显改变。"(第 41 页)如果偏差的缩小(§3)的确比偏差更重要,那么我们完全必须那么做。但正是它使得偏差成为"意味深长的改变"(第 39 页)。此外,在所有话语中,基本

---

① 《普通修辞学》,第 30—44 页。

义素被旁边的义素掩盖着，这些旁边的义素含有非本质的补充信息。这一点使得实际的零度——可以在话语中标明的零度——并不与义素分析最终认识到的绝对零度相一致，而义素分析确定了"它在语言之外的地位"（第37页）。诉诸主观的或然性——满足的期待等等——本身意味着回到表达的层次。它同样适用于格雷马的同位意义概念，[①]这一概念被视为话语的语义规范，这一概念实际上包含一种规则：我们要把每一种信息看作有意义的整体。

因此，对基础语言学层次的偏差问题的解决并不能代替在话语表达层次对偏差所做的描述。在这一层次，修辞学需要标明语言本身中的实际零度。与此相关，偏差是一种"明显的改变"；"我们无疑不可能确定非本质的义素要积累到何种程度，我们才开始感觉到偏差的存在"（第42页）。这些困难恰恰涉及语词的形象表达领域——义位转换法（métasémèmes），隐喻就属于这个领域。

此外，读者或听者只能揭示由某种标志（marque）所显示的偏差；它或多或少改变了多余信息的正常的标准，这种多余信息"构成了语言的所有使用者的内在知识"（第41页）。我们由此求助于前面解释的潜在性。根据基础和不变项对间隔和间隔的缩小的描述不可避免地回到这一点。这个基础据说是意群的特殊形式。至于不变项，它属于例词的特殊形式。但"意群是现实的，例词是潜在的"（第44页）。

---

① 格雷马：《结构语义学》，第69页及以下。

2. 形象化表达的空间

　　间隔表示什么呢？这个词本身就是一个正在消亡的隐喻，并且是一个空间隐喻。修辞学与隐喻的这种隐喻性勇敢地进行战斗，这种隐喻导致修辞学对字面义在话语中的地位因而对"文学"本身的地位作出了重大发现。

　　"epiphora"这个希腊词已使我们首次面对这样的困难①：名称转移以各种方式"进行空间化"：它是意义从（apo）……转移（epi）……；它属于（para）日常用法；这是一种替代（anti，取代）。此外，如果我们将意义转换的这些空间化价值与隐喻（如，它"浮现在眼前"②）的其他特点进行比较，如果我们把陈述"显示"话语③这种观点与它结合起来，我们就可以构造一个集束（un faisceau），这个集束唤起对形象化表达本身的一系列沉思。

　　丰塔尼埃对"形象化表达"这个词所作的评论十分接近构成这个集束："形象（figure）这个词一开始似乎仅仅用来描述形体，或同样用来描述有形体的人或动物并且是用来描述它们的轮廓。从最初的意义上讲，它表示什么呢？它是指人、动物或任何其他的可见物的轮廓、特征或外形。仅与心灵的理解相关的话语，不是严格意义上的外形。即便是通过感官将话语传达给心灵的语词也是如此。因此，严格地讲，话语没有形象。但是，从不同的指称方式和表达方式看，它与真正形体的不

---

① 见"第一研究"，第 13 - 21
② 同上，第 44 页。
③ 同上，第 40 页、第 48 - 49 页。

同外形和特点具有某些相似之处,具有与可以从真正的形体中发现的形式和特点的差别相似的东西。毫无疑问,按照这种类比,我们以隐喻来形容话语的形象化表达。但这种隐喻不能被视为真正的形象化表达,因为在语言中我们没有其他词语来表示相同的概念。"①

这里提出了两种空间观念,即准形体的外在性的观念和轮廓、特征与形式的观念。"外形"这个术语在表示与某种构图所掩饰的空间环境相似的东西时将这两种观念重新结合起来。如果形象被定义为"特点、形式或轮廓(第二种价值),那么,空间的这两种价值似乎同时被包含在其中……在表达观念、思想或情感时,话语通过特点、形式或轮廓或多或少脱离了(第一种价值)对它们进行的一般的简单表达"。②

在"有关风格的交叉学科讨论会"③上雅科布松所做的著名报告对语言的诗歌功能作出了解释。这一解释提供了这些短暂的评论与新修辞学家们较为重视的反思之间的中介。在列举交流的六种因素——说话者、信息、听话者、言说的语境、共同的信码、接触(身体的或精神的接触)——之后,雅科布松将对因素的列举与对功能的列举对应起来。这种或那种因素正是根据这些功能而起支配作用的。也正是在那时,他把诗歌的功能定义为为自身起见而重视信息的功能;他补充说:"这种功能突出了符号的可见方面,并由此加深了符号与对象的二元分裂。"(第 218 页)这里对上面提到的两种空间观念作了不折不扣的解释。一方面,出现在第一层次的轮廓概念、信息的结构概念与符号在诗歌信息中的明确功能联系在一起,也就是说,与这些符号的两种基本排列方式即选择和组合之间的十分特殊的相互交织联系在一起。④ 这样,在引入两种正交(orthogonal)轴心来取代索绪尔承认的言语之链的单纯线性特征时,我们能将诗歌功能描述为两种轴

---

① 丰塔尼埃:《话语的形象化表达》,第 63 页。
② 同上书,第 64 页。
③ 雅科布松:《结论性陈述:语言学与诗学》,载塞伯克:《语言的风格》,纽约,1960 年;法译文载《普通语言学论文》,第 2 章,第 209 页及以下。
④ 此外,雅科布松把这两种安排与相似性原则(在相似项之间的选择)与邻近性原则(系列的线性结构)联系起来。在探讨相似性的作用的"第六研究"中,我们将讨论雅科布松对隐喻过程的定义的特殊方面。

心的关系的某种改变。诗歌功能将属于选择轴心的等值原则投射到组合轴心上。换言之,在诗歌功能中,等值性上升到了整个系列的构造步骤的层次。因此,声音的同一种形象表达的反复出现韵律、对比和其他明显的步骤在某种程度上引入了语义学的相似性。

我们可以发现信息的准形体性在何种新意义上被解释为意义对声音的依附关系。这种观念首先与关于文本和意义之间的间距的观念相对立。但是,如果我们记住这种意义是潜在的,我们就可以说,在诗歌文本中声音与意义相互依附以便使形象按雅科布松描述的那种方式显露出来。

另一方面,间隔的空间性概念由于不再处于声音形式与语义内容之间,因而要到别处去寻求。它处于自我突出的信息与事物之间:雅科布松把它称为符号与对象的二元分裂。基于围绕上述分析的交流模式,这种观点被理解为功能之间的不同分类:"诗歌并不是用修辞学的装饰去补充话语,它包含对话语以及它的所有要素的全新估价。"(第248页)因强调信息而遭到损害的功能是指称功能。因为信息是以自身为中心的,诗歌功能战胜了指称功能。一旦信息开始独立地存在,而不受到把它带向它所表达的语境的目标的阻碍,散文本身就会产生这种效果(我喜欢 Ike)。在诗歌中,指称功能是否被取消,或者是否像雅科布松本人指出的那样"一分为二"[①]——对这个问题我以后再进行明确的讨论。这个问题本质上十分艰巨。它意味着对现实指称的东西进行严格的哲学规定。这可能是因为我们必须排除对日常现实的指称以便解放对现实的其他方面的另一种指称。这就是我将来的论题。指称功能的衰退的观念——至少像日常话语使用的那种观念一样——与最后一篇研究将要阐述的本体论观念是完全相容的。因此,我们可以把它保留下去以便我们对形象化表达的空间性进行反思。"把信息变成一种持存的东西。"(第239页)正是这种转变构成了形象化表达的隐喻性所暗示的准形体性。

新修辞学利用雅科布松所做的突破试图对形象化表达的可见性

---

① 参见"第八研究"第2节。

与空间性进行沉思。托多罗夫扩展了丰塔尼埃对形象化表达的隐喻的评论。他宣称形象化表达在使话语难以理解的同时也使话语显示出来:"使我们简单地认识到思想的话语是不可见的,甚至不存在。"①话语把自身表示为话语,而不会消失在它的中介功能中,并且使自身作为思想变得不可见和不存在:"形象化表达的存在等于话语的存在。"(第102页)

这一观点不会不碰到困难。首先,"透明的话语"——我们刚刚谈到的修辞学零度——从另一种观点看并非没有形式,因为他跟我们说它是使意义变得可见并且有助于让人听到(第102页)。因此,我们必定可以谈论没有形象的意义。但是,在并不喜欢描述话语—句子的特有功能的符号学中,意义概念仍然被悬置着。其次,话语的不透明性很快与它缺乏指称等同起来:他认为面对透明的话语,"存在着不透明的话语,它被'图形'和'形象'严密地掩盖着以致让人看不到它背后的任何东西;这是并不指称现实的自足的语言"(同上)。我们解决了指称问题,而没有提供一种关于话语—句子中意义与指称的关系的理论。完全可以设想,语词的不透明性包含着别的指称而不意味着无指称("第七研究")。

然而,这里有一种极有价值的思想:修辞学的功能是"使我们意识到话语的存在"(第103页)。

热内特根据隐喻的两种意义即间距化轮廓②,把形象化表达的空间隐喻推到了极致。因此,确有两种观念,即形象的轮廓以及符号与潜在意义之间的间距,这种间距构成了"语言的内在空间":"作家描绘这种空间的界限。"在此,它与形式的缺乏,至少与修辞学形式的缺乏,与潜在语言的缺乏相对立。根据这两种意义,空间性在古代的修辞学传统中是相对于潜在语言而被定义的,而潜在语言是修辞学的零度。

----

① 托多罗夫:《文学与意义》,第102页。

② 我们已在上一节引用了热内特的原文:"修辞学的精神完全体现在对现实语言(诗人的语言)与潜在语言(使用简单的普通表达式的语言)之间的间断性的这种意识中。为了限定形象化表达的空间,我们只需通过思想来重新确定这种潜在语言。"《修辞格》,第1卷,第207页。

("简单的普通表达式没有形式,形象化表达则有某种形式",第 209
页。)这样一来,他就能公正地对待雅科布松关于强调以自身为中心的
信息的观念。

按照这位认为所有隐喻场均可译的作者的观点,我们为何要停留
于空间隐喻而不是翻译这种隐喻呢? 从本质上讲,是为了让意义的剩
余物发挥作用,而意义的剩余物构成了隐喻的涵义,但这不属于指示
活动,即不属于形象化表达与其翻译共同具有的意义。因此,话语空
间的隐喻部分是可译的:它的翻译就是指称理论;本质上不可译的东
西是它表示情感意义的能力,是文学的崇高性。在将"船"称为"航行"
时,我怀有这样的动机:在提喻中,它是以一种事物的可感知部分来
表示这种事物;在隐喻中则是以一种相似性来表示这种事物。也就是
说,在这两种情况下它是以一种可以感知的迂回方式来表示事物:这
一动机是"形象化表达的灵魂"(第 219 页)。正是在这种意义上,热内
特将修辞学形式的"外表",将出场的能指与不出场的能指这两条界限
所限定的东西,与话语的简单线性形式(它属于"纯粹的语法形式")相
对比(第 210 页)。在第一种意义上,空间是一种真空;在第二种意义
上,空间是一种轮廓。

表明这种动机并因此"传达诗意"正是形象化表达的内在功能。
同时,我们重新发现了雅科布松的概念:以自身为中心的信息。间隔
所显示的超出词义的东西乃是内涵的意义。古代修辞学对它们作了
系统的阐述:一旦走出个人创造的活生生的言语并且进入传统的信
码,每种形象化表达的功能就仅仅是以特殊方式显露出包含形象化表
达的话语的诗意性(第 220 页)。今天,古老的"航船"在我们看来已经
成为一种形象化表达,"我们既可以把这种形象化表达理解为'这就是
船',也可以理解为'这,就是诗'"(同上)。

因此,形象化表达理论重新融入了认为文学是自我指称的整个思
想潮流;形象化表达的修辞学可以归结为具有文学内涵的信码,这套
信码与罗兰·巴尔特将"文学符号"①归入其下的那种信码结合在

---

① 《修辞格》,第 1 卷,第 220 页。

一起。

因此,关于话语的内在空间的隐喻应当被视为形象化表达:它表示文字与潜在意义之间的距离;它包含一整套文化规则,包含着在当代文学中给它的自我指称功能赋予特权的人的规则。由于这些不可翻译的涵义,热内特并不急于翻译关于语言空间的隐喻并且陶醉于这种隐喻。语言空间实际上就是内涵的空间:"它被包含、被显示而不是被指称,它在言说而不是被言说,它在隐喻中显露出来,就像无意识通过梦或口误显示出来一样。"①

将作者刚刚对"航行"一词的象征意义发表的看法用于这一声明并且惊呼"这就是现代性!"——这样做公正吗?热内特对话语的空间性的论述意味着经历柏格森对绵延的膨胀之后当代人对空间的偏爱("人们喜欢空间甚于喜欢时间",第107页)。因此,当作者写到"我们几乎可以说空间在说话"(第102页)时,他自己的论述与其说要根据外延来解释还不如说要根据内涵来解释:"今天的文学——思想——只能通过距离、视域、宇宙、乡村、场所、地区、道路和居所来表达。这是素朴而典型的形象表达,是突出的形象表达,在那里语言被空间化了,以便空间本身变成语言,被言说,被描写。"(第108页)作者在写出这一引入入胜的格言时表明他属于主张文学是自我指称的那个思想流派。

我自问,这种被适当指称而不仅仅通过对空间的沉思所隐含的东西是否完全令人满意。我所得到的是以自身为中心的话语的不透明性观念,是形象表达使话语变得可见的观念。我质疑的是人们从中得出的两个结论。我们首先提出,对指称功能的悬置,正像它在日常话语中所起的作用那样,意味着排除所有指称功能。这一任务属于进行自我指称的文学。在这里,对现实的意义的规定开始超出了语言学和修辞学的能力,并且属于严格的哲学范畴;肯定诗意话语及其结果,抹去日常指称仅仅是对指称进行艰巨探索的起点,而指称不能被迅速地排除。

---

① 热内特:"空间与语言",载《修辞格》,第1卷,第103页。

189

　　第二种保留涉及指称与内涵的区分。我们能说,形象语言仅限于诗意的东西即包含形象化表达的话语的特殊性质吗? 意义剩余仍是一般情形,尽管有这样的警告:"这就是诗。"如果我们想保留内涵概念,我们无论如何要根据每首诗歌的特性用比较特殊的方式去对待它。有人会回答说,这种一般性质被依次分为史诗性、抒情性、说教性、演说性,等等。这表明指称文学也就是指称由修辞学列举、分类并使之成为体系的各种不同性质,即形象化表达吗? 但是,这是表示种类、类型。热内特本人宣称:修辞学很少关心形象表达的原创性或新颖性,"形象表达是个人言说的性质,就此而言它并不涉及新颖性"(第220 页)。修辞学感兴趣的是系统化的形式,这些形式构成的系统使文学成了第二种语言。那么,那些诗歌的独特涵义表示什么呢? 当弗赖伊(Northrop Frye)断言诗歌的结构表达了某种"心境"、某种情感价值①时,他的看法比较有道理。但我将在"第七研究"中表明,这种"心境"远远不是主观的情绪,它是一种根植于现实的心境,是一种本体论的索引(index),指称物会与它一同出现,但在一种相对于日常语言的全新意义上出现。正因为如此,我们应当把指称—涵义的区分看成大有问题的区分并且要把它与狭义上的实证主义的前提联系起来,按照这一前提,具有科学风格的客观语言只有指称能力。脱离这种语言意味着什么都不能指称。这一前提本身乃是应该加以质疑的偏见。

　　由于这一过程不可能在此发生,我们仅限于指出,形象化表达的意义剩余物属于内涵这一论断是前面讨论过的下述论断的翻版:就意义而言,形象化表达是可译的,换言之,它不包括任何新信息。但这种观点显然是可以讨论的。我相信,我已与盎格鲁-撒克逊的作者们一道表明,它与隐喻的替代性观念是一致的,这种观念仅限于隐喻语词观念。但是,如果隐喻是一种陈述,这种陈述可能是不可翻译的,这不仅是就它的涵义而言,而且是就它的意义本身而言,因而也是就其指称而言。它给人以教导,并因此有助于开辟和发现不同于日常语言的现实领域。

---

① 弗赖伊:《对批评的剖析》,第80 页。

3. 偏差与偏差的缩小

形象化表达仅仅是偏差吗？带着这个问题我们进入了涉及狭义修辞学间距的标准系统。这个问题与第一节考察的关于修辞学零度的问题不可分割，偏离的存在是相对于这种修辞学零度而言的。我们不会为了集中解决另一个难点而回到这个难点：存在形象化语言的标准吗？托多罗夫指出，古人并未成功地给"转向不合逻辑的东西"[①]赋予某种意义，因为他们没有确定日常话语的逻辑性，也没有提出违反规则的理由，在那里，习惯用法限定了逻辑性的极不确定的范围。"频率"（第 101 页）的标准遇到了相同的悖论：形象化表达与惯用的谈话方式形成对照。但形象化表达并非总是罕见的。而且，最为罕见的话语恰恰是没有形象化表达的话语。古人和经典作家的看法比较有趣：形象化表达通过使话语以可辨认的形式出现使话语变得可以描述。我们在上面提到过这样一种观念：形象化表达是使话语变得可以感知的东西。现在我们要补充的是：形象化表达是使话语变得可以描述的东西。

但这位作者本人注意到，第三条标准——可描述性——仅仅是弱的标准。在此，形象化表达绝不与规则相对立，而是与我们不知如何描述的话语相对立。正因为如此，古典形象化表达理论的一个重要部分，就其与弱的标准相联系而言，恰恰预示着语言学及它的四个领域：声音—意义关系，句法学，语义学，符号—指称物（第 113 页）。我们在第 5 节再来讨论这个问题。

[①] 托多罗夫：《文学与意义》，第 99 页。

强的标准并不是由可描述性观念提供的,而是由违规观念提供的。但是,如果违规本身应该规范,那么,我们就应当通过缩小偏差来完善被理解为违规的"偏差"的观念,以便给"偏差"本身赋予某种形式,或用热内特的话说,划定由念头所开辟的空间。

我们认为,正是科恩果断地引入了缩小偏差的概念。他将隐喻与缩小偏差等同起来较有争议,但这不影响他的发现的实质。没有任何地方与相互作用理论的对比更清楚和更模糊的了。

我既不愿回到科恩对偏差的风格学定义,也不愿回到他对偏差的统计学处理(参见第 1 节),从偏差概念使他能在所指之内区分所指的内容即产生的信息与"意义的形式"(第 38 页,这是马拉梅的话)起,我将重新捡起他的工作。当瓦莱里把海洋称为"苍穹"、将船称为"鸽子"时,诗歌的事实便出现了。哪里违反了语言惯例,哪里就存在一种语言学偏差,我们可以像古代修辞学那样把它称为象征,并且仅仅为诗歌提供真正的对象(第 44 页)。

两种方法论的结论在这里交织在一起:第一个结论涉及层次与功能分布;第二个结论则涉及引入"偏差的缩小"这一概念,我们对此特别感兴趣。

通过第一个方法论结论,诗学理论家试图在古代修辞学陷入停滞状态时重新承担它的任务。在对修辞格进行分类之后,我们必须从中抽出共同结构。古代修辞学仅仅表明每种修辞格所特有的诗歌因子(opérateur):"结构诗学处于形式化的顶点。它寻求形式的形式。寻求一般诗歌因子,它的所有修辞格仅仅是就特殊的潜在实现而言的,它们要根据使因子得以现实化的语言学层次和功能来说明。"(第 50页)对修辞格的分析——对第二个论题即偏差的缩小论题所进行的抽象——首先是根据层次,即语音层次和语义层次而进行的;其次是根据功能而进行的,因此,韵脚和格律是两种不同的语音因子,一个与朗诵功能相关,另一个与对比功能相关。在语义层次上,述谓、限定、并列这三种功能的辨析使我们能区分述谓因子即隐喻、限定因子即定语,并列因子即不一贯性。这样,隐喻一方面与韵脚相对,就像语义因子与语音因子相对一样,另一方面与语义因子中的定语相对。这样,诗学思想就从简单的分类上升为操作理论。

正是在这里两种方法论结论交织在一起。偏差概念,就像至今定义的那样,即对语言惯例的全面违反,事实上只是另一个过程的反面:"诗歌摧毁日常语言仅仅是为了把它重新建立在最高层次上。在象征所做的拆构之后是另一个层次的重构。"(第51页)

在将方法的两种规则结合起来时,可以形成一种并非比喻理论的简单扩展的修辞格理论。因此,在深层结构上,韵文是像其他修辞格一样的修辞格。但是,我们在那里既能发现偏差现象又能发现偏差的缩小现象吗? 我们可以非常明显地看到偏差现象,在韵律方面,这种现象首先表现为语言切分成分(诗节的停顿)与语义切分成分(句子的停顿)之间的对比。没有语义价值的格律的停顿构成了语言—语义这一平行的断裂。韵律可以同时提供某种类似于以偏差缩小现象的东西减轻格律与句法的相互冲突吗? 科恩的定量分析仅仅表明,从古典诗歌到浪漫主义诗歌再到象征主义诗歌,"韵律不断增加格律与句法之间的不一致性,它不断朝不合语法性的方向发展"(第69页)。这位作者断言,韵文是反语句的。但我们尚未发现偏差的缩小究竟在哪里。对韵脚的比较研究表明了偏差增加的相同现象,这一现象要通过不属于某一类型的韵律出现的频率来衡量(第85页)。这一点同样适用于格律,也适用于它在能指层次的相同韵律(和相同节奏)与不存在于诗歌中的相同语义之间制造的差异(第93页):"语言与意义之间的平行由此被打破了,并且正是在这种断裂中,韵文履行了它的真正功能。"(同上)

因此,偏差的确仅仅发生在语言层次,但没有出现偏差缩小的情形。我们必须断定对相应的部分只能通过省略("我们在本文中仅仅考察了一种机械论的第一阶段,这种机械论在我们看来包含两个阶段",第51页)来处理,抑或断定偏差的缩小首先是一种语义学现象吗? 在以后对语义的适当性与不适当性现象的讨论中,第二个论断尤其会引起人们的兴趣。[①]

[①]　韵律仅仅旨在"削弱信息的结构"(第96页),旨在"打乱信息"(第99页)。(转下页)

但作者本人注意到,理解的阻力能防止声音的形象化表达完全破坏信息。这是出现在诗中的散文风格:"事实上,矛盾构成了韵文。因为韵文并不完全是韵文,它也是它的反面。如果它完全是韵文,它就不会有意义。因为它指称,它仍然是线性的。诗歌的信息既是韵文又是散文。"(第 101 页)因此,在断定正是语义本身缩小了语音偏差亦即在语义层次上缩小了狭义上的语义偏差时,我并没有歪曲作者的思想。缩小偏差的现象从本质上讲要到语义层次上去寻求。

关于话语的语义层次所特有的偏差(以及缩小偏差)的观念取决于对支配它们之间的所指关系的适当规则进行说明。诗歌信息恰恰违反了这种规则。句法上正确的句子可能是荒谬的,也就是说,由于使用谓词不恰当从意义上看是不正确的。存在这样一种法则,它要求在所有具有谓词的句子中,谓词应当适应主词,也就是说应当在语义上能发挥它的功能。当柏拉图在《智者篇》中指出"属的沟通"取决于对完全不相适应的属与部分相互适应的属之间的区分时,[①]他已经提到了这条法则。这条法则比乔姆斯基至少在对他 1967 年以后提出的理论进行狭义的语义学发挥以前所确定的"合语法性"的一般条件更有限制性。[②]按科恩的看法,语义适当性的法则表示共同的认可。如果把句子看作可理解的,它们之间的所指就应当满足这些认可。从这种意义上讲,语义适当性的规则严格说来也是"言语规则"(第 109 页)。

因此,可以把马拉梅的表达式"天空是死的"描述为明显的谓词不当,因为谓词"是死的"仅仅适用于属于生物范畴的个体。

但是在这样说时,我们并未谈到隐喻,而在隐喻中我们将会看到

(接上页)"韵律的历史,两个世纪以来,向我们表明了非分化现象的不断增长。"(第 101 页)

① 柏拉图:《智者篇》,251d,253c。

② 乔姆斯基:《句法理论面面观》,剑桥,麻省理工学院出版社,1965 年版。法译本,巴黎,瑟伊出版社,1971 年版。生成语义学逐步摆脱了乔姆斯基的这本著作所阐述的转换生成语法的影响。关于生成语法,可参见 F·杜布瓦-夏利埃与 M·加尔米什:《生成语义学》,《语言》,第 27 卷,1972 年 9 月,巴黎,迪迪埃-拉鲁斯出版社。

诗歌语言的基本特征。这是因为隐喻并不是偏差本身，而是偏差的缩小。只有当我们从字面意义上去理解语词时才会存在偏差。隐喻的确是一种比喻，即词义的转变，但词义的转变是话语对语义的不适当性所代表的毁灭或威胁的回应。这种回应包括产生另一种偏差，即词法本身中的偏差。"隐喻的出现是为了缩小不适当性所造成的偏差。两种偏差是互补的，但这恰恰是因为它们并不处在相同的语言学层次上。这种不适当性就是对言语规则的违反，它处在意群学层次。隐喻是对语言规则的违反，它处在词例学层次。存在言语对语言的支配，语言为了给言语赋予意义而同意改变自身。整个步骤由两个相辅相成的阶段组成：第一阶段是偏差的确定，即不适当性；第二阶段是偏差的缩小，即隐喻。"（第 114）

这种关于平衡作用的观念在运用两个层次即言语层次和语言层次时，被用于述谓、限定和并列这三个邻近的领域。功能分析则在相同的语义层次上把它们区分开来。述谓与限定的确相互重叠，因为为了分析的方便我们对以性质的名义将某种特征归于主词的过程进行研究（第 119 页），这一过程以修饰语的形式出现。对第一种功能进行研究的主要部分就是探讨不适当的修饰语（"使皮肤皱紧的晨风"，"他爬上了高低不平的楼梯"）。

按照第二种功能——限定——修饰语具有明显的量化和定位意义，它们使得修饰语仅仅适用于主词的部分外延。修饰语的修辞用法（因而包括不适当的用法）将会成为违反这种限定规则的用法。"死的苍白"就是多余的修饰语。乍一看，这种多余的修饰语是不适当性的反面（如维尼的"翡翠绿的绿"，马拉梅的"蔚蓝色的天空"）。如果限定词并不具有明显述谓的功能就会出现这种情况。相反，如果两种修辞格不同，那么，它们每一方均有自己的偏差类型并且从广泛的意义上讲具有不适当性。多余的限定词违反了这一规则，会导致荒谬的结果，因为它使部分等同于整体。偏差的缩小在哪里呢？它表现在语法功能的改变（附加的限定语变成了对立面，它因为具有述谓功能而丧失了限定功能）；比喻是合乎语法的。但偏差的缩小也在于词义的变化。如果"蓝色由于隐喻而获得了某种不同于原有意义的意义"(第155页),"l'azur bleu"[①]的同语反复就会消失。这一点最终要用不恰当的限定语来说明。[②]

并列功能使分析从句子外部过渡到句子在话语中的前后联系。它属于语义层次,因为使它系统化的限定词来自"结合"概念在语义上的同质性。东拉西扯的话,就像间断或不一贯的风格一样,在违背话题统一性的要求时反映了语义适当性的规则,这种规则支配着第一种功能,即述谓功能。我们可能把偏差视为前后不一贯。如,在著名的散文《沉睡的Booz》[③]中,自然突如其来地侵入了人类的戏剧("丛丛阿福花,散发出缕缕清香/晚风习习,轻拂伽拉伽拉"),物质的东西与精神的东西融合为一("这里有水果、鲜花、青枝绿叶/这里有我的心儿为你跳动")(维莱纳:前引书,第117页)。因此,因一些词语不属于相同的话语领域而产生的偏差的缩小在于同质性的发现。这里采用的方法与述谓活动中的方法是相同的。

因此,在述谓、限定和并列这三个领域中同一过程分两个阶段起支配作用。每当"形象化表达成为意群和例词之间、话语与体系之间的冲突时……诗歌话语就将体系置于自己的对立面,并且在这种冲突中体系作了让步并且同意改变自己"(第134页)。[④]

后面的关键性评论旨在将科恩的分析与"第三研究"中阐述的相互作用理论进行对比。这种比较首先揭示一种收敛性,继而揭示一种发散性,最后揭示一种并列的可能性。

我首先谈谈收敛:

---

① 这两个词均有"蓝色的"意思,后引申为"蔚蓝色的天空"。——译者

② 我暂不考虑缺乏限定词的情形(在上下文中没有限定词的人称代词、专有名词、指示词、时间与地点副词、动词的时态,见第155-163页),这种情形提出了另一种问题,即缺乏语境的指称情形。我将另一类解释引入了狭义的指称层次。正因如此,这一分析恰恰不能放在论"限定"的那一章中。我并不通过限定外延来确定联词的意义;"我"没有外延。此外,这些联词并不能作为限定语。

③ 雨果的作品。——译者

④ 科恩解释说:"如果我们把讽刺推广到历时性层次,我们就会得到'习惯的隐喻';如果我们在同时性层次来把握它,就会得到'创造的隐喻'。我们在这里要研究的唯一的东西,即习惯的隐喻,本质上不是偏差。"见《诗歌语言的结构》.第114页,注释1。

对隐喻的结构性考察并不接近相互作用理论。首先,隐喻的严格的语义学条件被完全看作述谓层次的现象。就此而言,科恩的语义学的不适当性概念与比尔兹利的自我矛盾的陈述概念完全吻合。科恩的分析将语义的适当性的规则与合语法性和逻辑一贯性的规则区分开来,从而优于比尔兹利将荒谬与矛盾区分开来的那种分析。

此外,这种理论直接涉及具有创意的隐喻,因为惯用法的隐喻并非诗歌的偏差。①

最后,把握定位和缩小偏差这一双重过程的普遍性的理论恢复了亚里士多德提出的转移问题的广泛性。既然如此,人们完全有理由就作者使用的术语进行争论:我们必须保留"隐喻"这个词,以便用它来表示意义的转变(在那里,关系乃是相似性)或给它赋予意义的转变的一般意义吗?这种争论无关紧要。科恩与亚里士多德一脉相承。

尽管科恩的理论在这一主题上具有其他法语论著无可比拟的优点,但相对于盎格鲁-撒克逊人的理论而言它有很大的缺陷。如前所述,属于意群学层次的唯一现象就是不适当性,即对语言惯例的违反;狭义上的隐喻不属于意群学层次。作为违反语言惯例的现象,它处在词例学层次。从侧面看,我们仍然处于单词比喻的传统之内并且受到替代理论的支配。我觉得,这一理论具有严重的遗漏,即对狭义意群学的新的适当性的遗漏,词例学偏差仅仅是它的反面。科恩写道:"诗人为了改变语言而运用信息。"(第115页)他难道不应当说"诗人为了运用信息而改变语言"吗?当他补充说"如果诗歌违反语言的规则,那是因为语言在改变自身时又重新建立了这种规则"时,他不准备这样做吗?但是有一点并不正确:"所有诗歌的目的"就是要"确定语言的转变,我们将会发现这种转变也是心态的转变"(同上)。诗歌的目的毋宁是通过语言的转变来确定一种新的适当性。

相互作用理论的力量在于,在相同的层次上即述谓层次上,保持

---

① 在将所有修辞格都称为隐喻(包括韵律或它的反面)时,科恩也许稍稍扩大了"属"的范围。但为了讨论韵律—隐喻,我们有必要指出格律层次上的偏差缩小现象;我们尚未这么做,也许没有能力这么做。实际上,所有偏差缩小现象最终似乎都是语义学现象。

这一过程的两个阶段,即定位和缩小偏差。诗人通过改变用词规则使得包括隐喻词在内的整个陈述"有意义"。隐喻本身属于谓词的应用。科恩的理论摆脱了这样的概念,以便仅仅运用两种偏差。通过使用概念的这种经济原则,它成功地使隐喻用于语词的故乡并受到替代理论的监督。由此避免了因确立新的适当性而提出的问题。

然而,我觉得,科恩的分析需要这个缺乏的术语:关于偏差的观点,揭示了不适当的修饰语(科恩有理由使述谓本身获得"修饰语的形式",第119页),也就是说,以逻辑主词的适当性的形式而出现的归属性不再给严格意义上的修饰语赋予某种明显的限定功能(第137页)。他难道不应当将作为修饰语的新的搭配与词例学的偏差即词汇的偏差进行比较,从而谈论在隐喻上适当的修饰语吗?

的确,科恩本人指出,诗歌创造了"一种建立在古人的废墟基础上的新的语言学范畴,新的意义正是通过它才得以确立"(第134页)。但是,我们将会发现,这位作者就像热内特和其他人一样,并未从客观信息中,而是从具有主观性的情感意义中找到这种范畴。我们难道不能假设,由于没有对述谓层次的新的适当性进行反思,这位作者将词例学的偏差观念与不包括所指内容的新型意义观念结合起来?

正是通过这种方式,这位作者碰到了对这种偏差的狭义语义学考察(第三种语义学层次)以便立即将它排除:他说,"在异质的词项之间必须找到同质性"(第178页)。我们会考虑这种新的适当性吗?不会。我们已将这种情形与述谓的偏差情形进行比较。此外,我们限于引用使我们完全走出语义学领域的"情感相似性":有人断言,"情绪的统一性是概念的不连贯性的反面"(第179页)。

然而,我们已多次发现缺乏的词项:这位作者坚持认为,诗歌就像所有话语一样,对它的读者来说应当是可以理解的。像散文一样,诗歌是作者提供给读者的一种话语。在出现偏差的层次难道不会产生偏差的缩小?"诗化是一个包含同时性的、相互关联的两面的过程:偏差和偏差的缩小,拆毁与重构。由于诗歌是以诗意的方式发挥作用,在读者的意识中,意义必须在丧失的同时得以恢复。"(第182页)

然而,我们必须让其他学科如"心理学或现象学",去决定从无意义中得出意义的这种"转变"(同上)的本质吗?

在让位于谓词的适当性与不适当性之后,科恩的理论将其他结构理论重新结合起来,这些理论只运用符号或符号的集合并且忽视了语义学的中心问题:将意义构成不可分的句子的性质。

对隐喻的狭义述谓因素的这种省略并非无关紧要。由于这种理论仅仅以词语的转变为主题,对诗歌语言的功能的这种研究丧失了它的重要手段,即在语义的不适当性得以显示的层次上的意义转变。我们重新回到内涵理论并且由此回到关于诗歌的情绪主义理论,这一点也不奇怪。只有承认由词汇的改变带来的新的语义的适当性才能导致我们去研究与意义更新相联系的新的指称意义,并为考察隐喻陈述的启迪价值开辟道路。

但我不想停留于这种批评性的注解。补充我称之为新的适当性的述谓因素使我们能同时指出要在什么层次上理解意义并使词例学的偏差理论具有有效性。如果有人由此断定要抛弃词例学偏差的概念,他显然误解了我的批评。

相反,如果有人将它与这一理论所缺乏的词项联系起来,与新的适当性联系起来,它就会获得它的全部价值。科恩的目的实际上是要表明意群学层次与词例学层次是如何相互补充,而远远不是相互对立的。但是,只有在隐喻陈述中恢复新的适当性才能使我们将词汇的偏差与述谓的偏差重新联系起来。

在恢复原有地位之后,词例的偏差恢复了它的全部价值:在相互作用理论中,它与我们在前一篇研究的结尾所描述的把语词作为中心的现象是一致的。① 隐喻的意义实际上是整个陈述的意义,但它以语词为中心,我们可以把这个语词称为隐喻语词。正因为如此,我们应当指出,隐喻既是述谓层次的语义更新(新的适当性)也是词汇层次的语义更新(语例学偏差)。从第一方面看,它属于动态的意义,从第二方面看,它源于静态的意义。诗歌的结构理论正是从第二个方面来看

---

① 参见"第四研究",第 181 - 183 页。

待这一特征。

因此,严格地讲,替代理论(或偏差理论)与相互作用理论之间并不存在冲突。后者描述了隐喻陈述的动力,只有它才配称为关于隐喻的语义学理论。替代理论描述了这种动力对用词规则的影响,正是在用词规则中,他发现了一种偏差:在这样做时,它提供了语义过程的符号学的对等物。

这两种研究方法以语词的两种特征为根据:作为词干,它是用词规则上的差别;作为第一种方式,它受到科恩所描述的词例学偏差的影响。作为话语的一部分,它包含了属于整个陈述的部分意义。从第二个方面看,它受到相互作用理论本身所描述的相互作用的影响。

4. 修辞格的功能:"义素"分析

　　我们仍然可以在话语表达层次提出修辞学偏差的标准问题。功能问题使人想起类似于下述改变的层次改变,它导致把音素即能指领域的起区分作用的最终单元分解为基础语言学领域的相关语符。同样,我们可以把所指分解为语义学原子即义素,它们不再属于话语表达层次。列日学派的《普通修辞学》,其次还有勒格恩①的著作,乃是我的指导。我们首次提到过这种方法论的裁决,它涉及对修辞学零度的确定。我们以后再来考察这一策略所提出的问题。在从简单的标准系统过渡到功能理论时我们会那么做。

　　这项工作的关键就是将操作概念(偏差、剩余等等)与简单的操作活动,如隐匿与补充,重新联系起来的可能性。而那些操作活动对话语起作用的所有层次是很有价值的。这样,我们应当公正地对待形象化表达概念的普遍性与修辞学本身的广泛性。

　　但是,先于所有其他分析并且被这些作者很快忽略(第37页)的前提是,向下的所有层次的分解以及朝上的所有层次的综合都是同质

---

① 勒格恩的《隐喻与换喻的语义学》与《普通修辞学》有一个共同的假设,这个对所指进行成分分析的假设源于格雷马。按照这一假设,隐喻要被看作对词干的义素结构的改变。但这种结构语义学观点被移植从雅科布松那里借用来的对立,即隐喻过程与换喻过程的对立。正因如此,在对雅科布松的观点进行讨论以后我们再来考察这一观点。此外,我们基于内在语言学关系与外部语言学关系或指称关系之间的对立,对雅科布松的观点重新进行解释。"在排除雅科布松的分析中的这种区分时,我们应当预料隐喻过程涉及义素结构,而换喻过程仅仅改变指称关系"(第14页),由此导致了与《普通修辞学》的重大分歧(见第15页注释17)。既然义素结构的概念实际上与指称的转移概念相对,那么,它通过对比就会获得完全不同的意义。到那时,我们将强调勒格恩与列日学派的其他重大差别。在"第六研究"第5节中大家将会看到对勒格恩的著作的整体的分析。

的。我们从那里看到了我们所说的"符号学假设"。[①] 毫无疑问，人们从邦弗尼斯特那里借用了层次的等级制观念，但是通过剥夺这一观念的基本结论，即符号学单元（或符号）与语义学单元（或句子）之间的二元对立，人们破坏了这一等级制观念。句子层次只是众多的层次之一（参见第31页表1）。最低限度的完整句子是"由两个意群的出现规定的（一个是名词的意群，另一个是动词的意群），是由这些意群的相关种类及符号的互补性规定的"（第68页）。但是，这一种类和互补性并不构成一个系统中的异质因素，在这一系统中，补充与隐匿是基本的活动。这些活动要求我们只能运用集合。音素、字母、语词等等就是集合（见第33页定义）。句子也是集合。至少在法语里它"要根据某些要素即意群的最低限度的存在来定义"（第33页），后者则要通过构成它们的词素从属于某些种类来确定。至于词素，它一方面可以分为音素，然后分为不同的语符（基础语言学的语符），另一方面它又分为义位（语词），然后分为义素（基础语言学的义素）。无论是在上升的层次还是在下降的层次郡没有间断性。正因如此，所有层次的所有单元都可以看作基于预先存在的索引而提取的各种要素的集合体（第31页）。句子也不例外。就其语法价值而言，它被定义为"意群的集合体和词素的集合体，这种集合性遵循某种秩序并且可以重复"（同上）。这种秩序被邦弗尼斯特称为谓词并且打破了等级体系的单调性。从符号学的观点看秩序仅仅是集合体的一个方面。

变换反复法（即对语言的所有运用方式）的一览表表现出相同的同质性；它基于双重的二分法：它一方面是根据能指与所指（用叶尔姆斯列夫的术语说，即表达式与内容）的区分，另一方面是根据比语词更小的实体（或与语词同样大的实体）与更高层次的实体之间的区分。

四个领域是这样区分的：词形变化法的领域是修辞格的领域，这类修辞格对语词或较小单元的语音方面或字形方面发生影响；句式变化法的领域包含对句子的结构（如上面所定义的那样）发生影响的修

---

① 见"第三研究"第1节；"第四研究"第1节与第5节。

辞格。第三个领域是包含隐喻的领域,《普通修辞学》的作者们把它称为义位转换法的领域,对义位转换法他们做了这样的定义:"义位转换法是以一种义位来代替另一种义位的修辞格,也就是说,是改变零度义素的聚集的修辞格。这种修辞格假定,语词等于没有内在秩序并且不承认重复的核心义素的集合体。"(第 34 页)最后一个领域是逻辑转换法领域:正是这类修辞格改变了句子的逻辑价值(根据上述的第二个定义)。

我们从一开始就承认,就像在古典修辞学中一样,隐喻要到义位转换法中,因而要到语词的修辞格中去寻找。将它的功能与陈述的述谓性质重新联系起来是困难的,因为句式变换法构成了另一个种类,并且句式变换法所改变的句子结构本身要从它的要素(意群或义素)的集合的观点来考虑。隐喻陈述的道路上由此出现了障碍。同时,我们像古典修辞学一样承认,义位转换法是替代现象(用一种义位代替另一种义位)。这本关于隐喻的著作的原创性并不在于把隐喻定义为语词的形象化表达,也不在于把这种形象化表达描述为替代;它在于通过对核心义素的集合的改变对替代本身进行说明。换言之,所有原创性在于分析层次的变化,在于向义素的基础语言学层次的过渡。它之于所指就好比不同语符之于能指。

所有起作用的概念以及运用的全部操作工具并未给隐喻理论带来根本变化,而只是带来了更高的技巧性并且将语词的形象化表达还原为所有修辞格的功能的基本类型。

然而,我们可能会料到,新修辞学所采纳的框架会像古代修辞学的框架一样在描述的压力下爆裂。无论如何,这种描述重新引入了隐喻的述谓特点。

策略层次的变化使我们能引入操作概念,继而引入操作方式,它们在所有层次上起作用,正是在这些层次,意义单元可以被带回到各种要素的集合中。因此,我们将发现它们在四类变换法中起作用。

我们已经提到这些与零度概念有关的操作概念。操作概念是信息论概念(语义信息概念是卡尔纳普和巴尔-希勒尔的概念:由于信息的准确性是由我们为获取信息而作的二元选择的数量决定的,我们可以由此给单元的补充与隐匿赋予各种各样的意义,应用于意义单元的各种变换就在于这种补充与隐匿)。因此,我们可以重新理解前两节所考察的偏差和偏差的缩小这两个概念以及作为系统的偏差的传统概念,并且根据剩余和自我改正来表达这些概念:偏差减少了剩余因而也减少了可预见性;偏差的缩小也是一种重建信息的完整性的自我改正过程。所有修辞格改变了话语剩余的比率,它要么减少这种比率,要么增加这种比率。从剩余的观点看,习惯朝狭义上的偏差的相反方向发挥作用,因为它们增加了剩余。[①] 至于偏差的缩小,它包含两个条件:(1)在形象化表达的话语中,我们可以将未被改变并且作为意群的特殊形式的部分或"基础"与经历修辞学偏差的部分区分开来;(2)第二个部分包含与它的零度的某种关系,这种关系处于零度和转义度的结合的某种范例之下。这一点对隐喻理论十分重要。词例学顺序的不变项是零度与转义度共有的潜在项。在这里我们重新发现了一种假设。关于这种假设,我们已经表明,它与关于偏差和替代的其他假设属于相同的模式。隐喻是选择领域内的一种替代,在此,我们把这种选择领域称为不变项并且具有范例的地位,而具有意群地位的基础仍然没有改变。这已经意味着形象化表达提供的信息等于零。正因如此,它的肯定功能有赖于对审美理想的研究,也就是说,有赖于对被作为审美交流的真正对象的特殊审美效果的研究。

"总之,修辞是能自我改正的偏差的总体,也就是说,它在违反规则时,或在发明新规则时改变语言的剩余的正常层次。作者制造的偏差由于有某种标志而被读者所了解,随后因不变项的出现而被缩小。"(第45页)(在引入审美理想概念之前我故意结束了引文,这一概念与偏差、标志、不变项等概念结合在一起,构成了"操作概念"的完整系列,第35—45页。)

关系到整个修辞格领域并且被我们暂称为转变——变换反复法——的操作方式,因其改变了单元本身或改变了它们的位置,即单

---

① 《普通修辞学》,第38-45页。

元的线性顺序而被分为两大类。因此，它们要么属于实体，要么属于关系。语词的修辞格因第一类转变而变得利害攸关。预示着"集合"概念的关键观念是，这一类操作方式被归结为增加和隐匿，也就是说，由于被采纳的操作概念它们被归结为信息的增加或减少。我们对第二类操作方式不感兴趣，因为语词是没有内在秩序的核心义素的集合。因此，隐喻既不运用意群功能，也不运用句子包含的顺序概念。

　　义位转换法理论[义位转换法是给比喻或单词组成的修辞格取的新名称，以表明它与已经公认的变换反复法和词形变化法的对称（第33页）。此外，这是为了表示尚在讨论的操作方式的性质]就是将"补充"和"隐匿"这两种操作方式运用于语词所包含的义素或意义的最小单元的集合。古典修辞学仅仅承认意义的效应，即仅仅承认形象化表达是以一个词代替另一个词的内容（第93页）这样的事实。普通修辞学将这个名义定义看作现成的东西；但是，它以源于补充和隐匿的义素的排列来解释替代现象，而它的部分基本意义——基础——仍然不变。[1]

　　然而，这一工作遇到了重大困难：如何将形象化表达与多义性区分开来呢？实际上，在词汇学中，我们是通过列举一个词的语义变项或义位来对一个词进行定义的。后者是语境的类别，即在可能的语境中出现的情况的类型。词典里的单词是由这些义位构成的整体。但这一领域已经代表上述整体内的主要意义与派生意义之间的偏差现象（《普通修辞学》在这里参考了格雷马的《结构语义学》对"头"这个词的义素分析）[2]。被视为它的可能用法的范例的单词，由此成了替代的一个领域，在这个领域中，所有变项都有同等权利（"头"这个词的每种用法都是等于所有其他用法的义位转换法）。如果构成语词的形象化

---

[1]　在以义素成分的改变来定义隐喻这一明确的观点上，勒格恩的语义学与列日团体的语义学是非常相似的。他们都赋予词干以相同的优先性，也就是说最终赋予语词而不是赋予句子以优先性。他们都假定义素的构成优先于词干；在此基础上，隐喻可以"通过隐匿或更确切些说，通过给已使用的词干的一部分义素成分加上括号来解释"，勒格恩：前引书，第15页。

[2]　格雷马：《结构语义学》，第42页及以下。

表达的偏差也是替代,如果被收入词典的单词本身包含偏差,那么,语义过程和修辞过程就难以辨别。此外,我们将会看到,雅科布松的隐喻过程概念会表现出这种趋势:所有例词的选择会成为隐喻性的。[①]

《普通修辞学》的作者们清楚地意识到这种困难。但我以为他们提供的答案在暗中诉诸一种外在于他们的体系的话语的形象化表达理论。

为了"恢复修辞过程相对于纯粹语义学过程的特殊性",我们首先要引入语义变项之间的张力概念(第95页):"只有当意义变化过程中两种词义之间持续存在一种张力,存在一种距离时,才会有形象化表达,即便它的第一种词义只是暗中出现。"(第95页)这种张力是什么呢? 我们承认,我们能将它纳入相同语词的空间中。但它的标志如何呢?〔形象化表达实际上是一种被感受到的偏差;但我们应当"感受到"(第96页)这个词被赋予了新的意义。〕这里必定有一种意群学因素,一种语境:"如果的确可以说义位转换法可以被归结为对单词的内容的改变,那么,为了达到这种完整性,我们必须补充的是,只有在一个系列或句子中才能发现形象化表达。"(第95页)仅仅"是为了达到完整性",我们才必须这样做吗? 句子仅仅是感知这种标志的条件,抑或它并不包含在形象化表达的构成中? 我们已反复说过,词典中并不存在隐喻。隐喻,至少新颖的隐喻并未被编入词典,而一词的多种意义却被收入了词典。当隐喻被收入词典时,那是因为人们习惯使用的隐喻同样具有多义性。语句层次的意群学因素的确源于形象化表达,而不仅仅源于它的标志:在形象化表达中,信息在语言学上被视为不正确的。但这种不正确立即成了话语的一个事实。正如《普通修辞学》的作者们所做的那样,如果我们不同意这一点,我们就不能将科恩的语义不适当性概念纳入义位转换法理论:"我们在这里与科恩是一致的,他非常清楚地表达了对偏差的感知与偏差的缩小这两种活动的互补性,第一种活动的确处于意群学层次,第二种活动处于词例学层次。"(第97页)我们如何才看不到"语义学层次的这种不符"(第96

---

① 参见"第六研究"第1节。

页)是一种显示义位转换法概念的述谓活动呢？《普通修辞学》在将产生意义效应的这些明显的内在条件从"外在条件"（同上）中排除出去时也消除了这一困难。我以下述方式说明这些作者如何轻而易举地将语词的形象化表达的意群学条件归结为单纯的外部条件：这很可能是因为提喻（我们马上会将隐喻归结为提喻）比隐喻本身更适合于这种还原，这两种修辞格之间的不对称性恰恰存在于语句功能层次的差异中。我们以后再来讨论这个问题。

因此，正如科恩提出的那样，我们承认只出现在词例学层次的偏差的缩小担当着说明的重任。补充与隐匿是如何起作用的呢？

我们无法直接提供这个问题的答案：它要求首先解决语义的分割问题。但是后者绕过了对象以及其语言学的对应物，即概念。本书的开头已指出这种曲折的方式："我们既可以认为某些语词间接地指称对象——相互并列的各部分的集合，也可以认为，在指称物的层次上将对象分为各个部分在概念层次上具有语言学的对应物，因为两者都可用语词来表示……这两种分解方式的结果是完全不同的。"①（第34 页）我们可以将这两种分解方式称为"指代模型"，即"可以用来描述指代领域的模型"（第 97 页）。对对象进行材料上的分析与对概念进行观念上的分析在这里并不适用。第一种分析导致"类"的结合，因为这种分析取决于相似性；第二种分析导致更替树的出现，这种分析取决于差异。

---

① 在不求助于指称物的结构的情况下我们可以解决语义的分割问题吗？为让换喻承担改变指称关系的功能，勒格思应该预先假定这一点。义素的重组与指称的转移之间的对立假定，我们可以将义素分析与概念分析或对象分析完全分开。勒格恩在他写的那一章"为了义素分析"（前引书，第 114 页及以下）中指责为了"实现对这一领域的构造"（第114 页）而将词干分析为意义的大部分尝试，这种尝试让语义分析承担起百科全书式的功能，因而承担起甚至无法实现的功能（同上）。这种指责与作者担心的与逻辑语义学分离有关。在下一篇"研究"中，我们将会看到它的重要结果（联想的意象的作用，隐喻与符号、相似性的比较等等之间的差异）。按他的看法，单词的隐喻用法恰恰标志着义素分析与对象的指称知识之间的差别。这一标准碰到的困难是，它仅仅使用被编入词典的隐喻。作者证明，收入词典的隐喻数量很少（第 82 页）。关于词典中没有活的隐喻这一永恒主题循着相同的方向。此外，如果隐喻的使用显示了语义本身，显示了从隐喻中所做的抽象，如果义素分析必须说明隐喻的用法，我们就会冒着陷入循环论的危险。

这种狭义语言学的模型（第99—100页描述了内部的系列）并不独立于某些"单纯的认识"模型，因为在"嵌入类"的金字塔结构中或在更替树中可以追溯词汇的前后排列所依据的下行路线（第99页）。这些作者在别的地方明确肯定："语义学领域本身始终以单词的这种结构化为基础。"（同上）

因此，我们根据类的嵌入和基于更替树的模型而进行的分解重复了对这两类相关的语义的分解。以概念方式进行的分解和以质料方式进行的分解给个体概念赋予两种不同的地位：这棵"树"要么是杨树，要么是栎树，要么是柳树，但它也是"树枝"、"树叶"、"树干"和"树根"。因此，义素分析取决于"支配整个语义领域的规律"。这种依赖性对处于语词的形象化表达理论的核心的名称理论发生了特殊的影响：具体名称与抽象名称之间的区分实际上被归结为两种分解方式。具体的"树木"是它的所有部分的经验结合；抽象的"树木"则是对它的所有形态的理性分离。①

隐匿和补充这两种活动适用于两种分解方式。比喻的分类（提喻、隐喻和换喻）由于这一事实经历了深刻变化。指导线索不应再到意义的效应层次去寻找，而应到操作层次去寻找：义素的隐匿，补充、隐匿＋补充这些概念提供了指导线索。

主要结果——我们的研究直接感兴趣的结果——是，提喻占有首要地位，隐喻通过补充和隐匿而被归结为提喻，隐匿使隐喻成为两种提喻的产物。

既然我们是在语词的范围内考虑义位转换法，既然我们把它的活动限于改变义素的集合，这一结果是可以预见的。事实上，义素的特殊隐匿直接提供了普遍化的提喻，最常见的是Σ类提喻：从种到属，从特殊到普遍（比如，我们用"les mortels"表示"人"）。完全的隐匿就是无意义（"材料"、"事物"可以表示一切东西）。单纯的补充提供了特殊化的提喻，最常见的是Ⅱ类提喻（比如，用"航行"来表示"船"）。提

---

① 这些作者将方式Σ称为将类分为种的方式，因为类是种（Σ）的总和。他们把方式Ⅱ称为分解为更替树的方式，因为对象是逻辑的结果（Ⅱ），这种结果源于分配性的分解。

喻事实上是形象化表达,它充分证明:(1)对根本义素的基础的保留,而义素的隐匿会使话语无法理解;(2)单纯的补充和隐匿发挥作用;(3)将这些因子用于Σ和Π这两个类;(4)语境因素仍是外在的。

将隐喻归结为两种提喻的产物需要我们预先进行详尽考察。

就补充和隐匿的因子而言,我们需要考虑三个条件。首先,隐匿与补充并没有被排除,而是可以累积起来。其次,它们的结合要么是部分的要么是全面的:部分的结合属于隐喻,全面的结合属于换喻:与雅科布松相反,①这种分析由此将两种修辞格放在同一类中。最后,这种结合包含了"显现度":按古希腊人的看法,隐性隐喻是真正的隐喻,在这种隐喻中可以替代的词项在话语中并不出现;而显性隐喻中,两个词项以及它们的部分同一性的标志一起出现。

因此,考察狭义上的隐喻意味着考察 1)隐匿—补充,2)部分的隐匿—补充,3)隐性的隐匿—补充。

因而,隐性隐喻被分解为两种提喻的产物。

但是,对这种观点的论证表明,我们只考虑到偏差的缩小,即科恩所说的第二种活动。偏差的产生实际上运用整个陈述。这些作者乐于承认:"从形式上看,隐喻被归结为意群,在那里,两种能指的同一性与两种相应的所指的非同一性相互矛盾地出现了。对(语言学)理性的挑战导致了还原步骤的产生,通过这一步骤,读者试图证明同一性的有效性"(第107页)。但是,第一种活动仍然涉及"修辞学意识的外部条件"(第107页)。由于被归结为同一性的有效化的唯一活动,这种解释专注于已被科恩置于词例学层面的阶段。

---

① 勒格恩的语义学反对将隐喻归结为双重的提喻,这不仅是由于雅科布松提出的隐喻过程和换喻过程的两极性,而且是由于从提喻的直接分析中得出的一种原因(前引书,第29‐39页)。后者并不构成同质的范畴。它的种类之一——部分的提喻和整体的提喻——与换喻汇合起来;像换喻一样,它由超语言学关系重新联系起来的两种对象之间的指称转移来定义并且要通过整个指称的重建来说明,这种指称仅仅在于比喻性陈述的省略。部分与整体的提喻仅仅是稍稍特殊的换喻,而在换喻中,指称的转移涉及省略方法。反之,种与属的提喻并不运用有别于抽象步骤的方法,而抽象是所有命名的基础。在这里我们会注意到,形象化表达并不在于向属的过渡,而在于误认(méprise),通过误认,我们用一个东西的术语去表示另一个东西。但我也完全赞成,就换喻与提喻被定义和解释为命名事件而言,它们是一致的。

所以,对问题要进行这样的表述:"寻找一个类的界限,以便两个对象在那里一起出现,但它们又在所有更低的类中被分离开来。"(同上)还可以表述为:"确定使两个对象得以汇合起来的最短路线。"(同上)因此,隐喻性的减少就是寻找潜在的第三项,寻找连接点。读者则"通过探索任何树状结构或金字塔结构(无论它是思辨的还是现实的)"(同上)来寻找第三项。

这一交叉领域的发现可以分解为两种提喻:一方面,从起始项到中项,另一方面从中项到目的项。寻找不变项是狭隘的途径。并不交叉的两个语义学领域保持着对偏差的意识。一方面仅有的限制在于提喻是补充性的,也就是说,就普遍性层次而言它们朝相反方向起作用,以便共同项处在彼此相同的层次(普遍化加上特殊化,反之亦然);另一方面,这种限制在于,就分解方式而言(无论是从语义看还是从部分看)两种提喻是同质的。相互交叉出现在概念性的隐喻或指称性隐喻中。

有一点是不言而喻的:隐喻的读者没有意识到这两种作用。他仅仅意识到第一个词项的意义向第二个词项的转移。对义素分析来说,这种转移在于,"将严格说来仅仅适用于交叉领域的那些特性归于义素的两种集合的结合"(第109页)。正因如此,隐喻的读者并未感觉到对"义素交叉的狭隘通道"的忽略所包含的贫乏内容,而是感受到扩大、开放、充实的效果。

证明了提喻与换喻的相似性的同一种理论也证明了隐喻与换喻的差别,这种差别被归结为隐匿—补充的相同作用的部分特性或全部特性。

隐喻与换喻的差别实际上并不像相似性与外在关系间的差别那样是一种作用上的差别。在这两种情况下都存在由起始项经中项向目的项的过渡。在隐喻中,这个中项构成了两个类之间的义素交叉领域。因此,它属于每一方的语义场。正因如此,义素的补充是部分的。在突出的毗邻关系中并不存在这类义素交叉现象。从义素交叉的观点看,换喻"取决于真空地带"的存在(第117页)。我们可以讨论零交

210

叉现象。然而,在更广阔的领域里,无论是在概念分解情况下的更广阔的语义领域,还是在质料分解情况下的更广阔的事物领域这两项同时存在。简言之,隐喻中包含中项,而在换喻中,中项起包含其他东西的作用(第118页)。换言之,缺少的第三项要到义素和事物的邻近领域中去寻找。从这种意义上,我们可以说,隐喻仅仅包含指称的义素,即处在语词定义中的核心义素。换喻则包含内涵性的义素,即处在更广阔的整体以及界定这个整体的交汇点中的邻近义素(同上)。

我觉得,这种理论并未考虑造成隐喻的特殊性的原因,即最初的语义的不适当性的减少。提喻实际上没有这种功能;就此而言,它也不需要从话语的述谓特点出发。提喻并未假定隐喻所需要的不适当的修饰语的地位,这里所说的提喻局限于适用于语词的替代作用的范围。

由于给不适当性的述谓条件加上括号,这一理论比科恩更容易给新的适当性的狭义述谓地位加上括号。处于"核心"与"框架"之间的所有活动支配着对交叉领域的研究,这些活动与属于述谓层次的所有东西一起消失了。我们仅仅记录产生交叉领域的这种动力的结果。我们后来将这种具有潜在地位的、以给予性为前提的产物分为两种提喻。操作仅有后一种功能:使隐喻服从这样一个系统,该系统仅仅承认义素的补充与义素隐匿并且忽略述谓作用。就此而言,它非常有价值。它确保了系统的简单性,即既确保各意义单元层次(从音素到句子和文本)之间的等级体系的同质性,又确保可以将相同的操作概念(偏差、剩余、更正,等等)以及相同的因子(补充、隐匿)能运用于所有层次。我们完全可以将给定的隐喻分为两种提喻,但我们不能用两种提喻产生一种隐喻。"双重逻辑演算"(第111页)仅仅是用义素代数学术语对一种演算的重新表达,这种演算的动力学运用了句子的述谓功能。

对显性的隐喻与逆喻的考察证实了我的异议。

将它们归结为隐性隐喻是这一理论获得成功的重要条件:"我们已经正确地处理了似乎涉及几个语词的显性形象化表达所制造的错

觉。将这些显性的形象化表达归结为隐性的形象化表达始终是可能的。"(参见"隐喻与逆喻",第 132 页)

这些作者以"显现度"即相关单元的扩充的名义引入了隐性隐喻与显性隐喻的区别。在隐性隐喻中,义素的交叉地带处在不出场的零度与比喻项之间,因而处在语词的内部。而在显性隐喻中,义素的交叉地带则是两个同等出现的词项之间的接近:是一种包含或不包含语法标志的比喻。有人可能认为,显性隐喻的明显述谓结构把注意力转向隐性隐喻的相同述谓条件并最终注意到隐喻词与同样出现在隐喻陈述中的其他词项的交叉。我们实际上注意到,显性隐喻被归结为一些意群,在这些意群中,两种义位被不适当地吸收,而狭义上的隐喻并不表现出对义位的这种吸收(第 114 页)。出现的相反情形是:"我们知道丰塔尼埃意义上的比喻只涉及单词,在包括丰塔尼埃的比喻的义位转换法的范畴中,显性隐喻是不服从这一规则的例外情形。事实上,这一修辞格被同样分析为涉及单词的补充修辞格,即提喻。"(第 112 页)伯克说:"西班牙,搁浅在欧洲海滩上的一条巨鲸",在这一引文中引入隐性的零度即地图上隆起的地形足以形成特殊化的提喻(鲸鱼——隆起的地形)。我们因此把隐喻作为不适当的宾词(或修饰语)的功能排除在外。这些作者并不想承认,在这里描述服从体系的需要:"尽管上面引用的例子具有不可否认的隐喻功能,我们仍然认为,由于方法和普遍性方面的原因,我们宁可少用提喻。此外,这样做有利于坚持上面提到的隐喻与提喻之间的密切关系。"(第 112 页)

人们可能会怀疑可以由此将(第 114 页提到过的)隐喻性的对比归结为提喻的减少。它所表明的实际上首先是一种偏差,这种偏差本身属于谓词层次,即一个词项与其余信息的不相容性。在降低同一性程度时,或者说在肯定弱的等同性时,比喻词重新确立了与其余信息的相容性。正因如此,正如这些作者在别处承认的那样(第 114 - 116 页),比喻词属于系词层次。它甚至是这样一种情形,在那里,比喻被浓缩为等同性的"是":"自然是一座庙宇,生物是这座庙宇的支柱……"面对这样的例子,这些作者做了让步:"动词'是'的这一用法不同于规定性的'是'——'玫瑰是红的'是一个提喻性过程而不是隐喻性过程。"（第 115 页）那么，将显性隐喻归结为隐性隐喻并将隐性隐喻归结为双重的提喻意味着什么呢？我们不必指出相反的情形，即隐喻是被浓缩为例词的意群（以引申义代替不出场的零度）吗？我觉得，显性隐喻迫使我们让范畴的显示表现出细微的差别："对例词的定义在结构上与对隐喻的定义是相同的——这样一来，我们可以把后者看作表现为意群的例词。"（第 116 页）

逆喻（"这种朦胧的星光"）使这一理论面临类似的困难。逆喻首先是一种不适当的修饰语；这种不适当性被上升到反衬的程度。对这种修辞格来说，还原包含完全假定的矛盾（这是塞利埃的话）。[①]《普通修辞学》的结构迫使我们寻找零度，正是这种零度使我们能将这种修辞格视为隐性的东西："事实上人们提出了这样一个问题，即，逆喻是否真是一种修辞格，换言之，它是否具有零度。"（第 120 页）在上述例子中，零度是"明亮的光线"，并且，向修辞格的过渡是通过消极的隐匿—补充来实现的。但是，消极的隐匿—补充是什么呢？因子的因子（本身也是复合物即隐匿—补充）因为运用了一种表达式——明亮的光线["它已构成一种形象化表达，即科恩研究过的那种修饰语"（第120 页）]而更加异乎寻常。这种观点不会涉及述谓关系吗？我们必须考虑逻辑转换法、反讽、悖论中的类似之处。

在这种讨论的末尾，英国作者们的隐喻—述谓理论和隐喻—语词理论具有同样的力量，并且仅仅通过选择不同的基本公理体系而区别开来，而这些公理在此处支配着"奇特的"谓词活动，在彼处支配着适用于义素集合的纯算术演算。然而，在这两个方面，隐喻陈述理论在我看来具有毋庸置疑的优点。

首先，通过在相同陈述中同时出现的所有词项的相互作用，这一理论仅仅考虑到隐喻语词理论所假设的交叉领域的产生。关键的现

[①] 塞利埃：《论深度的修辞学：波德莱尔与逆喻》，载《国际符号学手册》，1965 年第 8 期，第 3—14 页。对《普通修辞学》的作者们来说，塞利埃提出的反衬与逆喻的区别（"对反衬来说可悲地显示出来的矛盾，对逆喻来说却是令人愉快的"）仅仅涉及修辞格的普遍性质而不涉及在形式层面上对它所做的分析（第 120 页）。

象是通过话语事件增加语词的最初的多义性。述谓结构对语义场的反作用尽力补充过去并不存在的语义变项。《普通修辞学》明确指出，"诗歌读者制造……确立最短路线……寻求……超越……发现……"这么多动词证明了某种创造；但后者在义素交叉概念中没有地位，这一概念仅仅运用了既有的语义场。

我们可以追问，本质上涉及已被词化的词项的语义分析是否能阐明通过话语而增加的多义性。

在此，这种疑问与十分重视这一步骤[①]的科恩的疑问结合在一起。但我们能说狐狸可以分解为"动物＋狡猾"，就像母马可以分解为"马＋母的"一样吗？这种类比令人误解。因为这个例子是惯用的隐喻的例子，宾词"狡猾的"实际上是对已被列入词典的一系列语境意义的补充。我像布莱克一样把它称为"相互联系的俗语系统"。我从科恩那里借用了狡猾的狐狸的例子，他曾根据语义分析的规则考察过这个例子。他本人注意到，"狐狸之所以表示狡猾仅仅是因为在使用者的心目中狡猾是狐狸这个词的语义成分之一"（第 127 页）。毫无疑问，我们并没有从用词惯例随意过渡到文化惯例：这些形象化的表达表明第二种惯例已部分地存在于第一种惯例中。但是这些俗语的半词化的地位并没有被这位语言学家所忽视，他甚至将惯用的隐喻中的字面意义与引申意义区分开来。[②] 正因为如此，只有比喻才能提供有关意义的扩展的标准："也许对比喻的研究提供了（我们暂且这么说）结构语义学所需要的语言学标准。"（第 127 页）

对新颖的隐喻来说，这种疑问不再存在。新的意义造成了对用词惯例的偏离，但义素分析不可能涵盖这种偏离。按照布莱克的看法，俗语的文化惯例甚至不够用。[③] 实际上，我们必须展示一种合格的参照系，这种参照系只有以隐喻陈述本身为基础才开始存在。用词惯例和俗语惯例并不包含造成偏离两种惯例的所指的新特点。如果隐喻

---

① 科恩：《诗歌语言的结构》，第 126 页。

② 科恩写道："我们因此有权将'狐狸'分解为'动物＋狡猾'，第二个特点仅仅包含在隐喻的用法中。"前引书，第 127 页。

③ 关于这种讨论，可参见"第三研究"第 3 节。

的确取决于已经出现的日常语义（尽管它处于基础语言学层次的潜在状态），那么，就不仅不存在新信息，不存在创造，而且不需要范例偏差以缩小意群偏差，对语义的简单避免就够了：这恰恰是提喻所做的事情。大家明白我们为什么要不惜一切代价地将隐喻归结为提喻：后者的确是完全符合义素分析规则的单词比喻。

新颖的隐喻并非唯一难以进行义素分析的东西。我们刚刚谈到科恩在一定程度上赞同进行成分分析。他提出了像颜色（马拉梅的"蓝色的三钟经"）那样不可分解的宾词的情形。他将联觉的隐喻和动人的类比与它们结合起来。他注意到，这些隐喻构成了第二级偏差，而这种偏差与被他称为第一级偏差的那些偏差形成对照。对那些偏差的不适当性可以进行义素分析，而简单地排除所指的不适当因素则可以减少那些偏差的不适当性。由于存在第二级偏差，我们必须到所指的内部，比如到形象化表达所产生的主观效果（平和或其他效果）中去寻找使用隐喻的理由。对这种主观效果的回想可以减少不适当性。但这种价值"丝毫不能构成意义的适当特点"（第 129 页）。如果"所有诗歌的基本源泉，即比喻的比喻，的确是联觉的隐喻或动人的类比"（第 178 页），那么，同意这一点十分重要。我们不必回到第一级偏差吗？狡猾的确是狐狸的客观特性，就像绿色是翡翠绿的特性并且我们可以通过简单地排除不适当的义素而发现这一点吗？在我看来，我们必须根据第二级偏差重新解释第一级偏差。如果不是这样，对减少适当性的说明就会一分为二：一方面是由内在关系所推动的一种不适当性的减少，另一方面是一种由外在关系推动的不适当性的减少。指出以下事实是不够的：从第一级偏差到第二级偏差的距离在扩大，第一类隐喻"比较接近"，第二类隐喻则比较"遥远"（第 130 页）。相对于义素集合而言的内在性与外在性表示单词的隐喻用法相对于义素分析的两种不同地位。

正因为如此，为了拯救"违反惯例"和"范例偏差"的概念，我宁愿说，不适当的谓词首先不合惯例。词典中没有隐喻。隐喻并非一词多义。义素分析直接产生一词多义的理论，并且仅仅间接地产生隐喻理论,因为一词多义证明了语词的开放结构以及它们在不丧失原有意义的情况下获得新意义的能力。这种结构仅仅是隐喻的条件,但仍然不是产生隐喻的原因。包含不适当的超出惯例的意义的出现离不开话语事件,而以前的多义性本身并不包含此处所说的惯例。

隐喻陈述理论相对于隐喻词语理论的第二个优越性在于:它考虑了义位转换法与逻辑转换法这两个领域的亲缘关系,《普通修辞学》曾将这两个领域分离开来。

《普通修辞学》有充分的理由将逻辑转换法描述成偏差,但这种念头不是语词与意义的偏差,而是词义与实在之间的偏差,对实在性这个词要从话语的超语言学的指称对象的最一般意义上去理解:"不管逻辑转换法的形式是什么,它都要以超语言学的给予性所必需的指称活动为标准。"(第 125 页)因此,追求普遍性的修辞学处在唯一的"内在"空间中,根据热内特的隐喻,这个空间在符号与意义之间形成了凹陷。修辞学也应考虑符号与指称对象之间的"外部"空间,以便考虑曲言法、夸张、譬喻、反讽这类修辞格,它们不仅搞乱了词汇,而且妨碍指称功能的发挥。

但是,我们可能在逻辑转换法的标题之下惊奇地看到赖尔的著名的范畴错误(用一个并不属于自己的范畴去描述属于另一个范畴的某些事实)。并且可以读到这样一段话:"如果赖尔的理论成了几个英国作者对隐喻进行研究的基础,这显然不是偶然的。他的'范畴错误'概念旨在指责笛卡儿的谬误,杜伯纳把它改名为'范畴混乱',他将'范畴混乱'与'范畴融合'对立起来,从中他看到了形成隐喻的过程。"(第129-130页)如果"这不是偶然的",那么必定存在从比喻过渡到逻辑转换法的途径。

不仅与英国人的理论的历史联系提出了这样的要求,而且《普通修辞学》本身也提出了这样的要求:"毫无疑问,人们注意到,变换反复法并不总是以宾词的形式出现,但我们始终有可能将用词反复法还原为宾词。在这种情况下义位转换法始终是一种'伪命题'。因为它描述了一种被逻辑学拒绝而为修辞学假定的矛盾。这一点既适用于隐喻,也适用于其他义位转换法。"(第131页)这种迟到的认可是值得注意的并且加强了我们的观点。实际上,只有将它还原为谓词形式才能在义位转换法与逻辑转换法之间架起桥梁。当我们考察"自然是一座庙宇,生物则是它的支柱"(第115页)这句话中等同性的"是"时,我们已经看到了诉诸谓词形式的必要性。当这些作者注意到以下事实时,他们无疑也从中看到了那种必要性:"以谓词形式出现的义位转换法采取了逻辑学家认为不合法的系词用法,因为在这种情况下'是'既表示'是'也表示'不是'。""……这样我们可以将所有义位转换法归结为……矛盾的表达式,其差别在于,它事实上并不是矛盾。"(第131页)但隐喻不再是由单词构成的比喻。还原为谓词的必要性仍然源于这样一种看法——指称对象的构成对识别隐喻常常是必要的:"显而易见,只有当我们认识到隐喻的指称对象时隐性隐喻才能成为隐喻。"(第128页)

这些作者对义位转换法与逻辑转换法所作的原则区别肯定不能被排除,但它们的亲缘关系要求我们把它们作为不同的陈述类型进行比较(第131页)。

当我们将隐喻与譬喻作比较时这种亲缘关系就显得特别密切(第137-138页)。[1] 在这些作者看来,前者是比喻,后者是逻辑转换法。前者改变了词义,后者则与现实相冲突。因此,兰波的隐喻"醉船"是单词性的比喻,只是词序被打乱了。但是"醉船赶上了那艘孤单的大帆船"这个表达式却是譬喻,因为指称对象(马尔罗和戴高乐)既不是船也不是帆船。但是,如果像我们刚刚承认的那样可以将隐喻归结为陈述,那么,"醉船"就会与其他表达式一致:"这艘醉船终于在埃塞俄比亚结束了航程。"隐喻与譬喻之间的差别并不像我们在这里指出的那样是单词与句子间的差别。它们的差别在于,隐喻陈述包含与隐喻词项("醉船")相互影响的非隐喻词项("在埃塞俄比亚结束了航程"),而譬喻仅仅不包含隐喻词项。张力并不处在命题之中而是处在语境

---

[1] 勒格恩(《隐喻与换喻的语义学》,第39-65页)对属于相似关系的一系列语言事实进行了明显不同的分析。我们将把这一分析留到下一篇研究的第5节去讨论。

之中。正是这一点使得人们相信隐喻仅仅涉及语词,只有譬喻与指称对象相冲突。但两种陈述结构的差别并不妨碍以下述途径减少荒谬性:由于阅读完整的句子并不提供可以接受的或有趣的字面意义,人们会在这种骗局的引诱下探讨"第二种不太寻常的同位意义是否会偶然存在"(第 137 页)。

英国的这些作者们正是循此方向推进他们的研究——他们将《普通修辞学》仅仅用来描述譬喻与相近的修辞格的东西完全用来描述隐喻、譬喻、寓言、传奇:"当第一种同位意义在我们看来不够充分时,那是由于那些关系不适用于相互联系的各种因素(比如,不出庭作证或动物界的缺席审判)。"(第 138 页)但由于隐喻与完整的隐喻陈述已被分离,它似乎成了另一种修辞格,只有当它融入逻辑转换法才会使它具有我们归之于譬喻、传奇、寓言的指称功能,而义位转换法本身仍然是在每种话语因素或每种单词层面上发生的转化(见第 138 页图 16)。

隐喻陈述理论比较适合表明在陈述层次上隐喻、譬喻、寓言、传奇之间的深刻关系。正因为如此,它使我们能为所有这类修辞格——义位转换法与逻辑转换法——揭示《普通修辞学》认为只有逻辑转换法才具有的指称功能的疑难。①

适用于义位转换法和逻辑转换法的区别的东西在于,义位转换法表示语词层次的偏差,隐喻陈述则通过这种偏差确定其意义。但是,如果我们根据前一篇研究的结论承认这种偏差仅仅是涉及整个陈述的语义学现象对语词的影响,我们就必须将包含新意义的整个陈述而不仅仅将词例的偏离称为隐喻,而这种范例的偏离使整个陈述的意义的转变集中于一个语词。

---

① 在"第七研究"中我们将考察新修辞学对隐喻话语的指称功能的否定。在此,我们仅限于强调这种观点与一些理论假设的相互联系。在将形象化表达重新置于话语理论的框架之内时,只有隐喻陈述理论能重新揭示意义与指称问题,而把它们还原为语词掩盖了这一问题。勒格恩的语义学出于不同的原因提出了类似的问题。在换喻与指称之间建立的密切联系同样排除了处于隐喻的语义分析中的所有指称问题。因此,外延的缺乏(在认识信息的意义上)只能通过内涵的过剩(在相关的情感价值的意义上)来补偿。对动机(教导、愉悦、规劝)的研究则取代了对隐喻陈述的指称范围的研究。

第六研究
相似性的作用
——献给迪弗雷纳

本研究致力于考察一种困惑,这种困惑与前一研究中阐述的语义学理论的成功形成了对照。这种困惑涉及相似性在解释隐喻的过程中所起的作用。这种作用对古典修辞学来说是没有疑问的。相反,随着推论模式变得更为精致,这种作用似乎被渐渐模糊了。这一点意味着相似性仅仅与替代理论相联系并且与相互作用理论不相容吗? 这就是我们在本研究中所要关注的问题。我将预先指出,我打算将这种相似性的命运与替代理论的命运分离开来,并且重新解释相似性在第三研究所提出的相互作用理论的指导原则中所起的作用。但在进行这种尝试之前,我们必须认识到替代与相似性之间的密切联系,并且衡量一下在相互作用与相似性之间达成新的一致所面临的障碍。

1. 替代与相似性

在古典修辞学的比喻理论中,隐喻在重要修辞格中被赋予的地位要通过相似关系在原有的观念向新观念转变过程中所起的作用进行具体的规定。隐喻尤其是有赖于相似性的比喻。与相似性的一致并不构成孤立的特点。在古典修辞学理论所隐含的模式中,它与命名的优先性密切相关,也与源于这种优先性的其他特点密切相关。实际上,相似性首先出现在观念之间,词语是观念的名称。其次,在这种模式中,相似性问题与借用、偏离、替代和透彻的解述紧密联系在一起。实际上,相似性首先是借用的动因。其次,它与偏离构成同一过程的正反两个方面。再次,它是指代领域的内在联系。最后,它是解述的指南,而解述在恢复本义时取消了比喻。如果说指代假设可以被视为整个假设系列的代表,那么,相似性乃是在名称的隐喻转换中发挥作用的指代的基础,更广泛地讲是在词语的隐喻转换中发挥作用的指代的基础。

第一个论据强化了隐喻与相似性之间的这种相互关联。在亚里士多德之后隐喻与明喻之间的关系被颠倒了。明喻不是一种隐喻,而隐喻是一种明喻,即简化的明喻。只有省去比喻词才能将隐喻与明喻区分开来。而明喻将相似性本身带入了话语,从而表明了隐喻的根据。[1]

我们将集中讨论刚刚强化了这种一致性的更新论据:结构语言

---

[1] 在麦克科尔的《古代关于明喻与比喻的修辞学理论》中,我们可以发现亚里士多德之后对隐喻与明喻之间的优先性进行这种颠倒的历史。

学以加倍的热情倾向于将复杂的比喻图表进行极端的简化,以至于隐喻和换喻即所谓的邻近性和相似性不再继续发挥作用。在阐述丰塔尼埃的修辞学时,我们已指出古代修辞学家如何远远没有将换喻和提喻统一起来,更不用说将那些容易与隐喻对立的各种比喻统一起来。而且,在丰塔尼埃那里,这种作为换喻基础的"一致性"将关于对象的各种观念结合在一起,正是这种观念使得每一方成为完全分离的整体,但是满足这种相关性的一般条件的各种关系丝毫不能还原为邻近性。"联结"关系包含将两种事物纳入一个整体这种观念,至于这种关系,它直接与相关关系相对立,而相关性包含着相关词项的某种相互排斥。因此,只有在当代新修辞学家们那里,比喻学才限于隐喻和换喻的对立。同时,相似性的作用通过简化工作而得到证实和提高,而简化工作将它的统一体与相反的统一体,即邻近性对立起来。但这并不是全部,也不是最重要的事情。正是雅科布松的天才将这种狭义上的比喻学和修辞学的二元性与更一般的两极性联系起来,而这种两极性不仅涉及语言的比喻用法而且涉及它的功能。雅科布松在1953年发表了著名论文《语言的两个方面与失语症的两种类型》[1],在这篇文章发表后,将隐喻和换喻配合使用与雅科布松的名字始终联系在一起。隐喻和换喻不仅规定着象征和比喻,而且规定着语言的一般过程。如果我们在研究的这个阶段提到雅科布松的分析,那是因为,在将隐喻和换喻的对立普遍化以使它远远超出比喻学的范围,因而也超出词义变化的范围时,这位著名的语言学家强化了这样一种观念:替代与相似性是两个不可分离的概念,因为它们一起支配着在使用语言的各种层次上发挥作用的过程,对替代、相似性与隐喻之间的联系的这种强化将会成为下面讨论的关键。

雅科布松对隐喻和换喻的新的联系源于索绪尔在《普通语言学教程》中对符号排列的两种方式,即组合和选择所作的区分。[2] 但是,按

---

[1] 本文以英文发表于《语言的基础》第二部分(海牙,1956年),后经阿德勒和吕韦的翻译而在法国广为人知,译文载《普通语言学论文》,巴黎,子夜出版社,1963年版,第43–67页。

[2] 《普通语言学教程》,第二部分,第5章与第6章。

照雅科布松的看法,索绪尔本会因为古老的偏见而牺牲第二种选择,这种古老的偏见认为能指具有纯粹的线性特征。但是这种理论的核心仍是索绪尔的。第一种排列方式明显地将两种或者更多的词项统一在一个有效系列中,第二种排列方式则把不出现的词项统一在潜在的记忆系列中。因此后者涉及在信码中而不是在特定的信息中联系起来的实体。而在组合中,各种实体组合成两个实体,或仅仅结合成现实的信息。说在各种选择项中进行选择,就意味着说用一种词项代替另一种词项的可能性。另一个词项在某个方面等于第一个词项,而在其他方面又不同于它。因此,选择和替代是同一个过程的两个方面。剩下来的所有活动就是将组合与邻近性,将替代与相似性联系起来——雅科布松毫不犹豫地做了这项工作。实际上,邻近性和相似性一方面表明了各种成分在信息语境中的地位,另一方面表明了这些成分在替代群中的地位。基于此,如果我们承认换喻取决于邻近性而隐喻取决于相似性的话,与比喻的相关性并不造成什么困难。正是这一系列相关性使得我们能够将组合本身简称为换喻级,而将选择称为语言学操作的隐喻级。这些操作活动只能借助于正交轴来描述。只有其中的一个轴,即组合轴才与能指的线性特征相一致。

因此,比喻学的区分提供词汇而不仅仅提供钥匙。实际上,可以根据在语言学分析能够设想的抽象层次上起支配作用的一种区分对两种比喻进行重新解释。这种抽象层次就是同一性层次或某些语言学单元的层次:"所有语言符号都包含两种排列方式:(1)组合……(2)选择……"(第48页)。因此,这种区分从根本上讲是符号学的区分。

这一点值得我们停下来讨论:雅科布松的分析完全忽视了邦弗尼斯特对符号学与语义学的区分,忽视了他对符号与语句的区分。这种符号一元论是具有纯粹符号学色彩的语言学的特征。它证明了本书的基本假设,根据这种假设,隐喻替代理论所属的模式乃是忽略了符号学与语言学的差别的模式,它将语词而不是将句子作为比喻的基本单元。它只承认语词具有词汇性符号的特征,只承认句子具有组合和选择的双重特点,它与从不同语符,经过音素、语词、句子、陈述再到文本的所有符号具有这种共同的特点。这些语言学单元的组合的确表达了自由的上升阶梯,但它丝毫不是邦弗尼斯特在符号层次和话语层次之间所看到的那类间断性。语词仅仅是必须用代码表示的语言学单元中的最高层次,句子只是比语词更自由地组合而成。因此,语境概念可以漫无差别地用于表示词素与音素的关系以及句子与词素的关系。由此可见,隐喻描述一般的符号学过程,而不描述需要事先区分话语与符号的种属关系。

证实我们所考虑的两极性的普遍符号学特点意味着,语义学概念并不构成有别于独一无二的符号学层次的层次,这种语义学概念不仅得到了认可,而且受到严格保护,以防止要求将意义从语言学领域排除出去的部分美国语言学家的攻击。语义学在得到两极图式的辩护的同时也被纳入了这种图式。实际上,通过补充前一种联系的新的接近,我们可以将句法—语义学这对范畴与组合—选择这对范畴结合起来,因而也把它与邻近性—相似性这对范畴,与包括换喻极和隐喻极的成对范畴结合起来。在信息中,组合的事实属于句法事实。由于不能将句法还原为语法并将语词的结合甚至将音位学系列纳入其中,这种组合事实也属于意群的事实。语境的组合与意群的组合被掩盖着。另一方面,选择与语义学之间也存在密切的联系:"多少年来,我们就力争将言语的发音纳入语言学,从而形成了音位学。现在我们开辟了第二条战线:我们面临着将语言的意义纳入语言科学这一任务……我们把它放在同时性语言学的框架中进行考察:在句法学与语义学之间我们看到了什么样的差别呢?句法学关注着这些链条的轴心,语义学则关注那些替代活动的轴心。"①索绪尔早已发现语义学与选择之间的这种联系:在构成信息时,在构成以相似性为基础的例词的整体中我们从其他相似的语词中挑选出一个单词。因此,可以用句法学和

---

① 雅科布松:"人类学家和语言学家大会决议",载《美国语言学国际杂志》增刊,第 19 卷,1963 年 4 月第 2 期。法译文为"语言学家和人类学家的共同语言",载《普通语言学论文》,第 40 页。

语义学这对范畴来取代意群学与词例学这对范畴,并且把后面两个范畴置于组合与选择这两个垂直轴心之上。

失语症所特有的两种功能的分离显示了新的相关性。失语症实际上被分为涉及相似性的失语症与涉及邻近性的失语症。在以语法缺失症为特征的涉及邻近性的失语症(没有句法,排除词形变化,在词的构成中排除派生词,等等)中,单词未随句法的丧失而丧失。语言结构解体了,选择活动仍继续进行;隐喻的转移增多了。相反,在涉及相似性的失语症中,指代活动遭到了破坏,而联系的链环仍保留着。隐喻随语义一起消失了。疾病以换喻填充隐喻的空洞,将语境的轮廓投射在替代与选择的轮廓之上。但语言的隐喻用法并非唯一受到影响的东西。其他活动与隐喻的密切联系通过这种方式被揭示出来,这些活动如出一辙:它们是定义语词的能力即提供方程式定义的能力,这种定义将语言的词码的替换群投射进信息的上下关系中;它们也是用名称来表示我们可以表明或操作的对象的能力,因而也是为手势提供语言的对等物的能力。这种双重的近似性丰富了我们的隐喻过程概念:定义、命名、同义词叠用法、婉曲、解述都是元语言学的活动,通过这些活动,我用相同信码中的同等因素来表示我的信码的许多因素。信码的变换活动取决于一种信码的词项与其他信码词项的等值性。所有活动与语词获得补充意义的能力有着深刻的关系,而语词的补充意义在它们与基本意义相似的基础上被换移和结合起来。词例学系列、词形变化或时态的构成表现出相同的特点,因为人们已从被相似性联系起来的不同观点出发将相同的语义内容表达出来。这一点同样适用于根词和派生词共同具有的语义单元。

其他有趣的相关性仍然丰富着隐喻过程和换喻过程的两极性:个人风格、言语行为也表达了对这种或那种排列的偏爱;诗歌形式表明了(像现实主义中那样)换喻的支配地位,也表明了隐喻(像在浪漫主义和象征主义中那样)的支配地位。当艺术家也提出了上面描述的那种病理学问题时这种相关性显得更为明显。这种两极性如此普遍,以致它可以在非语言的符号系统中找到对应物:在绘画方面,我们可以谈论立体主义的换喻,谈论超现实主义的隐喻;在电影方面,提喻性的特写镜头和格里菲思的换喻性蒙太奇与卓别林的隐喻性蒙太奇形成对照。在无意识的象征过程(如弗洛伊德所描述的那种做梦的无意识象征过程)中可以发现同样的两极性:雅科布松建议将换喻性的转换与提喻性的凝练表达放在邻近性一边,将认同与象征放在相似性一边。[①] 在象征主义的无意识用法的邻近领域中,我们最终可以发现弗雷泽的两种魔法:感染与模仿。

这篇文章的结尾是一个有趣的评论,这评论回到了以前在遇到相似性的纷争时所作的评价:正因为同样的相似关系在以一个词项代替另一词项的隐喻中起作用并且在元语言活动(在那里二级语言符号与对象语言符号相似)中起作用,本身也属于元语言的比喻通常为隐喻而牺牲换喻并且给诗歌中的象征赋予特权。对隐喻的辩护可能源于这种评论,尽管索绪尔指责这种评论以指向其他方向的线性能指的名义为了组合而牺牲了选择。

雅科布松的图式[②]的力量之所在也是它的弱点之所在。

两极图式的力量既在于它的极端普遍性又在于它的极端简单性:最后的那些相关性表明了它的有效性,它超出了句子的范围而进入风格之中,超出了语言符号的有意使用范围而进入了梦境和魔法的领域,超出了语言符号本身而进入了其他符号系统的用法。就隐喻而言,收获是巨大的;以前限于修辞学的方法本身被普遍化了,超出了语词领域,甚至超出了比喻学领域。

但是要付出的代价也是沉重的。首先,当这一图式的二项性被用

---

① 《语言的两个方面与失语症的两种类型》的译者吕韦揭示了雅科布松的分类与弗洛伊德在《释梦》中提出的分类之间的区别(《普通语言学论文》,第66页注释1)。像雅科布松那样宣称"在弗洛伊德那里既包含隐喻情形又包含提喻情形的简练概念不够精确",这样做就够了吗?(同上)抑或我们必须承认,被弗洛伊德置于扭曲这个总标题下的各种现象能逃避语言表达吗?对此,我已在《论解释——关于弗洛伊德的论文》(第96页及以下,第137页及以下)中做过说明,我没有什么需要补充。

② 下表描述了使两个过程的极性得以多样化的不同观点的联系:

过程	活动	关系	轴心	领域	语言学因素
隐喻	选择	相似性	替代	语义学	信码(信码意义)
换喻	组合	邻近性	联系	句法学	信息(语境意义)

于修辞学层次时,它就会徒劳无益地将它的范围限于两种修辞格。当然,我们已多次讲到过提喻,但不是把它看作邻近性的一种特例。提喻要么与换喻平行(在弗洛伊德那里是指换喻的转换和提喻的简化),要么是作为一种换喻(据说俄罗斯小说家乌斯宾斯基找到了换喻特别是提喻的特殊对应物)。比喻学以前所经历的最极端的限制至少包括三种修辞格,即换喻、提喻与隐喻。迪马尔塞承认有第四种基本修辞格即反讽。在一种三重性图式中,相似性并不与邻近性相对,而是与包含关系和排斥关系这对范畴相对。因此,矛盾的是,将这一领域限于两种比喻为将隐喻概念普遍化并使之超出语言学范围付出了代价。

但尤其值得注意的是,在语言学实体的等级体系中话语与符号之间的裂缝所派生的那些差别,在模糊的相似性和既影响组合概念又影响选择概念的歧义性中被抹去了。就前者而言,我们可能怀疑,支配着述谓句法因而支配着陈述的并列关系和从属关系的句法的逻辑演算源于与音素在词素中的联系同类的邻近性。谓词的综合在某种意义上是邻近性的。句法表现了必然性的秩序,这种秩序受到完善的表达式的可能性条件的所有形式规则的支配。邻近性属于偶然性的范围,而且属于在对象本身的层次上的偶然性,据此,每种东西形成了完全分离的整体。因此,换喻的那种邻近性完全不同于句法上的联系。

至于隐喻过程概念,它不仅是模棱两可的,而且在某种意义上是非常广泛的:十分矛盾的是,它脱离了某种本质。结果,尽管它有极端的普遍性,但仍然非常狭隘。

如果我们考虑到一个层次的替换活动与选择活动与另一个层次的替换活动和选择活动的异质性,这个概念就显得过于宽泛。我们暂且注意到隐喻方法与元语言学活动之间的接近。前者使用了存在于信码中的潜在相似性并把它用于信息领域,而方程式的定义则限于表达信码。我们能把话语中对相似性的运用以及需要由不同层次构成的等级体系的完全不同的活动归入相同的种类吗?

如果我们考虑到在替代—选择现象的范围内(虽然被扩大了)没有隐喻陈述所特有的相互作用现象的地位,隐喻过程概念仍然过于狭隘。隐喻的述谓性基本上被忽略了。

最后,就像在古典修辞学中那样隐喻被置于以一个词项取代另一词项的地位:"相似性把隐喻项与它所取代的项重新联系起来。"[1]我们可以合法地追问,换喻而非隐喻是不是一种替代,更确切地说,是不是名称的替代。丰塔尼埃的定义已促使他想到:"换喻据说是名称改变或以一些名称去表示其他名称。"[2]如果隐喻的本质在于"用另一种更明显或更为熟悉的观念的符号去描述一种观念……",那么,这种方法既不在于结合也不在于替代吗?我们不妨进一步追问,将语言的语义方面归结为替代合理吗?我们不禁想起了雅科布松在皮尔斯的启发下所做的陈述:"符号的意义就是借以翻译这种意义的另一种符号……在所有情况下我们是用符号来取代符号。"[3]这不是使述谓关系的中心问题不再存在的符号学定义吗?如果我们像邦弗尼斯特那样以述谓关系来规定语义,我们难道不应当既到组合中又到替代中或毋宁到这种纯粹的符号学替代物之外去寻找定义吗?

最后,由于对隐喻的述谓特征的忽略,创造的隐喻与惯用的隐喻之间的基本差别问题随着组合的自由度影响到语言的意群方面而不是范例方面而消失了。但我们要记住丰塔尼埃对自由使用的隐喻与强制使用的夸张性引申对立起来所表现出的那种魄力。如果我们不能将言语现象与语言现象进行对照,我们就难以公正对待这种重要的差别——夸张性引申最终的确是命名的扩展,因而是一种语言现象。隐喻,尤其是新颖的隐喻,是一种话语现象,是一种不同寻常的归属关系。雅科布松的普遍化模式只能完全抹去这种差别,因为在符号一元论中符号性话语的这种差别本身被降到最低限度。我们应该注意到,在雅科布松看来,组合发生在信码中或信息中,而选择是在通过信码联系起来的实体之间。选择本身要做到自由,它就必须源于一种原始的组合,这种组合是由语境创造的并因此有别于在信码中预先形成的

---

① 《语言的两个方面与失语症的两种类型》,法译本,第 66 页。
② 丰塔尼埃:《话语的形象化表达》,第 79 页。
③ "语言学家和人类学家的共同语言",法译本,前引书,第 41 页。

组合。换言之，我们恰恰要到不同寻常的意群联系的领域中，到新的纯粹语境的组合中去寻找隐喻的秘密。

勒格恩[①]对雅科布松的观点的重新表述能更好地回应以前对最初模式的批评吗？我已多次参考这本重要著作，现在是对它进行全面考察的时候了。

勒格恩既对雅科布松的范畴进行了重新解释，又做了两点重要补充。除了重新解释外，这些补充还对我们刚刚对雅科布松的分析的异议做了部分的回应。

重新解释涉及对选择和组合这两种方法的定义。如果一种方法取决于"内部"关系，另一种方法取决于"外部"关系，我们就必须在内在语言学的意义上去理解"内部"一词，从与现实的超语言学层次相关的意义上去理解"外部"一词。如果情况的确如此，就可能将雅科布松对选择—替代与组合—结构的区分与弗雷格对意义与指称的区分重叠起来。隐喻只涉及语言的实质即意义关系，换喻则改变指称关系本身（第 44 页）。这种重新解释的优点在于，它将根据意义而进行的分析从支配指称对象层次的逻辑的束缚下彻底解放出来。由隐喻机械论所运用的意义变化仅仅涉及被使用的词干的语义成分的内部排列。指称对象的假设一旦遭到破坏，格雷马的语义分析就可以直接用于选择活动。[②] 雅科布松已经指出这种活动与应用于信码的具有元语言学特征的活动之间的密切联系。正是基于这一点，对隐喻可以通过"隐匿，更确切地说通过给被使用的词干的部分语义成分加括号"来解释（第 15 页）。相比之下，换喻则求助于意群的选择，这种选择超出了语言的内部范例结构的范围。我们不妨回顾一下这两个层次的区别：说"吃蛋糕"而不说"吃水果"确立了一种语言实体与一种超语言现实之间的联系，在这里我们不难把这种现实与我们看到的那种物质对象的心理表象"区分开来"（第 14 页）。这就是换喻发挥作用的层次。它实际上在于"由一种超语言学关系重新联系起来的两种对象之间的指

① 勒格恩：《隐喻与换喻的语义学》，巴黎，拉鲁斯出版社，1973 年版。

② 格雷马：《结构语义学——方法研究》，巴黎，拉鲁斯出版社，1966 年版。

称转换，不与具体语言的语义结构相联系的共同经验揭示了这种关系"（第25页）。指称的作用在对包含换喻的信息进行解释时得到了证明。为了理解这一点，我们始终必须回到语境所提供的信息并且在作为省略的陈述中补充这种信息。如果将换喻看作一种像其他比喻那样的偏差，这种偏差就不过是涉及指称关系本身的一种省略。

将指称概念引入对换喻的说明为将提喻还原为换喻提供了牢固基础。在雅科布松那里，这种还原是隐含着的，而在勒格恩那里，这种还原则显而易见。但是它的前提是把提喻分为两种修辞格：部分与整体的提喻（用航行表示船）以及属与种的提喻（以吃苹果表示吃水果）。只有前者运用了与换喻相同的指称转移以及与换喻相同的陈述省略。但是它有这样一个重要保留：在换喻中，指称转换胜过了省略步骤。

雅科布松的图式所需要的隐喻与换喻的两极性由此得到了捍卫。

在我看来，这种重新解释增加了新的困难，而没有真正解决雅科布松向两极图式所进行的弹性还原所提出的问题。句法组合与指称功能之间的明显联系仍然令人困惑。作者承认：他在这里所说的指称关系具有"二值"特征，因为"它既运用了将各种因素与意群轴心联系起来的语言的内在组合，也运用了在言语链的要素与外在于信息本身的现实性之间建立的一致性"（第24页）。在此，我们比作者从弗雷格对意义与指称所作的区分所设想的更进一步，因为弗雷格意义上的指称仅仅与这种二值关系的两个方面相一致。由此可以得出对意群组合与指称关系之间的相关性的某种模糊看法。①

如果我们必须将这里所说的指称功能一分为二，那么，为什么不能在隐喻活动中找到这种相同的二值特征呢？为什么后者不同时运用内在于语言的语义结构以及它与外在于信息的现实的一致性呢？我们的确已经看到《普通修辞学》的作者们将对象的考虑引入了语义的构成。②

———

① 勒格恩乐于谈论这两种功能的"亲缘关系"，谈论它们的"相互关联"，据说，这就是"同一种结构的两个互补的方面"（第28页）。

② 参见"第四研究"第4节。我们将回过头来讨论指称问题（"第七研究"）。我们把指称不仅理解为命名层次的一致性，而且理解为对属于整个陈述的现实的描述。参见《普通修辞学》对显性隐喻与明喻的讨论。"第五研究"，第229页。

因此,勒格恩的分析只有以增加语义分析中的指称活动方面的困难为代价才能澄清雅科布松的分析。但是,对雅科布松的隐喻分析的异议仍然存在。对纯粹的词汇学分析来说,隐喻仅仅是一种抽象现象。但后者表示一个运用整个陈述的动力学的过程的终点。实际上,如果在一个词的引申义与语境的同位意义之间,用格雷马的话说,在它与一个陈述或陈述的一部分的语义同质性之间无法看到一种偏差,就不会存在隐喻。勒格恩将语义抽象以及相对于同位素的偏差这两种现象与理论的两种不同因素进行对比从而将它们联系起来。从产生信息的观点看,隐喻的结构被解释为"给使用的词干的部分语义成分加上括号"。而从读者或听众对这种信息进行解释的观点看(第15-16页),对语境的考虑是必不可少的。只有当我们首先发现词干的非引申义与语境的其他方面之间的不一致性时,对隐喻的解释才有可能。作者认为这是与换喻的一个重要差别。构成换喻的词干一般不被看作外在于同位素的东西:"相反,只要隐喻是活的隐喻并且成为形象化比喻,它就会立即与包含它的文本同位素无关。"(第16页)因此,为了解释隐喻,我们必须将与语境格格不入的特点从本义中排除出去。

如果事情的确如此,我们能将与语境的同位素相关的偏差功能限于对信息的解释并为信息的产生保留语义抽象的结构吗?对信息的解释必不可少的东西对信息的产生也必不可少吗?一切表明,在将信息的产生与解释进行区分时,这位作者回避了陈述的动力与它在语词层次的意义效应之间的关系问题。由于整个陈述层次上的语义不一致性被从对修辞格的纯粹语义学定义中排除出去,这种语义的不一致性也被从解释结构的说明中清除出去,这种说明同时也成了单纯的心理学说明:"语义的不一致性起着信号的作用,它要求接受者在词干的语义成分中去选择那些与语境一致的成分。"(第16页)然而,勒格恩所进行的非常明显的细致分析表明,语义的不一致性并不仅仅是解释的信号并且事实上是产生过程本身的要素。

将名词隐喻的核心分析扩展到形容词隐喻和动词隐喻首次在修

辞格的产生过程中考虑到了语境问题(第16-20页)。当动词与形容词构成了带有名词的相同隐喻(点……火)时,动词隐喻与形容词隐喻就会产生减少名词隐喻所产生的逻辑断裂的突发性的效果。因此,语义的不一致性在这里成了隐喻产生过程的重要因素。作者本人表明了这一点:"它相对于稳喻名词的特殊性在于它相对于语境的较低自主程度。"(第19页)因此,语义的隐匿仅仅是一个运用整个陈述的过程的因素。这种因素也是被科恩描述为缩小偏差的因素,它本身以偏差的产生为前提,或如此处所说,以同位素的突然改变为前提。在以偏差的缩小去定义隐喻时我们恰恰忽视了这种预先存在的因素。

对隐喻与明喻的差别的出色分析(第52-65页)(我们以后将从类比的作用的观点出发再回过头来讨论这个问题)仍然强调将同位素的分裂纳入隐喻定义的必要性。实际上,不运用同位素的作用就不可能讨论隐喻与明喻的关系。量的比较或狭义上的比较(多于,与……一样)仍然停留在语境的同位素的范围内(我们只对可比较的事物进行比较)。质的比较或明喻(像……)与隐喻表现出与同位素的相同偏差。我们将会发现,隐喻与明喻的区别要到别的地方去寻求,但同位素的作用始终是根本的。我们不妨说,相对于语境的偏差不仅是指引解释的信号,而且是隐喻信息的构成要素。如果语义学不能在它自身的结构中保留它自身的层次所特有的一致性与不一致性,而这些不一致性与一致性无法还原为比喻的逻辑所运用的不一致性与一致性,那么,我们就不可能以勒格恩所要求的同样力量保持语义学相对于逻辑的那种特殊性(第63页及以下)。

将同位素的变化纳入隐喻定义的最终理由源于指称与涵义的关系,这种关系是勒格恩对雅科布松的观点的重要补充。在勒格恩看来,在隐喻中纯粹的指称现象即我们以语义的还原所确定的现象与内涵现象结合在一起,而这种内涵现象与外在于陈述的狭义的逻辑功能无关。隐喻中的内涵功能通过"联想的意象"所起的作用表现出来,而这种联想的意象是一种心理学的涵义并且是一种有限制的必须接受的涵义(第21页)。作者坚持这样的事实:此种因素并未给消息的狭义信息增加任何东西。[①] 实际上,"将一个外来词项引入语境的同位素"(第22页)会在语义抽象与联想意象的回忆中建立联系。如果在隐喻的定义中不考虑同位素的命运,我们如何才能做到这一点呢?

勒格恩对雅科布松的二分法模式的重新解释以及他对这科模式的第一个重要补充使我们重新面临与对雅科布松的直接批评相同的要求,即要求在影响整个陈述的基本意群学过程的末尾重新置入语义还原现象。

对雅科布松的理论的第二个重要补充值得另作评论。

除了对修辞学描述的语言事实进行限定之外,除了意义与指称的区分以及对内涵与外延的区分进行补充之外,隐喻与换喻的语义学面临的任务是确定隐喻与基于相似性的所有方法的关系。一方面是象征与联觉,另一方面是比喻。与雅科布松不同的是,勒格恩并不认为相似性问题可以通过对选择方法的分析来解决。此外,在研究语义选择时并未引入相似性概念。这无疑是因为后者并未像索绪尔所做的那样包含相似领域内的选择,以致像格雷马的结构语义学表明的那样包含了语义成分的改变。采取积极的步骤可以比较明确地提出相似性问题,这种步骤可以抵消语义抽象的绝对消极现象——联想意象的作用。我们刚刚说过,这种联想意象的作用源于内涵而不是源于外延。

我们将进一步指出,相似性的作用与整个陈述的动力如何合在一起。然而,指称与内涵活动在替代理论的范围内预示着这一分析的许多特点。实际上,对现有的讨论来说,重要的是,在联想意象被引进的同时类比也被引进了,这种联想意象是属于同位素的一方与不属于同位素的一方即意象之间的关系。实际上,与意义的逻辑内核或指

---

① 我们将从陈述的指称功能的观点出发重新考虑指称与涵义之间的差别,到那时我们将讨论这一论断("第七研究")。在本研究的结尾,我们将讨论隐喻的狭义想象功能。在这里我们感兴趣的是指称与涵义共同发挥作用的方式。

称内核相关的意象发挥作用的方式,使我们能安排源于相似性的所有语言事实(我们注意到,这位作者就是在我们理解相似性的意义上来理解"类似"这个词)。勒格恩对语义学的发展是空前的、不可替代的。

首先,让我们来比较三种现象,即象征、隐喻和联觉。在象征(贝玑说,"信仰是一棵大树")中,象征借以描述其他事物的类似一致性取决于超语言学的关系,这种关系运用了对"树"的心理表象以便把它展开。对这种意象的相同知觉保留了陈述的逻辑信息。换言之,象征是一种被理智化的形象。因此,我们想指出的是,意象是类比推理的基础,这种推理是暗含的,但为陈述的解释所必需(第45页)。我想指出,照勒格恩的看法,象征酷似亚里士多德的类比隐喻或比例式的隐喻。它完全不同于狭义上的隐喻。在此,语义选择并不取决于形象的展现("隐喻的形象并不出现在陈述的逻辑结构中",第43页)。从这种意义上讲,意象是经联想而来的。我们丝毫不求助于类比推理的意识逻辑。正因如此,当人们使用隐喻时,并不出现在指称中的意象往往会减弱到难以发现的程度。至于联觉,它们取决于不同意义的性质之间在纯粹感觉上的类似性(比如兰波的十四行诗《元音字母》就将元音与颜色作类比)。我们有三种类比形式。隐喻在语义上的类似性处于符号在逻辑方面和超语言学方面的类似性与联觉上和基础语言学方面的类似性之间。

语义上的类似性相对于"通过理智来把握的类似性"的特殊性仍然可以通过别的区分,通过隐喻与明喻的区分来说明。对明喻要从质的相似性(类似于……)而不是从量的比较(多于……,少于……,与……一样)的意义上来理解。就像对表面结构的形式分析也许会让人想到的那样,隐喻并不是缩略的明喻。明喻与隐喻相关而不是与量的比较相关,因为两者都打破了语境的同位素现象。但明喻与隐喻并不以同样的方式恢复那种同位素现象。在作为明喻的比喻(雅克像驴一样固执)中并不出现意义的转移,所有语词都保留了它们的意义。各种表象本身仍然是不同的并且以近乎相等的强烈程度共存着。正因如此,"语义的不一致性丝毫感受不到"(第56页)。不同的词项也保留着它们的本质属性,而语义的抽象并没有进一步加强。基于同样的原因,意象的伴随物会非常丰富,意象本身则被赋予丰富的色彩。相反,在隐喻中,正如我们看到的那样,对不一致性的感知,对信息的解释是必要的。这种不一致性表现在显性隐喻(雅克是一头驴),隐含在隐性隐喻(简直是头驴!)。甚至暗含的不一致性仍然可以为比喻的解释提供根据。从形式上讲,类比构成了隐喻、象征和明喻的共同基础。理智化过程会遵循从隐喻到象征再从象征到明喻的发展顺序。类比关系是比喻中的逻辑工具。当它出现在意象之中时,它属于语义层次,而不属于逻辑层次。

但是,下述观点在我看来比给广泛而复杂的类比领域安排秩序更为重要:根据这一观点,语义的类似性似乎是语义的不一致性的反面。作者指出,它"被作为掩盖语义不一致性的唯一手段"(第58页)。与本质上并不源于语境的同位素现象的逻辑比较不同的是——我们只能对可比较的东西进行量上的比较——语义的类似性在属于语境同位素现象的因素与不属于这种现象并因此产生一种意象的因素之间建立了某种关系(第58页)。

我把我摘录的这段话看作整部著作中最为重要的东西。但是,在我看来,只有在隐喻陈述理论中而不是在隐喻—词干理论中,它才会展现出它的全部价值。正如本研究其余部分将会表明的那样,只有当意象不仅与对偏差的感知相联系而且与偏差的缩小相联系,也就是说与新的适当性的确立相联系(在语词层次上这种偏差的缩小仅仅是其结果),它才会获得严格的语义学地位。刚刚引用过的勒格恩的那段话表明了这一点。

但是,为了遵循这一思路,仍然必须像我们在本研究的第5、6节试图做的那样,详细说明意象的地位和联想意象概念的地位。在勒格恩那里,意象尤其要通过它与同位素现象的消极关系来定义。我们把它称为"外在于这种同位素现象并因此形成意象的因素"(第58页)。"因此,外在于语境的同位素的特性是意象的不变特点。"(同上)意象的作用与"外在于直接语境的同位素的词干的用法相似"（第53页）。但对意象的这种消极定义将意象的形象性悬置起来了。意象究竟是外在于为陈述提供根据的以信息为目的的心理表象（同上），还是"外在于直接的语境的同位素的词干"（同上）呢？简言之，在什么意义上，意象既是表象又是词干呢？

同样，意象的"联想"特性本身仍然被悬置着：它是心理特点还是语义特性呢？如果意象作为涵义的事实表示一种外在于逻辑信息的特点，那么，它就与意义的内容具有外在的联系。但从这种观点看，它如何才会有助于掩盖语义的不一致性呢？简言之，它如何才会处于同位素与语义学之外呢？这意味着追问类似性如何才会"形成意象"。实际上，在隐喻中起作用的类似性在什么方面才会成为语义的根据呢？在这里，勒格恩的分析要通过另一种分析来完善才会令人信服，而这种分析应当将意象的作用与偏差的缩小更彻底地结合起来。在勒格恩那里，联想的意象作为意象冒着成为超语言学事实的危险。如果它被认作语言事实，它就会由于只是联想的东西而冒着成为外在于陈述的因素的危险。这种外在立场仅仅涉及第一阶段，即对偏差的感知阶段。在第二阶段，它不再需要缩小偏差的阶段。然而，第二阶段包含对问题的解决并且有理由为了确定联想意象的作用而讨论语义的类似性。①

---

① 勒格恩的如此丰富和如此具有洞察力的著作使我们对其他题目感兴趣。在确定属于修辞学领域的语言事实并确定隐喻相对于类似性的其他表达方式的地位之后，这位作者对动机进行了分析。这种解释被纳入了一种理论，这种理论拒绝将他赋予换喻的指称内容给予隐喻，至少在命名层次上是如此。它也因为指称与涵义之间的关系而被人们所接受。心理学内涵本身需要通过动机来解释。我们将会回过头来讨论这个问题（见"第七研究"），我们也会追问对动机的研究是否可以代替对指称的研究。但是为了考虑归属关系的指称，我们应当赋予指称一种不同于命名的简单指称的意义。最后，在发生另一场关于"死的"隐喻在哲学中的作用的论争之际，我们将会回想起关于隐喻的词化的重要评论（见"第八研究"第3节）。

2. 隐喻的"形象"因素

在修辞学史上,替代与相似性之间缔结的协定会解除吗?这一理论的简短历史似乎否认可以将相似性与替代理论分离开来并把它与相互作用理论结合起来。就我所知,只有一个重要的作者即保罗·亨利(Paul Henle)①做过这样的尝试。他在盎格鲁-撒克逊人中发生了重要影响,尽管这种影响与理查兹的影响不能相提并论。但是,在他之后,在理查兹提出的相互作用理论中,张力概念、逻辑谬误概念似乎替代了相似性概念,而相似性被毫不含糊地从替代领域中排除出去。因此,回顾亨利的分析以便衡量一下它在最近遭到驳斥的程度与关键所在是耐人寻味的。

亨利一开始便在某种意义上对亚里士多德的定义进行了重新表述,这一定义在未明确形成隐喻的谓词理论的情况下描述了要求将它与命名分离开来并把它与述谓活动联系起来的所有特点。

我们不妨将隐喻称为"由宇宙意义向引申义的转移"。如果我们想保留这一定义的一般内容,我们首先不能把意义的改变这一概念限于名称,甚至不能限于语词,而要推广到所有符号。此外,我们必须将字面意义概念与本义概念分开:任何词义都是字面意义,因此,隐喻意义并非语词意义,它是语境创造的意义。我们还必须保留亚里士多德的定义的广泛适用性,这一定义包括提喻、换喻、反讽和曲言法,也

---

① 保罗·亨利:"隐喻",载亨利、阿伯编:《语言、思想与文化》,密歇根大学出版社,1958年版,第7章,第173-195页。《美国哲学协会西部分会会刊》(1953-1954年合刊)的开篇是"主席致辞",我们以后(第4节)要加以讨论的赫斯特的理论属于同一类问题。这篇论文则发表了"主席致辞",但作了修改。

就是说,包括通过话语以及在话语中出现的、由字面意义向引申义转换的所有形式。接下来我们要谈谈隐含着的发散性的特点,这一特点同时为相似性的上演准备了舞台:语词是"其字面意义的直接符号和引申义的间接符号"(第175页),从这种意义上讲,所有隐喻意义都是间接的。通过隐喻来说话也就是通过某种字面意义来表达另一层意思。这种特点超出了我们仍可以根据偏差和替代来解释的"转移"。这种间接性为通过从字面意义上理解的或不从字面意义上理解的其他语词来解述隐喻的可能性提供了根据,但这并不是因为解述可以穷尽它的意义。我们不必为了开始解述而完成解述。普通的隐喻与诗歌隐喻的差别并不在于一个可以解述而另一个不能解述,而在于对诗歌隐喻的解述是无穷无尽的。它之所以没有终结,恰恰是因为它能不断重新开始。如果隐喻能为长久的话语提供思想,那不是因为它本身就是简短的话语吗?

正是在这里,亨利引进了形象化的特点。按照他的看法,这种特点能说明隐喻在所有比喻中的地位。因此,我们要开始描述亚里士多德划分的第四类隐喻,即类比性的隐喻或比例式的隐喻。但我们必须对这种特点加以普遍化,使之大大超出四个项目的比例关系。它涉及两种观念之间的类似性,以致一种情形要通过与之相似的另一种情形来表达或描述。① 这位作者借用皮尔斯的"象形"(icône)概念来表示这种普遍的类似性。形象的主要作用在于包容被同时克服了的内在二元性。济慈的诗写道:

> 孤寂而坐,
> 讨厌的思绪笼罩着我忧郁的心灵。②

在这句诗中,"笼罩"这一隐喻表达把悲伤描述成仿佛用外套包着的心

---

① 亨利援引伯克的这一声明:"隐喻是根据他物来看待某物的修辞手法……隐喻向我们表明从另一种物质的观点来考虑的某一种性质。从B的观点来考虑,A当然是把B作为对A的观察点。"见《关于动机的语法》,第503-504页,转引自前引书,第192页。
② 济慈:"希望",载《诗集》,1817年;转引自亨利:前引书,第176页。

灵。因此,比喻性话语是一种"导致我们在考虑某种类似的东西时想到这种东西的话语。这一点构成了能指的形象方面"(第 177 页)。亨利在这里明显认识到的危险在于将隐喻理论引入了印象(在休谟的弱的感觉印象的意义上)理论的死胡同。当我们注意到"如果隐喻中有形象因素,那么,同样明显的是这种形象并非呈现出来的而是被描述出来的"(同上),我们就可以避免这种危险。感觉印象并不展现任何东西。一切东西都出现在语言中,不管它们是作家心灵的联想,还是读者心灵的想象。亨利继续非常谨慎地写道:"呈现出来的东西就是构造形象的样式。"(第 178 页)我们由此想到"创造性的"想象,康德为了将它与图式辨别开来而将它与再生的想象区分开来,而再生的想象是构造意象的方法。

因此,我们可以按照两种语义关系来分析隐喻。实际上,表达式首先在字面上起作用:为了对皮尔斯的狭义符号进行重新描述,要以此发现某种对象或某种情境的规则。它在间接表示另一种类似的情境时通过形象发挥作用。因为形象描述并不是一意象,它可能指向新的相似性,这里的相似性要么是质的相似性、结构的相似性、局部的相似性,要么是情境的相似性,要么是情感的相似性。每一次,被意指的事物都被看作形象所描述的东西。形象描述包含建立、扩大类似结构的能力。

这种发展的能力将隐喻与通过直接表达而穷尽自身的其他比喻区分开来。相反,隐喻要么通过给新的对象命名提供指导,要么通过为抽象的语词提供具体的相似性而扩充词汇。(这样,cosmos 这个词在表示马的禀性或马具之后,相继表示军队的队形、宇宙的秩序。)但是词汇的扩大很少是这种发展能力的结果:我们可以通过这种相似性来应对新的情况。如果隐喻丝毫不增加对世界的描述,至少它会增加我们的感知方式。这便是隐喻的诗意功能。后者取决于相似性,但这是情感层次的相似性:通过用一种情境来象征另一种情境,隐喻将情感融入了被象征的情境,而这些情感与起象征作用的情境联系。在"情感的这种转移"中,情感间的相似性是由情境的相似性引发的:因此,在诗歌的功能中,隐喻将双重意义的能力从认识扩大到了情感。

我们可能会对下面这一点感到遗憾:在将情感与描述对立起来时,作者最终向情感主义的隐喻理论做了让步,并丧失了一种分析的部分优势,这种分析完全承认相似的活动与认识层面的发展能力之间的联系。[①]

不管对隐喻作用的最终解释是什么,亨利的分析的主要优点在于,它并未迫使我们在谓词理论与形象理论之间进行选择。在我看来,这就是"第六研究"的要点所在。而且,我们并未看出我们怎样才能在不依据述谓关系的情况下表达形象理论。亨利显然发现,隐喻—比喻是一种"隐喻陈述"(第181页)。实际上,只有完整的陈述能够通过将某物的形象符号化来指称某物或某种情境(如上所述,符号化要从皮尔斯的意义上,即从约定俗成的符号的意义上去理解)。在这种陈述中,"一些词项将形象符号化,另一些词项则将被形象化的东西符号化"[②](同上)。(马克斯·布莱克的看法没有什么两样:隐喻需要语词的组合,在这种组合中,有些词项要从字面意义上理解,另一些要从隐喻上理解。)这种对比性的构造如此重要,以致它一方面足以把隐喻与明喻区分开来,另一方面足以把隐喻与讽喻区分开来。在明喻中,每一项都不能从比喻意义上去理解,并且两个系列的词项之间具有相似性;而在讽喻中,所有词项都要从比喻意义上去理解,并因此产生了表现出同等一贯性的两种类似解释。

这种分析并不强行在逻辑谬误理论与形象理论之间做出选择。字面层次的冲突(第183页)导致我们到词义之外去寻求某种意义。如果语境使我们能保持某些词项的字面意义,它就会妨碍我们为其他词项保留这种字面意义。但隐喻仍然不是冲突,隐喻毋宁是对这种冲突的解决。我们必须在语境提供的某些线索的基础上确定哪些词项可以用比喻方式进行理解,对哪些词项不能进行这样的理解。因此,

---

① 在"第七研究"中,我将提出一种对隐喻的诗意功能所特有的"情感转移"的本体论解释,而不仅仅提出对这种"情感转移"的心理学解释。

② 关于隐喻与象征(在《恶的象征》出版以来我使用这个词的意义上)的关系,我参考了我的论文"言语与象征",载《宗教学杂志》,第49卷,1975年1-2月号,第142-161页。

我们必须设想(第185页)情境之间的类似性,它将指引从一种情境向另一种情境的形象转换。这一工作在习惯性的隐喻中已没有用处,在那里,文化习俗决定着某些表达式的比喻意义。只有在活的隐喻中我们才可以看到这一工作的效用。

我们几近承认,语义冲突与形象功能构成了同一过程的正反两面。

3. 对相似性的诉讼

尽管亨利的文章包含精辟的建议,但关于隐喻的谓词理论的近期历史表明了对相似性问题的兴趣的消失和解释的进展,在这种解释中,隐喻绝没有起决定性作用。我们可以制定对相似性的检控书进行理解的方式。

这一诉讼的主要证据是替代与相似性在隐喻的问题史上长期同居。雅科布松的出色概括只能证明这样的判断:用一个词项代替另一词项的所有方式都出现在相似性的领域中。相反,相互作用与任何关系都不矛盾。内容—表达手段的关系仍然指称"真正被思想的东西或被表达的东西"与"我们将它比作的东西"之间的相似性。但语境之间比较广泛的和解观念可以忽略这种指称。① 这便是马克斯·布莱克采取的途径:在将相互作用理论与替代理论进行强烈对比时,在将替代理论的结果与比喻理论的结果联系起来时,他准备得出这样的结论:"意义随语境而变化具有各种各样的根据,但有时甚至没有根据。"②至于这种相互联系的常识体系在这个主题上的应用,我们可以不诉诸词项的类似性而对它进行描述。在比尔兹利那里出现了相似性的全面衰退:一切事情的发生都显得像逻辑谬误代替了隐喻解释中的类似性。前者迫使我们放弃基本意义层次并且在涵义的总体中寻找可以产生意义归属关系的层次。③

---

① 见"第三研究"第 2 节。
② 马克斯·布莱克:前引书,第 43 页。参见"第三研究"第 3 节。
③ 参见"第三研究"第 4 节。

第二个论据可以这样来表述——即便类似性是隐喻陈述利用的关系,它也不能说明什么问题,因为它与其说是陈述的原因还不如说是它的结果:在以前人们从未想到要加以对比和比较的两个事物之间突然可以发现某种相似性。正因如此,相互作用理论被迫考虑相似性本身,但它由于害怕陷入恶性循环而没有将相似性纳入解释。将隐喻谓词应用于这个主词毋宁可以比作一道屏幕或一种过滤器,这种过滤器在选择、排除和组织这一主词中的各种意义。类似性并不包含在这种应用中。

第三个论据是:相似性与类似性是意义含混的词,它们会给分析带来混乱。亚里士多德对它们的用法①似乎证实了针对相似性的逻辑弱点的这种论据。我们在亚里士多德那里至少可以发现这个词的三种用法(如果我们考虑到将在第四个论据中提到的补充意义的话,我们甚至能发现四种用法)。这个词的唯一严格用法与亚里士多德不断称之为类比的东西是一致的。它是一种比例关系。《尼各马可伦理学》(V,6)对它下了这样的定义:它是"一种相等的比例关系……至少包括四个项"(1131a31)。但比例式的隐喻并不规定隐喻的类,而仅仅规定第四个种。明喻接近它的第一种意义。《修辞学》(III,10,1407a

11-20)明确提到了这种密切关系,尽管存在这样一个事实:在明喻中关系是单一的而不是双重的。但明喻并非隐喻的基础:《诗学》忽略了明喻,《修辞学》则使之从属于隐喻。

由于没有明确提到比例和明喻的逻辑,亚里士多德在《诗学》的结尾宣称:"最为重要的事情就是使用隐喻。这是唯一不能教会的事情:它是天才的标志,因为善于使用隐喻就是发现相似性。"这种笼统的声明包括四种隐喻,因而涵盖了名称转移的全部领域。但是发现相似性意味着什么呢?《修辞学》(III,11,5)暗示说,"相似性"就是"相同性",即类的同一性:"我们必须从适当但不明显的事物中得出隐喻,正如在

---

① 我们可以将对亚里士多德的下述参考文献重新放在"第一研究"加以阐述的亚里士多德的隐喻理论的框架中。要特别指出的是,关于"明喻",可参见"第一研究"第 3 节;关于"浮现在眼前",可参见第 44-45 页;关于"将无生命的东西描述为有生命的东西",可参见第 45 页。

哲学中发现相距遥远的事物的相似性证明了人的睿智一样。正因为如此,阿契塔说,仲裁者与教会是同一个东西,因为两者都是受到不公正对待者的避难所。"(1412a 11 – 14)如何将这种相似性的普遍作用与特殊的类比推理或隐喻调和起来呢? 在这种普遍的作用的层面上,如何使"相似性"与"相同性"一致起来呢?

第四个论据是:一种较为严重的模糊性如果不影响相似项本身至少会影响最常见的联系方式之一。相似在某种意义上也就是……的肖像。关于画像或照片,我们难道不能不偏不倚地说它们就是原形的肖像或相似物吗? 相似性与肖像之间的接近性反映在某种文学批评中(肯定反映在古人的文学批评中)。对文学批评来说,探询作者的隐喻也就是发现其熟悉的印象,理解他的视觉印象、听觉印象以及一般的感觉印象。在此,相似性便由抽象过渡到具体,具体的印象则与它所说明的观念相似。相似性是进行描述的东西的特性,是广义上的画像的特性。这种新的模糊性似乎在亚里士多德本人那里得到了某种支持:他不是说生动的隐喻是"浮现在眼前"的隐喻吗? 他在与比例式的隐喻相同的语境中碰巧提到过这种特性,但这位作者并未表明这两种特性之间的某种联系。在确定相等关系(即计算)与"使某物浮现在眼前"(使某物显示出来)之间有何共同之处呢? 我们可以合理地提出这样的问题:这种模糊性是否会同样隐藏在亨利对隐喻的形象性的描述之中。不管怎样,根据一种观念来描述另一种观念,始终是显示它利用对第二种观念的较为生动的显现来表明第一种观念吗? 进而言之,提供一种显现方式,使话语显示出来难道不属于比喻活动本身吗?[①] 如果情况果真如此,那么,在以这种方式开辟的那个领域的两个极端之间,在比例性的逻辑与形象性的图片之间存在什么样的联系呢?

所有这些模糊性似乎集中于一个中心问题:是什么造成了隐喻的隐喻性呢? 相似性概念有能力在不破坏自身的情况下选择比例、比喻、对相似性(或相同性)的把握、形象性吗? 或者说,我们必须承认它

---

① 关于"显示",参见"第五研究"第 2 节(论比喻)。

仅仅掩盖了一种定义或一种解释的最初困境,而这种解释只能产生隐喻的隐喻(在亚里士多德那里是关于运送的隐喻,在理查兹那里是关于工具的隐喻,在布莱克那里是屏幕、过滤器、透镜的隐喻)？所有这些隐喻并不会使我们具有讽刺意味地回到起点,回到转移的隐喻,回到改变地点的隐喻吗?①

---

① 下述难题使我们要结束对勒格恩的《隐喻与换喻的语义学》的讨论：我们要问的是,联想意象在什么意义上是一种语言学实体?

4. 为相似性辩护

我打算表明：

a）相似性是一种在张力理论中比在替代理论中更为必要的因素；

b）它不仅是隐喻陈述所建构的东西，而且是指导和产生这种陈述的东西；

c）它可以接受能克服上面所谴责的模糊性的逻辑地位；

d）对相似性的形象特征应重新表述如下：想象本身成了隐喻陈述的狭义语义学因素。

a）因提出反对将相似性纳入隐喻的逻辑地位论据而犯的最初错误在于相信张力、相互作用、逻辑矛盾这些概念使隐喻的作用变成了多余的东西。让我们回到在隐喻表达式中起作用的语言策略，这种隐喻表达式像矛盾修辞法（活的死人，清楚的模糊性）一样简单。它通过字面意义构成了一个谜，隐喻意义则提供了解谜的办法。但是，在这个谜中，张力、矛盾仅仅表示问题的形式，表示我们可以称之为语义学挑战的东西，或像科恩所说的那样表示"语义的不适当性"。隐喻意义本身并不是语义冲突，而是回应这种挑战的新的适当性。用比尔兹利的话说，隐喻源于被破坏的自我矛盾的陈述——有意义的自我矛盾的陈述。相似性正是在这种意义的转换中起作用。但是，只有当我们脱离相似性与替代之间那具有纯粹符号学特征的联合，以转向相似性的狭义语义学方面——我指的是与句子（或在矛盾修辞法中起作用的复合表达式）构成的话语事件中不可分离的功能，这种作用才会表现出来。换言之,相似性为了通过隐喻达到某种目的,应当成为谓词的归属特征而不是名称的替代特征。词项之间的语义"近似性"形成了新的适当性,尽管这些词项之间有"距离"。到那时"遥远的"事物突然间显得彼此"邻近"。① 当亚里士多德考虑到贴切的隐喻各种优点中的"适当性"(《修辞学》,III,1404b 3)优点[他在其中看到了一种"和谐"的方式(同上书,1405a 10)]时,他发现了相似性的这种严格的述谓效应。由于提防这些"生僻"的隐喻,他建议,根据"具有同源关系"和"本质上相似的"东西中形成隐喻,这样,一旦形成了陈述,它就明显地"具有同源性"(同上书,1405a 37)。②

这种同源性概念十分重要。既然我们承认隐喻能起启发作用,那么,用隐喻的方式来表达它就没有大的弊端。此外,"远"与"近"的隐喻不过是"运送"的隐喻的继续:"运送"意味着接近,意味着缩短距离。同源性概念趋向具有前概念特征的"家族相似"观念,在隐喻过程中相似性的逻辑地位可以与这种观念联系起来。

随后的几段文字打开了这道突破口。至少我们已经获得了初步的看法,即,张力、矛盾、论争不过是使隐喻"显得有意义"的接近方式的反面。第二个看法是:相似性本身就是一种述谓事实,它出现在因矛盾而处于紧张关系中的各词项之间。③

---

① 瓦莱里在 1935 年 1 月号的《新法兰西杂志》的一篇文章中提到过"这类故意犯的错误",这些错误就是比喻。见《全集》,拉普雷亚德出版社,第 1 卷,第 1289 - 1290 页。转引自亨利的《换喻与隐喻》,第 8 页。这位作者(在"第六研究"第 4 节中我们将花更长篇幅讨论他的观点)引用了诗人勒韦迪的这个十分恰当的评论:"意象是心灵的纯粹创造——它并不源于比较,而是源于两种遥远的现实性的接近——两种接近的现实性的对比越鲜明和恰当,意象就越强烈——它就越能激发人的情感并且越有诗意的实在性。"转引自亨利:前引书,第 57 页。克洛代尔(《杂志》,拉普雷亚德出版社,第 1 卷,第 42 页)也说:"隐喻就像推理一样起收集的作用,但走得更远。"(转引自亨利:前引书,第 69 页注释 26)

② 在亚里士多德那里,从其他上下文中可以发现隐喻可以缩短逻辑的属之间的"距离"。因此,隐喻与谜语接近:"一般说来,我们能根据巧妙谜语得出恰当的隐喻,因为隐喻包含谜语,因此,我们显然在此恰当地进行了转换。"(《修辞学》,III,1405b 4 - 5)。这点同样适用于隐喻与反衬之间的接近,在那里,反衬与相似性要放在一起理解(同上书,1410b 35;1411b 2)。

③ 替代理论并未发现这种机制,因为它是从隐性隐喻出发,而这种隐喻从形式上看仅限于用出现的词项来代替不出现的词项(济慈的诗曾提到被忧伤"笼罩"的心灵,亨(转下页)

b) 在此,人们会提出这样的异议:相似性不宜用作新的适当性的理由或原因,因为它源于陈述以及陈述所进行的对比。对这种异议的回应使我们陷入了一种很可能给隐喻理论带来新的理解的悖论。惠尔赖特在他的著作《隐喻与实在》①(在"第七研究"中我将花更长的篇幅讨论这个问题)中非常接近解决这一悖论。这位作者主张区分epiphore(名称转移)与diaphor(名称互换)。我们还记得名称转移是亚里士多德的术语。它是指转换、转移本身,也就是说,是指统一的过程,是发生在陌生的观念(因相距遥远而陌生观念)之间的那种同化过程。这种统一的过程本身源于某种统觉——某种洞察力——它属于"看"的范畴。亚里士多德说"善于使用隐喻意味着发现相似性——凝视相似性,注目于相似性"。名称转移就是这种一瞥和天性:这是教不会的和拦不住的。② 然而,没有名称互换就没有名称转移;没有建构就没有直观。实际上,直观的过程在使遥远的东西接近时包含不可还原的散漫因素。"注视着相似性"的亚里士多德也是研究比例式的隐喻的理论家,在这种隐喻中,相似性与其说是看出来的还不如说是建构出来的[虽然就像 homoïôs ekheï 这个古希腊词(指以相似的方式活动)所表明的那样,相似性本身以某种方式在起作用。《诗学》,1457b20]。马克斯·布莱克通过另一种隐喻,即屏幕、过滤器和透镜的隐喻同样表达了这种散漫因素,以表明谓词如何选择和组织主词的某些方面。因此,以统觉的语言即视觉的语言和建构的语言对隐喻进行解释不存在任何矛盾。它既是"天才的禀赋"又是从"比率"中看出这种特

(接上页)利认为,济慈应该在这首诗中加上"外套"一词)。但是隐性的隐喻的动力仅仅由显性隐喻来揭示。在那里,陈述的各个词项之间的相互影响导致用出现的词项代替不出现的词项。

① 惠尔赖特:《隐喻与实在》,第72页及以下。

② 埃斯诺在隐喻中发现了一种"自我传达的直观"(转引自亨利:前引书,第55页):它是"直线性的直观",由于这种直观,"心灵证明了直观的和具体的同一性"(同上书,第57页)。我们将根据自身的理解来运用这种证明。我们把直观因素中的这种转移作为"意象"的第一种意义。亨利在概括直觉主义的传统时明确指出:"由于产生于感知的反应,(隐喻)是从想象出发到达想象的新的直观。对被感知事物的快乐的注视准备了丰富的因素,在那里产生了一种活生生的综合,它使两种因素的相互影响成为现实。"(前引书,第59页)

点的几何学技巧。

我们可以说,我们离开语义学是为了与心理学联姻吗? 首先,得到心理学的教导并不羞耻。当心理学成为关于操作的心理学而不是关于原理的心理学时尤其如此。当格式塔心理学被应用于新的现象以表明结构的全部改变经过了突然的直观阶段时,格式塔心理学在这一点上很有启发性,而在突然的直观中新的结构源于以前的结构的遗忘和改变。其次,在天才与计算之间、直观与建构之间的这种心理状态的悖论实际上也是纯粹语义学的悖论:在话语实例中,它涉及谓词的赋予过程的奇异特征。就此而言,我们可以在古德曼那里发现了一种有趣的辩护(仍然是隐喻的隐喻):他指出,隐喻是"重贴标签"。但这种重贴标签的活动显得像"具有过去时的谓词与一边保证一边退让的对象之间的温柔爱情"。① 一边保证一边退让,就是以隐喻的形式出现的悖论:保证维持着古老的婚姻——文字上的认定。这匆匆一瞥从离异之外发现了相似性。

c) 最后这个悖论也许包含对相似性的逻辑地位的异议作出回应的钥匙。因为如果我们可以表明相似关系是上述同化作用的别名,那么适用于同化作用的东西也适用于相似关系。

我们还记得对相似性的逻辑弱点的指责:除了差别之外······任何东西都与别的东西相似!

剩下的解决办法是:将关系建立在操作活动模式的基础上并将操作活动的悖论与这种关系联系起来。相似性的概念结构显然将同一性与差别性对立和统一起来。亚里士多德将"相似性"表述为"相同性"并不是由于疏忽:从差异性中看出相同性也就是看出"相似性"。②

---

① 古德曼:《艺术的语言——符号理论研究》,第69页。

② 关于相同性与相似性,参见《形而上学》卷第9章:"相似性被用来形容在所有方面具有相同属性的事物,形容其相似性多于差异性的事物,以及具有相同性质的事物。最后,用来形容与另一个事物分享更多的或更重要的对立面而又与另一事物相似的事物。由于这些对立面,事物容易发生改变。"(1018a 15 - 18)"相似"一词的第二种意义似乎特别适合于隐喻。

但隐喻揭示了"相似性"的逻辑结构,因为在隐喻陈述中尽管存在差别,尽管存在矛盾,我们仍可以发现相似性。相似性也是与述谓活动一致的逻辑范畴,而在述谓活动中,"接近"遇到了"远离"的抵抗。换言之,隐喻表明了相似性的作用,因为在隐喻陈述中字面上的矛盾保留了差别。"相同性"与"差别性"不仅混合在一起,而且相互对立。通过这种特殊性,谜语处于隐喻的中心。在隐喻中,尽管有差别性,但"相同性"仍发挥作用。

不同的作者以这样或那样的方式发现了这种特点,①但我想把这一观念再推上一个台阶——甚至推上两个台阶。

如果我们可以将隐喻中的相似性解释为同一性和差异性相互冲突的场所,我们难道不能根据这种模式说明能从中产生备受指责的模糊性的隐喻种类的多样性吗? 我们应当追问,从什么方面说,从属到种、从种到属、从种到种的转移是名称转移的形式(反映了引起争议的相似性的相同单元)呢?

杜伯纳在《隐喻的神话》②中已经指点了问题的答案。他发现,在隐喻陈述出现的情形相当于赖尔所说的范畴错误,这种错误在于"用适合于某个范畴的术语来描述另一个范畴的事实"。③ 对隐喻的定义并没有根本区别:它在于,用描述另一个相似的事物的词语去描述某个事物。我们试图表明隐喻是故意犯的范畴错误。从这种观点看,亚里士多德的四个种被重新结合起来。这一点对于前三个种来说是显而易见的:将种的名称赋予属等等显然逾越了有关的词项在概念上

---

① 因此,赫希伯格的《隐喻的结构》(载《凯尼恩评论》,1943 年)主张隐喻"涉及在其他方面不相似的事物的相似性"(第 434 页)。其"张力"在于,诗歌要求解释者考虑各种对象之间的不相似性与相似性:"在感知隐喻的各种对象之间的相似性,一个人会渴求一种审美体验,并且如果诗歌允许的话,还要努力将尽可能多的明显的不相似性纳入其中。"(同上)调和对立并保持其张力对形成诗歌的体验同样是必要的。伯格伦在同样意义上宣称,隐喻"构成了使我们将各种现象和各种观点结合起来而又不牺牲它们的多样性的必要原则"(《隐喻的使用与滥用》,第一部分,载《形而上学评论》第 16 卷,1962 年 12 月到 1963 年 3 月第 2 期和第 3 期合刊,第 237 页)。

② 杜伯纳:《隐喻的神话》,耶鲁大学出版社,1962 年版(增补版,南卡罗来纳大学出版社,1970 年),第 12 页。

③ 赖尔:《心的概念》,伦敦,哈钦森出版公司,1949 年版,第 8 页。

的界限。但是,比例式的隐喻包含同样的错误。因为对亚里士多德来说隐喻并非类似性本身,即,不是比例的相等性。它毋宁是在比例关系的基础上将第二个项的名称转用于第四个项,或将第四个项的名称用于第二个项。因此,亚里士多德的四个类就是故意犯的范畴错误。

同样的构造使得我们可以考虑在亚里士多德那里隐喻相对于明喻的优先性。隐喻实际上是直接说"这个(是)那个"(《修辞学》,III,1410 b 19)。对谓词的这种应用尽管不恰当,但构成了隐喻所表达的知识。明喻则提供了更多的东西。它是一种解述,这种解述减轻了异乎寻常的归属的力量。正因为如此,布莱克和比尔兹利对明喻的指责无法触及隐喻,而隐喻不仅是明喻的缩略形式,而且是它的致动因。①

范畴错误的观念已经接近实现目标。我们难道不能说在隐喻中起作用的语言策略在于消除一些逻辑界限并且为了表明以前的分类妨碍我们认识一些新的相似性而确定一些(新的)逻辑界限呢? 换言之,隐喻的力量在于打破以前的分类,以便在原有界限的废墟上建立新的界限。

总之,我们难道不能假设开辟穿越既定范畴的道路的思想动力也就是产生所有分类的动力吗? 我们之所以在这里谈论假设,是因为我们无法直接达到属与类的这一源头。观察与反思往往很晚才能到达这一源头。因此,正是通过一种有赖于推论的哲学想象,我们可以提出,首先作为一种偏离既有词义的现象而出现的,我们称之为隐喻的话语的形象化表达,与产生所有"语义场"并因此产生隐喻所偏离惯用法本身的过程是一致的。"使人看出相似性"的活动就是"显示'属'的

① 在这一点上我与勒格恩完全走到了一起(前引书,第 52 - 65 页):明喻的相似性取决于对类比的逻辑用法。这是隐含的推理。狭义上的隐喻取决于对类比的纯粹语义学用法:这是 in praesentia 隐喻的异乎寻常的归属关系清楚地表达的直接转移。但是我唯一的保留涉及"类比"一词的用法以便将这些不同的用法包括在内。我宁愿用"相似性"(ressemblance),它是从"相似的"(semblable)这个词派生的名词。"类比"这个词应当用来表示亚里士多德的"类比",或四个项目的比例关系(类比隐喻就基于这种关系,这种隐喻是比喻关系的第二项与第四项之间的交叉转换),或用来表示中世纪形而上学的 analogia entis(存在类比)。"类比"一词的最后这种词义就是最后一篇研究"第 2 节"所讨论的对象。

活动"。在亚里士多德那里也是如此。如果我们的确可以了解我们所不知道的那种东西,那么,"使人看出相似性"就意味着在差异中形成"属"并且没有通过概念的超越性而超出差异。亚里士多德所说的"同源性"概念就是这个意思。隐喻使我们能为概念的把握提供一个预备阶段,因为在隐喻的过程中,向"属"的运动因对差异的抵制而中断了,并在某种程度上被形象化表达所掩盖。正是通过这种方式,隐喻显示了在语义场的构造过程中发挥作用的动力,加达默尔把这种动力称为基本的"隐喻性",①它通过相似性而与概念的起源融合在一起。首先,在逻辑的类的规则支配个人之前,家族相似就把他们结合在一起。隐喻——话语的形象化表达——通过同一性与差异性之间的冲突而公开地描述了这样的过程:这一过程通过将差别融入同一性以隐蔽的方式产生语义场。

这种最终概括使我们能重新进行一度被中断的讨论,这种讨论涉及雅科布松的隐喻过程概念。像雅科布松一样(但在某种意义上又不同于他),我们提出了一种"隐喻过程"概念,对这种概念来说,修辞学的比喻起着启示者的作用。但与雅科布松不同的是,在隐喻中可能被概括的东西并不是它的替代本质,而是它的述谓本质。雅科布松概括了一种符号学现象,即以一个词项来代替另一词项的现象。我们则概括了一种语义学现象,即通过异乎寻常的属性而实现了两个语义场的相互同化。同样,语言的"隐喻极"由于属于纯粹的谓词类型或系词类型,而不以换喻极作为对立面。两极之间的对称被打破了。换喻——表示另一个名称的名称——仍然是一种符号学过程,也许甚至是符号领域的明显的替代现象。隐喻——异乎寻常的归属——是邦弗尼斯特的意义上的语义学过程,也许甚至是话语实例层面上明显的遗传现象。

d) 幻象和发散性的相同悖论确立相似关系的模型乃是现在这种悖论可以作为消除第四个异议的指南。它涉及作为形象描述,作为描

---

① 加达默尔:《真理与方法》,第三部分,第 406 页及以下。

述抽象关系的形象化比喻的相似性的地位。大家还记得,这个问题源于亚里士多德对"使……浮现在眼前"的隐喻能力的看法。亨利的形象理论和勒格恩的"联想意象"概念完整地提出了这个问题。但是我们也发现,语义学分析越是服从逻辑语法,它就越要避免恢复意象概念。这一概念被认为与一种错误的心理学具有十分密切的联系。

问题恰恰是要了解隐喻形象的因素是否与所有语义学考察无关,我们是否能从相似性的矛盾结构出发来考虑这个问题。想象涉及同一性与差异性之间的冲突吗?

的确,我们在这里仍然没有论及想象的可以感知的方面、准感性的方面,在下一节里我们将考察这个方面。我们有兴趣首先将想象的非语词的内核加上括号,也就是说,将从准视觉、准听觉、准触觉和准嗅觉意义上来理解的想象物加上括号。从语义学理论的观点,亦即从字面层次的观点来解决想象问题的唯一方式就是从康德意义上的创造性的想象开始考察,并且尽可能长久地推迟对再生的想象问题、对想象物问题的解决。想象被视为图式,它表现了语词的维度。在成为减弱的知觉对象的场所之前,它就成了新生的意义的场所。因此,正如图式是范畴的模型一样,形象是语义的新的适当性的模型,这种语义的适当性产生于受到冲击的语义场的瓦解。

在将这条新线索与以前的思想之束连接起来时,我要指出的是,形象因素包含语词的方面,因为它在差别性中并且不顾各种差别对同一性把握,但这是按前概念的形式而进行的把握。亚里士多德的"看"——"看出相似性"在被康德的图式以这样的方式显示出来时与形象因素似乎没有什么不同:指明"属"的存在;把握相隔遥远的项目之间的密切关系就是把它们浮现在眼前。隐喻似乎是一种图式,隐喻的归属关系就是在这种图式中形成的。这种图式使得想象成了引申义在同一性和差异性中出现的地方。隐喻在话语中成了可以看见这种图式的地方。因为同一性与差异性并不结合在一起而是相互冲突的。

这种关于隐喻归属的图式概念还能使我们重新考虑一个悬而未

决的问题：我们还记得，亚里士多德认为陈述可以显示话语。丰塔尼埃则把形象比作形体的外观。但关于隐喻归属的图式概念充分考虑到了这种现象：图式是显示归属关系的东西，是赋予它形体的东西。正是这种述谓过程"形成意象"。它是语义类似性的载体。这样，它有助于解决在字面意义层次上被发现的语义的不一致性。

这意味着意象所提出的问题已被完全解决了吗？我们的确仅仅把形象化比喻的词语方面作为同一性与差异性的综合的图式吸收进来。"使—看见"本身意味着什么呢？是"浮现在眼前"吗？是形象的形象性吗？我们必须承认这种分析留下了剩余物，它就是意象本身。

然而，在我们专注于创造性想象的图式时，如果不能将意象本身纳入语义学理论，至少可以探明语义学与心理学之间的界限，在那里语词与非语词的东西结合在一起。①

---

① 布雷东在思考乔吉的著作时使用了一种可以比作对想象物、图式和意象进行排序的方法。他使这三个主语从属于象征，而象征本身源于"界限"与"非界限"之间的间隔问题，它推动着一种解释活动并且开辟了一条路线。这条路线通过上面提到的三段式表现出来：依靠图式的想象物造成了意象（布雷东："象征、图式、想象。论乔吉的著作"，载《卢汶哲学杂志》，1972年2月号，第63－92页）。布雷东的思考与我将意象纳入语义更新的领域的尝试不无关系。然而，作为象征概念的前提的间隔概念运用了差异性观念（它超出了本研究的范围）并且与"第八研究"所阐述的本体论具有更加密切的关系。

5. 隐喻的心理—语言学

探测语义学和心理学之间的界限的根本方法就是在那里建立一门交叉学科——心理—语言学。将意象纳入对隐喻的狭义语义学运用的目的并非仅仅表明它的必要性。转换概念乃是比喻理论的永恒主题,它牵涉到将一些使心理学和语言学的综合考虑合理化的行为。我们将在本节中考虑这一动机,而将对意象本身的心理—语言学考察留到以后。

对隐喻所涉及的活动进行心理—语言学探讨所遵循的原则值得考察。我们不会重新采用语言学要极力摆脱的那种描述方式与说明的方式吗?丝毫不会。这里涉及的心理—语言学并不是前语言学,而是后语言学:它的目的实际上是将语义场的成分分析和贯穿这些语义场的精神活动结合在一门新学科中。因此,这门学科不会受到人们以前对心理学的那种公正批评。心理学的两个缺陷是,关注内容(意象、概念)甚于关注活动,以及对这些内容之间的关系进行机械的描述(因此提供了观念的联想的连续表达方式)。这是一门新学科,它源于完全特殊的语义分析的结果以及对在亚语言学层次上的理解活动所作的描述。

就修辞格而言,埃斯诺[①]是一个先驱。他发现,修辞格所涉及的活动可以归结为增加或限制外延(即一个概念适用的实体数目)或内涵(即形成一个概念的性质的数量)的能力。按照他的看法,提喻不过是外延的变化,隐喻与换喻则是内涵的改变。这两种修辞格的差别在

[①] 埃斯诺:《民众的想象——西方的隐喻》,巴黎,法国大学出版社,1925 年。

于,换喻遵循事物的顺序并且是通过分析来进行,而隐喻则通过一种始于想象并止于想象的反应综合地直观地运用内涵。正因为如此,与涉及事实中的联系的换喻相比,隐喻所确立的想象的等价物会对实在造成更多的歪曲。但是,埃斯诺缺乏心理—语言学的方法论工具,即,正如我们刚才所说,他没有将操作理论与场论结合起来。

亨利(Albert Henry)的著作《换喻与隐喻》①试图满足这一双重要求,此外,它还表达了对我们不会重视的狭义风格学的关切。实际上,在他眼里,它所提出的"心理—语言学的根据是一种健全的风格学分析必不可少的基础"(第 21 页)。这部著作之于心理—语言学就好比康拉德的著作之于逻辑—语言学。按照亨利的看法,只有一种心灵活动在提喻—换喻—隐喻这个三一式中起作用:这种活动在简单的程度上表现在换喻(和提喻)中,在次要的程度上表现在隐喻中。正因为如此,我们必须首先研究换喻中的这种活动。

正如埃斯诺看到的那样,这种活动是知觉的综合,而此种综合使心灵能集中或分散审视的目光(第 23 页)。修辞格仅仅是在语言学层次上将这种独一无二的活动的意义效应进行制度化的不同方式。

如果换喻的确简单地表现了这种活动,那么,这种换喻又如何呢?此处涉及波蒂埃②和格雷马③的语义分析。如果我们将语义场称为由概念实体的基本要素构成的整体,那么,我们就可以对这个语义场有一个全面的了解。"通过换喻,对语义场进行全面了解的心灵专注于一种语义并且指出概念实体,这种实体乃是它通过语词而进行注视的对象。当结构被视为概念实体时,它就通过纯粹的语言学实在来表达语义。"(第 25 页)因此,我们把一块印有路易国王的图像的硬币称为"路易"。我们要考虑三个方面的问题:构成语义场的表达方式的语言事实,"心灵所进行的或多或少自由的以及或多或少快乐的理解"

---

① 亨利:《换喻与隐喻》,巴黎,克兰克西克出版社,1971 年版。

② 波蒂埃:《走向现代语义学》,载斯特拉斯堡大学语义学与罗曼语文学研究中心出版的《语言学与文学杂志》,第 2 册,第 1 章(1964 年)。见《语言学描述。理论基础》巴黎,克兰克西克出版社,1967 年版。

③ 格雷马:《结构语义学》,巴黎,拉鲁斯出版社,1966 年版。

（第 25 页），给心灵关注的语义所涉及的对象命名。①

我们可以发现我们自身的研究的兴趣所在：当我们从活动方面而不仅从结构方面探讨现象时，我们可以将死的比喻与新生的比喻区分开来，与新的换喻区分开来，用布兰维利耶（Brinvilliers）的话讲，这种新的换喻涉及"能动的进行选择的知觉"（第 30 页），布兰维利耶在谈到毒药盒时指出"在这个盒子中有过不少遗产"。风格学对这种基于活动差别的区分寄予厚望。②

同时，当比喻词处于形容词的位置（喝令人快活的葡萄酒）时，我们可以暂时注意到述谓活动在操作中所起的作用："述谓活动是语言学方法，它使换喻这种语义学现象能表现出来。"（第 33 页）在批评中我们不会忘记这一特点。③

这就是基本的"创造机制"：语义的集中。这也是这种机制在修辞格层次的简单表达：换喻。

在何种意义上隐喻像埃斯诺看到的那样是改变内涵的相同能力的变种呢？在这里这位先驱缺乏技术工具。因为他无法超越分析的方式与直观的、想象的、综合的方式之间的纯心理学的对立。这种语言学的中间阶段使我们能将隐喻建立在换喻的基础上，而换喻是双重的和重叠的。④

采取这一途径并不意味着采取另一种途径，即传统修辞学的途径，而传统修辞学将隐喻与缩略的明喻等同起来。在这一点上，这位

---

① 我暂不讨论换喻与提喻的区别，亨利把这种区别归结为意义场与语义场或联想场之间的细微区别（第 25 - 26 页）："换喻与提喻是一种基本修辞格（聚集与邻近的形象化比喻）的不同形态。它们并不是因它们的逻辑而是因它们的应用领域而不同。"（第 26 页）

② 我们可以通过这种方式否认巴利在《法语风格学论文》第 197 页中的评价，他在修辞格中只会看到"思想的懒惰"与"表达的懒惰"。

③ 我把建立在心理语言学基础上的风格学的重要发展存而不论。我仅仅指出，佩斯对逻辑系列的研究，对主要特征的研究，最后，对"语调一致性"的兴趣——即对适应语境能力的兴趣——不再考虑单词，甚至不考虑句子，而是考虑整部著作（第 49 页）。风格与著作之间的联系引发了一些我们只会在"第七研究"中加以探讨的问题。

④ 埃斯泰夫甚至比埃斯诺更早预料到："我们看到，由于换喻或提喻具有某种共同性，隐喻不断以对象之间的转移来补充它们。"埃斯泰夫：《对文学表达的哲学研究》，巴黎，1938年。转引自亨利：前引书，第 65 页。

作者在勒格恩之前就提出了以下论点：明喻并非修辞格，因为它既不表示偏差，也不表示替代；它并不导致新的命名；最后，它是一种狭义的理智活动，这一活动并不触及被比较的各个词项（第 59 - 63 页）。

既然隐喻并非缩略的明喻，那么，是什么使得我们能把隐喻看作"以简捷的方式对双重换喻的综合"（第 66 页）呢？

为了表明这一点，我们从亚里士多德的第四类修辞格，即类比性隐喻出发——这位作者将它作为主要的东西（而康拉德从逻辑语义学的观点出发将种与种的关系放在优先地位）。当雨果写到"马耳他有三层防御，有一个个堡垒，有一艘艘战船和英勇的骑士"，他通过穿越堡垒的语义场并专注于"保护"这一词义提出了第一种换喻；他通过使用"护甲"一词提出第二种换喻；然后，他提出了余下两种特征的等值性；最后，他以对象的名称（"护甲"），即以具有共同性质（"保护"）的整个语义场的象征来表达这种思想的等值性。

但综合表现在什么地方呢？ 在此，作者提供了一系列的近义词，虽然英语国家的评论家使用的"屏幕"、"过滤器"、"透镜"和"立体观察"本身就具有隐喻性。同样，他提到"通过话语创造一种主观的近义词的换喻性重叠关系"（第 66 页）。他还用图表的方式，描述了两个层次（语义场）的这种重叠关系，标明了两个焦点，并且画了一个从两个层次的中心穿过的箭头。在对该图表发表评论时，他指出："在隐喻中有双重的聚焦，有对观察点的纵向轴的确切说明。"（第 68 页）确切地讲，这就是斯坦福的立体观察法。[①] 当他说"隐喻词项被隐喻词赋予它自身的全部涵义（部分是明晰的，部分是模糊的）时"，这可以使这种形象化比喻更加完整。这种超负荷的形象化比喻导致了具有"隐喻密度"的形象化比喻的产生（第 67 页）。形象化比喻在惯用的表达方式中起支配作用，这种表达方式对所有观点作了绝妙的概括："唯一的基本比喻就是邻近性的比喻。在第一等级，它通过换喻和提喻来实现；在第二个等级，它通过隐喻来丰富和充实自己。"（第 69 页）

---

① 斯坦福：《希腊的隐喻——理论与实践研究》，牛津，布莱克韦尔出版社，1936 年版，第 105 页。

在提出被严格应用于这部著作的心理—语言学基础的一些评论时,我试图指出,我并未对它采取应有的公正态度,而这部著作不仅提出了这些心理—语言学的基本概念,而且在其基础上建立了狭义的风格学大厦。我试图提出,我为什么要摘去这一著作的花冠并删除对"隐喻的风格学地位"的非常丰富的分析(第114-139页)。根据风格学的观点,我们应当把新的话语单元即文学作品看作参照系。但是我们的所有讨论处在语词与句子之间。新的问题显然与这种层次变化联系在一起。我们将把层次变化留到"第七研究"中去讨论。正因为如此,我仅仅指出一些确保从语义学层次过渡到风格学层次的分析(除非这部著作不说明心理—语言学与风格学的关系)。

就换喻而言,风格学观点把修辞格的组合看成是第一位的东西。正如我们在佩斯那里看到的那样,对比和赘言与配对、联结、联环、编制一起表现出来。由此我们会重返里法特尔对隐喻的分析(第121页)。将这些隐喻的复合体纳入一部著作,要么是通过叙事结构来实现,要么,更简单地说,是通过以隐喻方式而开辟的广阔的语义场的结构来实现。因此,隐喻对"复杂的风格学有机体"(第139页)的从属关系可以在著作的层面上得到理解。也正是在这个层面上,作者确定了隐喻的个人表达的意义,它的婉转语言的狭义诗学功能(第130页),而没有遗忘其纯粹理智的和辩证的功能(第132页)。因此,在被精辟分析过(第135页)的《恶之花》的两首十四行诗中,两种象征的结合(大海—彗发与航船—心灵)要实现"从彗发到遥远天空的宇宙的开放"(同上)就需要整个隐喻的复合体。我们需要整首诗来打开一个世界并且"集中创造运动着的宇宙的和谐"(同上)。我们在"第七研究"中将会重新讨论这类问题。

我的批评丝毫不涉及隐喻的心理—语言学原则。这种混合方法再一次一方面受到构成转换的活动的完美证明,另一方面受到这种活动与形象化比喻的结合的完美证明。我们所分析的著作几乎没有提供考虑第二种赌注的机会。它完全适合对第一种赌注的讨论。

我想指出的是,在心理学与语言学的混合中,只有部分语言学资源,即语义分析得到了开发,另一部分资源,科恩承认的那个方面,即语义适当性与不适当性的领域则被忽视了。将隐喻归结为换喻就是将操作理论与语义场(它缺乏狭义语义学因素)理论以不同比例加以混合的结果。

我们不妨做点预备性的评论:这种评论也许只是语词方面的争论,但它在以后的讨论中会得到更大的重视。严格地讲,两种语义聚集的局部性活动(构成隐喻的等价物建立在它们的基础上)就是换喻吗?如果我们依靠上述定义,那么,只有当聚集导致名称的改变时,换喻才会成为一种修辞格;如果它不导致名称的改变,就不会有偏差,也不会有修辞格。但是这里的情形并非如此:换喻并非作为修辞格而只是作为聚集,作为新命名的抽象被纳入隐喻。因此,只有源于整个过程的隐喻才会成为修辞格。毫无疑问,我们可以谈论换喻的聚集(第76页),它会使我们想到,这种聚集与产生被称为换喻的修辞格的那种聚焦是相同的。隐喻与换喻仍然是两种不同的修辞格。

但是,主要的困难涉及等值性本身的地位,涉及重要的现象,我们看到,这种现象的周围是一系列生动的隐喻:重叠、超载、变厚。它曾被直接称为"起整合作用的认同"(第71页)。人们期待对这种"起整合作用的认同"进行心理—语言学的分析,也就是说,既对它进行心理学分析又进行语言学分析。实际上,语言学的方面无法还原为语言符号的命名活动(通过应用有关的事物),这种"符号表示整个语义场"(第69页)。正如樊索夫和他之后的康拉德所看到的那样,表达层次的替代仅仅是以等值物为基础的最终活动,这个等值物就是基本活动。语言学方面再也不能归结为双重的换喻:当提供双重的换喻时等值性是显而易见的。但是,所有隐喻手段意味着运用近似性,正是这种近似性推动我们去寻求能同化遥远的东西的语义。因此,对等值性的运用导致我们求助于被不确切地称为换喻的两种局部活动。如果心灵对一个语义场作了全面了解并且专注于某某语义,那是因为,正如科恩发现的那样,整个过程发生在有待减少的不适当性与有待建立的新的适当性之间。两种"换喻"仅仅是一个具体过程的抽象阶段并且受间距和接近游戏的支配。正因为如此,它们在这里不是作为修辞格,而是作为一个过程的环节,这个过程的统一性属于语义学层次(在我们为了把它与符号学对比而赋予这个词的意义上)。

我们刚刚表明,如果人们将起整合作用的认同活动的语义学性质与近似性所消除的"距离的语义学性质联系起来,起整合作用的认同活动的语义学性质就会显示出来"。在这种意义上,心理—语言学必须将语义的不适当性概念纳入它的操作理论中。正如科恩的理论缺乏对适当性的确立进行相应的语义学分析一样(能缩小话语偏差的语言偏差概念并不能弥补这一缺陷[①]),亨利的起整合作用的认同活动可以符合科恩的缺乏新的适当性的概念。

但是,如果对隐喻的"机制论"的研究不能直接达到等价的心理—语言学内核,那么,研究作为另一章的对象的"形态学"(第74-114页)可以间接地达到这一内核。实际上,这种研究将重点从双重换喻明显地转向两种换喻关系的等值性本身。人们的确会担心这样的情形:形态学(恰恰因为它是形态学而不是机械论)被包含在仅仅保留了运算的痕迹的代数中。当它将"被表达的项目数"(第85页)作为指导线索时尤其如此。这位作者实际上坚持 $a/b = a'/b'$ 这个方程式,在这个方程式中,狭义上的隐喻项处在 a 的位置,它被作为前语言学或亚语言学描述的图式,表达式把它现实化并且充实它的内容(第82页)。在此基础上,对四词项隐喻、三词项隐喻、二词项隐喻(甚至一词项隐喻)的不断考察会穷尽理论的所有可能性。这一图式很有可能仅仅保留已解决问题的样式。

然而,分析的细节显示出操作活动的几个不太明显的特点。因此,二词项隐喻——正如我们对显性隐喻的看法不断证明的那样——在一定程度上揭示了等值性的范围,正是这种等值性范围将二词项隐喻与数学等式区分开来。从形式上讲,两个词项构成的隐喻包含对完整比例的两个项目的省略。这些项目可能是 a 和 a':在"你的嘴唇

---

① 在科恩那里,语言偏差毋宁类似于命名的改变。亨利和康拉德已经指出,命名源于对两个语义场的两个重叠中心之间的同一性的了解。

（a′）的燃烧着的灌木丛"（a）中，我们必须恢复"闪烁的火焰"（b）和"红色"（b′）。这些（省略的）词项可能是 a 与 b′，以所有格形式出现的动词隐喻或形容词隐喻就是如此。如在"大海向他微笑"中，我们也可以完成四个词项："笑"（a）/人（b）＝闪耀（a′）/大海（b′）。如果说这一公式形式上是四词项隐喻的公式，那么，二词项隐喻的功能因为在呈现出的词项之间已经建立的联系而具有某种特殊性。因此 a 的 a′并不具有等同关系的述谓意义，而具有从属关系的述谓意义（第 91 页），a 的 b′则获得了显然不同于等同关系的意义的多样性（同一性，同一性的基本特征，从属关系等等）。尤其值得注意的是，"在名词与动词或形容词之间并不存在可能的等同关系"（第 93 页）。b′的 a 的名词隐喻本身就类似于动词隐喻或形容词隐喻（第 94 页）。但是，要断定动词或形容词隐喻并不构成特殊的隐喻范畴，在这里引用语言学的强制性是不够的，它强调动词有赖于从本义上理解的名词，这样，动词就只起隐喻作用（第 95 页）。这种深层的语言学结构仅仅说明这类隐喻的正常类型是 ab′。它并不说明述谓关系不是认同关系。正是这一特点将述谓关系分开。推而广之，"是"、"称为"、"命名"、"做"、"认作"或"代表"也不是认同关系。这些关系本质上是系词关系。

"狭义上的隐喻的语义融合"（第 108 页）最终将两种比例的代数式的同一性更加突出地显示出来。

我们将把最后的评论置于本节开头提到的第二个心理—语言学问题的核心。亨利将"隐喻表达式的中心问题"中的三种因素辨别开来："双重的换喻活动，认同关系与想象的错觉。"（第 82 页）我们已经讨论过第二种因素与第一种因素的关系。接下来涉及第三种因素与第二种因素的关系，在以亨利的心理—语言学为基础的风格学中这种关系并非特殊的观察对象。

6. 形象与意象

建立一门关于幻象的心理—语言学可能吗？按照第4节的分析，如果语义学停留于想象的词语表达方面，心理—语言学能够超越这一界限并将意象的可感知方面与关于隐喻的语义学理论结合起来吗？我们已对这个方面存而不论，以便将意象的这个最接近词语表达层面的方面纳入其中，我们用准康德的术语将这个方面称为隐喻的图式化。

我打算根据赫斯特的有趣的著作来考察这一问题。① 这部著作的确不能被称为心理—语言学著作。但它既是维特根斯坦意义上的语言学，又是英美精神哲学传统意义上的心理学。然而，它所涉及的问题——"说"与"看作"之间的联结——乃是我们在前一节所说的意义上的心理—语言学问题。

乍一看，这一尝试与第三篇论文讲述的语义学理论背道而驰。这种语义学理论不仅反对将隐喻完全归结为心理意象，而且反对让被视为心理学因素的意象完全进入本身被看作逻辑语法的语义学理论。正因为付出了这样的代价，相似性游戏才能被纳入谓词演算的范围，即被纳入话语的范围。但是，紧接着会提出这样的问题：如果不从想象过渡到话语，我们是否不能并且不应该做相反的尝试并把意象看作语义学理论的最终因素，而这一因素曾被作为最初因素予以抛弃。

以前的分析提出过这一问题。在一个重要问题上，这一分析容忍表明意象的空洞性的基本缺陷。它未能考虑隐喻的感性因素。在亚

---

① 赫斯特：《诗歌隐喻的意义》，海牙，穆东出版社，1967年版。

里士多德那里,这一因素通过隐喻的生动性特点,通过浮现在眼前的能力来表现。在丰塔尼埃那里,它隐含在对隐喻的定义中,即,隐喻意味着用人们更熟悉的另一个观念的符号来表示某种观念。理查兹因为提出了手段—内容的关系的观念而接近这一定义。传达手段与内容的相似关系并不像一种观念与另一种观念的关系,而是像意象与抽象意义的关系。亨利更加清楚地认识到意象因素与隐喻的形象特征的联系。在法语文献中,勒格恩因为提出了"联想意象"概念而朝这个方向走得最远。但是,传达手段与形象的这一具体的感性的方面在布莱克的相互作用理论中恰恰被排除了。在理查兹的区分中剩下的唯一东西是中心—框架这一述谓关系,这种关系本身被分解为"主要主词"和"附属主词";最后,布莱克所说的"联想的常识体系"概念,比尔兹利的"内涵系列"概念,都不一定表示意象的显现。所有这些术语表示词语意义的各个方面。我对相似性的辩护的确最终实现了对隐喻的形象因素的某种恢复。但这种恢复并未超越形象的词语方面,也没有超越相似性的纯粹逻辑学概念,而相似性又被看作同一性与差异性的统一体。同样确实无疑的是,某种想象概念伴随着图象因素。但这种想象概念被谨慎地限于康德的创造性想象。在这种意义上说,有关隐喻的归属关系的图形论概念并未违反语义学理论即词义理论的限制。

我们可以进一步给语义学理论增添创造性想象本身不可缺少的感性因素吗?我们明白这一建议所碰到的阻碍:我们在这样做时不是在向心理主义这只恶狼打开语义学的羊圈之门吗?这一异议十分重要。但我们也不必提出相反的问题:语义学与心理学之间必然无限地存在着鸿沟吗?隐喻理论似乎提供了重新认识它们的共同界限的典型机会。事实上,逻辑因素与词语因素之间的联系,如果愿意,也可以称为词语因素与非词语因素之间的联系,正以我们将要阐述的独一无二的方式在其中发挥作用。正是由于这种联系,隐喻才获得了本质上属于它的具体性。对心理主义的恐惧不应妨碍以康德式的批判的先验方式寻找心理学在语义学中的嵌入点——以语言来表达意和感性因素的地方。我本人的有效假设是，前面提出的关于系词的图形论观念，在语义学与心理学的临界线上，构成了想象的事物在隐喻语义学理论中的锚地。我正是心怀这一假设开始探讨赫斯特的理论。

理论有赖于英国文学批评家所熟悉的那些分析，这些分析适用于一般的诗歌语言，而不适用于个别隐喻。这些分析一致赞扬诗歌语言的感性方面，感觉方面，甚至赞扬它的色情方面，即隐喻的逻辑语法从它的领域中排除的那些东西。赫斯特从一系列分析中保留了三个主题。

首先，诗歌语言表达了意义与感觉之间的某种"融合"，正是这种融合将诗歌语言与非诗歌语言区分开来。在非诗歌语言中，符号的任意的约定特征尽可能将意义与感觉分离开来。在赫斯特眼里，第一个特点构成了对维特根斯坦的《哲学研究》中的意义观念的反驳，至少构成了对这种观念的修正（该书第一章详细阐释的这一理论强调意义与其载体的距离，强调意义与事物之间的距离）。赫斯特宣称，维特根斯坦仅仅提出了日常语言理论，而将诗歌语言排除在外。

第二个主题：与具有全面的指称特点的日常语言不同，在诗歌语言中，意义与感觉的搭配往往产生一种自我封闭的对象。在诗歌语言中，符号被"打量"，而不是被"看穿"；换言之，这种语言本身不成为通向现实的桥梁，而是像雕刻家使用的大理石那样的"材料"。我们要顺便指出的是，第二个主题（在"第七研究"中我们再详细讨论这个主题）接近雅科布松对"诗歌"的描绘。在雅科布松看来，诗歌的功能本质上在于通过牺牲指称功能来突显信息本身。

最后，第三个特点，即诗歌语言的这种自我封闭性，使它能够表达一种虚假的体验。正如苏珊·兰格[①]所说，诗歌语言"表达了一种虚拟的生活体验"。诺思罗普·弗赖伊把这样的情感称为情绪，[②]这种情感由具有向心力而非离心力的语言赋予形式并且只是这种语言所表达

---

① 苏珊·兰格：《哲学新解》，纽约，新美国书屋，1951年版；剑桥（马萨诸塞州），哈佛大学出版社，1957年版。

② 诺思罗普·弗赖伊：《对批评的剖析》，普林斯顿大学出版社，1957年版。

的东西本身。

　　这三个特点——意义与感觉的融合，成为"材料"的深度语言，这种非指称语言所表达的经验的虚拟性——可能用图像概念来概括，这个概念显然不同于亨利的概念，温萨特在《词语的图像》[1]中对这一概念大加赞赏。这种拜占庭人崇拜的图像，这种词语的图像，在于意义与感觉的融合；它也是与雕刻相似的坚硬的对象，一旦被剥夺了指称功能并被归结为不透明的外观，语言也会成为这样的对象。最后，它表达了完全内在的体验。

　　赫斯特采纳了这个出发点，但是，他从根本上将感性概念转向想象物的方向。这种改变寓于非常原始的阅读观念中，这种观念既适用于整首诗歌也适用于在某种程度上具有局部性的隐喻。他说，诗歌是阅读对象（见《作为阅读对象的诗歌》，第 117 页）。这位作者将阅读比作胡塞尔的悬置（époché），它在悬置对自然现实的全部立场时，解除了所有材料的原始权利。阅读也是对所有现实的悬置并且是"向文本的积极开放"（第 131 页）。这种作为悬置和开放的阅读概念支配着对以前的主题的全新安排。

　　就第一个主题而言，阅读活动表明，诗歌语言的本质特点不是意义与声音的融合，而是意义与被唤起的一系列意象的融合。正是这种融合构成了真正的"意义的图像性"。赫斯特毫不犹豫地把意象理解为在记忆中被唤起的感觉印象，或者像维利克和沃伦所说的那样，理解为一些"感觉的遗留表象"。[2] 诗歌语言乃是维特根斯坦所说的语言游戏，在这种语言游戏中，语词的目的是唤起和激发各种意象。不仅意义与声音通过图像在相互关联中发挥作用，而且意义本身通过这种发展成意象的能力而成为图像性的东西。这种图像性表达了阅读行为的两种特点：悬置与开放。一方面，意象显然是对自然现实的中性化的结果，另一方面，意象的展现就是"发生"的某种事情。意义向它

---

① 温萨特和比尔兹利：《词语的图像》，肯塔基大学出版社，1954 年版。
② 维利克和沃伦：《文学理论》，纽约，哈考特、布雷斯与世界出版社，1949 年版，1956 年版；法译本，巴黎，瑟伊出版社，1971 年版。

不断开放并为解释提供了无限广阔的领域。通过这种意象之流,我们的确可以说,阅读就是将原始权利赋予所有材料。在诗中,向文本开放就是向由感觉解放了的想象物开放。

第一个主题的修改源于我们所说的感觉主义的词语图像观念,这一主题的修改伴随着第二个主题与第三个主题的修改。温萨特、弗赖伊和其他人所描述的这种非指称的自我封闭的对象乃是被赋予想象物的意义。因为除了由意义激起的想象物之外我们从外界得不到任何东西。从这种观点看,只有当我们不仅使隐喻与图像相一致,而且把这种图像解释为虚构的东西本身时,诗歌语言的非指称理论才可能完成。正是想象物特有的悬置再次从词语图像中取消了对经验现实的所有指称。也正是这种想象物通过它的准观察的特征维持了准经验的特征,维持了虚拟经验的特征,简言之,维持了与阅读诗歌作品相联系的幻象的特征。

在以下的讨论中,我将完全撇开这两个主题:非指称性和虚拟经验的特征。它们涉及指称问题、实在性问题和真理问题,我们决定在将意义问题与指称问题完全区分开来的同时对这类问题存而不论。①而且,赫斯特对诗歌的非指称特征的否定并不像表面上那样显得毫不含糊。虚拟经验概念间接地重新引入了与现实的"相关性",这一点矛盾地弥补了与现实的差别和距离,而与现实的这种差别与距离构成语词图像的特征。赫斯特甚至偶尔受到霍斯珀斯(Hospers)对"关于……的真理与对……来说的真理"的区分的诱惑。②例如,当莎士比亚把时间比作乞丐时,他忠实于具有深刻人情味的时间的现实性。因此,我们必须保留这样的可能性:隐喻并不限于悬置自然的现实性,相反,在敞开想象物的意义时,它也打开了现实性的维度,这种现实性维度与日常语言在自然现实性的名义下所涉及的东西并不一致。在"第七研究"中我将努力延续这一思路。因此,当我们在这一点上遵循

---

① 关于意义与指称,可参见"第三研究",见第100-101页,以及"第七研究"。
② 霍斯珀斯:《艺术中的意义与真理》,查珀尔希尔,北卡罗来纳大学出版社,1948年版。

赫斯特本人的建议时,①我们将限于讨论意义问题而将真理问题排除在外。对问题的这种限制同样把我们带回到第一个主题:"意义"与"感觉"的融合,这种融合从此被理解为意义在想象物中的图像化的展开。

将意象或想象物(赫斯特交替运用"意象"和"想象物")引入隐喻理论所提出的基本问题涉及感性的因素因而也是非词语的因素在语义学理论中的地位。下述事实增加了问题的难度:与知觉不同的是,意象与一种"公开的"现实性无关,并且重新引入了被赫斯特承认的大师维特根斯坦所指责的那种"私人的"内心体验。因此,重要的是揭示意义与感觉之间的联系,这种联系可能与语义学理论相一致。

意义的图像性的第一个特点似乎使这种一致性容易实现:如此唤起或激起的意象并不是被观念的简单联想连接于意义之上的"自由"意象。但是,用理查兹在《文学批评原理》中使用的术语说,它是"被连接起来"的意象,即与"诗歌朗诵相联系的"意象(第118-119页)。与简单联想不同的是,这种图像性包含着意义对意象的控制;换言之,这是一种包含在语言本身中的想象物;它成了语言游戏本身的一部分。② 我觉得,这种由意义连接的想象物概念符合康德关于图式是建构意象的方法的观念。赫斯特意义上的词语图像也是建构意象的方法。事实上,诗人是通过唯一的语言游戏激起和塑造想象物的艺术家。

这个"被连接起来的"意象概念能完全避免心理主义的异议吗?人们可能会怀疑这一点。意义与感觉的融合被赫斯特理解为连接起来的意象而不是理解为现实的声音时,他对这种融合进行详细解释时采用的方法使得可感觉的因素与词语因素毫无关系。为了说明围绕语词的意象光环,他引用语词与其指称物在记忆中的联系,引用了使

---

① 赫斯特:前引书,第160-169页。

② 在相同的意义上,勒格恩强调,"被连接起来的意象"是一种不自由的、"强制性的"内涵,前引书,第21页。

基督教的十字架符号显示出某某意象链的历史与文化习俗,引用了由作者的意图赋予不同意象的那些陈旧格调。所有这些解释与其说是语义学的解释,还不如说是心理学的解释。

最令人满意的解释,并唯一能与语义学理论调和的解释是这样一种解释:赫斯特将这种解释与源于维特根斯坦的"看作"概念联系起来。这一主题构成了赫斯特对隐喻的图像理论的积极贡献。由于他明确地运用了相似性(概念),我有可能在本研究的结尾对他的观点进行讨论。

"看作"是什么呢?

由于"看作"是想象物得以实现的方式,它成了通过阅读活动来揭示的因素(第21页)。"看作"是表达手段与内容之间的积极联系:在诗歌的隐喻中,隐喻性表达手段是作为内容而存在的;只有从一种观点看而不是从所有观点看,才是如此。说明一种隐喻也就是列举适当的看法,根据这些看法,表达手段被"看作"内容。"看作"是使意义与意象成为一个整体的直观关系。

在维特根斯坦那里[1],"看作"并不涉及隐喻,甚至不涉及想象,至少就它与语言的关系而言是如此,在考察一些模糊的形象——比如,当我们看到既可以看作鸭子又可以看作兔子的形象时,维特根斯坦指出,说"我看到这个东西"是一回事,说"我把这个东西看作……"是另一回事。他还补充说,"把这个东西看作……"意味着"有这种意象"。当我们过渡到命令式(比如,我们说,"请想象这一点","不妨把那个图形看作这种东西")时,"看作"与想象之间的联系就更加明显。人们会说这是一个解释问题吗? 维特根斯坦说,不会,因为解释就是做出一种人们可以证实的假设。这里既无假设也无证实;人们直接说:"这是一只兔子。"因此,"看作"一半属于思想,一半属于体验。难道这不是表达了意义的图像性的相同混合物吗?[2]

---

① 维特根斯坦:《哲学研究》,第二部分,第11节。

② 我们可以发现勒格恩对逻辑比较与语义学类比的区分。

　　继奥尔德里奇(Virgil C. Aldrich)[1]之后，赫斯特打算对"看作"和诗歌语言的想象功能进行相互解释。维特根斯坦的"看作"因其想象方面而适合于做这种转换。相反，诗歌中的思想，按奥尔德里奇的说法，是一种"形象化的思想"；而语言的这种"描绘"能力也在于"看到一种形象"。在隐喻中，以乞丐的特点来描述时间就是把时间看作乞丐。这就是我们在解读隐喻时所做的事情。阅读就是确定这样一种关系：X 在某些意义上像 Y 但不是在全部意义上像 Y。

　　的确，维特根斯坦转而对隐喻进行分析导致了一个重要变化：在模糊的意象中，存在一种格式塔 B，它使我们要么能看到形象 A，要么能看到另一个形象 C。因此，问题是，在给予 B 后要么构造 A 要么构造 C。在隐喻的情况下，A 和 C 被交付阅读：这便是内容和表达手段。必须建构的东西是共同要素 B，这个格式塔，即，使 A 和 C 看上去相似的观察点。

　　不管相反的情形如何，"看作"提供了解释链条中缺少的环节。"看作"是诗歌语言的感性方面。一半是思想，一半是经验的"看作"是使意义和意象成为整体的直观关系。如何成为直观关系呢？基本上是通过它的选择特征。"但看作只是具有直观特征的行为—经验，通过这种行为—经验人们在想象物(在解读隐喻对人们拥有这种想象物)的准感觉之流中选择这种想象物的适当方面。"(第 180 页)这种定义说出了本质。"看作"既是一种经验又是一种行为。因为，一方面，意象之流摆脱了所有的故意控制：意象突然发生、突然出现，要"获得意象"毋须学习什么规则。人们要么看，要么不看。"看作"(第 182页)的直观才能是学不会的。它至多能得到帮助，就像人们帮助我们在那个模糊的形象上看出兔子的眼睛。另一方面，"看作"又是一种行为：理解就是做某件事情。我们刚刚说过，意象并不是自由的，而是受到束缚的；事实上，"看作"给意识之流赋予秩序，规范着图像的使

---

[1]　奥尔德里奇：《意象制造与意象运用》，载《哲学与现象学研究》，第 23 期(1962 年 9 月号)；《图画的意义，形象思维与维特根斯坦的形象理论》，载《心灵》，第 67 期，1958 年 1月号，第 75－76 页。

用。正是通过这种方式,"看作"这种经验—行为确保了将想象物包含在隐喻的意义中:突然出现的相同想象物也包含某种意义(第188页)。

因此,在阅读行为中起作用的"看作"保证了语词的意义与想象的丰富性之间的结合。结合不再是外在于语言的某种东西,因为它可以作为一种关系被反映出来,而这种关系恰恰是一种相似性:不再是两种观念的相似性,而是"看作"确立的相似性。赫斯特强调说,这种相似性乃是源于"看作"这种经验—行为的相似性。"看作"确定了相似性,而不是相反(第183页)。"看作"对于这种相似关系的优先性乃是语言游戏特有的,而在语言游戏中,意义以图像的方式起作用。这就是为什么"看作"可能成功或失败:在强制性隐喻中,由于隐喻的不一贯性或偶然性,它可能遭到失败;或者相反,在普通而陈旧的隐喻中,它可能遭到失败;而在给人一个意外发现的隐喻中它可能获得成功。

因此,"看作"恰恰起到图式的作用,这种图式把空洞的想象与盲目的印象统一起来。通过一半是思想,一半是经验的特征,它将意义之光与意象的丰富性结合起来。非语词性与语词性在语言的想象功能中被十分紧密地结合在一起。

除了在语词性与准视觉之间起桥梁作用之外,"看作"还保证了另一种中介作用:我们还记得,语义理论强调陈述的各个词项之间的紧张关系,强调由字面层次的矛盾所造成的紧张关系。与知识总体的这种紧张关系在平庸乃至死的隐喻中消失了。如果我们像卡西尔那样承认,神话描述了意识的一个层面,在那里与知识总体的紧张关系不再出现。那么,在神话中也许会出现同样的情形。在活的隐喻中,这种紧张关系是必要的。当诗人霍普金斯说"心啊,心有高山千万重!",读者知道,心灵实际上没有高山。字面上的"不是"伴随着隐喻性的"是"。在"第七研究"中,我们再详细讨论这个问题。但是,在赫斯特作出修改之前采纳意义与感觉融合的理论,似乎与隐喻意义和字面意义之间的紧张关系的这种特点格格不入。反过来,一旦从"看作"出发重新进行解释,这种关于融合的理论就会与有关相互作用的紧张关系的理论并行不悖。把 X"看作 Y 包含着 X 不是 Y";把时间看作乞丐恰恰意味着知道时间不是乞丐。意义的界限被超越了,但并没有被抹杀。巴菲尔德对这种隐喻做了贴切的描述:"个别的创造者故意把不相似的东西结合起来。"①因此,赫斯特有根据地说,"看作"使我们能将张力理论与融合理论调和起来。我会走得更远。我会说,意义与想象物的融合,"图像化的意义"的特点,乃是相互作用理论的对等物。

我们已经看到,隐喻的意义并不是谜本身,并不是单纯的语义冲突,而是谜的解决,是对语义的新的贴切性的确立。在这一点上,相互作用仅仅表示互换。狭义上的 l'epiphora 则是另一码事。但是,没有融合,没有直观的过渡,就不能形成 l'epiphora。l'epiphora 的秘密似乎完全在于直观的过渡的这种图像性。隐喻的意义本身沉浸在由诗歌解放的想象物的深处。

如果事实的确如此,那么,"看作"就表示隐喻陈述的非语词性的中介。在这样说时,语义学发现了它的界限;在这样做时,它完成了自己的任务。

如果语义学在这里碰到了它的界限,那么,想象现象学就会像巴什拉②的现象学那样,被心理—语言学所替代,并且在那些非语词的东西比语词占优势的领域里激起强烈的反响。然而,这些东西的深处已经透露出诗歌语言的语义学。我们已经从巴什拉那里了解到,意象并不是印象的残余,而是围绕言语的光环:"诗的意象使我们成了言说着的存在的源头。"③正是诗产生了意象:"诗的意象变成了我们语言的新的存在物;当我们造成了它所表达的东西时它也表达了我们的想法,换言之,它既是表达的形成过程,也是我们的存在的形成过程。在此,

---

① 巴菲尔德:《诗歌用语:意义的探究》,纽约,麦格劳希尔出版社,1928 年版,1964 年第二版,第 81 页;转引自赫斯特:前引书,第 27 页。

② 巴什拉:《空间的诗学》,法国大学出版社,1957 年版,"导言",第 1 - 21 页。《梦想的诗学》,法国大学出版社,1960 年版,"导言",第 1 - 23 页。

③ 《空间的诗学》,第 7 页。

表达创造了存在……我们不会在先于语言的领域里沉思冥想。"①

如果说想象现象学超越了心理—语言学，甚至超越了对"看作"的描述，那是因为它遵循了诗的意象在实存深处产生"反响"②的过程。诗的意象成了"精神根源"。曾是"语言的新的存在"的东西现在成了"意识的增长"，更恰当地说，成了"存在的成长"。③ 甚至在"心理学的诗学"中，在"对梦想的梦想"中，心理现象仍旧得到诗学词语的"引导"。那么，我们必须说：

"是的，语词的确在梦想。"④

---

① 同上。再引一段："诗的意象在本质上的新颖性提出了创造性问题，提出了言说着的存在的问题。通过这种创造性，想象着的意识碰巧非常简单，非常纯粹地成了一种根源。通过对想象的研究，关于诗意想象的现象学应该致力于排除各种诗歌意象的根源的这种价值。"(同上书，第 8 页)
② 这个术语和主题来自明科夫斯基的《走向宇宙学》，第 9 章。
③ 《梦想的诗学》，第 2 - 5 页。
④ 同上书，第 16 页。

第七研究
隐喻与指称
——献给埃利亚代

隐喻陈述对现实作了什么样的描述呢？

带着这个问题，我们超越意义的界限转而讨论话语的指称。但这个问题本身有意义吗？首先有必要确定这一点。

1. 指称假设

　　我们可以在两个层面,即语义学层面和诠释学层面提出指称问题。在第一个层面,它仅仅涉及句子一类的话语实体。在第二个层面,它涉及比句子范围更广的实体。在这个层面上,上述问题获得了充分的展开。

　　作为语义学假设,指称的要求把符号学与语义学的区分作为既定的事实,而前面的研究已经运用了这种区分。我们看到,这种区分首先突出了话语的主要作用的重要综合特点,即述谓作用,并把这种作用与特定语言的音位学规则和词汇学规则中的能指之间、所指之间的单纯差别游戏和对立游戏对立起来。此外,它还表示,话语的意指内容、整个句子的相关物,不能归结为人们在符号学中所说的所指,所指不过是符号能指在语言信码内的对应物。对符号学与语义学的区分的第三种含义在这里对我们十分重要:在述谓行为的基础上,话语的意指内容指向作为它的指称对象的超语言学现实。话语指涉事物,而符号仅仅指涉系统之内的其他符号。符号与符号相区别,话语则指称世界。差别是符号学的差别,指称则是语义学的指称:"在符号学中,我们任何时候都不关注符号与被指称的关系,也不关心语言与世界的关系。"[1]但是,我们不能满足于简单地将符号学观点与语义学观点对立起来,并明确地使第一种观点从属于第二种观点。符号和话语的两个层次不仅不同,而且第一项是第二项的抽象。符号之为符号的意义

---

[1]　邦弗尼斯特:《语言中的形式与意义》,载《语言》,法语哲学协会第 13 次会议会刊,纳沙泰尔,拉巴科尼埃尔出版社,1967 年版,第 35 页。

归根到底取决于它在话语中的用法。如果符号不能从它在话语的用法中获得将它与它所指代的东西联系起来的所指内容,我们怎样知道符号起着指代某物的作用呢? 由于符号学停留于符号世界的范围内,它乃是基于语义学的一种抽象,这种抽象将意义的内在构造与指称活动的超越性目标联系起来。

邦弗尼斯特概括性地提出了意义与指称的区别,弗雷格(Glttlob Frege)已经引入了这种区别,但仅仅把它引入逻辑理论领域。我们的工作假设是弗雷格的区分,原则上适用于所有话语。

我们可以回顾一下弗雷格的区分,他称之为 Sinn(意义)与Bedeutung(指称)的区分。[①] 意义是命题所表达的内容;指称则是意义所涉及的东西。弗雷格说,我们必须思考的东西是"符号、它的意义与其指称之间的固定关系"(法译本,第 104 页)。这种固定关系"属于这样的关系:特定的意义与符号对应,特定的指称与意义对应,而一个指称(一个对象)可用多个符号表示"(同上)。因此,"'暮星'这种指称与'晨星'这种指称是相同的,但它们的意义不同"(第 103 页)。意义与指称之间没有一一对应的关系恰恰是日常语言的特点并且将日常语言与完美的符号系统区分开来。它所能做到的既不是使指称与完全合乎语法的表达式的意义相对应,也不是取消这种区别;因为没有指称仍然是指称的一个特点,它证明指称问题始终是由意义问题引发的。

人们会反驳说,与邦弗尼斯特不同的是,弗雷格将他的区分首先应用于语词,更确切地说,应用于专有名词,而不是应用于整个命题,用邦弗尼斯特的话说:"是应用于整个句子所指的内容。事实上,他首先确定的乃是专有名词的指称,它就是我们用这个名称所表示的对象本身。"(第 106 页)从指称的观点看,整个陈述起着专名的作用,该专有名词涉及它表示的事态。我们可以作这样的描述:"专有名词(名

---

① 弗雷格:《论意义与所指》,载《哲学与哲学评论杂志》,第 100 期,1892 年;法译文:《意义与指称》,载《逻辑学与哲学论集》,瑟伊出版社,1971 年版;英译文:《论意义与指称》,载《弗雷格的哲学论著》,牛津,布莱克韦尔出版社,1952 年版。

称、符号、符号的组合、表达式)表达了它的意义,指示或表示它的指称。"(第 107 页)事实上,当我们说出专有名词——月亮时,我们并不限于谈论我们的表象(即一种特殊的精神事件)。但是,我们也不再满足于谈论意义(即无法还原为精神事件的理想对象)。此外,"我们还假定了一种指称"(同上)。这种假定恰恰导致我们犯错误。如果我们犯错误,那完全是因为对指称的要求属于"隐含于言语和思想中的意图"(第 108 页)。这种意图乃是"对真实的渴望","对真实性的追求与渴望推动我们从意义过渡到指称"(第 109 页)。对真实性的渴望给整个命题赋予活力,因为它与专有名词相似。然而,在弗雷格看来,命题正是通过专有名词而获得指称的:"因为人们根据这个名称的指称肯定或否定宾词。如果人们不同意这个指称,人们就能不赋予或取消它的宾词。"(第 109 页)

邦弗尼斯特和弗雷格之间的对立并不是完全的对立。在弗雷格看来,指称由专有名词传递到整个命题,就指称来说,命题则成了一种事态的专有名词。在邦弗尼斯特看来,指称通过在意群内的分配由整个句子传递到单词。单词则依靠其用法而显示出语义价值,这种价值并非该词在使用中的特殊意义。但单词具有一种指称对象,"这种指称对象就是该词在具体语境或具体用法中与之对应的特殊对象"。①单词和句子是同一种语义实体的两极。它们都具有意义(始终在语义的接受过程中)与指称。

两种指称观念相互补充、相互依赖:不管人们是通过综合性组合从专有名词上升到命题,还是通过分析性分离从陈述下降到单词的语义单元。对指称的这两种解释在其交叉点上揭示了指称本身的两极结构。如果我们考虑名称的指称物或事态,如果我们考虑整个陈述的指称物,我们就可以把它称为对象。

维特根斯坦的《逻辑哲学论》②对指称物的这种两极性作了确切的描述:他把世界定义为事态的总体,而不定义为物的总体(I,1);随后,

---

① 邦弗尼斯特:前引书,第 37 页。
② 维特根斯坦:《逻辑哲学论》,1922 年版。

他又将事实定义为"事态的存在"(2,0);他提出,事态是对象(物)的结合(2.01)。世界方面的物—事态与语言中的词语—陈述相一致。相反,斯特劳森在《论个体》①中又回到了弗雷格的严格立场:指称与本身由逻辑专有名词所包含的独一无二的识别功能联系在一起。谓词并不起识别作用,而是起描述作用,它本身并不指称任何实际存在的东西:把存在的价值赋予谓词会导致实在论者在有关宇宙的争论中所犯的错误,识别功能与述谓功能之间存在着完全的不对称。第一项仅仅提出了存在问题,第二项没有提出这种问题。正因如此,陈述通过其中一个词项的独一无二的识别功能全面地指称某个事物。塞尔在《言语行为》②中毫不犹豫地以假设的形式提出这样的观点:为了识别某个事物而应该指称它。当弗雷格说"我们不满足于意义,我们假定了一种指称"时,他所看到的东西,归根到底就是这种作为识别基础的存在假设。

当指称假设涉及我们称之为"文本"的话语的特殊实体,因而涉及比句子外延更广的作品的特殊实体时,这种假设需要另外制定。这个问题源于诠释学而不是语义学,对语义学来说,句子既是第一实体也是最终实体。

在这里我们以远为复杂的方式提出指称问题,因为某些文本,比如文学文本似乎成了以前的假设所表达的指称要求的例外。

文本是话语的复杂实体,其特征不能归结为话语统一体或句子的特点。我所理解的文本并不仅仅指文字作品或主要指文字作品,尽管文字作品自身也提出了一些直接涉及指称结果的原初问题。我主要把话语的产物理解为一种作品。通过作品(正如这个词表明的那样),新的范畴,主要包括应用范畴生产与劳动范畴,进入了话语领域。首先,话语是写作活动的中心或者用古代修辞学的术语说,是"布局"的中心,它使诗歌或小说成为一个整体,这种整体无法还原为句子的简

---

① 斯特劳森:《论个体——关于描述的形而上学论文》,伦敦,梅休因出版社,1959年版;法译本《论个体》,瑟伊出版社,1973年版(第一部分,第1章,第1节)。

② 塞尔:《言语行为》,剑桥大学出版社,1969年;法译本《言语行为》,埃尔曼出版社,1972年版(第一部分,第4章,第2节:"指称的公理")。

单相加。其次,这种"布局"遵守一些形式规则,遵守一种编码,这种编码不再属于语言而属于话语,并使话语成了我们刚刚所说的诗歌或小说。这种规则是文学"体裁"的规则,即,支配着文本实践的那些体裁的规则。最后,这种系统化的创作在一部独一无二的作品,即某首诗歌或某部小说中获得了完成。从最终意义上讲,第三个特点最为重要。我们可以把这种特点称为风格。我们像格朗热①那样把它理解为使作品成为独一无二的个体的那种东西。它之所以最为重要,是因为正是它以不可还原的方式将实践范畴与理论范畴区分开来。为此,格朗热援引了亚里士多德的一段著名原文,按照这段原文,创作就是创造独一无二的作品。② 相反,关注最新的东西的理论思考无法得到这种独一无二的东西,这种东西乃是创造的相关物。

这便是解释工作所涉及的东西。这是作为作品的文本、布局、体裁因素;采取独一无二的风格乃是作为作品的话语的创造过程特有的范畴。

话语的这种特殊实现方式要求对指称假设进行适当的表述。乍一看,将弗雷格的指称概念重新表述为仅用一个词去取代另一个词似乎足够了。我们会说:我们不满足于作品的结构,我们还假定有一个作品的世界;我们不会说,我们不满足于意义,我们还假定有指称。作品的结构事实上就是它的意义,作品的世界就是它的指称。这种术语的简单替代在初级近似法中足够了。诠释学不过是进行规范作品的结构向作品的世界的过渡的理论。解释一部作品也就是显示它通过"布局"、"体裁"或"风格"所指称的世界。在其他著作中,我把这种假设与源于施莱尔马赫和狄尔泰的浪漫主义和心理主义的诠释学观念对立起来,对他们来说,解释的最高法则是探求作者的心灵与读者的心灵的默契。我把对展现在作品前的世界的探讨与对隐藏在作品背后的意图的探求对立起来。这种探求总让人误入歧途并且常常不可

---

① 格朗热:《论风格的哲学》,科兰出版社,1968年版。

② 作者将亚里士多德的《形而上学》(A981,a15)的这段话作为他的著作的题记:"所有实践和所有生产都涉及个体:事实上,药物医治的(如果不是偶然的话)不是'人类'而是卡利亚斯或苏格拉底或某个被称为'人'的其他个人(他们同时属于'人')。"

能实现。眼下的问题不是与浪漫主义诠释学的争论,而是从结构过渡到作品世界的正当性。作品的结构之于复杂的作品就好比意义之于简单的陈述,而简单陈述之于作品就好比指称之于陈述。

这种过渡要根据一些作品(我们称为文学作品)的特殊本性进行清楚的证明。对作为"文学"的话语的创造非常清楚地表明,意义与指称的关系被悬置起来了。"文学"就是这样一种话语,它不再有指称,而仅有内涵。我们以后将会看到,这种异议不仅从文学作品的内部考察中而且从弗雷格的指称理论中获得了支持。指称理论事实上包含内在的限制原则,正是这种原则规定着它的真实性概念。对真实性的渴求推动我们由意义走向指称。但弗雷格仅仅将对真实性的渴望明确地赋予科学陈述,而拒绝将它赋予诗歌陈述。在考虑史诗的例子时,弗雷格坚持认为,"尤利西斯"这个专有名词没有指称:他声称,"只有命题的意义以及这些意义激起的表象或情感才会引起我们的密切关注"(前引书,第 109 页)。与科学的考察不同的是,艺术家的快乐似乎与没有"指称"的意义联系在一起。

我的全部工作旨在排除这种将指称限于科学陈述的做法。正因如此,它要对文学作品另作讨论并对指称假设重新表述。这种表述比仅仅重复一股假设的第一种表述更为复杂;按照一般的假设,所有意义都需要指称。现将第二种表述陈述如下:文学作品只有在悬置描述性活动的指称的条件下才能通过它特有的结构展示一个世界。换句话说,在文学作品中,通过把第一级指称悬置起来话语将其指称表现为第二级指称。

这一假设使我们重新回到了隐喻问题。事实上,很可能出现这样的情况:隐喻陈述恰恰会成为清楚地表明被悬置的指称与被展示的指称之间的关系的陈述。就像隐喻陈述正是在字面意义的废墟上获得它的隐喻意义一样,它也在我们可以相应地称为字面指称的东西的废墟上获得它的指称。如果我们的确可以在解释中区分和表达字面意义与隐喻意义,那么,我们也可以在解释中通过悬置第一级指称来释出第二级指称,而这种指称恰恰是隐喻指称。

在这一过程中，我们的现实性概念，世界概念，真实性概念会不会摇摆不定——我们将把这个问题留到"第八研究"中讨论。这是因为我们了解现实、世界、真实是什么意思吗？

2. 为反指称辩护

认为隐喻陈述可能提高对真实性的奢望——这种观点颇遭非议，但这些非议不能归结为以前的各篇研究已经讨论过的那种修辞学观念带来的先入之见，即，不包含任何新信息的隐喻纯粹起修饰作用。对"诗歌"式的话语的产生过程进行描述的语言策略本身似乎构成了可怕的反例，它否认语言与现实的指称关系的普遍性。

只有当我们不再考虑话语单元，不再考虑句子，而是考虑话语的总体，考虑作品时，这种语言策略才会清楚地显示出来。在这里，指称问题并不处在每个句子的层次上，而出现在根据作品的三个标准来考虑的"诗歌"层次。作品的这三大标准是"布局"，属于某种"体裁"，创造"独一无二"的实体。如果隐喻陈述有某种指称，那是由"诗歌"的中介造成的，而诗歌是有条理的有体裁的独一无二的总体。换言之，由于隐喻是比尔兹利所说的"微缩的诗歌"，[①]它才能道出某个事物的某个方面。

适用于作诗法即诗歌创作的这种语言策略似乎在于建构一种能阻隔指称并且有限地抹去现实的意义。

论证的恰当标准乃是"文学批评"的标准，也就是说，是表现为作品的话语层次上的一个学科的标准。文学批评从对诗歌功能的纯语言学分析中获得论据，雅科布松曾将它置于语言交流的更一般的框架内。众所周知，雅科布松[②]抱着总览全局的态度试图从促进言语交流

---

① 比尔兹利：《美学》，纽约，哈考特、布雷斯与世界出版社，1958年版，第134页。
② 雅科布松：前引书，第213页及以下。

过程的各种"因素"出发去理解语言学现象的总体。交流的"各种因素"——发话人、受话人、信码、信息、接触、语境——与六种"功能"相对应,我们正是根据这些功能优先强调这种或那种因素:"信息的词语结构首先取决于主要的但不是唯一的功能。"(前引书,第214页)因此,感动人的功能与发话人对应,意动功能与受话人对应,接触与交际性功能对应,信码与元语言功能对应,语境与指称功能相对应。至于"诗意的"功能——引起我们兴趣的那种功能,它明显地与自为的信息相对应:"这种功能突出了符号的可感知方面,并由此加深了符号与对象的根本分野。"(第218页)这种定义一下子将语言的诗意功能与指称功能对立起来,而信息正是通过指称功能指向非语言学的语境。

在进一步讨论之前先作两点评论。首先,我们应当清楚地理解这一分析涉及语言的"诗意功能"并且不把"诗歌"确定为"文学体裁"。孤立地陈述(我喜欢艾克)也可以打断缺乏诗意的有指称的话语之流,并表达了对信息的这种强调以及对指称对象的抹除,正是这种抹除构成了诗意功能的特点。因此,我们不应把雅科布松所说的诗学与诗歌等同起来。此外,一种功能的优先性并不意味着抹除其他功能。它们唯一的等级关系是可以改变的。诗歌的各种体裁可以通过其他功能与诗意功能的相互影响方式来区分:"不同诗歌体裁的特殊性意味着其他语词功能与占优先地位的诗意功能一起享有可变的等级地位。以第三人称为中心的史诗创作很重视利用指称功能。指向第一人称的抒情功能与感动人的功能紧密联系在一起。第二人称功能被意动功能突出出来,并被描述为起祈求作用或起劝告作用,这是由于第一人称从属于第二人称或第二人称从属于第一人称。"(第219页)对诗意功能的这种分析仅仅构成了决定诗歌作品的预备性阶段。

的确,雅科布松的普通语言学提供了第二种分析工具,它将关于诗意功能的理论与关于适合于诗歌的话语策略的理论联系起来。诗意功能通过两种安排——选择和组合——的相互联系的方式显现出来。我们已在对"相似性的作用"的研究中提到过雅科布松的这种理论。①在此,我们将从有关指称的命运的稍稍不同的观点来重新审视这个问题。我们不妨回顾一下主要的论点:语言的运用可用两个垂直交叉的轴来描述。围绕第一个轴即组合轴的是连续关系以及因此具有意群特点的作用;围绕第二个轴即替代轴的是以相似性为基础并构成了所有例词结构的作用。所有信息的形成取决于两种排列方式的游戏。对一个轴或另一个轴的作用关系的改变构成诗意功能的特点:"诗意功能将选择轴的等价原则投射到组合轴上。"(第220页)在什么意义上呢? 在日常语言中,在散文语言中,等价原则无助于语序的构成,而仅仅有助于在相似性的领域中选择适当的语词。诗歌的不规则性恰恰在于等价性不仅有助于选择,而且有助于联系。换句话说,等价原则有助于构成语序。在诗歌中,我们谈到了"等价单元的系列用法"(韵律的作用,音节的相似与对比作用,格律的等价作用,韵脚在押韵诗中的周期性重复作用,韵脚长短在格律诗中的改变作用)。至于意义关系,它们在某种程度上是由语言形式的这种重复造成的。"语义的邻近性"(第234页)与"语义的等价性"(第235页)源于韵律的要求:"在诗歌中,语言的明显相似性是根据意义的相似性与不相似性来评估的。"(第240页)

这会对指称造成什么后果呢? 前面的分析涉及我们所说的意义策略,但不能解决这一问题。我们刚刚说的"语义等价"涉及意义游戏。但这种意义游戏确保了《语言学和诗学》所说的对自为的信息的强调,并因此确保对指称的抹除。选择轴的等价原则向组合轴的投射保证了信息的生动性。在第一篇文章中曾被视为意义效应的东西在《语言的两个方面与失语症的两种类型》中被视为意义的过程。

文学批评刚好停留在这一点上。

在停止讨论雅科布松的观点之前,我们要接受他提出的一项极有价值的建议,这一建议只有在本篇研究的结尾才会显示出它的全部意义。由语言等值导致的语义等值造成了一种影响所有交流功能的模

---

① "第六研究"第1节。

糊性。发话者具有两重性(作为抒情诗英雄的"我"或作为虚构的叙述者的"我"),受话者同样如此(作为受话者的"您"假定了戏剧的独白、祈求、书简),由此产生了最极端的结果:诗歌中达到的东西并不是指称功能的压抑,而是模糊性的游戏对它的深刻改变:诗意功能对指称功能的优先性并不抹去指称而是使它变得模糊。与双重意义上的信息对应的是具有两重身份的发话者,具有两重身份的受话者以及起双重作用的指称——在许多人那里,是一些神话故事的开场白明确强调的东西,比如,马霍卡①那些讲故事的人习惯使用的开场白:"Aixo era y no era(这个故事半真半假)。"(第 238 - 239 页)

我们不妨保留这个具有双重身份的指称概念以及这个令人叹服的开场白——"这是半真半假的故事",它巧妙地保留了我们能够说出来的关于隐喻真实的所有特点。但是,我们首先必须对指称进行彻底质疑。

英美文学批评的主流并未考虑这种具有双重身份的指称,而是更加彻底地考虑对指称的破坏:这一主题事实上更加符合诗歌的主要特点,即,"及时地或迟缓地进行重复的可能性,对诗歌信息及其要素的物化,将信息转化为持存的事物"(第 239 页)。

最后一个术语——将信息转化为持存的事物——可以作为一系列"诗学"著作的题铭。对"诗学"来说,把意义放入声音的围栏构成了诗歌话语策略的本质。这种观念十分古老。波普说过:"声音必定是意义的声音。"瓦莱里从固定的(qui ne va nulle part)舞蹈中看到了富有诗意的活动的范例。对喜欢反省的诗人来说,诗歌乃是在意义和声音之间进行漫长的游移。正如雕刻所做的那样,作诗就是把语言变成为自身加以改造的材料。这种坚固的对象"并不是对某物的展现,而是它自身的展现"。② 事实上,意义与声音之间的相互反映在某种程度上吸收了诗歌的情感,这种情感不再消耗在外部而是消耗在内部。为了说明语言的这种变化,温萨特生造了"词语图像"这个很有启发性的

---

① 西班牙东部的岛屿。——译者
② 兰格:《哲学新解》,哈佛大学出版社,1942 年版,1951 年版,1957 年版。

术语。① 它不仅使人想起皮尔斯,而且想起拜占庭人的传统,对他们来说,图像就是一种事物。诗歌就是一种图像而不是一种符号。诗即图像。它具有"图像的坚固性"(《词语的图像》,第 231 页)。语言具有材料媒介物的稠密性。诗歌在感觉上的明显丰富性乃是绘画或雕刻的那种形式丰富性。感觉与逻辑的混合物保证了表达式与印象在富有诗意的东西中的融合。与感性的表达手段相融合的诗歌涵义变成了这种特殊的现实性和我们称之为诗歌的"thingy"。

不仅意义与声音的融合提供了反对诗歌指称的论据,而且意义与意象更加彻底的融合,既从意义发展而来,又从内部受到意义的支配。我们已经引用赫斯特②的著作并且赞赏它使意象在隐喻意义的构造中发挥作用。在涉及指称命运的时候我们又重新捡起他的论据。赫斯特说过,诗歌语言就是使"意义"与"声音"能在其中以图像的方式发挥作用的语言,这种语言造成了"意义"与"感觉材料"的融合(第 96 页)。"感觉材料"本质上是意义之流对指称关系的"悬置",使这种意象之流得以存在。意义与声音的融合不再是主要现象,而是依附于意义的想象的展开场所。意象伴随着"悬置"的基本因素,"悬置"概念是赫斯特从胡塞尔那里借用来的,以便把它用来表示图像在诗歌策略中的非指称活动。排除指称的活动是诗歌的意义效应所特有的,它乃是悬置活动,正是这种活动使得诗歌的意义与感觉材料的图像功能成为可能,而感觉与感觉材料的图像功能是通过意义与声音的图像的功能来保证的。

但弗赖伊做得最为彻底。在《对批评的剖析》③中弗赖伊把他对赞歌的分析推广到所有的文学作品。每当我们把科学语言表示的报道性话语或专业性话语与一种意指活动对立起来时(这种意指活动指向与指称性话语的离心倾向相反的方向),我们就可以谈论文学的意义。

---

① 温萨特:《词语的图像》,肯塔基大学出版社,1954 年版,第 321 页。

② 赫斯特:《诗歌隐喻的意义》,穆东出版社,海牙—巴黎,1967 年版,参见"第六研究"第 7 节。

③ 弗赖伊:《对批评的剖析》,普林斯顿大学出版社,1957 年版;法译本,伽里玛出版社,1970 年版。

事实上,离心力或"外向性"乃是我们从言语之外,从语词过渡到事物的运动。向心力或"内向性"乃是语词向构成了整部文学作品的更为广泛的词语结构的运动。在报道性话语或专业性话语中,"记号"(弗赖伊所说的记号是指所有可辨认的意义单元)起着"指代"、"指向"、"描述"某物的符号的作用。但在文学话语中,记号并不表示它自身之外的任何东西,而是在话语之中将部分与整体联系起来。与描述性话语对真实性的追求相反,我们相信"诗人并不证实什么"。形而上学和神话进行证实,进行断定,诗歌则忽略现实性,而仅仅虚构"神话"(弗赖伊在此借用了亚里士多德《诗学》中的术语,亚氏曾用 muthos 来描述悲剧的特点)。如果要把诗歌与不同于它自身的东西作比较,那就不妨把它与数学作比较。"诗人的作品就像纯数学家的作品那样与假设的逻辑相一致,而与描述的现实无关。"正因为如此,在《哈姆雷特》中出现幽灵与这幕戏剧的假设的观念相对应:它并未对现实的幽灵作任何肯定。但《哈姆雷特》中必须有幽灵。进入阅读也就是接受这一虚构,对某物进行描述的解述活动不承认这一游戏规则。从这种意义上讲,文学的意义是字面意义:它说出了它所说的东西,而未说出其他东西。把握一首诗的字面意义也就是按它本来的面目把它理解为诗的整体。唯一的任务就是通过记号的结合把握它的独一无二的结构。

在此,我们发现了与雅科布松的风格相同的分析风格。正是时间(韵律)和空间(布局)中的循环保证了诗歌的字面意义。从字面上讲,诗歌的意义也就是它的风格或整体。内在的词语关系在某种程度上抵消了符号的外在意义的可变性:"因此,就描述功能而言,文学由假设的词语结构的整体所构成。"(第101页)

的确,弗赖伊引入了稍稍不同的因素,我们自己将集中思考这一因素:"诗歌的统一性据说体现了心态的统一性。"(第80页)诗的意象"表达了这种心态"(第81页)。但这种心态"是诗而不是隐藏在它背后的其他东西"(同上)。从这种意义上说,文学的整个结构乃是反讽:"它说出的东西"始终在形式和程度上不同于"它所表示的东西"(同上）。

这便是诗歌的结构：一种"自我包容的织体"（第 82 页），即，一种完全取决于内部关系的结构。

只有引用了认识论的论证，我才愿结束为反对指称而进行的辩护。认识论论据在补充语言学论证（雅科布松的那类论证）和文学批评论证（弗赖伊的那类论证）的同时，揭示了其中隐含的前提。逻辑实证主义学派的批评家们承认，所有非描述性（在提供关于事实的信息的意义上）语言应是情绪性的东西。而且，他们还承认，情绪性的东西纯粹是主体的"内心"感受，而与主体之外的东西无关。情绪是仅有内在性而无外在性的情感。

具有两面性的这种论证原来并不源于对文学作品的考虑；这是由哲学引入文学的假设。这种假设决定了真理性的意义和现实性的意义。它认为不存在不可证实（或证伪）的真理。按科学步骤，所有证实归根到底是经验的。在文学批评中这种假设起着先入之见的作用。除了在"认识的"和"情绪的"之间作出选择之外，它还强制性地规定在"指称的"与"内涵的"之间作出选择。"情绪主义的"理论充分表明，这种先入之见并不是诗歌特有的。这种理论是如此强大，以致对逻辑实证主义怀有敌意的作者们常常在反对它的同时又在加强它的地位。像兰格那样认为阅读一首诗就是把握"虚拟的生活片断"，①仍然停留在可证实与不可证实的对立中。像弗赖伊那样认为意象表明或展现一种给诗歌赋予形式的心态，意味着证实情绪本身就像给它赋予形式的语言那样具有向心力。

法国的新修辞学提供了同样的图景：文学理论与实证主义认识论相互支持。比如，在托多罗夫那里，"不透明的话语"概念与"无指称的话语"概念是直接同一的。他说，与透明的话语概念相对照，"存在着不透明话语"，这种话语上覆盖着种种轮廓和图形以致人们无法看

---

① 兰格：《情感与形式——一种艺术理论》，斯克里布纳家族出版社，1953 年版，第 212 页；转引自赫斯特：前引书，第 70 页。

到它的背后：这是不指涉任何现实的自足的语言。① 在科恩那里（见《诗歌语言的结构》,第 199－225 页）,②"诗歌功能"概念源于相同的实证主义信念。对这位作者来说,有一点是不言自明的：认识反应与情绪反应这对概念和指称与涵义这对概念相互重叠——"散文的功能具有指称性质,诗歌的功能具有内涵性质"（前引书,第 205 页）。引自卡尔纳普的这段话引起科恩的共鸣绝非偶然："一首使用'天晴'和'多云'这类词语的抒情诗绝不是要告诉气象学的事实,而是要表达诗人的某些情绪并在我们心中激起类似的情绪。"（同上）然而,令人深感怀疑的是,如何解释诗歌中的情绪"与对象相关呢"（同上）? 事实上,诗歌的感伤"被理解为世界的性质"（第 206 页）。在这里不应引用卡尔纳普的话,而要引用迪弗雷纳的话："我们认为,感受意味着不把情感体验为我们存在的状态,而是体验为对象的特性。"③那么,如何使实证主义观点符合这样一种观点,即认为诗的感伤是对事物的意识的样态,是把握世界的原始的特殊的方式（同上）呢? 如何在关于涵义的纯心理学的和情感主义的概念与语言向"事物的诗意表达"（第 226 页）的这种开放活动之间架设桥梁呢? 借用吕耶④的概念说,事物的可表达性不应从语言自身中,尤其不应从与语言的日常用法相关的转义能力中,从避免在指称与涵义之间作出选择的指称能力中去寻找吗? 在将涵义作为指称的替代物["涵义取代了缺少的指称"（第 211 页）]时,我们难道不会关闭这个出口吗? 在科恩那里我们可以看到对这种障碍的承认：在提到对诗人来说就像经验证据一样具有约束力的这种"情感证据"时,他注意到："这种根据非常可靠：主体性与存在的深刻的客观性联系在一起,但这是源于形而上学而不是源于诗学的问题。"（第 213 页）正因为如此,作者最终作出让步并回到了主观和客观的二元分裂,这种分裂强制地规定了"想成为科学的美学"的计划。他说,

① 托多罗夫:《文学与意义》,拉鲁斯出版社,1967 年版,第 102 页。
② 科恩:《诗歌语言的结构》,弗拉马里翁出版社,1966 年版,第 199－225 页。
③ 迪弗雷纳:《审美经验的现象学》,法国大学出版社,1953 年版,第 2 册,第 544 页。
④ 吕耶:《表现性》,载《道德与形而上学杂志》,1954 年。

"诗句客观上是假的,主观上是真的"(第 212 页)。

列日学派的《普通修辞学》碰到了"修辞格的普遍特性"[1]这一标题下的相同问题,对它的系统研究涉及下一部著作,但本书提供了第一份纲要。研究事实上不可能被完全推迟,因为修辞格的特殊审美效果作为"艺术交流的真正对象"(第 45 页),与对它的转义、它的标志和不变式的描述(同上)一起成了对修辞学的比喻的完整描述的一部分。这份 Ethos(理想)理论的纲要(第 145 - 156 页)使我们有望看到主要围绕读者或听众的反应而进行的研究,在这种研究中,词语变换处于激起主观印象的刺激物的地位,处于信号的地位。但在形象的话语产生的效果中,首要的效果是"唤起它所在的文本的字面意义(广义)的知觉"(第 148 页)。我们的确处于雅科布松通过对诗歌功能的定义以及托多罗夫通过对不透明话语的定义所划定的领域。但《普通修辞学》的作者们承认:"这就是事情的终结。我们的工作表明一种形象化表达的结构与它的普遍特性(Ethos)之间完全没有必然联系。"(同上)

勒格恩[2]并未背离我们刚刚引用的作者们的这种观点。我们看到,指称与涵义的区分甚至是他的语义学的主轴之一:语义选择属于指称,被联想的意象源于涵义。

---

[1]　《普通修辞学》,第 24 页。

[2]　勒格恩:《隐喻与换喻的语义学》,拉鲁斯出版社,1973 年版,第 20 - 21 页;参见"第六研究"第 1 节。

3. 普遍化的指称理论

我在这里肯定的观点并不否认前面的观点,而是以前面的观点为基础。这种观点主张,在描述性话语规范所确定的意义上,对指称的悬置乃是更基本的指称方式得以产生的消极条件,对这些条件进行说明乃是解释的任务。这种说明以现实和真理这类词语的意义为赌注,而这些词语本身是不确定的并且成了难题。在"第八研究"中我们将指出这一点。

前面的分析集中于诗歌功能的一般特点而没有考虑隐喻的特有作用,这种分析中包含着对其他指称进行的研究的诱因。首先,我们不妨采用弗赖伊的"假设"概念。他说,诗歌既不真也不假,而是假设。但"诗歌假设"并非数学假设。它是以假想的虚构的方式出现的关于世界的主张。因此,对现实指称的悬置乃是接近虚构性指称的条件。但虚拟的生活是什么呢?没有可以在其中居住的虚拟世界仍可能有一种虚拟的生活吗?建立另一个世界——另一个符合其他的生存可能性,符合最本己的可能性的世界,这难道不是诗歌的功能吗?

在弗赖伊那里其他暗示指向相同的方向:"前面说过,诗歌的统一性乃是心态的统一性",[①]他还说:"意象不表示任何东西,不指向任何东西,而是在相互指涉时显示或展露给诗歌赋予形式的心态。"(第81页)一种超语言学的因素被纳入心态这一名称之下。如果不从心理学上考察的话,这种因素乃是一种存在方式的标志。心态是在现实中的

---

① 弗赖伊:前引书,第27页。

存在的方式。用海德格尔的话说,它是在事物中的存在方式(Befindlichkeit)①。在此,对自然现实性的悬置乃是诗歌从诗人描述的心态出发来展现世界的条件。解释的任务就是展示一个通过悬置来摆脱描述性指称的世界的目的。对一种难以理解的对象的创造——诗歌本身——使语言脱离了符号的专业术语功能,以便以虚构和情感的方式打开通向现实的道路。最后一个暗示是:我们已经看到,雅科布松将具有双重身份的指称概念与模糊的含义概念结合起来。他说:"诗歌并不在于以修辞学的辞藻来补充话语,它意味着对话语及其构成要素重新进行全面的评估。"(见前引书,第 248 页)

诗歌语言的指称概念根植于隐喻陈述的分析中,这种指称概念打算排除日常语言的指称并且以具有双重身份的指称概念为范例。

隐喻意义概念提供了首要的支持。构成隐喻意义的方式提供了将指称双重化的钥匙。对陈述的字面解释的失败导致了隐喻陈述的意义的产生,我们不妨从这一点出发。意义因字面解释而自我毁灭。但是,意义的这种自我毁灭反过来决定了初级指称的产生。诗歌话语的全部策略在这一点上发挥作用:它试图通过隐喻陈述的意义的自我毁灭来排除指称,而不可能的字面解释表明了意义的自我毁灭。但是,这仅仅是初级阶段,或毋宁说是积极策略的消极方面。在语义的不适当性的影响下,意义的自我毁灭仅仅是整个陈述层次的意义更新的反面,这种更新是通过语词的字面意义的扭曲实现的。正是意义的更新构成了活的隐喻。我们不是同样得到了隐喻陈述的钥匙吗?我们难道不能说,隐喻的解释在使语义的新的适当性突然出现于字面意义的废墟之上时,由于消除了符合陈述的字面解释的指称,也产生了新的指称目标?这个论据是一种合适的论据:其他指称,我们寻求的那种指称,之于语义的新的适当性,就好比被消除的指称之于被语义的不适当性毁灭了的字面意义。隐喻意义与隐喻指称对应,就像不可能的字面指称与不可能的字面意义相对应一样。

---

① 海德格尔:《存在与时间》,第 29 节。

我们可以比建构第四项适当的论证所不熟悉的指称更进一步吗？我们可以直接证明它正在起作用吗？

对隐喻的语义学研究在这一点上包含了第二个暗示。我们已经看到,被我们纳入话语活动的严格限度内的相似性作用包括确立以前"相距遥远"的意义之间的邻近性。我们曾像亚里士多德一样认为,"善于使用隐喻也就是发现相似性"。为何意义的这种邻近不会同时成为事物本身的邻近呢？为何从这种邻近中不会产生新的观察方式呢？正是这种范畴错误开辟了通向新境界的道路。

这一暗示不仅是对前一种暗示的补充,而且是与它一起形成的。对相似性的看法产生了隐喻陈述,但这种看法不是一种直接的看法,而是我们可以说它本身也具有隐喻性的看法：正如赫斯特所说,隐喻性的"看"乃是"看作"。事实上,以前的分类与语词过去的用法联系在一起,这种分类既阻碍又创造一种立体观察法,在那里只有在被范畴错误拆散的事态的深处才能发现新的事态。

这便是具有双重身份的指称的图式。它主要在于使指称的隐喻化与意义的隐喻化相一致。我们将试图对这一图式进行具体化。

首要的任务是克服指称与涵义的对立并将隐喻化的指称纳入普遍化的指称理论中。

古德曼的著作《艺术的语言——符号理论研究》①制定了一般的框架；但它做的工作不限于此。正是在这一框架中,它指明了明确地表示隐喻的理论本身的地位。

这本著作从开始就把所有符号活动,把语言或非语言活动——还有描绘活动——重新置入独一无二的活动中,置入指称功能中,正是通过指称功能,符号起指代作用和指称作用。指称功能的这种普遍性由语言组织能力的普遍性来保证,更抽象地说,由符号系统的普遍性来保证。这种理论出现在一般哲学的视域里,而这种一般哲学又与卡西尔的符号形式的哲学具有某种密切的联系,但与皮尔斯的实用主义有着更加密切的联系。

---

① 古德曼：《艺术的语言——符号理论研究》。

此外,它从《现象的结构》和"事实、虚构与预言"所确认的唯名论立场中得出了符号化的结论。第一章的标题"重构的现实"在这方面有着十分重要的意义:符号系统"塑造"和"再造"世界。整部著作超越了很强的技术性,向战斗着的知性表示敬意。该书最后一章指出,[①]正是这种战斗着的知性按作品来重组世界并按世界重组作品(第 241页)。作品与世界相互呼应。审美态度"与其说是态度还不如说是行动,即创造与再创造"(第 242 页)。以后,我们再讨论这部著作的唯名论与实用主义的态度。我们暂且讨论这样一个重要的后果——对区分认识的东西与情绪的东西采取拒斥的态度:"在审美经验中,情绪以认识的方式起作用。"(第 248 页)在通篇著作中语词符号与非语词符号之间的接近取决于坚决的反情绪主义态度。这不是说,两种符号以同样的方式起作用,相反,区分语言"描述"与艺术"描述"是仅仅在本书最后一章中才会碰到的艰难任务。重要的是,在符号的唯一功能中区分审美的四种"症候"——句法的密度和语义的密度,句法的充实性,与"说"相对的"显示",例示作用。区分这些特点并非向直接性让步。无论如何,符号化基本上应根据或多或少服务于认识的目的来判断(第 258 页)。审美的优先性是认识的优先性。如果我们把真理定义为与"理论整体"的符合,定义为假设与可获得的既定事实的符合,简言之,定义为符号化的"适当"特征,我们就必须进一步讨论艺术的真理。这些特点既适用于艺术也适用于话语。作者断言,"我的目的是朝系统地研究符号和符号系统以及研究它们在知觉中、在我们的行为、艺术和科学中,因而在世界的创造和理解中起作用的方式等方向迈出几步"(第 178 页)。

因此,这一计划与卡西尔的计划相似,但差别在于这里没有从艺术向科学的过渡。唯有符号功能的用法是不同的。不同符号系统同时存在。

隐喻是符号理论的主要方面,并直接处在指称框架中。这里需要揭示的,一方面是"隐喻上的真实"与"字面上的真实"之间的区别,另

---

① 古德曼:前引书,第 6 章,第 3 节,第 241 - 246 页。

一方面是隐喻的、字面的真实与"纯粹的虚构"（第 51 页）之间的区别。从广义上说，隐喻的真实涉及将宾词或内在属性应用到某物并且构成一种语词的转用，比如说，将出自声音领域的宾词应用于有色彩的东西上（意味深长的是，包含语词转用理论的那一章的标题就是"图画的声音"，见第 45 页及以下）。

但宾词在字面上的应用是什么呢？回答这个问题意味着设置一个重要的概念网络，这个网络包括指称、描述、再现和表达（见下表①中的左边部分）这类概念。粗略地看，指涉与指称是一致的。但我们必须进一步通过指称和例示引入两种指涉方式之间的区分。因此，我们首先把指涉与指称作为同义词。我们从一开始就应对指称进行广泛的定义，以便将艺术所做的事情即描绘某物与语言所做的事情即描述某物纳入其中。说描绘是一种指称方式意味着将图画与图画的描绘对象的关系比作宾词与宾词记号的适用对象的关系。这同样是说，描绘并不是"与……相似"或"复制"意义上的模仿。'因此，我们必须认

---

① 我在后面列的这份表格并不是作者本人的。我列这份表格旨在让自己熟悉这些区分以及这本晦涩的著作的一些术语。

古德曼的《艺术的语言——符号理论研究》第 1 章与第 2 章的概念表

符号的字面应用 符号的隐喻应用

指标	指称的定向	符号的种类	逻辑外延	应用领域	
	指称……（从符号到事物）	语词＝描述 非语词＝描绘 ≠模仿	全称 单称 零（独角兽图画）	对象与事件	
	举例说明……＝被指标 ＝拥有 ＝标签关系 样品	语词＝举例子说明的宾语 非语词＝被描绘的样品		转移	隐喻的指标
				情感	"表达式"形象化的主有式或隐喻式的举例说明 （带有令人忧伤的色彩的图画）

真消除这样一种偏见：描绘就是模仿相似的方面。我们也必须使之脱离一种表面上显得极为安全的避难所，即绘画中的透视理论。[①] 如果描绘就是指称，如果我们的符号体系是通过指称而"再造现实"，那么，描绘也就是使自然变成艺术的和话语产品的方式之一。同样，描绘也能刻画不存在的东西：独角兽匹克威克。[②] 根据指称，这里涉及的是区别于多种指称的（字典中用鹰的图案描绘所有的鹰）和单个指称（某某个体的图像）的零指称。古德曼会从这种区分中做出：不存在的东西也有助于塑造世界吗这样的结论？奇怪的是，作者在模式理论使我们以后倾向于得出的这一结论面前退缩了：谈论独角兽的图画也就是谈论图画—独角兽，也就是谈论由表达式的第二个词加以分类的图画。学会识别一个图画并不是学会运用一种描绘方式（问它指称什么），而是学会把它与其他描绘方式区分开来（问它属于哪一类）。毫无疑问，这种论点试图反对将描述与复制混淆起来。但是，如果描绘是分类，在零指称的情况下符号化怎样才能制造或再造[③]被描绘的东西呢？"对象及其外观取决于组织。各种标签则是组织的工具，[④]……描绘或描述通过它们的分类方式或分类的方式建立或标志各种联系，分析各种对象，简言之，组成世界。"[⑤]

一种从模式理论中借用的分析方法在将虚构与重新描述密切联系时，使我们能修正零指称理论与符号论的组织功能之间的不一致性（这一点在古德曼那里很明显）。

至此，我们已承认指称与指涉是同义词。只要相关的区分（描述与描绘）处在指称概念中，这种同一就不会有不方便之处。我们应当引入一种新的区分，这种区分涉及指称概念的定向，按照指称概念的定向，这是从符号过渡到事物，或从事物过渡到符号的过程。在将指涉与指称统一起来时，我们仅仅考虑了第一种过渡，这种过渡在于将

---

① 古德曼：前引书，第 10-19 页。
② 匹克威克，英国作家狄更斯的小说《匹克威克外传》中的主人公。——译者
③ 古德曼：前引书，第 241-244 页。
④ 古德曼：前引书，第 32 页。
⑤ 同上。

各种事件贴上"标签"。我们会顺便注意到,选择"标签"这个词很适合古德曼的唯名论的约定论:没有固定的本质向语词或非语词符号提供意义载体;在这一点上,隐喻理论会同时变得更加方便,因为更换标签比改造本质更为容易。唯一的障碍就是习惯!指称起作用的第二个方向的重要性不下于第一个方向:它在于起例示作用,即把意义表示为某种事件所具有的特性。[①] 如果古德曼对例示作用很感兴趣,那是因为隐喻是一种转换,这种转换影响某个事物对宾词的拥有,而不影响将这些宾词用于某种事物。隐喻是通过例子来把握的,在这些例子中,一幅带有灰色的画面据说表达悲哀。换言之,隐喻涉及指称的相反功能,它还用转移作用补充这种功能。因此,我们必须十分关注这一概念之链,相反的指称——例示作用——宾词(在字面上)的主有式——作为非语词性宾词(如,一种令人哀伤的颜色)的隐喻性主有式的表达式。我们不妨在下降到(隐喻性)表达式之前从(字面的)主有式[②]出发沿着这条概念之链上升。

一幅画像具有灰色意味着这是灰色的例子,但说这是灰色的例子就是说"灰色"适用于这个例子,因而指称它。因此,指称关系在此颠倒了:图画指称它描绘的东西,但灰色是用宾词"灰色"来指称的。因此,如果拥有等于例示,那么,主有式只有在指向方面不同于指称。"标签"的对应词是"样本"(如,生物组织的样本),样本"拥有"各种特点:颜色、结构,等等——它们由标签表示;它由它例示的东西来指称。如果我们进行清楚的理解,样本与标签的关系既包括非语词系统又包括语词系统。在语词系统中,宾词是标签,但非语言符号也可以用例子来说明并且起宾词作用。因此,一种姿势可以指称、例示或形成这两者:乐队指挥的动作指称要奏出的乐曲,但不是乐曲本身。有时它们可以例示乐曲的速度与节奏。体操教练做出示范动作,这种动作指称将要做出的动作。舞蹈表示日常生活的动作或仪式上的动作并且以事例说明了对经验进行重新组织的规定的姿势。描绘与表达

---

① 同上书,第52-57页。

② 古德曼:前引书,第74-81页。

的对立并非领域的差别,比如说,对象领域或事件领域与情感领域的差别(就像在情绪主义理论中那样),因为描绘属于指称,而表达是通过拥有的转移而造成的不同说法变种,它属于例示的范畴,例示与指称都属于指涉活动,它们仅有方向上的差别。这种对称通过颠倒代替了一种明显的异质性,由于这种异质性,认识与情绪的不可靠的区分重新出现了。而指称与涵义的区分就源于这种区分。

我们已为隐喻理论争取到了什么呢?[①] 它通过一种关系的转换与指称理论紧密联系在一起,而这种关系的转换本身也是指称的反面,描绘则属于它的一种。正如我们将要表明的那样,如果我们事实上承认隐喻表达(灰色画面表示悲哀)是主有式的转换,如果我们已经表明不过是例示的主有式乃是指称的反面,而描绘是它的一种,那么,在出现定向差别的情况下,所有的区别都是指称内的差别。

那么,被转换的主有式是什么呢?

我们不妨从列举的事例出发:那幅图画从文字上讲是灰色的,但在隐喻上讲表示悲哀。第一个陈述涉及事实,第二个陈述则是一种比喻(第二章第 5 节,"事实与比喻"就包括隐喻理论)。但我们要从罗素和维特根斯坦的意义上去理解"事实",在他们那里我们不能将"事实"与给予性混为一谈,而要把它理解为事态,理解为述谓活动的相关物。由于同样的原因,"比喻"并非语词的修饰而是宾词在颠倒的指称中的运用,也就是说,是宾词在主有式一例示中的运用。"事实"与"比喻"是应用宾词的不同方式,是给标签选择样品的不同方式。

在古德曼看来,隐喻是一种异常的应用,也就是说,是将熟悉的标签(它的用法是陈旧的)用于新对象,这种新对象一开始抵制这种用法,继而对它让步。我们会开玩笑说:"以新方式使用旧标签就是赋予旧词以新用法。隐喻是陈旧的宾词与半推半就的对象之间的纯洁爱情。"(第 69 页)此外,"这也是幸福的、使人青春焕发的第二次婚姻,尽管存在重婚的可能性"(第 73 页)。(我们仍然要用隐喻的方式来谈论隐喻:这次,屏幕、过滤、栅栏、透镜让位于肉体的结合!)

---

① 古德曼:前引书,第 81 - 85 页。

我们在指称理论中而不仅仅在意义理论中重新发现了理查兹、比尔兹利和杜伯纳的关于隐喻陈述的语义学理论的本质。此外，我们还保留了赖尔的"范畴错误"概念，这一概念也是参照系。虽然唯有有感觉能力的存在物是愉快的或悲哀的，我们仍然说这幅画面是令人悲哀的而不说是愉快的。然而，这里有一种隐喻的真理，因为标签使用上的错误意味着重新给一个标签，比如"悲哀的"比"愉快的"更恰当。由于贴错了标签而导致的文字错误通过重贴标签而变成了隐喻的真理。[①]以后，我们将指出，忽略模式理论怎样才能使我们根据重新描述来解释这种重贴标签的活动。但我们必须在描述和重新描述之间插入这种富有启发性的虚构方式，模式理论将会做到这一点。

首先，我们必须考虑对隐喻的有趣推广。隐喻不仅包括我们刚刚说到的"比喻"，即，最终包括一个孤零零的宾词的转用，这个宾词与另一个宾词相对立（红色或橙色两者择一），而且包括我们所说的"图式"，它表示标签的整体，以致相应的对象整体——一个"领域"要通过这个整体（比如颜色[②]）来调配。当整个领域都被转换（如，以视觉秩序来表示声音）时，隐喻展现了重组事物的视觉的能力。谈论画面的声音不再是转移孤零零的宾词，而是保证将整个领域移入陌生的地方。全面的"转运"变成了概念的转移，就像带着武器和行李的海外远征。有趣的是，在陌生的领域里进行的组织活动受在原始领域里整个网络的用法的引导。这意味着，如果对侵入的领域的选择是任意的（与任何别的领域相似的领域），那么，标签在新的应用领域的用法受到以前的实践的支配，因此，"数目大"这个表达式的用法可以指导"音高"这个表达式的用法。图式的使用法则乃是"前者的"规则。在这里，古德曼的唯名论不允许他到事物的本性中或到经验的本质构造中去寻找亲和性。在这一点上，语源学的谱系，泛灵论对有机物与无机物的混淆的重新出现不能说明任何东西，因为只有当宾词的应用与现实的实践所支配的应用发生冲突时才会是隐喻的。古老的历史可以浮现出

---

① 古德曼：前引书，第70页。
② 同上书，第71-74页。

来,被压抑的东西可以表现出来。按现有法律被放逐国外的人在回到祖国时仍然是一个外国人。应用的理论在现实中复苏。[①]

因此,试图寻找某种可以为宾词的隐喻应用提供根据的东西纯属徒劳:字面用法与隐喻用法的差别无论如何都会将不对称性引入一种契合。人与画在显得悲哀时相似吗?按语言的习惯用法,一个是字面上讲的悲哀,另一个是隐喻上讲的悲哀。如果我们仍要谈相似性,我们就必须像布莱克那样说,隐喻创造相似性,而不是寻找和表达相似性。[②]

从唯名论的观点看,宾词的隐喻应用并未提出不同于宾词的字面应用所提出的问题:"了解为什么要通过隐喻的方式来使用宾词的问题与了解为什么要在字面上使用宾词的问题非常相似。"(第78页)在给定的图式下,隐喻的贴切性被理解为字面的贴切性。无论在哪一种情况下,这种应用都可能犯错误并且易于改正。字面的应用仅仅是获得使用保证的应用。正因为如此,真理问题并没有异乎寻常的地方,只有隐喻的应用是异乎寻常的。因为标签或图式的应用的推广应满足相反的要求:它应当新颖而适当,陌生而明显,令人惊奇而又令人满足。简单地"贴上标签"并不等于"重新调配"。新的区分,新的配合应当源于图式的转换。[③]

最后,如果所有语言,所有符号体系在于"再造现实",那么,在语言中就没有更明确地表示这项工作的余地:当符号体系超越了它的既定界限并且征服了未知领域时,我们就会明白它的日常应用领域的范围。

于是,我们要提出两个关于隐喻现象的界限问题。第一个问题涉及对话语层面的"语式"的列举。正如亚里士多德认为的那样,在古德曼看来,隐喻并不是一种话语的修辞格,而是所有话语共同的转换原则。如果我们把"图式"概念或"领域"概念而不是将"修辞格"理解为

---

① 古德曼:前引书,第77页。
② 布莱克:《模型与隐喻》,第37页。
③ 古德曼:前引书,第73页。

主线,我们就可以将一个领域向另一个领域的所有转换,而不是将交叉部分纳入第一类:从人转换到物乃是拟人化,从整体转换到部分乃是提喻,从事物转换到特性(或标签)乃是 autonomase。我们把一个交叉领域向另一个交叉领域的转换归于第二类:由低向高的过渡是夸张,由高向低的过渡乃是曲言法。我们把不改变外延的转换算作第三类:嘲讽中的位置颠倒就是如此。

因此,古德曼与科恩那样的作者可谓殊途同归,这些作者使分类法从属于功能分析。转换本身过渡到了第一个层面。是将隐喻称为一般功能或一种修辞格只是一个词汇问题。前面我们已经看到,削弱相似性的作用的一切做法也会削弱隐喻修辞格的特殊性,并且强化隐喻功能的普遍性。

与隐喻界限相关的第二个问题涉及隐喻功能在语言符号体系之外的发挥。我们在这里找到了初步的例子,一幅画对哀伤的表达。经过在一系列区别和联系之后,我们最终发现了这类例子:(1)作为指称反面的例示作用;(2)作为例示的主有格;(3)作为主有格的隐喻转换的表达。最后,我们不仅应当按照语词符号的顺序,因而要按描述的顺序,而且要按非语词符号(图画,等等)的顺序,来考虑指称—例示—主有格这个相同的系列。我们所说的"表达"是对描绘顺序的隐喻性拥有。在有关的例子中,令人哀伤的画面就属于对描绘性"样本"的隐喻性拥有的情形。这种样本以例示说明了描绘性的"标签"。换言之,"被表达的东西通过隐喻来说明"。[①] 因此,(哀伤的)表达像颜色(蓝色)一样真实。由于这种表达既不是口头的,也不是文字的,而是描绘性的和转换性的,它只要适当,仍可以使表达显得很"真实"。并不是对观察者的影响构成了表达,因为在画面没有引起我哀伤的情况下我仍可以感受到它的哀伤。"隐喻的输入"可以使获得的某种性质成了项词。表达的确是对事物的拥有。画面表达了一些性质,它根据图画性符号的地位以隐喻的方式说明这些性质:"图画就像世界上的其他东西一样不能逃避语言的构造力量的侵袭,即使它本身作为符号

---

① 古德曼:前引书,第85页。

对世界(语言也包括在内)施加影响。"(第88页)

正因为如此,《艺术的语言——符号理论研究》将语词隐喻与指称层面的非语词的隐喻表达紧密联系在一起。在那里,作者成功地对主要的指称范畴进行了井井有条的安排:指称与例示(标签与样本),描述与描绘(语词符号与非语词符号),拥有与表达(字面与隐喻)。

在将古德曼的范畴用于话语的诗学时,我将指出:

1. 如果我们把涵义理解为没有指称价值的联想效果和情绪效果的总体,因而理解为主观效果的总体,指称与涵义的区分就不是对诗歌功能进行区分的重要原则。诗歌作为符号系统就像描述性话语一样包含指称功能。

2. 我们要模仿古德曼意义上的表达式对附着于"意义"之上的感觉材料——声音、意象、情感——进行考察。这是描绘而不是描述。它们起例示作用而不是起指称作用;它们转移了所有权不是凭从前权利占有它。这种意义上的特性就像科学话语所表明的描述性特点一样真实。它们在成为受诗歌爱好者的主观检验的效果之前原本属于事物本身。

3. 诗意的特性作为被转移的东西对世界的构成起补充作用。它们之所以是"真实的",是因为它们是"适当的",也就是说,是因为它们把适当性与新颖性结合起来,将自明性与奇异性结合起来。

但是,古德曼的分析需要根据以下三点进行补充,那些补充的东西将逐步造成深刻的改变,因为它们影响这位作者的实用主义和唯名论的基础。

1. 它未充分考虑诗歌话语特有的策略,即,将描述的指称进行悬置的策略。古德曼完全保留了阻止建立重婚关系的古老婚姻观念。但他只看到了习俗对革新的阻碍作用。我觉得我们必须等某种指称方式消失为止,这种指称方式乃是其他指称方式出现的条件。涵义理论看到了初级指称的这种消失,但没有明白它所说的涵义仍然以它自己的方式起指称作用。

2. 诗歌话语在运用富有启发性的虚构时是面向现实的,这种虚构的构造价值与它们的否定能力成正比。在此,古德曼以他的零指称概念进行了初步尝试。但是,他过于担心,以致没有明白指称的对象有助于对标签进行分类,以便发现它恰恰有助于对现实进行重新描述。模式理论使我们能够将虚构与重新描述密切联系起来。

3. 宾词的隐喻使用的"适当性"就像宾词的字面使用的适当性一样在纯唯名论的语言观中得不到充分解释。如果这种语言观因为没有重要因素去阻碍重贴标签的行为就不想努力去说明标签上的形象设计,那么,它就更难说明那种似乎包含某些语言和艺术的新发现的公正方式。正是在这里,我要与古德曼的唯名论保持距离。一些语词性的宾词和非语词性的宾词的"贴切性"、"适当性",难道并不标志着语言不仅以其他方式组织现实,而且能揭示通过语义更新而被带入语言的事物的存在方式?隐喻话语之谜似乎在于,它在进行双重意义上的"创造":他发现了他所创造的东西;他创造了他所发现的东西。

因此,我们必须明白的是三个主题之间的联系:在诗歌的隐喻性话语中,指称能力与日常指称活动的消失结合在一起;富有启发性的虚构的创造乃是重新描述的途径:由语言表达的现实性将显示与创造结合起来。本研究可以深入讨论前两个主题:由我们的诗歌语言理论假设的现实性观念将留到第八研究即最后一篇研究去说明。

4. 模型与隐喻

对模型理论的探讨构成了本研究的关键阶段。模型与隐喻之间的亲缘关系的观念有着如此丰富的内容,以致布莱克把它作为文集的标题,那篇文集专门收入了讨论认识论问题的论文:"模型与原始类型"(对原始类型概念的引入将在后面说明)。[①]

主要论据是,就与现实的关系而言,隐喻之于诗歌语言就好比模型之于语言。但在科学语言中,模型本质上是起启发作用的工具,它旨在通过虚构消除不适当的解释并为更适当的新解释开辟道路。用另一个接近布莱克的作者赫西[②]的话说,模型是重新描述的工具。我将把这个术语留到以后分析。明白它在原始认识用法中的意义也很重要。

模型并不属于证明的逻辑而是属于发现的逻辑。但我们仍然必须明白这种发现的逻辑并不能归结为没有适当的认识论兴趣的发明心理学,相反,它包含着认识过程,包含着具有自身的标准和原则的合理方法。

只有当我们首先根据其结构和功能将各种模型区分开来时,科学想象的狭义认识论向度才会出现。布莱克把模型分为三个等级。在最低层次,我们可以发现"比例模型"。如,船的模型或微小事物(蚊子翅膀)的放大、表演的慢镜头、社会过程的促进与微型化,等等。它们

---

① 布莱克:前引书,第 8 章,第 219－243 页。

② 赫西:"隐喻的解释功能",载《逻辑、方法论与科学哲学》,希勒尔编,荷兰,阿姆斯特丹,1965 年版;另见《科学中的模型与类比》的"附录",圣母大学出版社,1966 年版,1970 年版。

都是在不对称关系中所涉及的某种事物的模型。就此而言,它们都是模型。它们旨在表明这个事物是什么样子,它如何起作用,它受何种规律的支配。我们可以解读这个模型——从中了解原有事物的性质。最后,一种模型只涉及某些特点而不涉及其他特点。一种模型仅仅忠实于它的相关特点。正是这些特点将比例模型与其他模型区分开来。它们是支配阅读活动的解释习惯的相关物。对具有时空维度的东西来说,这些习惯取决于一些性质的部分同一性和比例的不变性。正因为如此,比例模型是对原有事物的模仿,是对它的再造。按布莱克的看法,比例模型与皮尔斯的图像相对应。通过这种可感觉性质,比例模型能使太大或太小的东西符合我们的水准和尺度。

布莱克将类比模型,如,不同经济制度的水利模型,电子计算机中的电路使用等等放在第二层次,我们要考虑两方面的问题——媒介的变化,结构的描绘,即"原有事物特有的一系列关系"。在此,解释的规则决定了一个系统向另一个系统的转换。这种转换的相关特点构成了数学上所说的同构。模型与原有事物具有结构上的相似性,但没有外部形态的相似性。

理论模型构成了第三个层次,它与原有的东西具有结构同一性。但是它们并不是某种我们不能表明我们应加以虚构的东西,它们并不是物。相反,它们引进了一种类似于方言或俗语的新语言,人们通过这种语言对原有事物进行描述而不是构造原有事物。因此,麦克斯韦把电场"描绘成一种想象的不可压缩的流体的性质"。想象的媒介物在这里不过是理解数学关系的便于记忆的方法而已。重要的并不在于我们有某种需要通过心灵来发现的东西,而在于我们可以影响某个对象,这个对象一方面被易于认识——在这种意义上说也使人更加熟悉,另一方面具有丰富的内涵——从这种意义上说它充满了假设。

布莱克的分析的莫大好处在于,它摆脱了涉及模型的存在地位的两难选择,这种选择似乎是由麦克斯韦本人的变更、开尔文勋爵对以太的本质主义解释以及迪昂对各种模式的粗暴拒绝强加的。问题并不在于模型是否存在以及如何存在,而在于理论模型的解释规则是什么以及相关特点是什么。重要的是，模型仅仅具有语言的习惯用法所赋予的特性，它不受现实的建构的任何控制。这便是描述与建构的对立所强调的方面："方法的核心在于以确定的方式进行表达。"（第229页）它的丰富性在于我们知道如何运用它：用图尔明①的术语说，它的"可展开性"（转引自239页）乃是它的存在理由。谈论直观把握仅仅是简单地表明我们能自如而快速地掌握模型的深远意义。在这一点上，诉诸科学想象并不标志着理性的退却，并不标志着拿意象进行消遣，而是标志着根据"被描述的模型"检验新型关系的基本语言能力。这种想象通过相关的规则而归属于理性，而那些相关规则支配着将第二领域的陈述翻译为适用于原有领域的陈述的过程。正是这种关系的同构性为一种习语向另一种习语的可译性提供了基础，并由此提供了想象的"合理性"（第238页）。但这种同构性不再是原有领域与被建构的事物之间的同构性，而是这一领域与被描述的事物之间的同构性。科学的想象在于通过被描述的事物的迂回发现新的联系。把这种模型排除在发现的逻辑之外，甚至把它归结为预备手段（因没有更好的东西而取代直接演绎），意味着最终把发现的逻辑本身归结为演绎步骤。布莱克指出，潜藏在这种意图之下的科学理想最终成了"被希尔伯特改造的欧几里得的理想"（第235页）。我们认为，发现的逻辑并非发明的心理学，因为研究并不等于演绎推理。

赫西明显地突出了这种心理学的赌注，她说："我们必须修改和完善科学说明的演绎模型并把理论说明看作对解释的对象领域的隐喻性描述。"（前引书，第249页）这一观点强调了两点。第一点是强调"说明"这个词。如果模型像隐喻一样引入了新的语言，那么，它的描述就需要说明；这意味着模型对演绎主义的认识论领域发生影响以便修改和完善科学说明的可演绎性标准（比如，亨普尔和奥本海默②所表述的那些标准）。按照这些标准，有待解释的事物应当能从解释的前

① 图尔明：《科学哲学》，伦敦，1953年版，第38-39页。
② 亨普尔和奥本海默："解释的逻辑"，载《科学哲学读物》，费格尔和布罗德贝克编，纽约，1953年版。

提中推演出来。它至少应当包含一种对演绎来说并不多余的一般规律；它应当直到今天仍未被经验所证伪，它应当是预言式的。诉诸对隐喻的重新描述乃是由于无法获得解释的前提与有待解释的事物之间的严格演绎关系，我们至多能指望得到它们之间的"近似的符合"（第257页）。这种可接受性的条件比单纯的可演绎性更加接近在隐喻陈述中进行的相互作用。同样，对理论的解释前提与有待解释的事物之间相互符合的规则的干预与对可演绎性的理想的批评殊途同归。求助于模型意味着根据语词的隐喻用法对评论性语言的扩展来解释符合的规则。至于可预见性，它不可能根据演绎的模型来了解，仿佛在解释的前提中已经出现的一般规律包含着仍然不可观察的情况，仿佛整套符合的规则没有得到丝毫的补充。根据赫西在《科学中的模型与类比》中的看法，没有一种合理的方法以纯演绎的方式来完善符合规则并形成新的观察宾词。对新的观察宾词的预见需要对意义进行的转换并将原始的观察性语言加以推广。只有有待解释的事物的领域可以用第二个系统中的术语来重新描述。

赫西的观点所强调的第二点是"重新描述"这个词。这一点表明，由模型的使用提出的最终问题乃是"隐喻的指称问题"（第254－259页）。事物本身就是"被看作"。它们以某种仍有待说明的方式与模型的可描述性质统一起来。有待解释的事物作为最终指称，本身因采用隐喻而改变。因此，我们必须最终抛弃有待解释的事物的涵义的不变性观念，并最终接受关于相互作用理论的"实在论"（第256页）观点。不仅我们的合理性观念，而且我们的实在性观念都受到了质疑。赫西说："合理性恰恰在于使我们的语言不断适应不断扩大的世界。隐喻乃是实现这一目标的主要方式。"（第259页）

事物"就是"这一模型所描述的"那个样子"。对肯定这一事实的动词"是"的涵义以后再进行讨论。

对隐喻理论来说，讨论一下模型理论的好处是什么呢？我们引用过的那些作者与其说有意考虑因将认识论运用于诗学而带来的冲击，还不如说热衷于将已有的隐喻理论推广到模型。在这里我感兴趣的是模型理论对隐喻理论的反作用。

将隐喻理论推广到模型理论的后果并不仅仅是肯定原有理论的主要特点——二级宾词与主要的主词,陈述的认识价值,新信息的产生,不可翻译性和解述的不可穷尽性之间的相互作用。将模型归结为心理学方法与将隐喻归结为简单的修饰方法并行不悖。无知与认识彼此遵循相同的路线。它们的共同步骤是"词语的类似性转换"(布莱克,前引书,第 238 页)。

模型对隐喻的反作用揭示了以前的分析尚未发现的隐喻的新特点。

首先,在诗歌方面,与模型一一对应的东西恰恰不是我们所说的隐喻陈述,也就是说,不是常常被简单地归结为句子的一种话语。模型毋宁在于复杂的陈述网络。与它相对的东西是延伸的隐喻——寓言、讽喻;与图尔明所说的模型的"全面展开"对应的东西存在于隐喻之网中而不存在于孤零零的隐喻中。

第一条意见酷似我们在本文的开头所做的考察:诗歌作品即诗文作为整体,反映了一个世界。"层次变化"将隐喻["微缩的诗歌"(比尔兹利)]与诗歌本身(扩大的隐喻)分离开来,但这种层次变化要求对隐喻领域的网络结构进行考察。布莱克的文章为他本人指明了道路:同构性在模型的用法中构成了想象的"合理尺度",这种同构性只有在被布莱克称为原型(我们还记得那篇文章的标题就是"模型与原型")的隐喻中才能找到它的对等物。布莱克试图以这一术语表示某些隐喻特有的两个特征:"彻底性"与"系统性"。此外,这两个特征有着密切的联系。借用佩珀(Stephen C. Pepper)的话说,[①]"本根隐喻"也是将不同隐喻组成网络的那种隐喻[比如,在莱温(Kurt Lewin)那里,这个网络将场、向量、相空间、张力、力、边界、流动性等词语联系起来]。由于这两个特点,原型比隐喻具有更小的局限性、点状性:它涵盖了经验或事实的"领域"。

---

① 佩珀:《世界假设》,加利福尼亚大学出版社,1942 年,第 91 - 92 页;布莱克引自前引著作,第 239 - 240 页。

这种意见至关重要：我们像古德曼一样感受到使孤立的"比喻"从属于"图式"的必要性，这种图式支配了许多"领域"，比如，被整体转换成视觉顺序的声音领域。我们可以预计，只有隐喻网络而不是孤立的隐喻陈述才会带有隐喻的指称功能。此外，我们根据荣格的心理分析对"原型"一词的用法来谈论隐喻网络而不愿根据它来论原型。这两种隐喻的示范能力既取决于它们的"彻底性"又取决于它们的"相互联系"。一种关于想象的哲学应该用突破口的观念去补充"看到新的联系"这一简单的观念(布莱克，前引书，第 237 页)，而这个突破口因为"彻底的"隐喻而变得深刻，因为"相互联系的隐喻"(同上书，第 241页)而变得广阔。①

讨论模型的第二个优点是使启发功能与描述之间的联系突出出来。这种近似性使我们突然间回到了亚里士多德的《诗学》。我们还记得亚里士多德如何通过悲剧创作将模仿与神话联系起来。② 他认为，诗歌是对人类行为的模仿。但这种模仿经过了对寓言的创造、情节的创造，这种创造表现了日常生活戏剧所缺少的成分与秩序。我们难道不应当因此将悲剧诗中神话与模仿之间的关系理解为模型理论中富有启发性的虚构与重新描述之间的关系吗？事实上，悲剧诗的神话表现了"彻底性"和"网络结构"的所有特点，布莱克曾将这些特点赋予原型，也就是说赋予与模型处于同一层次的隐喻。隐喻性不仅是陈

---

① 在 1962 年由印第安纳大学出版社出版的惠尔赖特的《隐喻与实在》中，我们可以发现一种根据稳定性程度，根据整合能力或要求的广度将隐喻分为各种等级的尝试。作者把符号称为由整合能力赋予的隐喻：在初级阶段，他发现了一首具体诗歌的主要意象；随后，他发现，通过"个人的"意义而支配整部作品的符号；继而，他发现了将广泛的世俗共同体或宗教共同体的成员联系起来的符号；最后，在第四阶段，他发现了一些表现全部人性的意义的原型，或者说发现了一些至少表现了人性的重要部分的意义的原型，比如，表示光明与黑暗的符号的系统或表示上帝的符号系统。伯格伦采用了这种分层结构的观念，前引书，第 1 卷，第 248－249 页。亨利从完全不同的观点，从风格学的观点(见《换喻与隐喻》，克兰克西克出版社，1971 年版，第 146 页及以下)表明，根据他异常巧妙地说明的二级比喻，这些隐喻的结合将修辞方法与负责转达诗人的个人观点的整部著作结合起来。我在前面引用亨利的分析(参见第 281 页)时就强调指出，对世界的指称和对作者的逆向指称与将话语提升到著作层次的交织现象同时发生。

② "第一研究"第 5 节。

述的特点,而且是神话本身的特点。就像模型的隐喻性一样,这种隐喻性在于根据一个虚构的但为人们比较了解的领域即悲剧神话的各种关系来描述一个不太为人了解的领域——人的现象性,它在描述时运用了这种神话包含的"可全面展开性"的所有力量。至于模仿,一旦我们不再把它理解为"复制"而是理解为重新描述,它就不会造成困难和令人难堪的局面。神话与模仿的关系应从两种意义上去理解:如果悲剧只有通过神话的创造才能达到它的模仿效果,那么,模仿就服务于模仿和它的基本指称特点。按赫西的说法,模仿是"隐喻指称"的名称。亚里士多德通过这种悖论强调的是:诗歌比历史更接近本质,这一点在西方一直占据主导地位。悲剧教导人把人的生活"看作"神话所展现的东西。换言之,模仿构成了神话的"指称"向度。

神话与模仿之间的这种联系并不只是悲剧诗歌的产物。它在那里之所以更容易发现,一方面是因为神话采取了"叙事"的形式,而隐喻性又与神话情节联系在一起,另一方面是因为指称对象是由人类行为构成的,它通过动机表现了与叙事结构的某种密切联系。神话与模仿的结果乃是所有诗歌的产物。我们还记得弗赖伊曾对诗歌与假设进行的对比。但这种假设是什么呢?根据这位批评家的观点,转向"内部"而不是转向"外部"的诗歌语言构成了一种情绪,一种心态,这种心态并不存在于诗歌本身之外:它从作为符号搭配的诗歌中获得形式。首先我们难道不应说,情绪是诗歌创造的假设,并且在这一点上它在抒情诗中保留了神话在悲剧诗中所拥有的地位吗?如此创造的情绪是"看作"和"感到是"的模型,我们难道不应当在某种意义上说,抒情诗的模仿与抒情诗的神话结合在一起吗?我正是在这种意义上谈论抒情诗的重新描述,以便将模型理论突出的虚构因素引入古德曼意义上的表达中。诗歌表达的情感所具有的启发性不亚于悲剧神话。诗歌的"向内"运动并不单纯与它的"向外"运动相对应。它仅仅表示不再与习惯指称相联系,表示情感向假设的升华,表示对情感虚构的创造。如果愿意,我们可以把抒情诗的模仿看作"向外运动"。抒情诗的模仿乃是抒情诗的神话的产物,它源于这样的事实:情绪就像以叙事形式出现的虚构一样具有启发性。诗的悖论完全在于,情感向虚构升华乃是模仿展开的条件。只有神话的心境才能打开和发现这个世界。

如果情绪的这种启发的功能很容易认识,那无疑是因为"描绘"已经成为获得知识的唯一渠道以及主体与对象之间的关系的模型。但情感因为不同于遥远的关系而具有本体论意义。它正渗透到事物之中。①

正因为如此,外与内的对立在这里不再有效。由于不是内在性,情感也便不会成为主观的东西。隐喻指称将伯格伦所说的"内在生活的诗意图式"与"诗歌结构的客观性"②结合起来。我所说的诗意图式是指"某种可以形象化的现象,它可以有效地观察到或被简单地想象,它可以用作表达有关人的内心生活或非空间的一般现实性的某种东西的手段"(第248页)。比如,但丁的"地狱"底下的"冰湖"就是如此。③ 与弗赖伊一样说诗歌陈述具有"向心"的倾向,不过是说我们如何不应当在宇宙学意义上去解释诗意的图式。但是我们已对一些心灵的存在方式作了某种说明,这些心灵的确是冷酷无情的。以后我们将讨论"的确"这个表达式的意义并且提出有关隐喻真实本身的具有张力的概念。现在,我们只需指出,形象化的动词只有在描述"世界的结构",描述已经成为内心生活的真实目的的"非人性的外貌"时,才能以隐喻的方式将情感"图式化"。伯格伦所说的"结构的现实性"为"内心生活图式"提供了支持,但内心生活图式成了这类心态的对等物,弗赖伊把它看作所有指称对象的替代物。在荷尔德林的诗中,④"水浪的欢快波动"既不是实证主义意义上的客观现实性,也不是情绪主义意义上的心态。这种选择仅仅适用于事先把现实性归结为科学客观性的观念。在隐喻的表达中,诗意的情感显示了外与内的漫无差别。世

---

① 利科:《可能犯错误的人》,第四部分"感情的脆弱性"。
② 伯格伦:《隐喻的使用与滥用》,载《形而上学评论》第16卷,第1期(1962年12月号),第227-258页;第2期(1963年3月号),第450-472页。
③ 伯格伦:前引书I,第249页。
④ 同上书,第253页。

界的"诗意结构"（欢快的波动）与内心生活的"诗意图式"（冰湖）在彼此的回应中道出了内与外的相互关系。

隐喻把这种相互关系由混乱和漫无差别的状态提升到两极紧张对立的状态。在克服主客体二元对立之前就已存在的内在情感融合是一回事，克服主观与客观的对立的调和则是另一回事。

由此提出了隐喻的真实性问题。"真实"一词的意义尚有疑问。对模型与隐喻的比较至少给我们指明了方向：正像虚构与重新描述的结构表明的那样，诗意的情感也展示了对现实性的体验，在这种体验中，发明与发现不再相互对立，创造与揭示同时发生。那么，现实性是指什么呢？

5. 走向"隐喻的真实"概念

本文倾向于以下的结论：前两篇论文仅仅记录了过去的讨论所取得的进展；第三篇论文得出了需要另作论证的结论：

1. 只有当虚构与重新描述之间的联系得以揭示之时，诗歌的功能与修辞学的功能才能完全区分开来。两种功能似乎互为表里。第二种功能试图通过给话语提供令人愉悦的修饰来说服别人。这一点正是话语的自身价值之所在。第一种功能试图以启发性的虚构这一拐弯抹角的方式重新描述现实。

2. 隐喻在为诗歌功能服务时成了话语的一种策略，通过这种策略，语言放弃了它的直接描述功能，以便达到能发挥其发现功能的神话层次。

3. 我们可以冒险谈谈隐喻的真实，以便表明与诗歌语言的重新描述能力有关的"实在论的"意图。

最后这个结论需要澄清。事实上，它意味着已不断成为本研究的指导线索的张力理论（或论辩理论）可以推广到隐喻陈述对现实的指称关系。

事实上，我们已经赋予张力概念三种用法：

a) 陈述中的张力：内容与表达手段之间的张力，中心与框架之间的张力，主要主词与次要主词之间的张力；

b) 两种解释之间的张力：被语义的不适当性破坏的字面解释与通过无意义来显示意义的隐喻解释之间的张力；

c) 系词的关联功能中的张力：相似作用中的同一性与差异性之

315

间的张力。

张力概念的这三种用法仍停留在陈述中的意义层次,而第二种用法运用了外在于陈述的活动,即交谈;第三种用法涉及系词,不过这里仅涉及它的关联功能。新用法涉及指称本身以及隐喻陈述以某种方式达到现实的要求。为尽可能透彻地表达这一点,我们必须将张力引入通过隐喻而证实的存在之中。当诗人说"自然界是生物支撑的庙宇……"时,动词"是"并不限于按我们刚刚谈到的三种张力把宾词"庙宇"①与主词"自然"重新联系起来。系词并不仅仅表示关系。它还意味着,现在"是"的东西②通过述谓关系而被重新描述;它说,事物原本就是如此。从亚里士多德的《解释篇》中我们已经了解这一点。

我们难道掉进了语言为我们设置的陷阱?卡西尔③使我们想到,语言尚未发展到区分动词"是"的两种意义,即关系词的意义与存在的意义的地步。如果我们从字面意义上去理解动词"是",就会出现这种情况。难道不存在动词"是"的隐喻意义[其中保留了我们首先在单词(自然与庙宇)之间,继而在两种解释(字面解释与隐喻解释)之间,最后在同一性与差别性之间所发现的那种张力]?

为了说明这种与动词"是"的逻辑力量密切相关的张力,我们首先得揭示"不是",它本身隐含在不可能的字面解释中,但以隐蔽方式出现在隐喻性的"是"中。这是"是"与"不是"之间的张力。这种张力并不能以合乎语法的形式显现在上述例子中。即便不明显,表示等价关系的"是"仍然不同于表示规定性的"是"(如"这朵玫瑰花是红的",本质上属于提喻)。列日学派的《普通修辞学》并未给我们提供这种表示规定性的"是"与表示等价关系的"是"之间的区分,而这种区分恰恰是隐喻过程的特点。④ 隐喻过程影响的不仅是词项,也不仅是系词的指称功能,而是动词"是"的存在功能。这一点同样适用于明喻

---

① 原文 temps 即时间,显然是 temple 的误写。——译者
② ce qui est 或现存的东西。——译者
③ 卡西尔:《符号形式的哲学》,第 1 卷《语言》,第 5 章,"语言与单纯的关联方式的表达。判断的领域与关系概念"。
④ 《普通修辞学》,第 114 - 115 页。

"像……"。在这一点上与亚里士多德决裂的古代修辞学把明喻看作典型,隐喻则成了明喻的简略形式。"像……"应被看作系词本身的隐喻形态。"像"不仅是对各项进行比较的词语,而且被包含在动词"是"中,它改变了动词"是"的力量。换言之,我们必须将"像"放在系词一边并且作这样的描写:"她们的面颊像玫瑰。"(这是《普通修辞学》中的例子,见该书第 114 页)为此,我们仍将忠于亚里士多德的传统,但最近的修辞学并未继承这一传统。我们还记得,在亚里士多德看来,隐喻并非缩略的比喻,相反,比喻是减弱的隐喻。因此,最重要的无疑是优先思考表示等价关系的"是"。为了把它的用法与表示规定性的"是"区分开来,我试图把张力引入动词"是"的力量中。前面的分析已经表明张力的其他三种用法。问题可以这样来表述:影响系词的指称功能的张力难道不会同样影响系词的存在功能?这个问题严重影响对隐喻的真实这个概念的理解。

为了表明隐喻的真实这一"有张力的"概念,我将辩证地看问题。首先,我将表明一种解释的不适当性,这种解释由于无视隐含着的"不是"而向隐喻的真实的评估中的本体论的素朴性让步;其次,我将表明一种与此相反的解释的不适当性,这种解释由于受到"不是"的沉重压力,在将"是"归结为反省的判断的"好像"时丢掉了"是"。在"是"中保留着"不是"的隐喻的真实概念的合法化,源于这两种批评的汇合。

在讨论所有狭义的本体论解释(我打算在"第八研究"中开始讨论)之前,我们将像亚里士多德在开始分析"第一哲学"时那样仅限于辩证地讨论各种意见。

a) 第一种运动——朴素的而非批判的运动——乃是具有强烈本体论色彩的运动。我不会抛弃它。我仅仅会使它成为间接的东西。没有它,关键因素就会不稳定。说出"这是"就是信念因素,就是本体论承诺,这种承诺为肯定提供了"非语言"力量。只有在诗的体验中最能发现这种强烈的肯定色彩。按照这一向度,这种体验至少表达了语言——自身之外的语言——的迷狂因素。它似乎证明,话语的希望就是在被言说的存在的边缘自我消失和死亡。

哲学能考虑这种迷狂状态的非哲学方面吗？它要付出什么代价呢？

在将非哲学与谢林哲学糅合时,柯勒律治表明了想象具有的准植物的能力,这种能力包含在符号中并使我们理解事物的发展过程:"符号在说明整体时使自己默默地成为它所代表的那种统一体的活生生的部分。"[①]这样,隐喻实现了诗人与世界的交流,通过这种交流,个体生命与普遍的生命一起成长。植物的成长由此成了具有隐喻的真实的隐喻,它本身就是"在事物的真实中确立的符号"(同上书,第111页)。正如植物为了生长而朝有阳光和土壤的地方伸展一样,正如"它成了自然界的整个沉默的生命或初级的生命的可见有机体,因而在综合一个极端时成了另一个极端的符号,成为理性的更高生命的自然符号"(同上)一样,诗意的语言使我们通过"公开的交流"分享了事物的整体性。理查兹因此引述了柯勒律治很早就提出的问题:"语词不是植物的枝叶和萌芽吗?"(同上书,第112页)

于是,为了表达诗意的迷狂,哲学必须付出的代价是将自然哲学重新引入精神哲学之中,引入谢林的神话学哲学传统之中。但是,根据植物的隐喻,想象不再是前面提到的(见"第六研究")具有同一性和差异性的基本散漫活动。有关"符合"的本体论,在进行分割的理智的刀刃面前,到自然界那"富有同情性的"魅力中去寻求保证。

柯勒律治坚持哲学与非哲学的混合。在柏格森那里,观点与生活的统一性被上升到哲学的顶点。对批评的批评保留了这一工作的哲学特点,由于这种批评,反观自照的理智进行自我谴责。概念的分割、空间的分散与实用兴趣之间的密切联系从反面证明了意象的权利。意象对概念的优先性,不可分割的时间之流对于空间的优先性,视觉对生命忧虑的漠不关心也一起恢复了。正是在生命哲学中,意象、时间与沉思之间的协约得到了确认。

一种受到谢林、柯勒律治和柏格森影响的文学批评理论,试图考

---

① 柯勒律治:《政治家手册》附录3,转引自理查兹:《修辞学的哲学》,第109页。

虑诗歌语言的这种令人迷狂的因素。① 我们应当把特别适用于隐喻的某些浪漫主义的辩护归功于这种批评。惠尔赖特在《燃烧的喷泉》和《隐喻与实在》②中的批评是最值得尊重的批评之一。事实上作者不满足于把他的本体论与对想象能力的一股考虑联系起来。他还将它与他的语言学特别重视的那些特点密切联系起来。这些特点一开始就要求根据生活来表达。作者说,语言是"有张力的"和"活生生的"。他利用了远景与开放性之间、指示与暗示之间、想象物与意义之间、具体性与多元化之间、明晰性与情感的共鸣之间的所有冲突。更具体地说,隐喻通过转移和互换的对比获得了语言的这种张力特征。转移通过意象层面的直接同化使各个词项接近转移融合;互换则间接地并通过各分散的词项的结合而展开。隐喻是转移和互换的张力。这种张力确保意义的转换并给诗歌语言赋予了语义学的"剩余价值"特征,赋予了向意义的新方面、新向度、新视域开放的能力。

因此,所有这些特点一开始就要求根据生命——活着的、活的、紧张的——来表达。我在完全不同的意义上为自己提出了"紧张的活力"③这个术语,在这个术语中我对张力的生命方面的强调多于对其逻辑方面的强调。涵义的充分性和紧张的活力与僵硬性、冷漠性和速记语言④的死亡相对立。流畅的语言与滞涩的语言在这里形成了鲜明对比,后者对某些人出于习惯或约定所分享的各种抽象概念感到自鸣得意。这是一种抛弃了"令人紧张的模糊性"、抛弃了"未把握的流畅性"⑤的语言。

这些语义学的特点表明了"具有张力的"语言与显示了相应的本体论特点的现实之间的密切联系。作者事实上并不怀疑人类出于机

---

① 巴菲尔德:《诗歌用语:意义的探究》,纽约,麦格劳希尔出版社,1928 年版,1964 年第二版。

② 惠尔赖特:《燃烧的喷泉》,印第安纳大学出版社,1968 年修订版;《隐喻与实在》,印第安纳大学出版社,1962 年版,1968 年版。

③ 惠尔赖特:《隐喻与实在》,第 17 页。

④ 《燃烧的喷泉》,第 25 - 29 页,第 55 - 59 页。

⑤ 《隐喻与实在》,第 38 - 39 页。

敏而不断关心现有的东西①。由隐喻带给语言的现实性可以描述为
"现存的和有张力的,共生的和相互渗透的,有视觉效果的,因而也是
潜在的——简言之,它仅仅部分地、模糊地并通过符号的间接性显示
出来"(第154页)。所有这些特点都具有模糊性:现实的存在因反
应—想象的活动而活跃起来并且它本身在一种相遇中对这种回应作
出了回应。作者的确提出,现实存在的这种意义不会没有对立面;但
是他立即补充说,这种对立面从属于明显的总体性。至于"共生性",
作者把它与理智的选择对立起来,这种选择导致客观与主观、物质与
精神、特殊与普遍的分裂:诗歌用语的"剩余物"使得对立双方相互渗
透,并且变成另一方。语言本身通过从一种意义向另一种意义的过渡
展现了它(诗歌)所欢迎的世界本身的某种隐喻性(第169页)。诗歌
语言的"远景性"展示了超出人的视角范围的剩余物。当赫拉克利特
说"在德尔斐神庙写有其神谕的'神灵既不言说也不隐瞒,而是指示'"
时,他所暗示的不就是这一点吗? 我们难道不应当像讲授《奥义书》的
印度教布道者那样默默地说"neti-neti"(要这样,要这样)。最后,在进
入"诗学—本体论"的问题时,这位作者十分乐意地承认,他的"元诗
学"与其说是"概念的本体论,还不如说是关于诗的敏感性的本体论"
(第20页)。

令人惊奇的是,惠尔赖特提出的互换与转移之间的张力的语义学
观点使他十分接近关于真实性本身的具有张力的观点。但他的理论
的辩证倾向被活力论倾向和直觉主义倾向所遏制,后两种倾向将他带
入了"关于现存事物"的元诗学领域。

b) 杜伯纳在《隐喻的神话》中提供了本体论的素朴性的辩证法的
对立面。②作者在将隐喻的"误用"作为批判的主题时试图划定它的有
效"使用"范围。这种"误用"与其说是人种学意义上的神话,还不如说

---

① 《隐喻与实在》,第19、30、130页及其他各处。
② 杜伯纳:《隐喻的神话》,耶鲁大学出版社,1962年版;南卡罗来纳大学出版社,1970年修
订版(附录中收入了埃伯利:《模型、隐喻与形式的解释》)。

是认识论意义上的神话,它与我们刚刚所说的本体论的素朴性几乎没有差别。实际上,神话就是诗加上信仰(即有信仰的诗歌)。我说的是字面上的隐喻。但在隐喻的用法中,有某种东西容易误用,因而容易转向神话。那是什么东西呢? 我们还记得杜伯纳的语义学基础(前面的"第六研究"已做了阐述):隐喻接近赖尔所说的范畴错误,这种错误在于用适用于一个范畴的术语去表示另一个范畴的事实。隐喻也是一种预料到的错误,是范畴的逾越。正是在语义学的基础上——在此,隐喻归属的不适当性比语义的新的适当性得到了更多的强调——作者建立了他的指称理论。杜伯纳指出,信仰就是从"假想"(某物显得如此而事实上并不如此)(第13页)自发地过渡到相应的"意图"(我意欲得到我假想的东西)(第15页),然后从"意图"自发地过渡到"使人相信"(第17页)。范畴逾越变成了范畴侵占(第22页),范畴融合则变成了范畴混淆(同上)。从"假想"出发的信仰被巧妙地变成了"使人相信"。

因此,我们前面所说的启发功能并非天真可笑的虚构。它往往因为被看作感觉到的信仰而被人作为虚构忘了脑后(大概正是由于这一点,斯宾诺莎在反驳笛卡儿时对信仰作了这样的描述:只要想象被限制和否认,它就与真正的信仰难以区分)。显而易见的是,缺乏合乎语法的标志在这里成了渐渐转向信仰的保证。在语法中任何东西都无法将隐喻的属性与字面的属性区分开来。丘吉尔在把墨索里尼称为"那个让人使用的工具"时用了"ustensile"(工具)一词,广告词"煎锅,多么得心应手"(la poêle à frire, cet ustensile)也用了"ustensile"(第14页)一词,但语法并没有指出这两个词的区别。只有无法求两个陈述的代数之和才会引起我们的疑惑。不指明差别并在这种意义上把差别掩盖起来恰恰是语法设置的陷阱。因此,必须给陈述提出批判性要求,以便突显那个没有标明的"仿佛",即"相信"和"使人相信"中的那个"假装"的虚拟标志。

对隐蔽的特点——我们几乎可以说欺骗——杜伯纳没有用这个词——需要进行批判性的反驳:如果我们在将面具看作真实面孔时

不会变成隐喻的牺牲品,我们就应当在"使用"与"被使用"之间划一道界线。简言之,我们必须"揭示"隐喻,取下它的面具。使用与误用之间的这种接近导致了以隐喻来校正隐喻。我们已经谈到了意义的转移或传达。有一点是千真万确的:隐喻对事实进行了重新配置,但这种配置也是误置。我们把隐喻比作过滤器,比作屏幕,比作透镜,以便对它进行观察并教会人"把……看作……",但是,这也是用于伪装的面具。我们说过,它将多样性综合起来,它也导致范畴混乱。我们说过,它是"指代……",我们也必须说它是"被看作……"。

但"揭示"隐喻意味着什么呢(第 54 - 70 页)? 我们必须注意,杜伯纳乐意考虑科学模型的程度更甚于考虑诗歌的隐喻。如果像我们已经承认的那样,模型的指称功能本身是隐喻的指称功能的模型,那么,这肯定不会抹煞他对隐喻真实概念的贡献。但是,批评的警觉性的性质很可能彼此不同。事实上,认识论上的"神话"的例子就是科学理论,在这种理论中,人们始终看不到启发性虚构的标志。因此,杜伯纳详细讨论了笛卡儿和牛顿的力学模型的物化,也就是说讨论对它们的直接本体论解释。隐喻与文字的张力从一开始就不存在。因此,"破除神话"意味着使模型显得像隐喻。

杜伯纳在指责"剧场假象"时继承了培根的古老传统:"因为根据我的判断,所有已经接受的体系不过是再现它们自己创造的世界的一幕幕戏剧……它们通过传统、轻信和无知渐渐被人接受。"①

但是,这无法消除隐喻语言。恰恰相反,在将它贴上"仿佛"这一关键性标志时,这样做已肯定了隐喻语言的存在。事实上,"表达字面上的真实",并像逻辑经验主义要求的那样"说出什么是事实"是不可能的:"通过使事实回到它们本来的领域来重新确定事实的一切尝试都是枉费心机。""我们不能说什么是事实,而只能说它是向我们显示出来的那个样子。"(第 64 页)如果有语言的非神话状态,就不可能有语言的非隐喻状态。因此,除了有意识地"代替假面具"之外别无出路。我们不会说"non fingo 假设",而要说"我虚构假设"。简言之,对

---

① 培根:《新工具》,伦敦,1626 年版,第 1 卷,第 44 页,转引自杜伯纳:前引书,第 29 页。

隐喻的使用与滥用的区分的批判意识不会导致在不断追求其他隐喻的过程中，即在追求尽可能好的隐喻的过程中不用隐喻，而只会导致重新使用这些隐喻。

杜伯纳的观点限于一些事例的特殊性，这些例子涉及那种极少能从模型过渡到隐喻的东西。

首先，这位作者置身于与实证主义观点相一致的现实秩序中，而实证主义受到了作者的观点的批评。这里不断涉及事实，因而也涉及没有被根本转变的证实论意义上的真理。如果我们认为模型—隐喻的例子并不来自有限的物理学领域，而是来自世界观的元科学层次，在那里，模型与科学神话的界限往往消失了（自柏拉图的《蒂迈欧篇》问世以来我们所了解的就是这种情形），那么这种观点的新经验主义特征是不可能回避的。笛卡儿的力学与牛顿力学是具有普遍性的宇宙论假设。问题恰恰是诗歌语言是否能深入到前科学的、前谓词的层次，在那里，事实、对象、现实、真理等概念就像认识论限定的那样，由于字面指称的摇摆不定而受到了质疑。

此外，作者还谈到了对模型的掌握方式，这种方式在诗歌体验中是不存在的。在诗歌体验中，每当诗人说话之时，就有不同于他的东西在说话；而且现实在无法由诗人支配的情况下进入了语言。杜伯纳的隐喻仍然属于可操纵者的范围。它是我们选择使用、不使用或重新使用的东西。这种与"仿佛"的警觉性共存的决定能力并没有诗歌体验方面的保证，按赫斯特的描述，想象在这种体验中受到了"束缚"。这种"被把握"的体验而不是"进行把握"的体验与对"仿佛"的有意支配难以调和。杜伯纳的问题乃是破除神秘化的神话问题。它仍然具备言说的能力吗？在破除神秘化之后，仍然有隐喻式的信仰这类东西吗？在破除偶像崇拜之后还存在第二种素朴性吗？这个问题在认识论和诗歌中需要做出不同的回答。对模型的明确、节制而一致的使用也许是可以设想的，即便在不相信模型的描述价值和描绘价值的情况下难以维持对"仿佛"的本体论戒除。诗歌中的创造体验似乎避开了关于"仿佛"的哲学所要求的那种明晰性。

　　这两种限定似乎密切相关：观察的方式超越了被方法论肢解的
"事实"，自我包含的方式摆脱了对"仿佛"的警觉，这两种方式共同表
明了创造体验的两个方面，在这种体验中语言的创造性方面与现实本
身的创造性方面相一致。在不相信隐喻，不相信隐喻以某种方式现实
地存在着的情况下，我们能创造隐喻吗？因此，正是关系本身而不仅
是它们的两极在起作用：在它自身的有意识假设的"仿佛"与"向我们
显现的"事实之间符合论的真理概念起支配作用。它仅仅被"仿佛"形
式化了，而没有从根本上发生改变。

　　c) 我对惠尔赖特和杜伯纳两人的批评十分接近伯格伦在《隐喻的
使用与滥用》中的批评。我的批评受到这本书的很多启发。就我所
知，没有其他作者在有关隐喻的真实的概念方面走得如此之远。由于
我事实上并不满足于复述张力理论的主要观点，我试图在本体论的素
朴性与对神秘化的隐喻的批评之间作出评判。为此，他给关于陈述的
内在语义的张力理论赋予真理价值，并敢于谈论隐喻的真实与字面的
真实之间的张力（第 245 页）。前面，我已使用他对"诗歌图式"与"诗
歌结构"的联合分析，前者提供了内在生活的图景，后者提供了世界的
面貌。我没有指出的是，在伯格伦看来，这些张力不仅影响意义，而且
影响诗歌对被如此图式化的"内在生活"的论断的真理价值，也影响诗
歌对"现实结构"的论断的真理价值。他指出，诗人们"有时似乎认为
他们所做的工作在某种意义上就是真实的论断"（第 249 页）。在什么
意义上呢？惠尔赖特谈论"描述的现实"并没有错误，但他区分诗歌的
真实与神话的荒谬却不成功。他致力于了解语言的"张力"特征，但
是，由于他只是简单地用一种真理概念去代替另一种真理概念，他恰
恰没有把握真理的"张力"特征。因此，他在使诗歌结构恢复原始的泛
灵论特征时，他沉迷于对这一概念的滥用。但诗人自己并未犯这样的
错误："当这些指称对象被隐喻建构过程同等地改变时，它却保留了隐
喻的主要主词与次要主词之间的日常区别。"（第 252 页）他还说："与
儿童和原始人不同，诗人并未以神话的方式将对'事物的文本上的感

受’与真正的‘有感受的事物’混为一谈。”(第 255 页)只有通过使用文本上的隐喻,具有诗意的“事物的感受”才能在某种意义上摆脱平淡无味的“有感受的事物”,并且被给予适当的讨论(同上)。因此,人们通常所说的情绪或情感的现象学的客观性与隐喻陈述的真理的张力结构不可分离,而隐喻陈述通过情感并与情感一起表达世界的结构。文本的现实性的可能性是具有诗歌图式的隐喻真实的可能性的相关物。一方的可能性与另一方的可能性同时确立(第 257 页)。

两种内在的批评,即对本体论的素朴性的批评与对破除神秘的批评的汇合,导致我们去重复关于隐喻的真实的“张力”性的观点以及对包含肯定的“是”的看法。我并不是说这两种批评证明了上述观点。内部批评仅仅有助于承认通过隐喻的方式说出和使用系动词“是”的人做出的假设和承诺。与此同时,它强调与隐喻的真实概念相关的、不可克服的悖论的特点。这一悖论在于,除了把(字面上的)“不是”的临界点引入(隐喻上的)“是”的本体论的强烈色彩中,没有其他方式去公正地对待隐喻的真实概念。就此而言,这种观点仅仅从张力理论中引出了最极端的结论。正像隐喻的近似性中保留了逻辑距离一样,正像不可能的字面解释不是被隐喻解释简单地消除而是一边抵抗一边退让一样,本体论的证明遵循张力原则和“立体观察”[1]的规律。动词“是”的这种张力结构从进一步发展为明喻的隐喻的“像……”中获得了它的语法标志,同时,相同与相异之间的张力也通过相互关联的一对范畴来表达。

关于隐喻的真实的这种观念对现实性的定义的回击是什么呢? 这一问题构成了本文的背景,它也是下一个研究的对象。因为思辨话语的任务是,以它自身特有的方法表达这个普通的讲故事者自发接受的东西。按雅科布松[2]的看法,这个讲故事者在讲出“Aixo era y no era”(这个故事半真半假)时已经“表明了”他的故事所隐含的诗歌意向。

---

[1] 这话出自斯坦福的《希腊的隐喻——理论与实践研究》,牛津,布莱克韦尔出版社,1936 年版,第 105 页。许多英语作者重新捡起了这个术语。

[2] 雅科布松:前引书,第 238-239 页。

第八研究
隐喻与哲学话语
——献给让·拉德里埃

本文集的最后一篇论文旨在突破研究的哲学界限，它的专注重点由诠释学层面、修辞学层面转向语义学层面，由意义问题转向指称问题。最后这种转变以假设的形式牵涉到许多的哲学前提。没有话语可以宣称能够摆脱前提，理由很简单：我们借以将思想领域主题化的思想劳作运用了无法被同时主题化的操作概念。但是，如果没有话语可以彻底放弃前提，那么，至少没有思想家可以免于尽可能地说明他的前提。在前一篇论文的开头，我们就着手从事这一工作，那时，我们阐述了隐喻指称理论运用的语义学假设和诠释学假设。在同一篇文章的末尾，我们使这些假设有理由将隐喻性陈述的本体论目标赋予那对必须从"像……"的意义上去加以理解的**术语**。这些假设本身仍有待主题化。那么，我们会提出这样的问题：在从修辞学研究转向语义学研究，从意义转向指称的过程中隐含着什么样的哲学呢？这个问题看上去简单，实际上是双重的问题。我们的确会问这里是否隐含一种哲学以及隐含什么样的哲学。本文的策略就是同时推进对这两个问题的研究：有待说明的**本体论**问题以及在隐含的活动和明显的活动中发挥作用的涵义问题。

　　第二个比较隐蔽的问题要求就话语形式的完整统一体做出全面的决定，它根据话语形式来理解它们的用法。如，诗歌话语，科学话语，宗教话语，思辨话语，等等。我在将离散性概念本身作为主题时试图为话语形式和层次的相对多元论作辩护。由于没有深入到维特根斯坦提出的有关语言游戏的彻底异质性的观点（它使得本文末所要讨论的交叉情形变得不可能），我们有必要在原则上承认间断性，正是这种间断性保证了思辨话语的自主性。

仅仅是基于哲学话语本身所确立的这种话语差别，我们才能设想相互作用的形态，更确切地说，才能设想话语形式之间的相互推动，说明我们的研究隐含着的本体论需要这些话语形式。

前面三个部分要为思辨话语与诗歌话语之间的间断性作辩护，并反驳人们理解隐喻话语与思辨话语的内在联系的某些错误方式。

1. 如果我们可以表明哲学仅仅在思辨层面上再造诗歌话语的语义功能，那么，我们可以说哲学受到了隐喻功能的**诱惑**。我们将把亚里士多德关于存在的多重意义的类似统一性——中世纪的存在类比学说的先驱——作为我们的试金石。它将使我们有机会表明隐喻陈述的语义功能与关于类比的先验学说之间不存在直接的过渡。相反，这种学说提供了哲学话语的自主性的特别明显的例证。

2. 如果范畴话语没有为诗歌隐喻与先验的模糊性之间的过渡留下余地，那么，正是哲学与神学在混合话语之间的联合创造了类比与隐喻相混淆的条件，因而也创造了仅仅作为"误断"（康德的话）的涵义的条件吗？托马斯的存在类比学说是关于话语形式的间断性观点的极好反例。如果我们可以表明存在神学的混合话语不允许与诗歌话语相混淆，那么，这个领域就会向交叉的比喻考察敞开，这种交叉的比喻以话语形式的差别为前提，主要是以思辨形式与诗歌形式的差别为前提。

3. 在隐喻理论中哲学涵义的完全不同形态——甚至相反的形态都应当予以考虑。它将哲学前提作为使隐喻话语成为可能的多种区别的根源，它乃是前两段话中加以考察的形态的反面。这种假设不只是颠倒隐喻与哲学的优先顺序。它颠倒了哲学论证的方式。前面的讨论是在思辨话语即在存在神学话语的明显意图的层面上得以展开，并且仅仅运用其论证顺序。对其他"阅读"活动而言，没有言明的哲学冲动与未被觉察的隐喻活动彼此合作。在将海德格尔的论断"隐喻仅仅存在于形而上学中"作为铭文之时，我们将德里达的《白色神话学》

作为"第二次航行"的指南。它涉及第二次航行：讨论的重心将由活的隐喻转向**死的**隐喻——死的隐喻没有被言说出来,但隐含在被言说出来的概念的"升华"中。基于以前的研究,我希望表明死板隐喻的难题是一种派生的难题。唯有隐喻陈述的语义学目标的这种复活才能为话语形式之间的活生生的对照本身重新创造条件,而这种话语形式的差别已经得到了充分认识。

4. 在研究的最后两个阶段,我们将对哲学话语和诗歌话语互激生气做出贡献。在首先考察语义学目标的现象学观点时,我们将试图表明思辨话语的可能性在于隐喻表达的语义学推动,但是只有为它提供它从自身结构中获得的表达领域的财富时,它才符合隐喻的潜在语义。

5. 对"第七研究"所运用的指称假设的说明只能源于思辨话语在隐喻陈述的激励下进行的自我改造。我们将试图说明,我们应当以什么方式改造真理和现实概念并最终修改存在概念,以符合隐喻表达的语义学目的。

1. 隐喻与存在概念的模糊性：亚里士多德

　　亚里士多德首次对存在概念的各种涵义的类似的统一性进行了思考,他所做的这种思考为我们提供了对哲学话语与诗歌话语的差别的最初假设形成对照的第一个反例。于是我们要提出这样的问题:每当哲学试图引入单义性与歧义性的中间形态时,它不会迫使思辨话语在它自身的层面上再现诗歌话语的语义功能吗? 如果这样,思辨话语在某种程度上受到了诗歌话语的引诱。这个词本身提出了关于种类的最初混淆的假设。类比这词属于两种话语。从诗歌方面看,"相称"意义上的类比原则上属于第四种隐喻,亚里士多德把它称为"类比"隐喻(或根据某些翻译把它称为"相称的"隐喻)。今天,某些诗学理论家仍然毫不犹豫地用类比来统称隐喻与明喻或者用这一名词通称隐喻家族。从哲学方面看,这个词处于某种话语的核心,这种话语源于亚里士多德并一直延续到新托马斯主义。

　　我试图表明,与表面现象相反,以存在的类比概念为结晶的思想成果源于思辨话语与诗歌话语的最初区分。对上帝的论述所造成的哲学与神学的混合是否能保留这种区分——这个问题要留到第二个阶段去讨论。

　　因此,我们必须从亚里士多德在《范畴篇》和《形而上学》Γ、E、Z、Λ卷中确定的哲学与神学的最大分歧出发。

　　《范畴篇》并未明确使用"类比"一词,但它提出了关于歧义性的非诗学模型并提出了关于类比的非隐喻理论的可能性条件。自亚里士多德开始,经过新柏拉图主义者、中世纪的阿拉伯人和基督徒,一直到康德、黑格尔、勒努维耶(Renouvier)、哈姆林(Hamelin),《范畴篇》所做的分类仍然是思辨话语不断开展出色工作。但《范畴篇》之所以提出存在的意义链的联系问题,仅仅是因为《形而上学》提出了既与诗歌话语决裂又与日常话语决裂的问题:存在是什么?相对所有语言游戏而言,这个问题是彻头彻尾的越位。正因为如此,当这位哲学家面对"存在可用几种方式来表达"这一悖论时,当他为了使存在的许多涵义摆脱分散状态而在它们之间确立与第一个词项的指称关系时(而第一个词项既不具有某类词的单义性,也不属于某个单词的纯粹偶然的歧义性),它带给哲学话语的多义性与隐喻表达所产生的多种意义属于不同的层次。与上述问题属于同一层次的多义性打开了思辨的领域。第一个词项 ousia(存在)——将所有其他词项置于"存在是什么?"这一问题所勾画的意义领域中。其他词项与第一个词项的关系可能是我们所说的那种类似关系(不管这样称呼是否合理)——这一点在眼下并不重要。重要的是确认存在的多种意义之间的亲缘关系,这种关系构成了一种等级,尽管这种关系并不是由于把属分为种。这种等级乃是范畴的等级,因为它是归属关系领域的有秩序扩展的可能性的条件。存在的合乎规律的多义性给述谓功能本身的明显无序的多义性赋予秩序。正如不同于实体的范畴是实体的"宾词"并因此补充了存在的第一种意义一样,对每一种特定存在来说,宾词领域表现出远离实体中心的相同的同心结构以及由于规定性的增加而导致的意义增长。这种合乎规律的过程与隐喻毫无共同之处,甚至与类比的隐喻毫无共同之处。"存在"的有规律的多义性与诗歌的多义性处于截然不同的层次。哲学话语被确认为意义的有序推广的警惕卫士,正是基于这种意义,诗歌话语的新意义的推广便清楚地显示出来。

亚里士多德对柏拉图的指责间接地证明了"存在"的合乎规律的多义性与诗歌隐喻之间毫无共同之处。合乎规律的多义性应当代替柏拉图所说的"分有",这种"分有"不过是隐喻而已:"至于说理念是原形,其他事物分有了理念,那不过是给空洞的语词赋予意义并利用了诗歌隐喻而已。"(《形而上学》，∧，9，991 a 19－22；特里科译本第 1 卷，第 87－88 页)因此，哲学甚至在考察存在的各种意义时既不应隐喻化，也不应诗化。但它难道不能做它不应当做的事情吗？

我们曾经争辩说，亚里士多德的《范畴篇》构成了自足之链，因为它仅仅得到了类比概念的支持，而这个概念本身是从思辨领域之外的领域获得其逻辑力量的。但我们可以表明，这些异议至多证明应当在不同于类比的基础上重写《范畴篇》，而不能证明《范畴篇》的语义学目的应当来自思辨领域之外的领域。

首先，我们可能会提出异议说，所谓的思想范畴不过是被掩盖着的语言范畴。这就是邦弗尼斯特①的异议。这位作者一开始便笼统地肯定"语言形式……不仅是可翻译性的条件，而且首先是思想得以实现的条件"(第 64 页)，他还试图确认"亚里士多德在以绝对的方式进行推论时，仅仅发现了他借以进行思想的语言的某些基本范畴"(第 66 页)。②

只要我们仅仅考虑从亚里士多德的范畴(如他列举的那些范畴)走向语言范畴的历程，邦弗尼斯特所确定的那种关系都是无可争议的。相反的过程又如何呢？在邦弗尼斯特看来，完整的思想范畴表不过是"语言范畴的转换"(第 70 页)，是"既定的语言学状态的概念投射"(同上)。至于"无所不包的"(同上)存在概念，它"反映了"动词"是"的用法的丰富性。

但是，在提到"巴门尼德的诗歌的壮丽图景和《智者篇》的辩证法"(第 71 页)时，这位语言学家应当承认"语言学并不给形而上学"对存在的定义确定方向。每个希腊思想家都有自己的定义，但它使我们能

---

① 邦弗尼斯特：《思想范畴与语言范畴》，载《哲学研究》，1958 年 12 月号，第 419－429 页，另载《普通语言学的若干问题》，第 1 卷，伽里玛出版社，1966 年版，第 63－74 页。

② 前六个范畴表示名词形式(即，语言学的名词词类；其次是在一般形容词词类中，有两类表示量与质的形容词；再次是比较级，它是功能上的相关形式；然后是表示地点与时间的名称)。所有动词属于以下四种范畴：主动式与被动式；其次是不及物动词(与及物动词相对)；再次是动词完成式，它是"处于某种状态的存在"(我们将会注意到，邦弗尼斯特的语言学天才体现在他对令许多解释者感到头痛的最后两个范畴的解释中)。因此，亚里士多德"试图对物体的属性进行定义；他仅仅确定了语言学的存在"(第 70 页)。

将"存在"变成一种可以对象化的概念,哲学的反思可以像处理、分析和定义其他概念一样来处理、分析和定义"存在"概念(同上)。作者还说,"我们想在这里表明的是,希腊的语言学结构早就把'存在'概念的理解确定为哲学的使命"(第 73 页)。

因此,问题在于明白哲学思想在被应用于语法上的"存在"时是根据什么原则产生"存在"一词的一系列意义。在单纯的列表和康德意义上的演绎之间存在着排序的余地,在后亚里士多德的传统中——并且按照亚里士多德本人的几个罕见建议,这种排序被渐渐视为类比。

我们可以像维尔曼(Jules Vuillemin)在其著作《从逻辑学到神学:论亚里士多德的五篇论文》①的第二篇文章中所做的那样表明,亚里士多德的《范畴篇》具有一种内在的逻辑联系,并且表明在重新把握这种逻辑联系时,"我们也许会发现迄今尚未分析的亚里士多德的演绎线索"(第 77 页)。

《范畴篇》从语义的区分入手并非无关紧要,这种区分并不是制造二元分裂,而是标明了第三类语义的地位。除了具有共同名称而无共同概念的事物之外,除了亚里士多德所说的同形异义词之外,除了既有共同名称又有概念的同一性的东西——同义词之外,还有许多近音词,即(ptôsis)不同而名称从另一个词派生而来的词。如"语法学家"由"语法"派生而来,"勇敢的人"由"勇敢"派生而来(《范畴篇》,1 a 12 - 15)。因此,这里第一次引入了介于同形异义词与同义词之间,从而介于单纯的多义词与绝对的单义词之间的中间词类。以下的全部分析旨在扩大近音词在歧义性的牢固防线中打开的缺口并撤销亚里士多德本人的观点制定的对歧义性的全面禁令。按照亚里士多德的观点,"指称一个以上的事物就等于什么东西都不能指称"。但是,涉及被命

---

① 维尔曼:《从逻辑学到神学:论亚里士多德的五篇论文》,弗拉马里翁出版社,1967 年版。第二篇论文干脆冠上了这样的标题:"亚里士多德的范畴体系及其逻辑意义和形而上学意义"(第 44 - 125 页)。由于维尔曼的意图与我的意图有别,我颠倒了维尔曼的著作的顺序:维尔曼试图表明类比源于与神学合流的伪科学。因此,他在其著作的第一篇文章中直接提到了类比及其逻辑缺陷。由于我试图表明在哲学话语与诗歌话语最接近的地方恰恰存在差别,我直接去考察差别最大的地方:在那里,维尔曼对亚里士多德的《范畴篇》做了公正的评价。

名的事物而不直接涉及意义的这种区分，如果不说明范畴表的形式结构，就没有对象可言。事实上，正是《范畴篇》第 2 节引入的这种决定性的区分将"是"的两种意义——"适用于"（因此，第二实体"人"适用于第一实体"苏格拉底"）与"在……之中"（比如，"音乐家"是"苏格拉底"这个实体中的偶性）——对立和结合起来。使《范畴篇》的所有后续内容得以形成的这种关键区分使同义词与近音词的区分能发挥作用：只有"适用于……"这种关系才使同义词的所属关系成为可能（个别的人同样是人[①]）。

我们刚才说过，"适用于……"和"在……中"这种关系所运用的两种词义被对立和结合起来。实际上，在将这两种特点编成一张存在和缺乏表（une table de présence et d'absence）[②]时，我们可以得出四类名词：两类具体名词（苏格拉底、人）和两类抽象名词（如白色、科学）。亚里士多德的形态学建立在两种基本对立项的相互交叉的基础上，这两种对立是个别与一般的对立［形成了狭义上的述谓关系（"适用于……"）］以及具体与抽象的对立（形成了广义上的述谓关系）。从实在论意义上理解的第一种对立造成了与个别实体（分离的存在除外）的质料相联系的系词无法减弱的模糊性。从概念论意义上理解的第二种对立代替了对柏拉图的理念的所谓"分有"，亚里士多德曾指责"分有"不过是隐喻而已。抽象是潜在的具体，它的内在性与个别实体的模糊基础联系在一起。

如果不能明确地（因为这个词没有被说出）利用类比，那么，如何至少隐含地利用类比呢？当我们从原始的本质的述谓关系——我们说过，只有这种述谓关系才有同义词的意义——走向派生的偶然的述谓关系时，[③]这两个词项的句法形式在被多样化时不断弱化词项的意义。《范畴篇》在形态学和述谓关系层次所做的区分与《形而上学》的

---

① 维尔曼：前引书，第 110 页。

② 此为培根用语。——译者

③ "这样，亚里士多德在《范畴篇》中提出了类比理论：'存在'是在不同词义上使用的，但这些词义或多或少源于基本义，基本义则是将第二实体归属于第一实体，就此而言，这些词义是有序的。"（维尔曼：前引书，第 226 页）

那段长文,即论述所有范畴与第一个范畴的指称关系的 Γ 卷之间有着某种关联,中世纪学者则把 Γ 卷放在"存在"的类比的框架内去解读。《形而上学》的 Z 卷尤其是论实体的部分讲述了这种关联,这个部分明确地将述谓关系的结构——因而也将范畴——与第一范畴"存在"的模棱两可的可能性联系起来。① 但由于"这种述谓关系既不能解释为要素与总体的关系,也不能解释为部分与整体的关系",它仍然是"最终的直觉性的给予性,它的意义从内在性过渡到比例,又从比例过渡到比例性"。② 当我们考虑从比例的类比向归属的类比过渡(这种过渡显然是由中世纪学者完成的)时,我们最终会考虑这一命运。

此前,重要的是表明,在《范畴篇》第 2 节确定的差别所标出的界限内,《范畴篇》的第 3 节至第 9 节按非语言学模型完美地确立了一系列其他范畴。上面引用的 Z 卷第 4 节的原文提供了一把钥匙:"当我们给'存在'加上修饰词或去掉它的修饰词时,我们把存在称为实体和其他范畴……"实体——第一范畴——的范围是由一系列的标准划定的,这些标准源于对述谓关系的条件的全面思考,对《范畴篇》和《形而上学》Z 卷第 3 节的比较研究所提出的标准不下七条。其中有三条标准恰恰是述谓关系的逻辑标准(作为第一实体,它既不是"适用

---

① "事实上,我们应当把'存在物'称为实体和其他范畴,我们要么用纯粹的同形异义词去称呼它们,要么像我们说'不可认识的东西是可以认识的'那样给'存在'加上修饰语或去掉它的修饰词。更确切地讲,我们既不给'存在'赋予同形异义词,也不赋予同义词:它就像'médical'这个词那样,它的不同词义与同一个词相关,这一词义不表示同一种东西但仍然是同形异义词:'médical'这个词事实上并不是用同形异义词来形容病人、手术和仪器,也不表达唯一的东西,相反,它只与唯一的词项有关。"《形而上学》Z 卷,4,1030 a 31 - b4,特里科译本第 1 卷,第 365 - 366 页。

德卡里在《亚里士多德论形而上学的对象》中指出了 Z 卷与△卷对存在的多种意义的陈述的联系,并有力地强调"其他范畴从第一存在中获得意义"(第 138 页)。存在的本体论和语义学轴心的这种功能已在一定程度上从亚里士多德的本体论的疑难解释中消失了。

② 维尔曼:前引书,第 229 页。对维尔曼来说,那种使西方哲学在其中误入歧途的"伪科学"正是由此发端的。按他的看法,只有当我们随罗素、维特根斯坦和卡尔纳普一道从系词中,即从要素对类的从属关系中认出独一无二的基本意义时,类比才会从现代哲学中消失:"此时,类比概念消失了,于是,形而上学作为科学才成为可能。"(第 228 页)这一点显然意味着,"是"这个词的意义在这种逻辑还原中,在本书所回避的东西中穷尽了自身。

于……"也不是"在……中"；作为第二实体，它是原初的、同义的归属关系的主词）。另四条标准是本体论标准（其中有三条标准是次要标准：实体是确定的"这个"，它没有相反者；它也不包含程度；最后一条标准是基本标准：它可以接受相反者）。基于此，亚里士多德的《范畴篇》的排序是通过弱化标准来进行的，从与实体最相近的东西依次减弱为与实体最不相似的东西。①

所有类比问题——而不是语词问题——因标准的弱化而被包含在这种派生过程中。被视为 Z 卷第 4 节的第一词项的本质逐步与所有范畴相通："本质作为实质，以原初的绝对的方式属于实体，并以次要的方式同等地属于其他范畴。但这里并不涉及绝对意义上的本质，而是涉及有一定质或量的本质。"（1030 a 29 - 31，紧跟上面引用的那段文字，它把简单的同形异义词与给"存在"加上修饰语或去掉修饰语的做法对立起来。）由于与《范畴篇》第 1 节相似，我们完全可以将这种先验的述谓方式称为近音词并至少暗中把它称为类比。② 由于我们由原初的述谓关系过渡到派生的述谓关系并由实质的述谓关系过渡到类比，类比实际上表示述谓功能的精确性的逐步减弱。③

我们以后将把这种不断扩大的派生关系称为归属的类比关系，亚里士多德一方面通过本质的述谓关系（它仅仅形成了合乎比例的精确形式或近似形式，我们可以看到亚里士多德曾用"类似"这个词来表示这种形式），另一方面，通过单纯的同形异义词或具有歧义的词来划定这种派生关系的范围。

所以，重要的是表明同形异义词、同义词、近音词的三重划分的确

---

① "因此，我公正地把这种与逻辑描述重叠的本体论描述看作演绎的主线。"（维尔曼：前引书，第 78 页）"哲学分析应当不断纠正语法的假象并颠倒语法确定的从属关系的顺序。同时，它也揭示演绎的主线。"（第 86 页）

② 维尔曼做了这样的评论："因此，对'白人'这类复合词而言，如果不存在原初意义上的本质，就会有派生意义上的本质。述谓关系将通过类比而存在，但不是以同义词的方式而是以近音词的方式而存在。因此，它是'先验的'。"（第 63 页）

③ 维尔曼将两类述谓关系，即本质的述谓关系和偶然的述谓关系分别分为原初的述谓关系和派生的述谓关系，这样就得到了四类述谓关系，然后，维尔曼又根据第一实体和第二实体的区别分别对四类述谓关系进行进一步划分，从而恢复了它们的基本结构。在维尔曼的著作第 66 - 75 页，我们可以看到表示述谓关系的先天可能性的表格。

是《范畴篇》的开端,并由此成了解决类比问题的开端。^①

无论如何,亚里士多德并不把我们刚刚说的逐步放松的派生关系称为类比关系。此外,通过"给'存在'加上或去掉修饰语"而形成的范畴表,如果使我们能给一系列所谓的既定词项排序,就不会表明为什么不应当有不同于第一词项的其他词项,它们为什么会是这个样子。如果我们重新阅读 Γ 卷第 2 节的正文^②,就会发现其他范畴的使用与"独一无二的词项和确定的唯一本性相关"(Γ 卷,2,1003 a 33,特里科译本第 1 卷,第 176 页)。但我们不会发现多种意义可以组成一个系统。亚里士多德完全可以说,缺乏概念的共同性并不妨碍有一门论述存在的多种词义的科学。他的确能证明"与同一种本性相关的"事物可以导致单独一门科学的产生,"因为甚至这些东西也以某种方式拥有概念的共同性"(同上,1003 b 14)。在这种情况下,"科学始终以基本的东西为对象,其他所有东西取决于并通过它而被指称"(同上,1003 b 16‑18,特里科译本第 1 卷,第 178 页)。这类看法并不妨碍这种谜一样的关系只是假定的关系,也不妨碍亚里士多德把也许只是权充答案的问题作为解决办法。

在我们研究的这个阶段,恰当的做法是忘记中世纪的解释,并依据以下事实得出所有可能的解释:亚里士多德并未将最后这个指称

---

① 维尔曼承认:"隐含在近音词理论中的类比理论使我们能基于同样的纲领(尽管减弱了系词的意义)考虑第二实体之间的从属关系,并且一方面要考虑抽象的具体与抽象的普遍之间的从属关系,另一方面要考虑抽象的普遍性之间的从属关系。"(前引书,第 111 页)在此,我们不会讨论《范畴篇》的第四部分(第 10‑15 节)。维尔曼发现,列举"后范畴"(指亚氏范畴之后的范畴)使我们能将其他后续范畴纳入亚里士多德的形而上学。在介绍这种理论的初步知识时,《范畴篇》指出了三种实体的区别以及宇宙对第三实体(神)的从属关系,勾勒了"逻辑学、物理学和神学的统一性"(同上)。

② 我们能说某些事物存在,是因为它们都是实体,也能说他物存在是因为它们是实体的规定性,还能说某事物存在是因为它们趋向于实体,或者相反,或是因为它们实体的解体,或因为它们是实体的性质或性质的缺乏,或是因为它们是动力因(要么是实体的动力因,要么是与实体相关的东西的动力因)。最后,是因为它们是对实体的某种性质的否定或是对实体本身的否定……(《形而上学》,Γ 卷,第 2 节,1003 b 6‑10,特里科译本第 1 卷,第 177 页)。我们将会看到德卡里对这个问题的精彩评论,这种评论仍然坚持存在起"共同概念"的作用,正因为这种作用,"它属于研究存在之为存在的独一无二的科学"(前引书,第 102 页)。

称为类比，以便揭示需要据此进行思考的东西。就像奥邦克的解读那样，①对亚里士多德的"疑难"解读与维尔曼的逻辑和数学解读结合在一起，它使我们能将这样一种运作方式分离出来。正是通过这种方式，中世纪的学者们遵循他们在亚里士多德论类比的其他原著中发现的建议，并试图"减少存在的多种意义的疑难"。我本人研究了一般话语的异质性以及先验话语或思辨话语向具体诗歌话语的不可还原性。从我的研究的观点看，适用于亚里士多德的本体论话语的疑难解释比中世纪的那些解释更能清楚地表明这个问题的彻底性。缺乏答案使这一问题仍然是一个问题。维尔曼说，第一种归属关系，即第二实体对第一实体的归属关系，由于无法被解释为要素与总体，或部分与整体的关系，因而成了"最终的直观给予性"，它的意义从内在性过渡到比例，并从比例过渡到比例性（第 229 页）。因此，正是第一种归属关系的不透明性暗示了类比的存在。在奥邦克看来，缺乏类的统一性——亚里士多德的科学的唯一支柱——以及无法产生不同于"存在"的范畴，妨碍我们将确定的意义赋予最后一个指称。从此，对"存在"的论述表明了长期研究的地位。本体论仍然是"很受欢迎的科学"。

不管这些论据是什么，如果有什么疑难的话，这种疑难必定源于一种目的，一种要求，一种需要，现在，重要的是要认识它的新颖性。这里所说的论据最终显示了亚里士多德的所有众所周知的理由，就上述论据而言，存在并不是属，此外，上述论据还补充了康德使我们意识到的那类理由，它们使得范畴表无法构成一个系统并且处于"拼拼凑凑"的状态。②

由于本体论旨在成为一门关于存在的并不具有普遍性的科学，它的失败是特殊的失败。按照奥邦克的看法，展示疑难并非毫无意义。

---

① 奥邦克：《亚里士多德的存在问题——论亚里士多德的难题》，法国大学出版社，1962 年版。

② 奥邦克进一步发现在亚里士多德身上有一种悲剧意识，这种悲剧意识堪与帕斯卡的悲剧意识相比，帕斯卡坚持认为"必然性不可能存在"（前引书，第 219 页，注释 2）。

因为没有成功的努力本身具有由一种结构 pros hen, ad unurn 这一表达式勾勒的这一结构。下述看法甚至在重新变成疑难问题时仍然提出了某种要求:"这门科学始终把最基本的东西作为存在本身,所有其他事物依赖这个最基本的东西并且根据这个东西而被指称。"(《形而上学》,Γ, 2, 1003 b 16,特里科译本第 1 卷,第 178 页)随后又有这样一段文字:"因此,既然一个事物可以从许多意义上去理解,这些不同的词语也要从不同意义上去理解。但是认识一切东西属于一门独一无二的科学:事实上,正是意义的多样性使一个词语成了不同科学的主题,事实仅仅在于,它不是依据独一无二的原则来命名的,同样,它的派生的定义与原初的意义无关。"(同上,1004 a 22 - 25,特里科译本第1 卷,第 184 - 185 页)对这种统一性的研究不可能完全是徒劳无益的,因为这个 le pros hen"以某种方式"构成了共同的特点。如果很受欢迎的科学并不是通过问题的形式被构造出来,我们就不能像奥邦克那样将失败的现实性与研究的"理想"对立起来,或者将分析与纲领对立起来。分析与理想的不对称性证明了语义学的目的,我们可以抱着这种目的去探求存在的非普遍的统一性这类东西。

在这方面,存在学说的疑难性似乎决定了本体论与辩证法的接近,按作者的看法,这种接近只会突然发生变化:在辩证法与本体论之间,"意向的多样性"是完整的。"辩证法为我们提供了提问的普遍技巧,但不关注人们回答问题的可能性。相反,如果人们不想回答问题,他们也就不会提出问题……因此,辩证法艺术的中立性在某种程度上要求的那种前景没有出现是一回事,而本质上包含着实现的可能性的计划在现实上难以实现则是另一回事。"(第 302 页)

如果我们想了解将类比视为辩证法话语的主要疑难的解决办法的内在原因,我们就应当更进一步。正如奥邦克坚持的那样,如果这一话语的确是从外面,也就是说从柏拉图主义留传下来的神学中获得了它的"前景"、它的"理想"、它的"计划",那么,本体论就更加迫切地需要以它特有的策略去回应这种外在的要求。

我更乐意探讨神学话语与本体论话语的汇合问题,奥邦克把它与亚里士多德的体系的两种状态之间的编年学的简单连续性的假设对立起来（众所周知，耶格介绍过这种假设），我在那里发现了对我本人的观点的激动人心的说明，而我的观点涉及语境的多样化以及语义学目标之间的大量交叉现象。

因此，我们承认，正是对这些适用于"分离的实在"（supralunaire的主体秩序，不动的推动者，思想的思想）的狭义神学考虑保持着统一性的疑难。关于本体论如何回应这种要求的问题变得更加紧迫。同时，在亚里士多德那里，关于统一性的本体论问题（源于与智者派的对话）与关于分离的神学问题（源于与柏拉图主义的对话）的合流，提供了不同语境彼此吸引的具有某种典型性的范例。①

所以，奥邦克不该夸大神学话语与本体论话语的异质性，他也不该将"不可能的本体论"（因为缺乏范畴间的可以设想的统一性）与"无用的神学"（第 331 页）（因为缺少被思考的上帝与上帝忽视的世界的确定关系）之间的合流过于戏剧化。恰恰相反，在将《形而上学》E 卷第 1 节的观点——关于不动实体的科学之所以是普遍的，是因为它是最基本的东西——变成疑难问题时，奥邦克也使在此显然发挥作用的东西，即源于两类话语的合流的语义学的新目标，变成了尚有疑问的东西。②

---

① 这里引用的原文出自《形而上学》，E 卷，第 1 节，在那里，亚里士多德把涉及第一词项的概念不再用于"存在"的一系列意义，而是用于"存在物"的等级体系。因此，存在不再是第一范畴，但神的存在是至高无上的存在。不在意义层面而在存在物的层面上对第一词项的指称被认为可以充当存在的话语的基础：亚里士多德说，"人们可能会问第一哲学是不是普遍的，它是否根据数学中的区分去考察个别的种类和独一无二的实在，数学、几何学与天文学以个别的量为对象，而一般的数学研究具有一般的量"。对此，我的回答是，如果没有不同于自然所构成的实体的实体，物理学就是第一科学。如果存在不动的实体，关于这种实体的科学就应占有优先地位并且应当成为第一哲学，而它之所以由此成为普遍的，是因为它是最基本的东西[《形而上学》，E，1，1026 a 23 - 30。（特里科译本第 1 卷，第 333 - 334 页）]。德卡里《亚里士多德论形而上学的对象》的研究证明了他的《文集》所确立的本体论与神学的持久联系（E 卷，第 1 节，见前引书，第 111 - 124页）。

② 奥邦克坦然地承认："与其将 Khôrismos 的实在性视为不可挽回的分离，还不如将它视为克服这种分离的推动力。简言之，在本体论研究与神的沉思之间可以存在并且应当存在'分离'一词不足以全部包含的种种关系。"（第 335 页）

思想的成果源于神学——甚至星体神学——(这种神学表明了上帝的存在,这个上帝不再隐蔽,而是在星体的沉思中远远地显现出来)与我们人类对存在的论述在其范畴意义的多样性方面的相互影响。①

即使 E 卷第 1 节提出的和解——神学之所以是普遍的……是因为它是最基本的东西——不过是有待解决的问题的基础,关于存在的各种意义的本体论话语与关于"分离的"存在的神学话语之间的颇受指责的异质性也不会达到各个意义领域之间无法沟通的程度,否则就无法设想以下观点所受到的影响,这种观点认为疑难重重的本体论从统一派神学中看到了它的前景。在人们提到这种影响时试图使它变得可以理解的那些论证中,我本人打算去了解那种导致亚里士多德的后继者——也许还有亚里士多德本人——求助于类比的深刻原因。

现在我们不妨考察一下这类论证。据说,由于神是不可分的,它无法产生属性并且只能产生否定。反过来,"存在"的多重意义只适用于物理的东西,在这种东西中可以区分本质、量、质,等等。运动归根到底乃是区分。它使"存在"的统一性原则上不可能实现,并使得"存在"受到本质与偶性的划分的影响。简言之,运动使得本体论不再是神学,而是关于分离和有限性的辩证法(第 442 页)。只要某物在生成着,述谓活动就是可能的:述谓活动取决于运动造成的物质分化。如果这就是定论,我们如何谈得上本体论与神学的相互影响呢?人们可能指责这一工作的失败。但在这里,它不成为问题。我们无论如何要考虑亚里士多德给自己确定的任务并综合考虑"存在"的意义的视域统一性与"存在"的垂直统一性。②

亚里士多德指出了两种疑难的交汇点:存在(l'ousia),它是有系

---

① 参见奥邦克对《形而上学》Γ 卷的不同段落的神学补充的考察以及对 Λ 卷第 1－10 节的神学说明的物理学准备的考察(前引书,第 393 页及以下)。

② "一个恢复了统一性的世界难以实现的理想,在无可挽回的分散状态中……仍然应当成为人类的研究和行动的指导原则。"(第 402 页)稍后,还有这样一段话:"话语的统一性决不能自我赋予。如果话语不受持久的统一{生理想的指导,它也不可能被'追求'。"(第 403 页)作者还说:"即便神灵没有展现出本体论所追求的统一性,它仍可以指导本体论研究。"(第 404 页)最后,再引一段话:"运动的必然性通过哲学话语,按意义的多样性对存在本身进行划分,但人们仍不断追求意义的统一性。"(第 438 页)

词的话语中的第一个范畴以及神的存在的唯一意义。① 由此出发,两种话语发生了分离,因为我们对存在(它仅仅是 l'ousia)什么都不能言说,因为作为存在的存在物与其他事物意义的统一性消散了。至少,本体论的不可能的话语和神学的无用话语的分离,同语反复与委婉廉洁的二分,空洞的普遍性与有限的一般性的二分,源于同一个中心,即存在,奥邦克承认,这个词仅仅表示现存事物的活动,表示在"在场"的实现中给予的东西的完成,以我们已经看到的术语说,它仅仅表示"隐德来希"(l'entéléchie,即"完成",第 406 页)。本体论很可能只是人们创造的神学的替代物(这种神学对我们来说是不可能的)。存在仍是它们的道路的十字路口。

如果两种话语在既为它们所共有又在各自领域分别确定的某一点上相互交叉,这种"受人欢迎"的科学难道不应当以它自身的策略来回应其他话语提出的关于统一性的建议吗?

类比疑难的产生难道不是出于这种内在需要? 这方面的文本证据是《形而上学》∧卷,第 5 节,1071 a 33 - 35。首先,它指出"所有事物的原因根据类推是⋯⋯相同的"。其次,它提出神的存在的优先性潜存在"存在"的范畴统一性之下:"实体的原因可以被视为一切事物的原因",即使我们从"仿佛"(comme si)的弱化意义上来理解"好像"(comme),这种观点依然如故。② 第三,原文清楚地表明因为终极原因也是"隐德来希方面的第一因",它"也是所有事物的原因"。③

正是通过这种方式,对亚里士多德的疑难重重的解读表明了类比

---

① 奥邦克指出,"存在是亚里士多德既用来描述世俗的实在又用来描述神灵的买在的少数几个词之一,但没有迹象表明这种共同名称仅仅是隐喻或类比"(前引书,第 405 页)。这种看法应该伴随对存在范畴的统一功能的更为果断的承认。

② 奥邦克写道,亚里士多德"只能表达这样的意思:人类的话语必定继续存在,仿佛本质的原因是一切事物的原因,仿佛世界是一个秩序井然的整体而不是随意拼凑的系列,仿佛所有事物都可以追溯到其中的第一因,就像追溯到它们的原则那样,即追溯到本质,追溯到第一本质"(前引书,第 401 页)。

③ 罗斯是这样理解的:"如果我们不考虑第一因,那么,不同类的事物只有通过类比才有相同的原因。"(罗斯:《亚里士多德》,第 246 - 247 页,转引自特里科译本,第 2 卷,第 663 页)

学说的空洞地位，因为它从一开始就给这种学说加上了括号。即便我们发现这一概念本身不过是通过回答而被具体化的问题，它仍然表示思想的劳作，通过这种劳作，人类的过于显示人性的本体论话语试图回应其他话语的要求，而这种话语本身也许仅仅是非话语。

最后一个指称概念事实上提出了一个问题：如果存在的各种意义之间没有一般的共同性，那么，亚里士多德在《形而上学》Γ 卷第 2 节 1003 b 14 中提出的共同概念有什么本性呢？可能存在一种非普遍的共同性使关于存在的话语摆脱它的疑难状态吗？

亚里士多德在上下文中至少提到过一次的类比概念正是在这里发挥作用。它所提出的问题源于对《范畴篇》的第二层反思。它也源于这样的问题：对第一词项的指称本身是否以及在何种程度上是一种可以设想的关系。我们已经看到，对述谓条件的反思如何才能产生这种派生。现在有必要追问，通过这种方式可以产生何种关系。正是在这里，数学上的等比概念提供了比较手段。它的起源保证了它的科学地位。同时，我们可以把最后一种关系与等比之间的接近看成将等比的科学性的优点推广到先验概念的尝试。

我更倾向于承认这种接近的异质性：以前对神学话语与本体论话语的相互影响的分析已经使我们准备根据话语的交叉关系来提出类比问题。把类比概念用于存在的一系列意义，事实上也是话语领域相互交叉的时候。即便神学话语以后会使用类比来合并本体论话语（其代价是大大改变这一概念），我们仍然可以在不参照神学话语的情况下理解这种交叉关系。

在亚里士多德那里，有一点是肯定的：纯粹的类比概念与范畴问题毫无关系。意义的转变弱化了原来的标准，也正是通过意义的转变，类比概念才能与范畴理论结合起来。在亚里士多德那里这种结合是附带进行的，而在中世纪学者那里这种结合采取了自由交叉的方式。

在此，思想的劳作比它的令人失望的结果更加重要。当代逻辑学家和哲学家有理由宣布这种尝试已经失败，并宣布类比理论不过是伪科学而已。人们甚至可以肯定伪科学的这种特点扩展到了类比的神学用法，而这种神学用法反而反映了最初的先验结构，它使存在—神学陷入了恶性循环。在我看来，这一点并不重要。我的明确目的是表明，类比在进入存在的疑难领域时既提供它自身的概念结构又接受它的应用领域的先验规定。事实上，由于类比概念受到它与它自身的表达一起出现的那个领域的限定，它也就承担了先验功能。同时，它决不会回到诗歌中去，而是与诗歌保持着区别，这一区别是由"什么是存在"这一问题所产生的。后面的文字将表明，类比的神学用法丝毫没有弱化这种区别的意愿：将隐喻从不适当的类比中排除出去就会成为它的明证。这一点并非无关紧要：数学中并不自明的类似概念由于简单的定义已经表明 A 与 B 之比犹如 C 与 D 之比，而成了所有思想劳作的结晶。它的精心定义表达了对以下悖论的解决：在将几何学的某些量值与整数的不可能的关系间接地归结为仅仅考虑整数比，更确切地说，仅仅考虑不相等的量时，如何把握这种不可能的关系呢？①

我们难道不能说这一定义所凝聚的思想劳动比它的结果更具备哲学思考的范式的价值？对彻头彻尾的非诗歌极的推广是通过标准的弱化而实现的。

《尼各马可伦理学》V 卷第 6 节对分配正义的定义提供了最近似的应用。该定义取决于以下观念：这种美德包含四项——两个人（平等或不平等的人）和两个部分（荣誉、财富、优势或劣势），并且在这四项之间确立了一种分配上的合乎比例的平等关系。但是，对亚里士多德②提出的数的观念的普及并不涉及将这种数的观念推广到无理数，而是涉及将比例关系推广到非同质的各项（如果说它们具有某种平等或不平等的关系）。

---

① 维尔曼：《从逻辑学到神学：第一研究》，第 14 页。作者指出，数学上的类似概念源于泰阿泰德对以前仅仅适用于有理数的定义的修正。通过递减运算——"包含无穷的进展"（同上书，第 13 页）——这位古希腊数学家将数的观念推广到无理数。

② "因为合乎比例并不是自然数的性质，而是一般数的特点，比例则是平等关系，这种关系至少需要四项。"（《尼各马可伦理学》，1131 a 30 - 32）。

在生物学中,关于比例关系的相同的形式观念使我们不仅能进行分类(比如,飞翔之于翅膀就好比游泳之于鳍),而且表明(比如说,如果某种动物有肺,而其他动物没有,那么,后者就会有取代肺的器官)功能与器官在适用于这种比例关系时提供了一般生物学的轮廓(De Part. An.,Ⅰ,5)。

当类比关系负责表达贯穿于类的多样性的原则同一性和要素的同一性时,它便开始转向先验领域;这样,人们会说:"看之于身体,就好比理智之于灵魂;这同样适用于其他类比。"(《尼各马可伦理学》,Ⅰ,4,1096 b 28-29)从形式上看,类比是四个项目之间的平等关系。①

《形而上学》Λ卷第4节与第5节采取了决定性的步骤——对我们十分重要的步骤。在那里类比被用于不同范畴的原则与要素的同一性问题。②毫无疑问,这种表述使我们能揭示平等关系或近似关系。我们可以做出这样的描述:在要素层面上,丧失与形式的关系就好比有形物体中的冷与热的关系,也好比性质中黑与白的关系,又好比明暗对比中黑暗与光亮之间的关系。就此而言,合乎比例的类比与直到最后一个指称之间的过渡在《尼各马可伦理学》中受到了更多的诱惑。③中世纪的学者们坚持不懈地研究这本著作。亚里士多德注意到,通过类比,"健康"一词既可以通过类比用来表示健康的原因,也可用来表示健康的标志,还可用来表示健康的主体。通过类比,"医学的"既可用来表示医生,又可用来表示解剖刀,也可用来表示手术,还可用来表示病人。类比的推广受范畴顺序的支配。

然而,这种表达不可能掩盖以下事实:类比涉及项目本身,即涉

---

① 正是在数学类比的扩展及其标准的弱化过程的这一阶段,比例关系印证了隐喻理论,至少印证了它的最具有"逻辑性"的内容,印证了贴切的隐喻(参见"第一研究")。但诗歌话语仅限于运用它。哲学话语则提出了它的理论,并把它置于数学比例与最后一个指称之间的意义层面上。

② Λ,4,1070 b 30 有这样一段话:"不同存在的原因与原则在某种意义上是不同的,但在另一种意义上(如果我们抽象地并以类比的方式谈论这个问题的话)也适用于所有其他存在物。"也参见 Λ,5,1071 a 4 与 27,当然也可参见上面引用 Λ 卷第 5 节的原文(1071 a 33-37)。

③ 《尼各马可伦理学》,Ⅰ,4,1096 b 27-28。

及许多范畴,在这些范畴中"原则"(形式、丧失、质料)通过类比一同出现。不仅这些项目的数目要通过比例关系本身来说明,而且比例关系的意义发生了改变:此外涉及的是各个项目本身彼此相关的方式,最后一个指称仅限于确立一种优势(第一项)和等级(对第一项的指称)。标准的最终弱化使得比例性的类比关系转变为归属性的类比关系。①

现代逻辑学家比中世纪的学者对逻辑断裂更为敏感,这种逻辑断裂在从数学转向形而上学的过程中打断了类比的推广过程。在现代逻辑学家眼中,类比的非科学性,从最终意义上讲,重新构成了反对类比的论据。②《形而上学》,∧,9,992 b 18 - 24 的大量原文是针对哲学家并且成了形而上学的非科学性的最高证据。③

但是,亚里士多德的失败可能有两种意义,单纯的逻辑分析无法对这两种意义进行选择。按前者,先验的计划本身被剥夺了所有意义;按照后者,应在不同于类比的基础上对它重新理解,因为它仍完全忠实于语义学目标,这一目标支配了对存在意义的非普遍的统一性的研究。每当我们给凝聚成逻辑结论的思想劳作赋予特权时,我们都试图运用这种解释。因为对存在的非普遍联系的"研究"仍然是思想的任务,甚至在亚里士多德失败之后仍然如此;"指导线索"问题在现代哲学中将不断被提出来。如果说人们会以这种方式不断考察《范畴

---

① 关于这一点,可参见维尔曼:前引书,第 22 页。

② 在考察类比的各个项目本身时,他将会发现,将存在既归于实体又归于偶性意味着将关系判断暗中归结为述谓判断。但是,真正的述谓判断——如果人们撇开本质的定义的话——不可能允许相互作用存在。在将实体置于形而上学的开端时,哲学表明了没有一个学科加以研究的项目,因为实体始终是确定的个体,并且仅有研究种与类的科学。因此,事物的秩序被科学的秩序所遗忘。科学是抽象的,并且不考察第一种意义上的实体。此外,在考虑其他范畴与实体的关系时,逻辑学家只能照搬亚里士多德承认的观点:"如果科学是普遍的,如果存在的联系不是普遍的,那么,存在的类比联系就不是科学的。我们必须断定不同种类的存在物具有科学上的不可传达性。"(维尔曼:前引书,第 41 页)

③ "研究存在要素的一般形式而不区分存在的不同意义意味着当我们以这种方式研究构成事物的各种要素时无法发现它们。行为、静止或直线事实上由什么构成呢? 这种要素肯定是无法发现的,当我们承认可以把握它们的要素时它们只能是实体的要素。我由此断定,寻找所有存在物的要素或认为我们已经找到了这些要素,乃是一种错误。"(《形而上学》,∧,9,992 b 18 - 24,特里科译本,第 1 卷,第 101 - 102 页)

篇》，那是因为人们曾经考虑过存在的类比与诗歌隐喻之间的差别。

在这一点上，《范畴篇》的第 1 节具有极为重要的意义：断言需要命名的事物不是两类即同义词与同形异义词，而是三类，即在前两类中加入近音词，意味着为哲学话语开辟了新的可能性，而这种哲学话语是以非西方人的同形异义词为基础的。由此出发，这一链条从《范畴篇》第 1 节的近音词一直延伸到《形而上学》Γ 卷第 2 节和 E 卷第 1 节提到的 pros hen，即，最后一个指称。由此开辟的新的思想可能性曾经是存在的一些基本意义之间非隐喻的先验相似性的可能性。断定这种相似性是非科学的相似性不解决任何问题。更为重要的是证明，由于这种纯粹先验的相似性与诗歌决裂，它今天仍然通过它的失败证明了激发它的研究的价值，亦即对这样一种关系进行研究的价值：如果通过科学来思考意味着根据类进行思考，那么这种关系仍有待以不同于科学的方式来思考。但是，首要的任务仍然是把握先验的类比与诗歌的相似性之间的差别。从这种基本差别出发，存在的非普遍联系能够——无疑也应当——按照一种不应归因于类比本身的模式来思考。但是，这种超越了类比的步骤之所以可能，仅仅是因为类比本身是超越了隐喻的步骤。对思想具有决定意义的是，在哲学话语被迫摆脱单纯的一义性的统治时，诗歌仅有的一点模糊性被一度从诗歌中排除出去并被掺和到哲学话语之中。

2. 隐喻与实体的类比： 本体论—神学

我们可以把第二个反例与有关思辨话语和诗歌话语间的间断性的观点对立起来，但这个反例要可怕得多。它是由话语的一种样式提供的，这种话语本身是本体论与神学的混合物。自海德格尔（他本人继承了康德的思想[1]）以来，人们把这种混合物简称为本体论—神学。事实上，正是在这种混合话语的范围内，"实体的类比"获得了充分的发展。所以，对我本人的研究来说，重要的是了解亚里士多德在思辨话语与诗歌话语所做的初步区分已经被保留在本体论—神学的混合话语中。

托马斯的类比学说在这一点上构成了极其宝贵的证据。[2] 他的明显意图是把神学话语建立在科学的层面上，并由此使它完全摆脱宗教话语的诗歌形式，其代价是在神学与《圣经》诠释学之间造成分裂。

然而，这个问题比亚里士多德的存在范畴的有规律性的多样性问题要复杂得多。它涉及合理地描述上帝即犹太教基督教传统的创造

---

[1] 康德：《纯粹理性批判》先验辩证论，第 2 册，第 3 章，第 7 节，A632。特勒梅塞格与帕科法译本，第 447 页。海德格尔：《什么是形而上学？》，1949 年，导言，法兰克福，克洛斯特曼出版社，1965 年第 9 版，第 19 - 20 页。法译本《问题》，第 1 卷，伽里玛出版社，1968 年版，第 40 页。

[2] 在最新著作中，我们可以读到蒙塔涅写的《阿奎那之后的存在类比学说》，卢汶—巴黎，诺维拉出版社，1963 年版。作者展示了托马斯一再试用的所有解决方法，以反对卡耶坦给合乎比例的类比赋予的过多特权。据克鲁伯坦茨在《圣托马斯·阿奎那论类比——文本分析与系统综合》（芝加哥，1960 年版）一书中的看法，这种类比仅仅出现在阿奎那学术生涯的某个时候，随后就消失了。《论格言》第 4 卷和《论真理》就是这个阶段的学说的证据。

者的可能性。因此,关键是能将存在概念的模糊性所导致的类比疑难推广到神灵的名称问题。

类比概念的新用法似乎可以通过最初的语境的类似性来保证。这两方面的问题事实上是在两种不可能性之间开辟了中间的道路。对面临存在范畴的统一性问题的亚里士多德来说,困难在于避免在"存在"的普遍统一性与其意义的单纯异化之间作出选择。对第一项的指称被看作折衷办法。但神学话语碰到了类似选择:提出上帝和创造者共有的话语意味着破坏上帝的超越性[①]。假定一个层面的意义与另一层面的意义毫不相干反而被指责为彻头彻尾的不可知论[②]。因此,通过(亚里士多德以后)对第三种归属关系,即类比的归属关系(与单义的归属关系、多义的归属关系保持同等距离)的发明,将类比概念推广到神学似乎是合理的。[③] 存在的类比学说源于这样一种愿望:把范畴与实体的视域关系以及被创造物的垂直关系纳入独一无二的学说中。这一计划规定了本体论—神学。

这里并不打算追溯实体的类比概念的历史。我们只想重新把握

---

① 关于拒绝单义的归属关系的原因,可参见对《论格言》第1卷(Dist. XXXV, qu. 1, art. 3 ad 5)的评论:"正如这位评论家和哲学家本人断言的那样,房屋与朽坏毫无共同之处。上帝的科学是永恒的,我们的科学则会朽坏,这是一门我们要通过遗忘而丧失,通过启发或关注而获得的科学。因此,科学是以不同方式应用于上帝和我们。"随后有这样一段话(同上书,art. 4):"上帝的存在就是他的本质。这是由于一些哲学家所说的那种原因,即他不是本质内的存在,只有我们明白他的本质不过是他的存在,并且这一点适用于所有其他性质时,我们才能通过科学等来了解他的本质。结果,我们丝毫不能以单一的意义来形容上帝和他的创造物。"《论真理》在同样的意义上说,本质是每一种存在特有的;就上帝而言,他的本质就是他的存在。因此,"存在"一词不能从单一的意义上去理解。《论潜能》坚持存在的多样性和非统一性。

② 关于排除单义的归属关系的原因,阿奎那写道:"事实上,在这里我们不能根据创造物认识上帝或证明上帝,推理中可能不断出现模棱两可的诡辩。"这种观点既是针对那位通过推理来证明上帝的特点的哲学家的,也是针对使徒本人的,他对罗马人说,"上帝的不可见的属性通过他的作品来显示"(《神学大全》,I, a, qu. 13, art. 5)。圣保罗与亚里士多德之间的接近由于造成了两种传统和两种文化的结合而本质上显得非常重要。

③ 将谓词分为单义谓词、多义谓词和类比谓词的做法并不来自亚里士多德,而是来自阿拉伯的亚里士多德主义,而亚里士多德主义本身继承了阿弗罗狄西亚的亚历山大的思想。他对亚里士多德的评注中首创了模糊语词的分类。参见沃尔夫森:"亚里士多德的模糊语词,阿拉伯哲学与迈蒙尼德",载《哈佛神学评论》,第31期,1938年,第151-173页。

凝聚在经院哲学讨论中的思想劳作的语义学目的,并且表明,当这种语义学目的主要通过重新分享柏拉图主义与新柏拉图主义的灵感而接近隐喻陈述的目的时,它在思辨话语与诗歌话语之间开挖了新的鸿沟。

我们追溯了康德对这种本体论的批评。对我们来说,值得注意的是这位思想家在应付他本人的解决办法的内在困难时所采用的方式。事实上,一方面,亚里士多德对范畴问题的解决办法仍大体上保留着。① 另一方面,它在神学领域的应用碰到了巨大的障碍,以致需要不断运用类比概念并且使这一概念服从使思想劳作得以表达的新特点,而这种思想劳作的目的对我们十分重要。

---

① 亚里士多德提供了通过类比来解决问题的基本线索,这一点已被几段有关类比的严格的哲学文本(不涉及神灵的名称)所证明。《论自然的原理》和《对亚里士多德的形而上学 Γ 卷第 2 节的评论》就属于这种情况。《论自然的原理》通过贯穿于各种存在物的原则(质料与形式)同一性的问题而引入了类似性问题。类似性是一种不同于属的同一性的同一性,属的同一性取决于一种属性(这个术语出自阿威罗依对《形而上学》的注释),即类似的 attributio。而类似的 attributio 取决于并非完全不同的 ration,在有歧义的 attributio 中,情况就是如此(在那里,同一名称,如"狗",对应于不同种类的东西——既可以指动物又可以指星座)。l'attributio 要根据存在物的统一性程度来衡量。请看宾词 Sanum 的著名例子。根据这个词的基本意义(此处就是目的,即健康),它既适用于主词(人),又适用于符号(尿),还可以适用于手段(药)。但这种基本意义可能是动力因,在宾词 medicus 的例子中就是如此。这个词首先适用于施动者(医生),其次适用于效果和手段。因此,正是存在的秩序的统一性支配着述谓方式的被统一起来的多样性:存在首先适用于实体,然后以派生形式适用于其他范畴。原则的类似联系由此反映了各个存在者的联系。这种对应性被称为 secundum analogiam(根据类比),sive secundum proportionem(转下页)(接上页)(或根据比例)而来的对应性。类似性处于同一性与异质性之间——对亚里士多德的《形而上学》的注释(in XII L'ibros Metaphysicorum Liber IV)具有同样的思路:对存在这种主题的表述采取了各种各样的方式。如果同一种概念并不存在于"存在"的一系列词义中,"我们就可以说存在被类似地,亦即相应地作为谓词。事实上,'就单一的词项而言'存在还适用于其他范畴"。不妨回到 Sanus 和 medicus 的例子。圣托马斯说:"如前所述,我们也可以用不同的方式来表述存在物。但是,所有存在物因为与第一存在物相关而被称为存在物。"《神学大全》证明了源于亚里土多德的严格的先验理论的持久性(与稳定性):"众所周知,就我们给几种存在物类似地赋予名称而言,始终存在着这样的必然性:我们赋予这些名称时离不开第一词项并且与它形成对比。正因为如此,这个词项应当出现在对所有其他词项的定义中。诚如亚里士多德所言,由于名称所表达的概念是对人们命名的东西的定义,我们首先必须将这一名称用于出现在其他词项的定义中的类似词项的定义,其次要用于或多或少与第一词项密切相关的其他词项。"(Ia,qu。13,art.6)

所有困难的主要根源在于必须以"分有"的本体论来维持类比的述谓关系。[①] 类比事实上仅仅存在于名称与宾词的层面。它属于概念的范围，而它的可能性的条件是在别的地方，即在存在的沟通过程中。分有是解决这一问题的所有方法的总称。分有就是以近似的方式部分地或完全地拥有其他事物具有的性质。因此，争取得到适当的类比概念成了争取得到适当的分有概念的根据。[②] 但按亚里士多德将其与柏拉图主义对立的那种论据，分有说标志着通过不光彩地求助于隐喻而使形而上学回到诗学吗？

确切地讲，圣托马斯并未停留于最接近柏拉图的模仿说的解决办法，在阿尔伯特的影响下，《格言集评注》采纳了柏拉图的模仿说。在那本书中他事实上区分了两种形态：除了我们在"存在、力量与活动"这个系列中或在"存在、实体与偶性"这个系列中发现的先后顺序之外，我们还应当设想一种衍生顺序与模仿顺序，按照这种顺序，"一种东西从另一种东西获得存在与本质"（qu. 1, art. 2 序言）。《区分三十五》（Distinctio, XXXV）做过这样的说明（qu. 1, art. 4）："当一方尽可能模仿另一方而又不完全等同于另一方时，还有一种不同于先后顺序的类似性的类似性。我们可以在上帝与被创造物之间发现这种类似性。"我们无疑应当明白求助于这种起范例作用的因果关系的原因。它使我们不用考虑先于上帝和被创造物的共同的东西："在上帝与被创造物之间，并不存在由共同的东西造成的相似性，而仅存在因模仿而形成的相似性。正如酒神所说，我们可以说被创造物与神相似，但

---

① 利特肯斯：《上帝与世界之间的类比——对阿奎那类比背景的研究以及对其类比用法的解释》，乌普萨拉出版社，1952 年版。前 150 页谈从前苏格拉底到阿尔伯特的类比法的历史。作者表明，亚里士多德的涉及第一项的类比的术语中隐含着"分有说"的真正的新柏拉图主义萌芽。最近法布洛在《托马斯·阿奎那论分有与第二因果性》中指出，类比仅仅构成了分有的语义学，而类比与因果性一起涉及隐含在描述存在的概念中的存在的实在性。蒙塔涅在同样意义上说："类比学说源于两种主题的综合，一种源于亚里士多德的主题，即与第一存在相关的秩序的统一性，另一种源于柏拉图的主题，即分有。"（前引书，第 23 页）

② 有关这方面比较重要的著作，即盖格的《托马斯·阿奎那哲学中的分有》（弗兰出版社，1953 年第二版）："类比就是逻辑学，确切地说是逻辑学的一部分，是分有的一部分。"（第 78 页）

不能反过来说神与被创造物相似。"①通过不完全的相似性而进行的分有并不包含被不平等地拥有的共同形式。正是上帝自己传达他的相似性：引人注目的摹本确保了对神灵原形的不完善和不充分的再现，它介于形式的混同与彻底的异质性之间。但要付出的代价是神灵名称的归属关系与范畴归属的完全脱节。神学话语完全失去了存在的范畴话语的支持。

如果圣托马斯停留于这种解决办法，那是出于两个相互对立的原因，对这两个原因应分别进行揭示：一方面，直接的相似性是一种最接近单义性的关系；另一方面，作为范例的因果关系由于它的形式化特征应该从属于动力因，而动力因仅仅确立了隐含在类似属性之下的存在的联系。对作为现实的存在的发现成了打开本体论大门的钥匙。

但是，圣托马斯首先必须——在写作《论真理》时——尝试区分两种类比，这两种类比容易陷入亚里士多德的 analogia 的窠臼。这种区分就是对 proportio 和 proportionalitas 的区分，它源于欧几里得的著作②的拉丁文译本第 5 卷定义 3 与定义 5。③proportio 把同一种类的两种量直接联系起来，一方的值独自决定了另一方的值（比如一个数与它的倍数）。但圣托马斯并不把第一种类比限于量值的范围，对 proportionalitas 也是如此。他把 proportio 扩展到包括"特定的距离"和密切的联系在内的关系。因此，他能把 proportio 与第一词项的指称关系（就像在有关健康的例子中那样）联系起来，因而也可以把偶性

---

① 关于假酒神的类比，可参见罗斯基：《论类比在酒神这位假法官那里所起的作用》，载《中世纪教义和文学史档案》，1930 年版，第 279 - 309 页。什尼解释说："关于存在的类比的学说的缓慢成熟过程在这里可以作为标准看待。它是我们可以从中注意到亚里士多德和酒神的奇特而富有成果的相互影响的地方之一，这一点将成为年轻的托马斯·阿奎那的初步看法之一。亚里士多德不太明白超验性的需求，他随后将提供逻辑和形而上学的坐标，正是这种坐标使得确定概念（潜能与现实）的地位成为可能。但是，酒神从此明显地突出了它的存在。"（《十二世纪的神学》，弗兰出版社，1957 年版，第 313 页）

② 指《几何原本》。——译者

③ 圣托马斯的让和卡耶坦提出的经院哲学已经把托马斯主义的类比学说简单地与比例性的类比等同起来。尤其参见帕尼多：《类比在神学教义中的作用》，1931 年版。按蒙塔涅的看法，讨论"哲学入门"的那一章仅仅是对卡耶坦思想的说明，而不是对圣托马斯思想的说明（前引书，第 11 页，注释 12）。

和实体的范畴关系与它联系起来。重要的是,这种关系是直接的和确定的。相反,proportionalitas 并不包含两项之间的直接关系。它仅仅提出了比例的相似性,提出了一种关系的相似性(如,6 与 3 之比等于 4 与 2 之比)。但是就像 proportio 不仅是数学上的比例一样,proportionalitas 也提出了任意项之间的比例的相似性。因此,我们可以说,理智之于灵魂就好比视力之于身体。神学话语的优点是显而易见的。在被创造物与上帝之间的距离事实上是无限的:finiti ad infinitum nulla est proportio.[①] 比例的相似性并非确立有限与无限之间的确定关系。因为它独立于距离。但这并不意味着没有比例关系。我们仍然可以说:有限之于无限就好比无限之于无限。换言之,神的科学之于上帝就好比人的科学之于被创造物。[②]

这样一来,起范例作用的因果性,由于处在 proportio 的概念之下,而仍然包含着十分直接的关系并且消除了将存在物与上帝分开的无限距离。但是,并未公正地对待存在的沟通 proportionalitas 的形式主义使丰富而复杂的网络变得空无内容,这个网络缠绕在分有、因果性和类比之间。

因此,任务十分艰巨。我们应当把分有关系设想成这样的关系:它并不包含以前的项,因而也不包含把完满性单一地归于上帝和被创造物。此外,我们要给始终存在于原因与结果之间的被创造的 proportio 赋予这样一种意义,这种意义使它与有限与无限之间不成比例并不矛盾。最后,有限与无限之间的距离必须被看成单纯的不相似性,而不要把这种观念(只有它是基本的)与空间外在性的观念相混淆,而神的因果关系的内在性无论如何会排除

---

① 这句格言出自亚里士多德本人(原文引自蒙塔涅:前引书,第 84 页注释 34)。神学重新创造了某种不可通约性的局面,它使人联想起古代几何学家所碰到的那种情形。像古希腊的类比一样,经院哲学的 proportionalitas 使各项的 proportionabilia 没有直接成为 proportionata(《论真理》,qu. 23,art. 7 and 9,转引自蒙塔涅:前引书,第 85 页,注释 36)。

② “在第二种类比形式中,我们并不能把握各项之间的确定关系,而某种事物通过类比与这些项目有共同之处。因此,尽管如此,按照这种方式,名称通过类比既表示上帝又表示被创造物。”(《论真理》,qu. 2,art. 11)

这种外在性。

为满足这些要求，在《论真理》问世之后的著作中，特别是在两部《大全》中，存在与其说被视为形式还不如说被称为存在的活动意义上的活动。因果关系不再是复本与原型的相似关系，而是现实的交流关系。因此现实既是原因与结果的共同点，也是使原因并不等同于结果的东西。①

因此，创造性的因果关系在存在物与上帝之间建立了分有的联系，这种联系使类比关系在本体论上成为可能。

这是什么样的类比呢？《论真理》以后问世的著作在类比概念中制造了一种新的分裂，这种分裂不会回到《论真理》之前所做的区分。实际上，在支配一系列范畴的平面的类比与支配神与被创造物的等级划分的垂直的类比之间并未出现新的分裂。相反，新的分裂将多样性进行分类的两种方式进行对比，这两种方式被不加区别地用于平面的类比和垂直的类比。我们在《论潜能》(qu. 7，art. 6)中看到的第一个类比是两种东西与第三种东西的类比。这样，量与质在与实体发生联系时彼此相关。但这并不是上帝和被创造物与存在发生关联的方式。第二种类比就是一种事物与另一种事物的类比。偶性通过这种方式与实体相关联。这也是被创造物与神发生关联的方式。这种类比直接从所有次要的类似物过渡到主要的类似物。没有任何东西可以被重新确定为先于上帝而存在的共同种类。同时，这种关系能根据完善性的不对称顺序从最出色的东西转向不出色的东西。这便是介于单

---

① 雷麦克："从托马斯主义哲学的观点看存在的类比"(载《类比》，《国际哲学杂志》，第 87 卷，1969 年 1 月号，第 89 - 106 页)。清楚地表明类比的形式理论从属于实在论的因果关系理论和分有理论："通过具体的分有，每一特殊的存在物以个别的方式具有存在，并且，它分有了完满事物的完满性。我们应当由此肯定，所有个别的具体存在物的统一性原则对它而言也只能是现实的。它处于几条分有路线的交汇点上。这是产生个别存在物的现实根源，这些存在物由于分有整体的缘故而仍然依赖整体。"(第 105 页)没有人像吉尔松那样有助于我们承认存在学说的基础地位(在圣托马斯的心目中，存在即是现实)。(《托马斯主义》，弗兰出版社，1965 年第六扳。《存在与本质》，弗兰出版社，1948 年版，第 78 - 120 页)

义性与多义性之间的共同性的存在方式。①

于是,类比的两种用法被重新结合起来,其代价是对它的定义进行了最终修改②。

但新付出的代价比以前更高。由于思维不再满足于 proportionalitas 的过分形式化的关系——超出数学领域的推论使它本身成了疑问——它被迫将名称和概念的多样性建立在存在本身的分类原则的基础上并且将统一性与话语要求的多样性的综合带回动力因本身之内。简言之,我们必须把因果关系本身看成类比关系③。如果我们可以根据被创造物给上帝命名,"那是因为被创造物与上帝的某种关系就像被创造物与其原则和原因的关系,在那里,现存事物的一切完满性已事先完美地存在着"(《神学大全》,Ⅰa,qu. 13, art. 5)。在此,一义性、多义性与类比之间的区别被从意义层次提到了效能层次。如果因果性是单一的,不可分的,它只会产生相同的东西;

---

① 所有用来共同描述上帝和创造物的东西都可以根据创造物与其原则和原因即上帝的关系来描述。现存事物的所有完满性早已完美地存在于上帝那里。这种名称上的一致性介于纯粹的多义性与纯粹的一义性之间。因为在通过类比而描述的事物中,我们既无法找到在单义性的情况下所具有的那种共同概念,也无法找到在歧义性的情况下所具有的那些完全不同的概念。但给几个事物赋予的名称可以表示与其中的某个事物的不同比例、不同关系(《神学大全》,Ia,qu. 13, art. 5)。

② 维尔曼:《从逻辑学到神学》的第一篇论文阐述了类比问题,该文中有一节讨论了"圣托马斯的类比概念的某些发展"(第22-31页)。他试图把一些区分纳入唯一的表格中,根据前面引述的那些作者的看法,这些区分可以相互取代。这些区分首先是《论格言》所做的区分:仅据意向进行的类比,据存在进行的类比,以及据存在与本质而进行的类比;其次是《论真理》所做的区分,这种区分将合乎比例性的类比与比例的类比对立起来;最后是《反异教大全》所做的区分,这种区分将两个项目与第三项的外在关系与一项对另一项的内在从属关系对立起来。这种系统化的做法具有以同时性的方式公正地对待所有区分的优点。它的主要不便是排除了合乎比例的类比,这种类比仅仅成了"修辞学与诗学的因素"(第33页),因为它事实上是隐喻和歧义性(第32页),以便为一项与另一项的类比准备一般形而上学与特殊形而上学领域或神学领域(第33页)。这意味着忘记了除了与比例式类比的密切关系之外,合乎比例的类比已被适时地要求占据相同的地位,并且在有限与无限之间起作用时像一项对另一项的直接而内在的从属关系那样发挥作用。

③ 关于 agens univocum et agens oequlvocum,参见《论潜能》,qu. 7, art. 6 ad7。La Ⅰ a qu. 13, art. 5 ad 1 同样表达了歧义性因素先于一义性因素:"…Unde oportet primum agens esse oequlvocum. "

如果它纯粹是一义的,结果将不再像它的动因。因此,完全异质的原因仍然是类似的。正是实在的这种结构使语言归根到底不会被完全拆散。因果关系的类似性阻止那些最终迫使保持沉默逻辑种类的分散状态。在言说和存在的活动中,当言说处于因存在与存在物的异质性的压力而被迫保持沉默的地步,存在本身会通过连续性而恢复言说,而这种连续性会给言说提供它的意义的类似扩展。同时,由于概念的统一与实在的统一完全对应,类比与"分有"便处于相互反映的关系中。[①]

类比与分有的这种循环在批评的压力下被迫作出让步。这并不是因为人们违背了已经激起对越来越适当的类比概念的研究的语义学目的。正是在物理学层次,这种循环关系在伽利略的物理学和休谟的批评的联合攻击下被打破了,也正是在物理学层次,单一的原因给类似的话语提供了帮助。康德的辩证法从这种破裂中得出了它的全部结论,在这种破裂之后,我们仍然要思考能包含存在意义的层次多样性的概念统一性。

争取越来越合适的类比概念的斗争至少在一点上具有示范作用:它拒绝与话语妥协。为不断说明类比与隐喻的区别而操心就表明了这种拒绝态度。就我而言,我从这种操心中看到了思辨话语的语义学目的的明显特点。

然而,求助于分有难道不意味着回到隐喻吗? 上面引用的《论潜能》(qu. 7,art. 6 and 7)中的那段话不是说"创造物所分有的形式比它的 ratio 即上帝更低级,就像火的热量比太阳产生的热量更为低级一样吗"?

《神学大全》(I a,qu. 13,art. 5)不是说"这样,太阳就通过它的独一无二的力量在人世间产生各种各样的存在形式。同样……在分化的各种各样的被创造物中,所有东西的完满性事先以统一的单纯的形式存在于上帝那里"?

---

① "从此,类比的结构与分有的结构是完全平行的,并且作为存在统一性的概念方面和实在方面而相互对应。"(蒙塔涅:前引书,第 114 页)

啊,太阳! 哦,火焰! 向日喻并不遥远,在那里所有基于相似性的比喻显现出来![①]

恰恰是在最接近的地方,人们在类比与隐喻之间非常坚定地划了界线。那么,类比在什么时候最接近隐喻呢? 在它被定义为比例性时最接近隐喻。后者恰恰可以"通过两种不同的方式来形成"(《论真理》,qu. 2, art. 11)。一方面,归属关系仅仅是象征性的;另一方面,它又的确具有超越性。在象征性的归属关系中,上帝被称为狮子、太阳,等等。在这些表达式中,"名称包含了它的主要意义的某些方面以及不能归于上帝的某种质料"。反过来说,只有"存在"、"善"、"真实"这类超越性的东西才会使一种定义没有"缺陷",也就是说,其质料并不依赖它的存在。因此,在讨论比例性的类比时,类比的归属关系不仅与单一的归属关系相对立,即与一般的归属关系相对立;此外,它还将两种断裂引入了类比领域,一种属于比例方面的断裂,因为这种关系仍然保留了某种共同的东西,这种东西可能先于并且包含上帝和创造物;另一种属于符号论方面的断裂,而符号论将主要所指的某种内容引入上帝的名称,这便是要求将诗歌排除在外的命名的苦行主义。

当存在的现实的联系恢复了比例关系即将破坏的本体论的连续性时,这种类比的纯洁主义不会让步。《神学大全》(I a, qu. 13, art. 6)以讨论下述问题的名义对隐喻问题进行直接讨论:"相同的名称要优先给予创造物而不是给予上帝吗?"对这个问题的回答区分了两类优先性:一种是与事物本身相一致的优先性,它从本质上处于首位的东西即上帝出发;另一种优先性与意义相一致,它从我们最熟悉的东西即创造物出发。严格意义上的类比取决于第一种优先性,隐喻取决于第二种优先性:"通过隐喻而赋予的所有名称优先属于创造物,因为这些名称在被用于上帝时不过表示与某某创造物的相似性。"隐喻实际上取决于"比例的相似性"。在诗歌话语和《圣经》话语中,它的结构是相同的。已有的例子证明:把牧场称为"欢笑",把上帝称为"狮子"意味着求助于相同的置换:牧场在开花时令人感到愉快,正如人在笑

---

① 关于德里达使用的太阳隐喻和向日喻,可参见下一节。

时令人感到愉快一样。同样，"上帝通过他的作品来显示力量，正如狮子通过它的行动显示力量一样"。在两种情况下，名称的意义都源于假借的领域。反之，当名称意指上帝的本质即善与智慧时，这种名称首先适用于上帝而不是创造物。因此，在诗歌与《圣经》语言之间并未发生分裂，而是在作为整体的两种话语形态与神学话语之间发生了分裂。在后者那里，事物的顺序优先于意义的顺序。①

由此形成了两种谓词的相互交叉。就一种特殊情况而言，就神灵名称的时效性这种情况而言，它说明了亚里士多德所说的理性与圣托马斯的学说中的信仰的理智的和解。②

根据存在的下降顺序和意义的上升顺序两种转移方式的相互交叉，说明了话语的混合形态的形成过程，正是在这种混合形态中，比例

---

① "据此，我们应当作出这样的结论：如果我们考虑到名称所表达的事物，每个名称首先被用于上帝，而不是用于创造物。因为我们命名的完满性正是从上帝流向创造物。如果要涉及名称的起源，那么所有名称首先要归于创造物。因为这些创造物首先被我们所认识：如前所述，那些名称的指称方式也源于创造物。"(I a, qu. 13, art. 6,结论)

② 什尼：《作为科学的十三世纪神学》，弗兰出版社，1957 年版。作者表明，注释即 lectio 技巧与渴望上升到由问题种类所支配的科学层次的神学之间的冲突，在圣托马斯那里并不是通过并列，也不是通过混合，而是通过准分化而在高度的和谐状态中是怎样得到缓和的(第67-92页)。《〈论格言〉注释》使注释的象征方式与神学的论证方式互不相干。但什尼解释说，"三个同义词：metaphorica、syrnbolica、parabolica 的命名方法涵盖了《圣经》中非概念性的表达方式的极广泛的内容……圣托马斯使这种方式基于上帝的言语与(作为言说对象的)人的理性本质相适应的原则：人只有通过感性的现实才能认识理智的真理"(第43页)，甚或当信仰的理智与基于这些原则的认识在"神学的理性"(第8页)中按有机的连续性结合起来时，诠释学与神学之间的距离仍然存在。隐喻在诠释学中的地位就证明了这一点。不仅隐喻通过它在《圣经》的四种意义理论中占有的地位而属于诠释学的范围，而且它与比喻和各种象征性的表达式一起构成了字面意义或历史意义的一部分，这种意义与神灵的三重意义截然不同(VIIᵉ Quodlibet, qu. 6,《神学大全》,Ia, qu. 10)。字面意义取决于语词表示的事物，而在神灵的意义中，在第一层面表示的东西则变成了其他事物的符号(这样,《旧约》的"律法书"是《新约》的"律法书"的象征)。有关这个问题，请参见德·吕巴克：《中世纪的注释》，奥比埃出版社，1964 年版，第二部分，第 2 节，第 285-302 页。的确，字面意义范围很广，也就是说有多种多样的词义，它既包括与派生意义相对的基本义，又包括作者赋予的意思。这样，"上帝之手"这个语词仍然属于字面意义，"但它赋予上帝的意义并非上帝的肢体，而是由肢体表示的意义，即效能"(I a II ae, qu. 102, art. 2 and I,转引自德·吕巴克：前引书，第 277 页，注释7)。德·吕巴克承认："甚至在教学中使用的日常语言也并不完全保留这位天使博士的暗示，因为恰恰相反，我们今天谈论讽喻时不断把它与他称之为比喻意义或隐喻意义的东西联系起来。"(同上书，第 278 页)

式隐喻与先验类比将它们的意义的效果结合起来。通过这种交错配例法,思辨将隐喻垂直化,诗歌则将图像层赋予思辨的类比。当圣托马斯陈述那种既要根据类比来思考又要根据隐喻来表达的突出关系时,这种交错尤为明显。^① 此种交换构成了话语的几种变化之间的新的相互交叉状态。语词和词义就处在交叉点上,这并不奇怪。实际上,正如隐喻过程"集中于"语词以致给人留下这样一种印象:意义的转移并不影响名称的意义,类比和隐喻的交互作用集中于语词意义的特征上。因此,"智慧"一词可以通过类比应用于上帝,尽管它不是在同一的意义上被用来形容上帝和人类,因为这种意义描述了两种用法中的不同特点。在人类那里,智慧是"不同于"所有其他完满性的一种完满性;它"限定"和"理解"被指称的事物。而在上帝那里,智慧与他的本质、能力和存在是同一种东西。因此,这个术语没有限定任何东西,而只是使得所指的东西没有被理解并且超越了名称的意义。通过意义的这种超越,被归于上帝的宾词保留了它们的指称能力,而没有将差别引入上帝。因此,所指之物在与指示的名称的关联中发生了超越。^② 名称与名称的意义的分裂与意义的扩充是一致的,通过这种扩充隐喻陈述中的语词满足了不同寻常的归属关系。在这种意义上说,我们可以谈论隐喻意义在类比中的效果。如果这种意义的效果的确起源于述谓活动本身,那么,类比与隐喻正是在述谓活动的层面才得以区分开来并相互交叉。一个取决于先验语词的述谓活动,另一个取决于意义的述谓活动,这种活动包含着它们的物质内容。

这便是令人钦佩的思想劳作,通过这种劳作,思辨话语与诗歌话语的差别在这两种话语最接近的地方被保留下来。

---

① "不可能没有东西在单一的意义上既归诸上帝又归诸创造物。因为所有结果不等于其动力因的效力无疑表明了施动者的相似性,但没有采用能实现相同的客观概念的方式。它出了差错,并且其差错在于:在结果中被分割的多样化的东西已存在于单一的原因中。这样,太阳通过其独一无二的单纯力量为人创造了各种各样的生存方式。同样,如前所述,在创造物中被分化的具有多种形式的所有事物的完满性,以统一性和单纯性的形式事先存在于上帝那里。"(I a, qu. 13, art. 5,结论)

② 圣托马斯:前引著作。

3. 隐喻与形而上学

围绕存在类比的争论并不能穷尽思辨话语与诗歌话语交流的可能性。实际上,讨论仅仅涉及可以通过反思而加以接受的所有话语的语义学意向。从胡塞尔现象学中借用的语义学意向或语义学目的这类术语就证明了这一点。对于想要"自我辩护"、"为自己提供最终根据"并因此被视为"完全对自己负责"的意识来说,由自我的自觉思考所唤起的理性就等于它的现实动因。①

主要由于尼采的努力,显然出现了一种质疑哲学家们的"系谱学"方式,这种方式并不限于搜罗他们的明显意向,而是怀疑这些意向并从他们的理性中去追寻他们的动机和旨趣。隐含在哲学与隐喻之间的所有其他种类的涵义被揭示出来,这种涵义是在它们的隐含前提的层面,而不是在它们的明显意向的层面把它们联系起来。② 由于哲学先于隐喻,被颠倒的不仅是各项的顺序,蕴涵的方式也因哲学的无思想性预示着隐喻的非言说性而被颠倒了。

我在"导言"中提到了海德格尔的名言:"隐喻仅仅存在于形而上学中。"这句格言提出隐喻的逾越与形而上学的逾越不过是同一种转移而已。有几点得到了肯定:一方面,所有修辞学传统中隐含的本体论乃是柏拉图式和新柏拉图式的"西方形而上学"本体论,在那类形而

---

① 胡塞尔:"《观念 I》跋",载《胡塞尔文库》,第 5 卷,第 138 - 162 页;法译文载《道德与形而上学杂志》,1957 年,第 369 - 398 页。

② 尼采:《修辞学与语言》,正文由拉科纳—拉巴特与南希翻译,并写导言和做注。见《诗学》,瑟伊出版社,1971 年版,第 99 - 142 页;考夫曼:《尼采与隐喻》,帕约出版社,1972 年版。

上学中,灵魂被从可见的地方转移到不可见的地方;另一方面,隐喻意味着从本义转向象征意义;最后,两种转移都是同一种 Ueber-tragung(转录)。

我们是如何得出这样的论断呢?

在海德格尔本人那里,语境在相当大的程度上限制了对隐喻进行探讨的范围,以致我们可以认为,海德格尔对隐喻的不断使用最终比他对隐喻的附带批评更为重要。

在明确提到隐喻的第一篇论著——《理由律》①第六讲中,语境是双重的。第一种语境是由讨论的范围构成的,这种讨论重新考虑以前对"理由律"的分析,即《论根据的本质》的分析。海德格尔注意到我们可以明显地看到一种情形但不知道(erblicken)发生的事情:"我们看到了很多,理解的却很少。"(第 121 页)理由律就是:"没有无缘无故的东西。"看与洞察不属同一层次。接近可以把握的东西也就是更清晰地倾听某种确定的声调,并把它保存在耳朵中(第 122 页)。这种声调使我们可以发现"是"与"根据"之间的和谐。这便是任务:"思想就是通过观看来把握被听到的东西……思想就是通过倾听来把握,而通过倾听来把握也是通过观看来把握。"(第 123 页)换言之,"思想便是倾听和观看"(同上)。

因此,第一种语境是由一些术语如看、倾听、思想、和谐的网络所构成,这种网络隐藏在心灵之内,心灵则思考存在于理由律的表述中的"是"与"理由"之间的联系。

第二种语境则通过引入一种以反驳形式出现的解释来形成("但我们很快被迫宣布……")。有人说,"如果思想意味着倾听和观看,那只能是转义上的倾听与观看……"(第 123 页)。实际上,在以前的讨论中"感性的倾听与观看被转移和纳入非感性的认识领域即思想的领域中。这类转移在希腊文中被称为 μεταβετν,用学者的语言讲,类似的转换乃是隐喻"(同上)。因此,这就是异议:"只有在隐喻的转换的

① 海德格尔:《理由律》,普富林根,内斯克出版社,1957 年版,第 77 - 90 页;法译本,伽里玛出版社,1962 年版,第 112 - 128 页。

意义上,我们才可以把思想称为倾听以及通过倾听而进行的理解,才可以把它称为观看以及通过观看而进行的理解。"(同上)但海德格尔问道,讲出这个"可以"的人是谁呢?是认为本来意义上的倾听和观看出自耳朵和眼睛的人。对此,这位哲学家回答说,一开始就不存在后来被转移到非感性层次的感性的观看与倾听。我们的倾听与观看决不是通过感官而进行的单纯接受。因此,当我们把思想称为倾听与观看,我们就不仅仅是把它看作隐喻的借代,"而是看作由假定的感性的东西向非感性的东西的转移"(第 126 页)。

正是在这两种语境中我们提出了两种转移(由感性向非感性的形而上学转移,由本义向转义的隐喻式转移)的对等性。第一种转移对西方人来说是确定的,第二种转移"对我们用来描述语言的存在状态的方式来说也是确定的"(同上)。这里,我们附带说一句,我们以后再回头讨论这一点:"正因如此,隐喻常常被用作解释诗歌作品的辅助手段,或更一般地被用作解释艺术作品的辅助手段。"(同上)不妨再看看这句格言:"隐喻仅仅存在于形而上学中。"(同上)

这句格言的两种语境很重要:第一种语境不仅显示了一种暗示和漫不经心的语气,而且树立了一开始就限定讨论范围的范例。它涉及什么样的隐喻呢?就内容而言,它并不涉及诗歌隐喻,而是涉及哲学隐喻。哲学家从一开始就要面对哲学话语本身产生的隐喻,而不是面对不同于他自己的话语的话语,一种以不同于他自身的方式发挥作用的话语。在这一点上,海德格尔在把诗人解释成哲学家时所做的事情,比他的严肃批评重要一千倍,这种批评并不是针对隐喻而是针对把隐喻称作哲学陈述的方式。

第二种语境削弱了一种初看上去令人印象深刻的声明的最终影响。一位反对者说:隐喻在他看来不仅不是一种微缩的诗歌,而且是孤零零的单词(如,看、听,等等)的意义的简单转移。这位反对者为了用一个词来解释这些隐喻还引入了本义与转义、可见与不可见的双重区分。最后,也正是这位反对者提出与这两对术语对等的术语。由此出发,隐喻"仅仅"是隐喻;同时,异议成了一种限制。因此,这位反对者置身于海德格尔后来极力谴责的柏拉图主义的保护之下。

就我而言,我丝毫没有理由把自己算作这种反对者。适用于单词的本义与转义的区别是一种语义学的陈词滥调,它不必向形而上学悬置这种陈词滥调,以便把它砸得粉碎。一种更好的语义学足以使它失去作为"确定的"隐喻观念的优势。至于把它用于对诗歌作品或艺术作品的解释,它与其说涉及隐喻陈述本身还不如说涉及非常特殊的解释风格,涉及讽喻性的解释,这种解释与对可见世界与不可见世界的"形而上学的"区分实际上是一致的。

我们再看看以下的论断:对可见世界与不可见世界的分离本身是被称为"形而上学"的学科的基本特点,并且这门学科造就了西方思想的本质特征(第126页)。我担心,只有行使没有根据的武力才能将西方哲学置于普洛克斯特的床上。① 我们已经指出,一种不同于关于可见世界与不可见世界的形而上学的本体论可以适应真正的诗歌隐喻的语义学目的。我们将在本研究结束时详细讨论这一问题。

此外,海德格尔本人告诉我们应如何对待这些"提示":"它们让我们保持谨慎,让我们不要急于认定这一结论,并且不要轻率地看待这一观点。"(第126页)把思想视为通过倾听与观看而进行的理解是单纯的隐喻,我们的全部工作同样是为了这种"单纯的隐喻"。

我们评论的同一篇文章对隐喻做了非主题化的使用,这种使用包含与上述明白的警告相对应的积极方面。真正的隐喻并不是有关隐喻的"学术理论",而是被反对意见归结为简单隐喻的陈述,即"思想在倾听中观看,在观看中倾听"(第127页)。在说这句话时海德格尔偏离了日常语言的用法,这种语言与借助表象而进行的思想是统一的。格雷希指出,这种"跳跃"把语言置于"es gibt"("有")这个表达式所包含的"给与"②的气氛中。在"il y a"③与"es gibt"④之间不存在可能的

---

① 普洛克斯特为古希腊神话中的强盗,他把劫来的人放在床上,比床长的人被断足,比床短的人则被拉长。——译者
② 德文的 gibt 有"给与"之意。——译者
③ 法文的"有"。——译者
④ 德文的"有"。——译者

过渡。① 这种偏离不就是真正的隐喻的偏离吗？

我们不妨看看是什么使这种陈述成了隐喻。在整个陈述的层次上，"没有东西是没有理由的"这句话中的"是"与"理由"之间的和谐使陈述成了隐喻。这种和谐就是被看到——听到——想到的东西。第一层面的陈述的和谐——理由律的和谐——也就是第二层面的陈述的和谐：它把思想理解为（als）通过倾听和观看而进行的把握。至于这种和谐，它并不是平静的谐音组合。《理由律》第五讲使我们了解到它产生于以前的不和谐。② 两种陈述实际上源于理由律。表象化的思想的合理化陈述被表述如下："没有东西是没有原因的。"（第102页）安杰勒斯的赞美诗作了这样的陈述："玫瑰花是没有理由的，它之所以开花是因为它开花；不用担心自己，不图被人观赏。"（第103页）没有东西是没有原因的。但玫瑰的存在没有原因。它没有理由，但并非没有原因。正是这种摇摆不定，在使理由律更加无法理解时被迫"倾听"法则本身。"应当注意它的语调，注意它的强调方式。"（第75页）这条法则发出两种不同的音调（同上）。一种强调"虚无"与"没有"，另一种强调"是"与"理由"。作为我们的出发点的《理由律》的第六讲特别重视第二种语调，这种语调需要与第一种语调相对照，第一种语调乃是表象化思想的语调。

在《在通向语言的途中》③中，表象性思想与沉思性思想之间的相同斗争在形而上学意义上的隐喻遭到抛弃的地方产生了真正的隐喻。语境在这里也很重要。海德格尔试图放弃表象性思想所形成的语言观，在形成这种语言观时，表象性思想把语言看作 Ausdruck，即"表达手段"，也就是说看作内在性的外在化，因而看作"内"对"外"的支配，看作主体性对工具性的掌握。

为陪伴哲学家走出这种表象，不妨引用荷尔德林的话。他把语言

---

① 格雷希：《词与玫瑰——海德格尔的隐喻》，载《哲学与神学杂志》，弗兰出版社，1973年版，第437页。
② 《理由律》，第63-75页；法译文载《玫瑰的存在没有理由》，第97-111页。
③ 海德格尔：《在通向语言的途中》，普富林根，内斯克出版社，1959年版。为讨论海德格尔有关隐喻的所有论点，请参看以下第5节。

称为出自口中的花朵(第 205 页)。这位诗人还说语词像花朵(第 206
页)。那位哲学家[①]可能会欢迎这些表达方式,因为他本人将说话的方
式称为 Mundarten,即口头表达方式,方言,天、地、人、神在那里汇合。
因此,整个网络震动起来并且处于相互指称的关系之中。这里的指责
与《理由律》中提出的指责不无二致:"如果我们把荷尔德林在'语词像
花朵'这种表达方式中的称呼看作隐喻,我们就仍然停留在形而上学
里。"伯恩(Gottfried Benn)把这里的 wie 归结为比较句的"像"。在抗
议这种解释时,海德格尔指责他将诗歌语言归结为一堆"干枯植物"中
的一片"标本"(第 207 页)。当僵死的隐喻安卧在那些标本之中时,语
言便在走下坡路,诗歌则在走上坡路。真正的诗歌是什么呢? 海德格
尔说(第 207 页),真正的诗歌"唤起最广阔的视野","使言语从其起源
处攀升","使世界显现出来"。

这不就是生动的隐喻所要做的事情吗?

应用于语言的"花朵"隐喻可以指点截然相反的思路。海德格尔
对伯恩的解释的评论接近这种思路。就像"使用"以"消耗"而结束一
样,盛开的花朵在标本中结束了自己的生命。

承认这一点使我们从海德格尔的有限批评过渡到德里达在《白色
神话学》中的无限"解构"。[②] 语言的熵不正是有关活的隐喻的哲学想
要忘却的东西吗?"形而上学"与其说想成为对语言中的既定隐喻的
寓意化解释,还不如说想成为植物标本难道不是这样吗? 一种比海德
格尔的思想更具破坏性的思想难道不是以一种对隐喻本身中未说出
的内容的更强烈怀疑来支持对西方形而上学的普遍怀疑? 但隐喻的
未说出内容就是使用过的隐喻。与此相联系,隐喻性在我们背后起作
用,但我们不知不觉。试图坚持在一种形而上学中立性中的语义学分
析不过表明了对未被认可的形而上学和被用过的隐喻同时发挥作用
的无知。

---

① 指海德格尔。——译者
② 德里达:《白色神话学》,载《修辞学与哲学、诗学》,1971 年第 5 期,第 1-52 页,收入《哲
学的边缘》,子夜出版社,1972 年版,第 247-324 页。

我们可以把德里达的严密论证结构中的两种论断区分开来。第一种涉及被使用的隐喻在哲学话语中的有效性，第二种涉及从可见物到可知物的隐喻转换和类比转换的深刻统一性。

第一种论断反对我们为发现活的隐喻所作的全部努力。杰作在这里并不是通过诞生之门，而是通过死亡之门进入隐喻的。"消耗"①这个概念包含着全然不同于"滥用"这个概念的内容，我们已经看到，它与盎格鲁-撒克逊的作者们采用的"使用"概念相反。它包含自身的隐喻性，这一点在用来证明隐喻的无限隐喻性的观念中是不足为奇的。在词义的限制方面，这一概念首先包含沉积、侵蚀、磨损这类地质学隐喻。此外，还要加上纪念章或硬币的磨损这类古钱币学隐喻。这种隐喻使人想起由索绪尔多次发现的语言学价值与货币价值之间的联系：这种比较导致人们怀疑被用旧或磨损的事物的消耗也是高利贷者的重利盘剥。同时，语言学的价值与经济学的价值之间具有启迪意义的那种类似性可以被推进到这样的地步：在那里，本义与财产在相同的语义学领域突然显示出彼此的亲缘关系。根据两者部分的一致性，人们也许会怀疑隐喻可能会成为"语言学的剩余价值"（第2页），这类剩余价值在听众浑然不知的情况下发挥作用，按照这种方式，在经济领域，人的劳动产品在经济的剩余价值和商品拜物教中既难以识别又具有超越性。

我们发现，对这种网络的重构超出了历时的历史语义学的能力，就像它超出了词典学与语源学的能力一样。它源于既控制着经济效用又控制着语言效用的形象话语（第6页）。根据明显的意向对话语进行简单审查，通过问答方式进行简单解释是不够的。海德格尔的解构现在应该与尼采的系谱学、弗洛伊德的精神分析、马克思主义的意

① "我们首先对隐喻在哲学交流中的某种程度上的消耗感兴趣。这种旨在达到静止状态的比喻的能量不会突然消耗殆尽，相反，其消耗过程构成了哲学隐喻的历史和结构。"（第1页）"也有必要对这种'消耗'的价值进行解释。它似乎与隐喻的观点有着系统的联系。凡在赋予隐喻论题以特权的地方都可以发现这一点。"（第6页）作者进一步指出："这种特点，这消耗概念，无疑不属于狭隘的历史理论结构，而是肯定属于隐喻概念本身，属于由这一概念决定的或决定这一概念的漫长的形而上学系列。"（第6页）

识形态批评结合起来,也就是说应该与诠释学的怀疑武器结合起来。如此武装起来的批评可以揭露被掩盖的形而上学与被消耗的隐喻的未加思考的结合。

但是,只有当我们建立了影响隐喻的耗损与构成概念结构的上升运动之间的方程式时,死的隐喻的效力才有完整的意义。隐喻的耗损被掩盖在概念的"扬弃"中。德里达十分贴切地用"扬弃"来翻译黑格尔的 Aufhebung。因此,恢复隐喻的活力意味着揭去概念的面纱。

德里达在这里依据的是,黑格尔《美学》①中一段特别有说服力的原文,他一开始就承认哲学概念首先是转换成精神秩序的可以感知的意义,抽象的本义的确立与隐喻在最初意义中的消失紧密联系在一起,因而也与这种意义的遗忘联系在一起。这种意义由本义变成了非本义。但黑格尔把已经变成适当表达式的精神意义中被耗损的可感知意义的"扬弃"称为 Aufhebung。在黑格尔发现意义更新的地方,德里达只看到了隐喻的消耗以及通过对隐喻起源的揭示而进行的理念化运动:"……隐喻化的运动(从起源到隐喻的消失,通过象征从可感知的本义过渡到精神的本义)不过是理念化的运动而已。"(第15页)柏拉图和黑格尔共同赞同的理念运动运用了形而上学所特有的所有对立,如,自然/精神,自然/历史,自然/自由,以及感觉的/精神的,感觉的/理智的,感觉/意义。这种体系"描述了形而上学的可能性的空间,如此定义的隐喻概念就属于形而上学"(同上)。

我们要明白,这里并不涉及经验概念的形成,而是涉及最初的哲学因素的形成,即涉及那些组成了形而上学领域的因素——理论、本质、逻各斯等等的形成。对这一观点可以表述如下:隐喻在何处消失,形而上学概念就在何处产生。在那里,我们可以看到尼采的话:"真理就是对人们已经忘记真理是幻觉这件事的幻觉,真理是已经耗损并且失去了感觉力量的隐喻,是已经失去了标记的硬币,这枚硬币

---

① 黑格尔:《美学》,第3节 a(转引自德里达:前引书,第14页)。

从此不再被视为硬币而是被视为金属。"①从那里可以发现《白色神话学》这篇论文的标题："形而上学本质上抹除了产生它的虚构的场景，但这一场景仍然是活动的，摇摆不定的，它是用白墨水绘就的，它是被隐迹纸本掩盖着的、不可见的图案。"（第 4 页）

消除了隐喻痕迹的概念的产生取代了被耗损的隐喻的效力。其最终结果是，有关隐喻的话语本身受到了哲学话语的普遍隐喻性的侵袭。就此而言，我们可以谈论隐喻的自我包容的悖论。

这种悖论是：没有一种关于隐喻的话语不包含在本身就是以隐喻的方式产生的概念网络中。在我们能发现隐喻领域的秩序和界限的地方没有非隐喻的地位。隐喻要以隐喻的方式来表述。同样，"隐喻"这个词和"形象化表达"这个词证明了隐喻的这种循环。隐喻理论循环地回到理论的隐喻，它以在场的形式决定着存在的真理。因此，不可能存在对隐喻进行限定的原则，也没有定义者不包含被定义者的定义。隐喻性是绝对不可控制的。破译哲学文本中的形象化表达的计划会自行破产。我们必须从其原则中"看到这项计划的不可能性的条件"（第 9 页）。最初的哲学要素的温床由于本身具有隐喻性而"无法自我控制"（同上）。按照这位作者的恰当表述，每当它的一种产物——此处指隐喻概念——试图徒劳无益地把它的全部领域置于自己的支配之下，这一层样就会自行消失（同上）。如果我们能对形象化表达进行排序，至少有一种隐喻会消失，这就是隐喻的隐喻。它乃是"补充的隐喻"（第 10 页）。因此，他断言："这一领域决不会饱和。"（同上）

大家明白，这种令人困惑的策略不过是更广泛的解构策略的一个插曲而已，而解构无论在何时何地都旨在通过质疑而摧毁形而上学话语。我们必须看到这篇论文的"结论"不过具有这样一种价值：在煽动其他破坏活动性的作品中它不过是一个步骤而已。如果我们指责隐喻通过上升为概念即上升为自我呈现的观念而导致自我毁灭，那么

① 尼采：《哲学家的著作》，马里蒂法译本，奥比埃—弗拉马里翁出版社，第 181－182 页（转引自德里达：前引书，第 7－8 页）。

其他的"自我毁灭"(第 52 页)仍然存在。这种自我毁灭是通过消除基本对立而发生的：首先是消除语义学与句法学的对立,其次是消除转义与本义的对立,再次是逐步消除感性与知性的对立、习俗与自然的对立,总之要消除确立形而上学本身的所有对立。

因此,我们通过对被耗损的隐喻的内在批评回到了海德格尔的下述声明所处的层面："隐喻仅仅存在于形而上学中。"实际上,被耗损的隐喻通过"扬弃"被掩盖在概念的形象化表达之内,但这种"扬弃"并不是某种语言事实。正是这种特殊的哲学姿态在"形而上学的"状态中将不可见的东西与可见的东西,将理智的东西与感性的东西分离开来,随后又超越可见的东西去追求不可见的东西,超越感性的东西去追求理智的东西。因此,只存在一种"扬弃"。隐喻的扬弃也是形而上学的"扬弃"。

根据第二种论断,真正的隐喻是垂直的、上升的和超越的隐喻。按照这样的描述,"隐喻似乎采纳了哲学语言的全部用法,不折不扣地采纳了自然语言在哲学话语中的用法,也就是说,采纳了作为哲学语言的自然语言的用法"(第 1 页)。

为了理解这种论断的力量,我们要回到我们自己对相似作用的分析中去。这种作用常与类比联系在一起,不管类比是十分具体地表示亚里士多德《诗学》所谈到的那种比例关系,还是以不太技术化的方式表示在使遥远的"语义场相互接近"时求助于相似性的全部活动。[①] 我们现在考虑的那篇论文不再指出,对"形而上学"传统保持明显中立态度的所有类比用法暗中取决于形而上学的类比概念,这一概念表示从可见的东西回到不可见的东西的过程。这里包含着原始的"图像性"：所有可见物都是基本上能形成"肖像"的东西;而可见物与不可见物的相似性使它成了肖像。因此,所有最初的转换就是把经验领域的意义转移到"理智的领域"中去。因此,重要的是要使用一种与布莱克的逻辑语法毫无关系的方法来揭示这种类比的形而上学对隐喻的那些显然十分天真的用法。同样,古典修辞学不停地暴露自己的真实面目：

---

① 参见"第六研究"第 4 节。

无生气的东西向有生气的东西的过渡通常是在典型的幌子下发生的，这一点是偶然的吗？因此，丰塔尼埃急切地求助于这种无生气的东西与有生气的东西的辩证法，以便确定隐喻的类别，从而重建与其他两种基本比喻（换喻与提喻）的平行性，而这种类别源于对结合关系和关联关系的逻辑分析。就隐喻而言，其类别并不属于逻辑层次，而是属于本体论层次。①

因此，不管是谈论形而上学的隐喻性，还是谈论隐喻的形而上学性，我们必须理解的东西是使语词和事物超越……的独一无二的运动。

形而上学隐喻的这种特殊方向说明了某些关键隐喻的持久性，这些隐喻有接受和聚集"形而上学扬弃"的冲动的特权。太阳处于这些隐喻的最高层次。

有人会说，阳光就是一个能简单地说明问题的范例。确切地讲，它是"最耀眼、最自然的光线"（第28页）。在亚里士多德那里，太阳提供了异乎寻常的隐喻（《诗学》，1457 b），因为缺乏一个词来表示太阳的创生能力，而播种的隐喻可以弥补这一缺陷。对德里达来说，这正是某种关键特征的征候。持之以恒地"将太阳变为隐喻的冲动被证明是将哲学隐喻指向太阳的冲动"（第34页）。为什么向日喻是独一无二的呢？因为它谈到了感性事物和隐喻：它合乎规律地自转并（自我）隐蔽（第35页）。这意味着承认"太阳的旋转始终是隐喻的轨迹"（同上）。

我们发现了奇妙的外推法："在某个地方每当有隐喻，肯定有阳光；每当有阳光，隐喻就开始出现"（第36页）。隐喻之所以开始出现，是因为：有了太阳，也就有了光的隐喻，看的隐喻，眼睛的隐喻，有了从柏拉图的"本质"到黑格尔的理念的理念化的著名比喻。就此而言，"理念化的"隐喻是由一般哲学因素构成的（第38页）。更确切地说，正如笛卡儿的自然之光的哲学所证明的那样，在隐喻中，光指向哲学的所指："主要隐喻的内容始终会回到存在—神学的主要所指：这便

---

① 参见"第二研究"第4节与第5节。

是向日喻的循环。"（第 48 页）有关土地—基础的隐喻,有关住所—回家的隐喻,有关重新占有的特殊隐喻属于主要隐喻的同一网络。它们也表示隐喻性本身:居所的隐喻实际上是"隐喻的隐喻":是剥夺所有权,是离乡背井,而又处在某个居所中,是在自家之外而又在自家之内（在那里,它自我发现,自我认识,自我集合,自我相似）,是在自在的自身之外。这是在（或关于）重新占有中作为迂回的哲学隐喻,是基督的再次显灵,是理念在其光明中的自我显现,是从柏拉图的本质到黑格尔的理念的隐喻过渡（第 38 页）。

因此,主要隐喻通过其稳定性,通过其持久性而保证了形而上学的前所未有的统一性:"在自身的光芒中消失的现象,光线、真理和意义的隐蔽根源,存在的外观的消失——这便是使形而上学从属于隐喻的东西的持久迂回。"（第 49 页）

同样,隐喻的自我包含的悖论不再是一种形式上的悖论。从质料上看,它通过光线和居所的主要隐喻的自我包含而表达出来,正是在这种光线与居所中,形而上学表现了自身的原始隐喻性。在象征理念化与占有时,光线与居所象征着隐喻化过程并且把隐喻的复现建立在它自身的基础上。

我在这里提出的批评意见不可能十分明显地触及关于解构和撒播的全部计划,而仅仅触及关于被耗损的隐喻与形而上学的类比主题相互沟通的紧张争论。此外,我的论证的这一论战阶段与我对隐喻理论所包含的本体论的积极澄清是不可分割的,本研究的其余部分将对这种隐喻理论进行发挥。

我将自行考察被耗损的隐喻的未被揭示的有效性问题,并且暂不考虑将隐喻的扬弃与形而上学扬弃等同起来的观点。关于被耗损的隐喻的特殊增殖能力的假设受到前面的各篇论文所进行的语义学分析的有力反击。这种分析倾向于认为死的隐喻不再是隐喻,相反,它们为了扩大其多义性而与字面意义联系在一起。限定的标准很清楚:语词的隐喻意义以字面意义的对比为前提,但字面意义充当宾词时损害了语义的适当性。在这一点上,勒格恩对隐喻的词化的研究,为消除被耗损的隐喻的虚假之谜作出了重大贡献。[①] 保持隐喻的启示功能的一些特点随着隐喻的词化而消失了。对常用意义的遗忘导致了对与语境的同位意义相关的偏差的遗忘。只有具备单词的语源学知识我们才能将拉丁文的 testa(小罐)重构为法文词 tête 头,并且重构派生出这个法文词的通俗隐喻。在我们的实际用法中,隐喻被如此词化,以致它成了确切的单词。因此,我们想指出的是,它通过话语来显示被词化的意义,既没有偏差也没有偏差的缩小。这种现象不像初看上去那么有趣。勒格恩甚至认为,词化"在这句语言所创造的所有隐喻中仅仅涉及很少的隐喻"(第 82 页)。

我觉得,只有在强调命名的优先性从而强调意义的替代的优先性的符号学理论中,死的隐喻的有效性才会提高,而那些符号学理论却指责这种分析忽视了隐喻性的真正问题。众所周知,此类问题与语义的适当性与不适当性的作用联系在一起。

但是,如果我们过分重视命名问题,那无疑是因为我们把一种被清晰的语义学所消除的形而上学的意义本身赋予转义与本义的对立。实际上,我们大肆抨击这样的错觉:语词本质上具有本义,即,具有最初的、自然的、原始的意义。但前面的分析并未给这种解释提供依据。我们肯定承认,一个词的隐喻用法可能始终与字面意义相对立,而字面意义并不想表达原始意义上的本义,而只是表达日常的"习惯的"意义。[②] 字面意义就是被词化的意义。为给区分字面意义与隐喻意义提供根据,我们不需要一种关于本义的形而上学。正是词语在话语中的用法,而不是我也不知道的那种原初意义或原始意义的幻象说明了字面意义与隐喻意义的区别。此外,字面意义与隐喻意义的区别只有通过解释的冲突才会存在。一个仅仅使用已经词化的意义,它屈服于语

---

① 勒格恩:《隐喻与换喻的语义学》,第 44-45 页,第 82-89 页。

② 亚里士多德指出,"我把日常的名称称为人人运用的名称"(《诗学》,1457b)。至于亚里士多德所说的"本义",我们已经表明它与某种原始意义无关。("第一研究",第 18 页,注释 1)同时参看我们就德里达对亚里士多德的隐喻理论的解释所做的讨论。("第一研究",第 16 页,注释 1)

义的不适当性;另一个在确立语义的新的适当性时,需要语词的歪曲,这种歪曲转移了它的意义。因此,对隐喻过程的更深入的语义学分析足以消除"本义"的神秘,隐喻性不会与它一起屈服于这种神秘性。

的确,哲学语言在其命名活动中似乎驳斥了语义学家对罕见的被词化的隐喻所做的判断。这样做的理由很简单:与新的提问方式的突然出现联系在一起的新意义的创造使语言处于语义的缺乏状态;正是在那里,被词化的隐喻起着填补空缺的作用。正如丰塔尼埃十分清楚地看到的那样,这里涉及依赖必然性的和扩展的比喻"以替补语言中所缺乏的表示某些观念的单词"(《话语的形象化表达》,第 90 页)。简言之,这里涉及夸张引申,在别处这种引申不仅可能成为换喻或提喻,而且可能成为隐喻。① 当我们谈到哲学上的隐喻时,我们完全有必要区分两种情形:一种情形相当平常,它涉及日常语言的语词的"引申"用法以弥补命名的缺陷;另一种情形在我看来尤为有趣,在那里哲学话语有意求助于活的隐喻,以便从语义的不适当性中引出新的意义并通过语义更新揭示现实的新的方面。

从初步的讨论中可以得出这样的结论:对隐喻的耗损的思考与其说的确令人震惊,还不如说更吸引人。如果说它对如此之多的人具有真正的吸引力,那很可能不仅是由于在这里表现出来的令人困惑的大量疏漏,而且是鉴于在最微弱的隐喻表达中一直存在着的恢复能力。在这里语义学家仍然有很大的帮助。勒格恩注意到,与我们常说的相反,"词化只有在具体情况下才会导致形象化比喻的完全消失"(前引书,第 87 页)。② 在其他情况下,形象化比喻减弱了,但仍可以感知。正因如此,"几乎所有被词化的隐喻都可以恢复它们的原有光彩"(第 88 页)。但是,重新激活死的隐喻就是对去词化的积极实施,它相当于重新创造隐喻,因而也相当于重新创造隐喻的意义。作家们通过各种十分协调的高超技巧——对形成形象比喻的同义词进行替换,补

---

① 关于丰塔尼埃谈到的新颖的隐喻和牵强的隐喻,可参见"第二研究"第 6 节。

② 比如,当被本义命名的东西比隐喻所表示的东西少得多时(拉丁词 testa 就属于这种情形)或当双重性剥夺了两个词项之一的非引申义("盲目"一词就属于这种情形,它抛弃了"失明"的本义)时,就是如此。

充更新的隐喻,等等——来实现这一目标。

在哲学话语中,当死的隐喻能进行语义补充时,这些隐喻的更新是特别有趣的。被激活的隐喻恢复了寓意和重新描述的功能(这种功能乃是活的隐喻的特点)并且抛弃了它在命名层次上的简单替补功能。去词化与前面的词化并不对称。而且,在哲学话语中,黯然失色的隐喻的新生运用了比前面提到的步骤更为复杂的步骤。最引人注目的是语源学动机的苏醒,这种动机导致了虚假语言学的产生。黑格尔和海德格尔常常使用柏拉图喜欢用的那种步骤。当黑格尔在感觉中听到了对真实的领悟时,当海德格尔在去蔽中听到了无遮蔽状态时,这位哲学家创造了意义并以这种方式创造了类似于活的隐喻的东西。因此,对死的隐喻的分析涉及最初的基础,而这个基础就是活的隐喻。[①]

当我们公正地估价隐喻对概念的形成所作的贡献时,死的隐喻隐藏着的多产性已经失去了更多的魅力。让死的隐喻恢复活力丝毫不意味着揭去概念的面纱,这首先是因为被复活的隐喻所起的作用不同于死的隐喻,而且是因为这一概念在使隐喻被词化的过程中没有找到它的完整起源。[②]

在这一点上,上面讨论的那段黑格尔的原文在我看来并不能证明对隐喻与扬弃之间的相通性的看法。这段文字描述了两种活动,它们在某个地方——在死的隐喻中——相互交叉,但仍有差别。第一种纯粹隐喻性活动使本义变成了被转移到精神层面的意义。另一种活动则使这种作为被转移物的非本义的表达成了抽象的本义。第二种活动构成了"克服—保留",黑格尔把它称为"扬弃"。这两种活动,即转移以及克服—保留是不同的。只有第二种活动使得源于感性的非本义成了精神的本义。耗损现象仅仅是在第一种活动基础上产生第二种活动的条件。

---

① 关于活的隐喻的理论不仅支配着产生死的隐喻的耗损的意向起源,而且支配着杜伯纳和伯格伦的意义上的滥用的意向起源,参见"第七研究",第5节。

② 亨利:《隐喻的复活》,载《换喻与隐喻》,第143-153页。

这两种活动从根本上讲并非不同于康德所说的概念在其图式中的形成过程。因此,"基础"概念以"土地"与"建设"的图式为象征。但概念的意义不能归结为它的图式。需要明确考虑的是,抛弃了可感知的意义不仅提供非本义的表达,而且提供概念层次的本义表达;将耗损过程转化为思想并不是耗损本身。如果这两种活动并非不同,我们就不能再谈论耗损概念,也不能再谈论隐喻概念。过去的确不存在哲学要素,而现在之所以有哲学要素,是因为一个概念作为本身已经死亡的隐喻中的思想是能动的东西。黑格尔明确地设想的东西乃是在隐喻的死亡中概念的生命。由于我们不再在"理解"中听到"把握","理解"便具有一种哲学的本义。当我们激活了某种概念里的死隐喻时,我们只做了一半的工作。我们仍然必须证明,没有抽象的意义可以通过隐喻的耗损而产生。这种证明不再属于隐喻的层次,而是属于概念的分析。只有这种分析才能证明黑格尔的理念不再是柏拉图的理念,尽管我们的确可以像德里达那样说,传统的隐喻负担使柏拉图的体系在黑格尔的体系中得以延续(第 39 页)。但这种延续并不等于两个哲学家对"理念"意义的分别规定。如果我们不再承认被德里达合理地视为"哲学的唯一主题"的论断,即"这些形象化表达所指称的意义是一种本质上完全独立于转移它的东西"(第 17 页),哲学话语,甚至解构的话语就不可能存在。

把对概念图式的形成过程的这些看法用于隐喻概念足以消除对隐喻的所有定义的隐喻性悖论。以隐喻的方式谈论隐喻丝毫不是循环,因为对概念的定位辩证地源于隐喻本身。因此,当亚里士多德以词语的转移来定义隐喻时,转移这个术语只有放在相互指称的网络中才能从概念上得到规定,而在相互指称的网络中,转移概念处于核心,它的周围是自然、逻各斯、名称、符号等重要概念。这样,转移就摆脱了它的隐喻性并且构成了它的本义,尽管正如德里达所说,"这种话语的表面继续受到隐喻的影响"(第 19 页)。以后对隐喻概念的规定有助于对转移这个术语所隐含的死隐喻所进行的概念转化。它这样做时要么采用区分方法,这种方法使我们能将陈述的不同策略辨别开来,要么采用举例说明方法,这种方法为上述操作概念提供了归纳的基础。我们要补充的是,不同隐喻的概念化不仅得到被使用的隐喻的词化的支持(这一点适用于"转移"这个词),而且受到被耗损的隐喻的复苏的支持,这种隐喻的复苏使活隐喻的具有启发性的用法服务于概念的形成。这一点适用于本书常常引用的关于隐喻的其他隐喻:屏幕、过滤、透镜、重叠、超载、立体观察、张力、相互激活、更换标签、温柔的爱情与重婚,等等。没有什么东西可以阻碍我们借助于不同的"具有启发性的虚构"来重新描述由隐喻构成的语言事实,而这些虚构要么是由新的活的隐喻产生的,要么是由一开始被耗损继而被复活的隐喻产生的。

因此,非但隐喻概念已被证明仅仅是自身的被耗损的隐喻的理想化,而且所有死隐喻的复苏以及对这种隐喻进行重新描述的新的活隐喻的创造使得我们能用新的概念去补充隐喻的产生过程本身。

因此,当我们正确地将名称转移概念及其图式分为等级时,"将被定义的东西纳入定义"(第81页)所产生的无限的效应就消失了。

现在我们可以考察海德格尔和德里达共同拥有的理论内核,即本义和转义这对隐喻术语与可见者和不可见者这对形而上学术语之间的所谓默契。

就我而言,我将这种联系看作不必要的。在这一点上,上面引用的丰塔尼埃的例子具有指导意义。他对隐喻的定义——"以一种观念的符号去表示另一种更为动人、更为熟悉的观念"[1]——并不包含他接下来在考虑对象时所作的分类。同样,他的最初定义可以用无数例子(它们不包括从可见者向不可见者的过渡)来说明:"坎伯雷的天鹅,麦克斯的雄鹰","毁灭性的内疚","渴望危险和光荣的勇气","对我们设想的东西的明确表述"……等等。这些例子都要按内容与表达手段、焦点与框架来解释。我乐于认为,从操作活动所引出的隐喻定义过渡到从事物种类所引出的定义,一方面要通过将隐喻放在语词的框架中加以考察来实现——事物的种类在这里成了辨别语词种类的线索,另

---

[1]　丰塔尼埃:《话语的形象化表达》,第95页。

一方面要通过替代理论来实现,这种理论不断将谓词方面,因而将意群方面用于例词方面,从而用于各种对象。将隐喻理论从语词层次带回语句层次足以解释这种过渡。

因此,如果隐喻—替代理论表达了与可感事物向可知事物的"扬弃过程"的密切联系,张力理论就会取消给后一概念的所有特权。语义的不适当性的作用与容易解释的所有被估计到的错误并不矛盾。并不是隐喻支撑了柏拉图的形而上学大厦,而是形而上学掌握了隐喻过程,以使它服务于自身的利益。仅仅是由于哲学话语选择了关于太阳和居所的隐喻,这两种隐喻才会占支配地位。整个隐喻领域向所有形象化表达开放,这些形象化表达运用了在任何可以设想的事物的领域内的相似性与不相似性的关系。

至于给形而上学话语本身所赋予的特权——对划分狭隘的隐喻领域(形而上学话语在这里被主题化)的支配权,它似乎源于支配着解构策略的怀疑气氛。亚里士多德的隐喻哲学提出的反例在这一点上具有重要价值。在本研究的结尾,我们将最后一次提到这个反例。

4. 话语领域的交叉

  现在，我们可以回到本研究一开始提出的问题：在使我们的研究从修辞学过渡到语义学、从意义过渡到指称的运动中隐含什么样的哲学呢？以前的讨论揭示了隐含的本体论内容与诗歌话语和思辨话语的蕴涵方式这两大问题之间的密切联系。我们仍然要以积极的方式宣布通过转弯抹角的争论所表述的观点。

  有两大任务摆在我们的面前：以话语形态之间的已知差别为基础建立关于话语领域的相互交叉的一般理论，提出一种隐含在隐喻指称假设中的本体论解释，而隐喻指称满足了这种话语形态的辩证法。

  但我们在这里所概述的辩证法认为抛弃下面这种素朴的观点是理所当然的：按照这种观点，隐喻陈述的语义学现成地包含一种只需由哲学引出和表述的近似的本体论。在这种辩证法看来，如果我们过早地放下武器，如果我们受自由主义和求同存异主义的引诱同意维特根斯坦的《哲学研究》所提出的关于各种语言游戏的完全异质性的观点，我们就会摧毁整个话语的动力。按柏拉图在《斐利布篇》中的看法，既不应当太快地形成"一"，也不应太快地形成"多"。哲学在安排有规则性的多样性方面表现出高超的技巧。基于这种精神，有必要把有关话语的相互影响的一般理论建立在有关话语的语义学目标的现象学的基础上。给隐喻陈述所推动的语簇赋予活力的特殊意向要求作进一步澄清。只有向这种话语的语义潜能打开其他的表达空间，即思辨话语的空间，它才能回应这种要求。

  我们可以表明，一方面，思辨话语的可能性存在于隐喻陈述的语义活力中,另一方面,思辨话语的本质必然性存在于对概念的潜在表现力的运用中,这些表现力无疑在于精神本身,它们就是自我反思的精神本身。换言之,只有当确立一种断裂,而这种断裂又标志着两种话语样式的不可缩小的差别时,思辨活动才能实现外在隐喻的语义学要求。不管思辨活动与诗歌的外在关系如何,只有付出因它向另一种意义领域的转移而出现蜕变这样的代价时,思辨活动才能延伸诗歌的语义目标。

这种辩证法的赌注的确是"第七研究"的开头和结尾陈述的指称假设。实际上,正是这种辩证法支配着向明确的本体论的过渡,在这种本体论中那些假设的存在意义会得到反思。在隐含的东西与明显的东西之间,存在着将两种话语样态分离开来的差别,将前者纳入后者也无法消除这种差别。

a)思辨话语形态所特有的概念表达在隐喻陈述的语义功能中找到了自己的可能性,在"第三研究"的结尾可以发现这一点。在那里,意指的增益得到了肯定,这种意指源于在整个隐喻层面上新的语义的适当性的确立。但意指的增益与张力不可分离,这里所说的张力不仅存在于陈述的各词项之间,而且存在于两种解释之间。一种解释是字面解释,它限于词语的既有意义;另一种解释是隐喻解释,它源于为使整个陈述"有意义"而对这些语词进行的"歪曲"。由此导致的意指增益仍然不是概念的增益,因为语义更新与两种阅读之间的来回变换不可分离,与它们的张力不可分离,与这种活力产生的立体观察法不可分离。因此,我们可以说,源于语义冲突的这种东西是对概念的需要,但它仍然不是通过概念而获得的知识。

这种观点在我们对"第六研究"的相似性的作用所作的解释中得到了增强。我们已将意指的增益与语义场之间的"距离"变化联系起来,也就是说与谓词的同化联系起来。但是,当我们说这个是(像)那个时——不管是否"标明"了"像"字,这种同化并不能达到意义的同一性层次。"相似"与"相同"不可同日而语。按亚里士多德的说法,看到相似性就是把握"异"中之"同",并且忽略"相异性"的存在。正因为如此,我们把新意义的图式化与创造性的想象联系起来。这样,意指的增益与使它得以被图式化的谓词的同化不可分割。另一种方式是指出意指的增益未被纳入概念中,因为它处于"同"与"异"的这种冲突中,虽然它通过概念构成了知识的轮廓与要求。

第三条建议源于我们在"第七研究"中提出的观点,按这种观点,我们可以把隐喻陈述的指称本身视为一分为二的指称。我们可以说,被一分为二的指称表示一分为二的意义。这就是我们在将隐喻的张力重新引入陈述的系词时所表达的意思。我们说过,"像"意味着既"是"又"不是"。因此,意义的活力论提供了进入关于现实的活力论观点的门径,而关于现实的活力论观点是关于隐喻陈述的隐含本体论。

因此,对目前的任务可以说明如下:重要的是表明,向指称假设所要求的明晰本体论的过渡与向隐喻陈述的意义结构所要求的概念的过渡是不可分割的。在表明所有意指活动的增益既是意义的增益又是指称的增益时,将以前的研究的结果并列起来是不够的,相反,要把它们更加密切地联系起来。

在一篇论《神学话语与象征》的论文中,让·拉德里埃注意到,象征的语义学功能——用我们的话说,即,隐喻的语义功能①——延伸了我们甚至可以在最简单的陈述中看到的那种意指活动的能动性。与我们自己的分析相比,这种分析的新颖之处在于,这种能动性被描述为行为、述谓行为与指称行为的相互交织。拉德里埃采纳了斯特劳森对命题行为的分析,命题行为被描述为特殊化的认同活动与普遍化的描述活动的结合。像著有《言语行为》的塞尔一样,他将这种分析重新置入话语理论的框架中,从而可以把意义与指称的关系看作操作活动的协调关系。意指活动的能动性被视为双重的、交织的能动性,在那里,与向概念的所有进展相对应的是对指称领域的更为深入的探索。

实际上,在日常语言中,只有当我们把处于宾词地位的抽象意义与我们以指称方式表示的对象联系起来时我们才能把握这种意义。

①　让·拉德里埃:《神学话语与象征》,载《宗教学杂志》,斯特拉斯堡,第49卷,1975年,第1-2月号,第120-141页。

这样做之所以可能,是因为在表示特定指称物中相对孤立的某个方面时,宾词只有在句子的语境中才能按自身的本性发挥作用。就此而言,词项不过是它在句子中的使用规则。

因此,当我们改变与不同指称物相关的使用条件时,我们就掌握了它的意义。反之,只有当我们尽可能精确地描述新的指称物时我们才能探讨它们。这样,指称领域就可以超出我们所能表明的事物的领域,甚至可以超出可见的和可感知的事物的领域。语言适用于这一领域,因为它使建构复杂的指称表达式成为可能,而这些表达式使用了事先得到理解的抽象语词,如,罗素意义上的确定摹状词。正因为如此,述谓活动与指称可以相互支持,不管我们是将新的谓词与熟悉的指称物联系起来,还是为了探索不能直接把握的指称领域而使用我们已把握其意义的谓词表达式。拉德里埃称之为意指性的东西(为了强调其操作性与能动性)乃是两种运动的相互交织,一种运动旨在确定实在性的概念特点,而另一种运动旨在揭示指称物,即适当的谓词所适用的实体。抽象手段与具体手段之间的这种循环使得意指过程是一件没有完成的工作,是"不停的奥德赛"①。

自然语言所特有的这种语义的能动性给意指过程赋予了"历史性":意指活动的新的可能性。这些可能性的根据就处在已经获得的意义中。说话者的表达努力具有这种"历史性",这个说话者想道出新的体验,想在已经固定的意义之网中找到他的意向的适当载体。意义的不稳定性使语义目标能找到它的表达途径。因此,在特殊的陈述(它与邦弗尼斯特所说的"话语事件"相一致)中,被调动的意义的沉积的历史可以被纳入新的语义目标。在被投入使用时,意义,按拉德里埃的说法,与其说是能指导语义更新的发生原则,还不如说是有待带走或留下的确定内容。指称行为是"初步的行为,它仿佛是第一次对真正新颖的意义效应进行句法学考虑,而这种考虑是以它重新拥有的句法学史为基础的"。

---

① 让·拉德里埃:前引书。["奥德赛",荷马长篇史诗,这里用来比喻离奇的历险。——译者]

这就是今天能在邦弗尼斯特的话语事件理论、奥斯汀和塞尔的"言语行为"理论与斯特劳森的意义和指称理论（这一理论本身源于弗雷格）之间进行的综合。

我们很容易把我们应用于三个不同层次的隐喻陈述的张力理论重新建立在这个基础之上，这些张力是指陈述的各个词项之间的张力，字面解释与隐喻解释之间的张力，在指称中"是"与"不是"之间的张力。如果最基本的意指活动确实可以自动朝意义与指称方向去寻找，那么，隐喻陈述只会使语义的这种能动性达到极致。正如我以前在援引比较贫乏的语义理论时指出的那样，也正如拉德里埃基于我们刚刚概括的那种更为精致的理论非常明确地指出的那样，隐喻陈述在两个指称领域同时起作用。这种二元性说明了两种意义在象征层次的相互结合。第一个层次的意义与已知的指称领域相关，也就是说，与我们为其赋予宾词的实体领域相关，而我们已对这些宾词的确定意义作过考察。至于有必要揭示的第二个层次的意义，它与指称领域相关，对这个领域还没有直接描述，因此，我们也无法以适当的谓词对它进行同样的描述。

由于无法依赖指称与述谓活动之间的往复运动，语义目标便使用已在熟悉的指称领域起作用的谓词网络。已经形成的意义脱离了最初的指称领域并被投入新的指称领域，因此意义有助于揭示这一领域的结构。但从一个指称领域过渡到另一个指称领域意味着这一领域已在某种程度上以模糊不清的方式出现。并且，它对已经形成的意义产生吸引力，以使它摆脱最初的羁绊。使它摆脱这种羁绊并进行过渡的力量就存在于另一个领域的语义目标中。如果意义是一种稳定形式，这样做是不可能的。起定向和矢量作用的能动性与试图实现其意向的语义目标相配合。

这样，两种力量汇合在一起：一种力量通过第二个指称领域对意义的吸引力（它给意义提供了脱离原地的力量），另一种力量是意义本身的能动性，它是意义的引发原则。激活隐喻陈述的语义目标在于把这两种力量结合起来，以便把它置入第二个指称领域的从属领域中，而它在超越的过程中将语义的潜能本身与该指称领域联系起来。

与简单的陈述相比，隐喻陈述仅仅构成了语义轮廓，而不涉及概念规定。这是双重意义上的轮廓：一方面，就意义而言，它再造了在部分的意义轨迹中的运动形式，这种意义轨迹超越了在其中形成意义的熟悉的指称领域；另一方面，它使未知的指称领域出现在语言中，语义目标就在这一领域中起作用并得以展开。因此，在这一过程的开端，就存在我所说的语义目标的本体论热情，它指向它预感到的未知领域。这种本体论热情使意义摆脱了它的最初羁绊，把它作为运动的形式解放出来，并把它转移到新的领域，意义则以自己的形象性给这一领域赋予形式。但这种本体论热情仅仅通过意义的征象表达出来，而意义的征象绝不是意义的规定。有这样一种经验需要表达，它不只是简单的有力的验证，它的预期意义被一分为二的意义的能动性所替换，而预期意义在单纯意义的能动性中找到了一种轮廓，现在重要的是使这种轮廓与概念的要求相一致。

b）思辨话语在我们刚刚描述的能动性中找到了类似于概念规定的轮廓的东西，这并不妨碍思辨话语从自身出发并自行找到它的表达原则。它为通过隐喻而勾画的意义的展开过程提供了一种概念空间，它自动地从这种概念空间中汲取源泉。它的必然性并不能扩展它在隐喻的能动性中的可能性。它的必然性源于心灵的结构，表达这种结构乃是先验哲学的任务。我们只有通过悬置才能从一种话语过渡到另一种话语。

但是，我们必须把思辨话语理解为什么呢？我们必须把它视为我们在前面所说的概念规定的对等物（与隐喻陈述的语义轮廓相对立）吗？我要回答说，思辨话语是确定基本概念和原则的话语，这些基本概念和原则以原初的方式表达了概念空间。如果说日常语言和科学语言中的概念实际上不可能源于知觉或印象，那是因为概念空间的结构至少是以潜在的方式形成了话语层次的间断性。当各种意义与具有隐喻性质的过程联系起来时，它们就处在概论空间中，而关于这种具有隐喻性质的过程，我们可以说它产生了所有的语义场。从这种意义上说,思辨是概念的可能性的条件。它通过第二层次的话语表达了概念的系统性。如果说按发现的顺序它是与在概念层次上表达的话语相关的次要话语——如果愿意,可以把它称为元语言,那么,按既定的顺序,它就是主要话语。它在所有思辨尝试中发挥作用,以便给"大类"、"存在范畴"、"理智范畴"、"哲学逻辑"、"表象的主要因素"或诸如此类的东西排列顺序。

即使我们不承认它能以不同的话语进行表达,思辨能力也能提供视域,或像人们所说,提供逻辑空间。由此出发对所有概念的意指目标的解释完全不同于从知觉和印象出发而进行的发生学说明。在这一点上,胡塞尔[①]在对"赋义行为"的"解释"与对发生学风格的所有"说明"之间所做的区分源于意义在取得概念的地位时所处的思辨视域。如果可以在意指活动中认出"同一种"意义,那不仅是因为我们明白这一点,而且是因为我们可以根据逻辑空间的构成规律将意指活动与同等程度的意指活动网络重新联系起来。胡塞尔的批评只有从思辨视域出发才有可能,这种批评通过"解释"与"说明"的对立表现出来。思辨使我们可以断言,"对一种(逻辑的)表达式的理解'不同于'对印象的发现";[②]普遍性的目标不同于印象的展开,而这些印象伴随这种目标,说明这种目标亦即与不同特点的"区分"相吻合,与对意义内容的"说明"相吻合。思辨是说明与理解之间、例示与概念的领会之间不相符合的原则。如果想象是"相似"的领域,理解就是"相同"的领域。在思辨所开辟的视域中,"相同"是"相似"的基础,而不是相反。"在某种程度上,哪里有相似性,哪里就具有严格的真正意义上的同一性。"[③]是什么道出了这一点呢? 是思辨的话语,它颠倒了隐喻话语的优先顺

---

① 胡塞尔:《逻辑研究》,第 2 卷,第 6 节,第 120 页;法译本,第 2 卷,第一部分,第 144 页;英译本,第 1 卷,第 348 页。

② 胡塞尔:前引书,第 1 卷,第 17 节。

③ 同上书,第 2 卷,第 113 页;法译本,前引书,第 136 页;英译本,前引书,第 342 页。普赖斯的重要著作《思维与经验》(伦敦,哈钦森大学丛书,1953 年版,1969 年第二版)开启了对所有认识中包含着的基本选择的讨论:事物之间之所以相似,是因为它们是具有相同普遍性的事例。我们会发现,因为它们提供了一种相似性它们便能"重新成为相同性"吗?

序,而隐喻话语只是作为"相似"而达到"相同"。根据相同的基本原则,一般的理解①不能被归结为印象—表象的简单替代功能。根据节约和经济原则以及替代活动原则,概念非但不会被归结为缩略,而且会使再现成为可能。② 指称始终不同于再现。逻辑空间中的相同铭记能力使得在感知中起作用的解释可以变成两个不同目标的中心:一个指向个别事物,另一个指向逻辑意义。对逻辑主义来说,知觉层次或想象层次的解释仅仅起"支撑"③作用。

印象无疑引入了不出场的因素,并且从这种意义上引入了对知觉的信任的内在"立场"的初步中立化。④ 但对同一种意义的领会仍然是另一回事。

胡塞尔对"印象"的这种批评对我们具有头等重要的意义:我们可以轻而易举地把它变成对"隐喻"的批评,因为想象不仅包含了所谓的精神意象,而且尤其包含了作为隐喻陈述基础的谓词的同化与图式化。L'imaginatio 是话语的一个层次和一科状态,理解则是话语的另一个层次和另一种状态。隐喻话语的界限正是在这里。

我们可以用上面引用的拉德里埃的话来表述思辨话语对隐喻话语的这种限制。我们不妨这样来表述:只有当我们开始提出构造的视域,即思辨逻各斯的视域时,概念的指称目标才会与解释、图式化、形象化说明相联系。由于视域的这种开放性,概念才能按它所处的空间形态发挥语义上的功能。思辨的心灵的唯一表达活动所包含的系统性的力量代替了谓词同化活动所包含的图式化的力量。由于概念的层次形成了体系,它能摆脱具有双重意义的活动,因而能摆脱隐喻层次所特有的语义的能动性。

c) 但这种语义形态的间断性意味着概念的层次取消或破坏了隐

---

① 同上书,第 1 卷,第 23 节。
② 同上书,第 2 卷,第 27 - 29 节。在这种语境中,Repräsentation 表示"意味……"、"取代……"、"代替……"(vertreten)。
③ 前引书,第 131 页;法译本,第 157 页;英译本,第 339 页。
④ 胡塞尔:《观念I》,第 99 节和第 111 节。尽管出版了《逻辑研究》第 1 卷和第 2 卷,胡塞尔仍然写道:"'虚构'构成了现象学的重要因素,也构成了所有本质科学的重要因素。"同上书,第 132 页;法译本,第 227 页。

喻的层次吗？就我而言,我倾向于把话语的世界看作由吸引与排斥活动所推动的世界。而吸引与排斥不断对这些变化的相互作用和相互交织进行组织,那些变化的组织中心则因它们彼此相关而不再成为中心,但吸引与排斥活动绝不停留于消除其张力的绝对知识中。

思辨话语对形而上学话语的吸引力表现在解释的过程中,解释是运用概念的活动,它只能是胡塞尔意义上的澄清工作,因而是一种争取单义性的斗争。隐喻陈述把第二层意义悬置起来,但当隐喻陈述的指称并不直接出现时,解释必然是一种合理化,这种合理化最大限度地排除了通过隐喻过程而形成语言的经验。毫无疑问,只有在缩减的解释中,合理化才会导致对象征基础的这种排除。对这些解释通常可以表述如下:这样或那样的象征似乎表示仅仅被预知或预感到的指称领域的新东西。最后,经过充分考察,象征仅仅表示……对欲望的某种看法,表示某种归类,表示基本意愿的某种程度的力量或虚弱性。与这种真正的话语相比,象征性话语乃是虚幻的话语的同义词。

我们必须承认,这些缩减的解释与思辨层次所特有的语义目标相一致。所有解释旨在重新描述隐喻陈述所勾画的语义轮廓,而这里的隐喻陈述处在可以运用概念进行处理和掌握的理解视域中。但是,在合理化的解释中,概念对隐喻的摧毁并不是不同话语形态相互作用的唯一结果。我们可以设想一种诠释学风格,按这种风格,解释既符合对概念的看法,也符合对经验的构成意向的看法,而这种经验试图通过隐喻的方式来表达。解释还是一种话语形态,此种话语形态在两种变化即隐喻的变化和思辨的变化的交叉领域发挥作用。一种混合的话语本身不能不受到两种敌对要求的吸引。一方面,它想达到概念的明晰性,另一方面,它试图保持由概念确定和固定的意义的能动性。这就是康德在《判断力批判》中著名的第49节中考察的情形。他把"美学意义上的精神"称为"情感上富有生命力的原则"。如果在论证的这一阶段接受生命的隐喻,那是因为想象力与知性活动接受了理性的理念的任务,而概念不可能与这种理性的理念相提并论。但在知性不能发挥作用的地方,想象力仍有能力对这种理念进行"描述"。想象力对理念的"描述"迫使概念思维做更多的思考。① 创造的想象力并非不同于对概念思维的这种要求。②

此处所提出的观点澄清了我们自己对活的隐喻的看法。隐喻是活的,不仅表现在它给被构造的语言赋予活力。③ 隐喻是活的还表现在它将想象的动力置于概念层次的"更多思想"中想象力的动力。这种在"富有生命力的原则"的指导下争取更多思想的斗争乃是解释的"灵魂"。

---

① "我把'美的理念'理解为一种引人深思的表象,任何确定的思想即概念对它来说不可能是充分的,因而,任何语言都不能完全表达它并且使它可以理解。"(A190;法译本,第143－144页)

② 想象力的表象属于概念的呈现,但它本身提供给思想的东西远远多于可以通过确定的概念而理解的东西,因而它能在审美上无限地扩充概念本身;当我们将想象力的表象置于概念之下时,想象力就具有创造性,并且,它会激发理解理念的能力(理性),以使在表象时思考的东西(这的确是对象概念的本义)远远多于可以在概念中把握并明确地认识的东西(A192;法译本,第144页)。

③ 正如康德稍后提到的诗歌的论辩术一样,它为想象提供了一种动力,以便不仅仅思考我们不能以特定概念进行思考的东西(尽管以不明确的方式),因而也不仅仅思考我们可以在语言的特定表达式中理解的东西(A193;法译本,第145页)。

5. 对指称假设的本体论说明

　　思辨话语如何以它自身的方法去适应诗歌话语的语义目标呢?要通过对前一篇论文提出的指称假设进行本体论说明来适应这一目标。

　　这种说明不再是语言学的任务,而是哲学的任务。实际上,语言与它的他者即现实的关系涉及一般指称的可能性的条件,因而涉及语言的整体意义。但语义学仅仅引证语言与现实的关系,而不考虑这种关系本身①。语义学或许会在无意之中冒险去研究哲学,它在本质上将整个语言作为人与世界的中介,人与人的中介,自我与自身的中介。语言似乎将对世界的经验上升为话语的表达,它为交流提供基础并使人突然变成言说的主体。在暗中提出这些假设时,语义学重新采纳了由洪堡流传下来的"语言哲学"观点。② 由于语言哲学要考虑存在物与被言说的存在物之间的关系,如果这种语言哲学不是哲学本身,那会是什么呢?

　　在进一步讨论这个问题之前,有人可能会提出异议说,谈论这类

---

① 弗雷格以公理的形式提出,对真理的探寻和追求使我们根据"言语和思想中的意图"从意义过渡到指称(见"第七研究",第 299 - 300 页)。在邦弗尼斯特的语义学中,现实表示"语境",表示"环境的独一无二的整体",表示"具体环境和惯用法中语词所对应的个别对象"(《语言中的形式与意义》,第 36 - 37 页)。在塞尔那里,命题的独特认同功能假定了某种事物的存在("第七研究",第 300 - 301 页)。

② 我们不会将这种观点与沃尔夫对它的解释混为一谈:说语言同时为世界,为人际交往,为人自身提供形式并不意味着将这种构成能力赋予语言的词汇结构或语法结构;这就是说,人与世界是通过语言中被言说的事物的整体,通过诗歌,通过日常语言和科学来塑造的。

389

关系是不可能的,因为语言之外没有立足之地,因为我们仍然打算在语言中并且永远是在语言中谈论语言。

这一点千真万确。思辨的话语之所以可能,是因为语言具有反思能力使自己保持距离,并在本质上和整体上把自身视为现存事物的整体的相关物。语言表示自身和自身的他者。这种反思性拓展了语言学所说的元语言功能,但它用另一种话语即思辨话语来表达这种功能,我们再不能将一种功能与其他功能相对立,尤其是与指称功能①相对立,因为它是伴随着指称功能本身的知识,是关于它与存在物相关联的知识。

通过这种反思性知识,我们把语言置于存在物中来加以把握。它颠倒了它与指称物的关系,以致它意识到自身要通过它所涉及的关于存在物的话语来表达。这种反思的意识乃是对它的开放性的意识,而远远不会把语言重新禁锢在自身之内。它意味着提出有关存在物的陈述的可能性,也意味着我们可以说:这一点由于被我们道出而被语言所表达。在不同于语义学的话语中,甚至在不同于符号学的话语中,恰恰是这种知识表达了一些指称假设。当我言说时,我知道有某种东西被带入了语言。这种知识不再是内部—语言学的知识,而是超越—语言学的知识:在语言本身由意义过渡到指称物的同时,它从存在物过渡到被言说的存在物。康德写道:"某物之所以必定存在是因为某物显现出来。"我们则说:"某物之所以必定存在,是因为某物被言说。"

这一命题使现实性成了最终范畴,正是基于这种范畴,所有语言才能被看作现实的被言说的存在物。

基于这种一般观点的背景,现在我们必须根据诗歌话语的语义目标不仅对一般指称假设,而且对一分为二的指称假设进行本体论说明。

---

① 对雅科布松来说,元语言学功能是交往关系的向度之一,这种功能与其他功能,如情绪功能、意动功能、应酬功能、指称功能、诗意功能相协调;它并不包括与指称物的关系,而是包括与语言结构的内在信码的关系,它表现在方程式的定义中,通过这种定义我们将信码的词项与同一信码的其他词项联系起来(参见"第七研究"第2节)。

思辨的思想在它自身的表达空间中，把一分为二的指称的概念重新理解为对约定俗成的现实性概念的关键要求。我们多次面临这样一个问题：我们知道世界、真理、现实是什么意思吗？这个问题在语义分析中预示着思辨话语的关键因素。但这一问题的逻辑空间尚未打开。正因为如此，它仍然模糊不清，仿佛像一团疑云飘浮在许多诗人对现实性概念的非批判性用法的周围。为此，我们怀疑对指称与涵义的区分，而这种区分曾被认为是理所当然的。由于它回到了话语的认识价值（观念）与情绪价值（观念）的对立，我们在那里只能看到实证主义偏见在诗学中的投射，按照这种偏见，只有科学话语才会表述现实。① 两个更明确的主题为我们对现实性概念的真正的批判性使用指明了道路。我们认为，诗歌话语是这样的话语，在其中，对日常指称的悬置乃是二级指称得以展开的消极条件。对此，我们要补充的是：这种展开受重新描述能力的支配，而重新描述的能力与某些具有启发性的虚构联系在一起，与科学模型方法联系在一起。②

现在重要的是揭示二级指称概念和重新描述概念的关键内容，以便把它们重新置于思辨话语中。

有人试图将这种批判功能变成对荒谬的辩护。实际上，动摇已有的分类由于不适当的比较和不适宜的侵占而以逻辑混乱的方式发生作用，仿佛诗歌话语旨在排除对我们的所有话语的逐步分类。至于二级指称——这种逻辑混乱的积极方面，它似乎标志着前谓词和前范畴涌入了语言并且需要另一种真理概念，这种真理概念不同于证实性的真理概念——我们日常的现实性概念的相关物。

在这一点上，前面的分析提供了其他建议。在古德曼③的唯名论中，对适当性和准确性的讨论使我们明白了，一些谓语动词和非谓语动词的特点只有以改造真理和现实性的相关概念为代价才能被思辨话语所接受。为了表示重新描述（它与所谓的"心态"的诗意表达联系

---

① 参见"第七研究"第2节。
② 同上书，第4节。
③ 同上书，第3节。

在一起)的能力,我们冒险提出了抒情式模仿概念,由于坚持这一概念,同样的问题会再次出现。我们说过,这些诗歌结构所具有的启发性不下于以叙事形式出现的小说;情感的本体论意义不下于表象。这种一般化的"重新描述"能力难道不会因为"描述"概念仍然处于对象对表象的限制之内而使最初的"描述"概念突然出现吗? 我们难道不应当由此抛弃指向"外在性"(确切地说是关于描述的话语)的话语与指向"内在性"的话语(它仅仅模仿"心灵",以便将它上升为假设)之间的对立吗?"外在性"与"内在性"的区别难道不会随着表象与情感的区别而发生动摇吗?

其他区别,也会相应地发生动摇。如,发现与创造的区别、寻找与构想的区别就是如此。被诗歌话语带入语言的东西就是前客观的世界,我们生来就是置身于这个世界并在这个世界中构想着最本己的可能性。因此,我们必须动摇对象的支配地位,以便使我们对世界的原始归属关系存在下去并把这种归属关系表达出来,而这个世界是我们居住的世界,也就是说是始终先于我们而存在并且打上了我们劳动印记的世界。简言之,我们必须恢复"发明"这个巧妙的单词的双重意义,它既意味着发现,又意味着创造。正因为分析仍然受到这些熟悉的区分的限制,"第七研究"的结尾大致描述的隐喻真理概念似乎陷入了不可克服的矛盾:惠尔赖特的"元诗学"(我们可以把它称为素朴的元诗学)与杜伯纳的审慎批评(它消除了在对"仿佛"的审慎把握中诗学陈述的强烈本体论色彩)一直在证实论的真理概念领域形成对比,而证实论的真理概念本身与实证主义的现实概念紧密联系在一起。①

正如我们害怕出现的那样,在这里,批判的要求似乎变成了对不合理性的辩护。随着将判断主体所面临的对象的指称悬置起来,陈述的结构本身不会受到动摇吗? 随着人们熟知的众多区别的消失,思辨活动概念本身会消失吗? 思辨和诗学的辩证法会随这个概念一起消

---

① 海德格尔对这些观点的强调是不可否认的;我们从中容易发现显现真理与符合真理的对立。自《存在与时间》问世以来,这种对立已众所周知。然而,只有等到我们自己的分析达到节骨眼上,也就是说只有等到我们面对"后期"海德格尔就不能回顾"早期"海德格尔时,我才会对海德格尔的全部思想采取坚定立场。

失吗？

现在是回顾"第七研究"的先进成果的时候了：我们说过,被一分为二的指称意味着系动词"是"最终包含着隐喻陈述所特有的张力。"像"既意味着"是"又意味着"不是"。事情原本是这样又不是这样。在关于指称的语义学的范围内,我们无法了解这一悖论的本体论内涵。正因为如此,"是"在那里仅仅起肯定的系词的作用,起阳否阴述①的作用。在"是"这个系词中表示关系的意义与表示存在的意义的区分至少标志着思辨话语对存在辩证法的可能发现,这种存在辩证法的阳否阴述的标志就在系词"是"的悖论中。

有关存在的思辨话语通过什么特点来回应系词"是"的悖论,回应阳否阴述式的"是/不是"呢？

在回顾我们的研究工作时,对"像"的解释使我们再次回忆起亚里士多德的令人费解的看法,据我所知,亚里士多德的其他著作中再也没有出现过这种看法：对生动的隐喻来说,"浮现在眼前"（根据译文,或者叫作"描绘"、"描画"）意味着什么呢？《修辞学》第 3 卷回答说,"浮现在眼前"就是"表示现实的事物"（1411 b 24 - 25）。这位哲学家解释说："当诗人给无生命的东西赋予生命时,他的诗就给这种事物赋予运动与生命：现实即运动。"（1412 a 12）

亚里士多德在他思想的这个阶段通过诉诸"第一哲学"的范畴,带领我们到存在意义的思辨把握中去寻找对指称的本体论解释的钥匙。值得注意的是,他仍然没有涉及存在的范畴意义的区别,而是涉及一种更为彻底的区别,即作为潜能的存在与作为现实的存在的区别。②

---

① 一种特殊修辞法,其特点是表面否定实际上肯定。"不要太潇洒"就是一例。——译者
② 关于"存在"一词,《形而上学》,△,7(1017 a 35 - b 9;特里科的法译本第 1 卷,第 272 页)强调说,潜能与现实的区别贯穿于所有范畴(不仅实体既属于潜能又属于现实,而且"质"、"状态"等等也是如此)。因此,这种区别在第二层次上是先验的本体论的区别,因为它重复了范畴分析。阿诺德的《隐德来希》(维也纳,慕尼黑,奥尔登堡,1965 年版,第 141 - 170 页)十分强调与范畴分析相关的关于隐德来希的理论的极端彻底性："存在的陈述意义早在被范畴直接规定之前就包含在对可能性、潜能、隐德来希的规定之中。存在、可能性、潜能、隐德来希乃是必然适用于所有范畴的实在事物的概念,而对经验概念不能补充任何东西。它属于先验前提的概念,它使所有自然的、可能的事物的有效性成为间接的东西,因为它决不以直接的方式而是以间接方式指向对象,指向附属（转下页）

存在的多义性领域的扩大对我们的意图至关重要。首先，这一点意味着，诗歌话语的指称的最终意义要通过思辨话语表达出来：实际上，潜能只有在有关存在的话语中才有意义。其次，这一点意味着，隐喻陈述的语义目标以最具决定性的方式与本体论话语的语义目标相互交织。但它们尚未达到类比隐喻与范畴类比相互交叉的程度，而是达到这样的程度，在那里，隐喻陈述的指称使作为现实的存在与作为潜能的存在发挥作用。最后，这一点意味着，诗学与本体论的这种交叉不仅涉及悲剧诗，①因为以上引证的《修辞学》的观点扩大到了所有诗歌领域，因而也扩大到了抒情诗的模仿（根据我在"第七研究"中贸然提出的术语），扩大到了"指称现实"的能力。

但"指称现实"可能意味着什么呢？

关于现实与潜能的本体论的困难难道不会突然出现在诗学领域吗？因为我们已从亚里士多德本人那里了解到，本体论不过指出了这一点：对潜能与现实要相互定义，也就是说，对它们的定义是循环的。② 在那里，相互关联的话语并不是证明性的，而是归纳的和类比的话语。③ 毫

（接上页）于对象的直接的意义。亚里士多德的整个哲学体系都包含这种前提性意义。"（第 142－143 页）

① 我们已引用了《诗学》的原文：据说，悲剧对生活的模仿在于，"它把所有的人都描述成活动的人，描述成行动着的人"（《诗学》1448 a 24）。在亚里士多德那里，praxis 与 energeia 的过渡是由 tenon 概念、ergon 概念来保证的。它要从两方面来看待：从伦理学上看，它表示人本身的独一无二的"功能"，这种功能隐含在人的技术和能力的多样性中（《尼各马可伦理学》，I，6）；从本体论上看，它被理解为隐德来希的同义词；《形而上学》，Θ，1 指出："……它是符合隐德来希或与作品相一致的存在。"（1045 b 33）随后（Θ，8）又指出："作品实际上是目的。现实是作品。'现实'这个词源于作品，它旨在实现隐德来希的意义。"（1050 a 22）

② △，12 与 Θ，1－5 直接从强的意义上来定义潜能，也就是说，把潜能定义为"与运动相关的"潜能：它是他物中或在作为他物的同一存在中的变化原则。而"能够存在"这种广义上的潜能是一种纯粹的相关物：潜能涉及现实，就像"可能是"涉及"是"一样。而且，"现实先于潜能"（Θ，8）。因此我们所考虑的仅仅是现实与潜能的区别："对于实际存在着的事物来说，现实就是事实，它不是潜在地存在着……其他的存在方式就是现实的存在。"（Θ，6，1048 a 31－35）

③ 这个定义是归纳性的：它取决于个别的事例（"我们说赫耳墨斯的雕像潜存在木头中……"）。它是类比。在此，我们不能以种与属差来定义："行动就好比进行建设的存在之于有能力从事建设的存在，醒着之于睡着，看的存在物之于闭上眼睛但有视力的存在物……"（Θ.6，1048 b 1－3）。

无疑问,我们在前面已经确认,类比并不是名正言顺的隐喻。相反,"存在"的这两种根本意义所特有的困难进一步增加了一般本体论话语的困难;亚里士多德真的掌握了潜能概念的广泛变化吗?[①] 他令人信服地对现实、实践、制作、运动这些相关概念进行了排序吗?[②]

由此可见,只有以探索性的方式而不是以教条的方式,只有以质疑的方式而不是以肯定的方式,我们才能尝试对"指称现实"这一用语进行解释。这种解释与对隐喻指称假设的本体论说明是不可分割的。

那么,"指称现实的事物"是什么意思呢?

这也许意味着把事物看作"活动"。在悲剧中这一点是显而易见的。悲剧表明,人是活动着的、行动着的。行动的特权实际上在于,行为完全属于施动者,就像视觉属于观看者,生命属于灵魂,沉思属于心灵。在行动中,行为要通过它的每一种因素来完成和实现,并且只要目的不达到就不罢休:"因为我们可能充分地享受过生活,现在仍然活着,我们享受过快乐,现在仍然感到幸福。"(《形而上学》,Θ,6,1048 b 25－26)这种作为姿态的世界观可能是歌德在改写圣让的《序诗》时所持的世界观:"行动早已开始。"反之,把所有事物看作"行动"难道不是把"它们"看作"人性化的,太人性化的东西"吗? 因而,它不是将过分的特权赋予人本身吗?

把所有事物看作活动着的事物是以看待艺术作品的方式,以看待

---

① 在《形而上学》第一部分(Θ卷§1－5)中,"从严格意义上讲"潜能要根据"与运动的关系"来定义。问题是它如何实现,不管它是指人工的东西、自然的东西,还是理性的东西(Θ,2 与 5)。在第二部分(§6－7)中潜能要从更广泛的意义上来理解,它与现实概念的范围相一致。我们说过,现实概念本身是通过归纳和类比来定义的:"我把潜能不仅理解为这种特定的能力,它规定了在其他存在物中或在作为他物的同一存在物中的变化的原则,我也把它理解为运动或静止的产生原则。"(1049 b 7)现实恰恰是这种潜能的相关物。与潜能相比,现实在概念上,在时间上,在实体关系上,是在先的(Θ,8)。关于这些看法,参看德卡里:《亚里士多德论形而上学的对象》,第 157－161 页。

② 在某种意义上,运动就是现实——《物理学》说,它是"潜在的东西的现实";上面引用的原文(《修辞学》,1412 a 10)也提到了这一点。对《形而上学》来说,运动与现实同样是相互关联的概念:"特殊的现实的确就是运动"(Θ,3)。但实践与制作的区分往往把它们分离开来:以自我实现为目的的内在行为的确是现实。通过外部产生的事物而实现其目的的改造制作活动不过是运动(Θ,6)。

技术产品的方式来看待它们吗？在我们眼里，现实性乃是由艺术家的意志产生的，像《形而上学》中表明的那样它是"丝毫不会碰到外在障碍的"广泛的技巧吗？与以前的解释相比，这种解释难道不会注意到更为沉重的拟人论负担吗？

将所有事物看作活动着的事物意味着将它们看作自然开放的事物吗？这种解释似乎更接近《修辞学》的例子（把无生命的东西看作有生命的东西）。这难道不是我们在"第一研究"的结尾提出的观点，即，生动的表达就是道出了活生生的经验的表达吗？对行为进行指称就是把事物看作无滞无碍的东西，把它们看作开放着的东西。但是，指称现实不也是指称潜能（在涉及运动或静止的完整意义）吗？诗人就是把潜能看作现实并把现实看作潜能的人吗？是他将尚在筹划和尚未成形的东西看作已经实现和完成的东西吗？是他将所有获得的形式看作新的承诺吗？简言之，是他掌握了要么以潜能的方式要么以被希腊人称为 phusis（自然）的隐德来希的方式存在于自然存在物中的内在原则吗？①

对我们来说，对在亚里士多德的物理学死亡之后出生的现代人来说，phusis 的这种意义也许像诗歌语言要求思辨话语加以考虑的那样重新成了空无内容的东西。思辨话语的任务是寻找这样的地方：在那里，"显现"意味着"生长着的东西的产生"。如果我们不再在对象的领域，不再在物体和生命有机体所占据的领域去寻找这种意义，那么，的确只有在"显现"的整体的层面，富有诗意的语词才能"指称现实"。与这种无限的意义相关联，指称行为、指称技巧、指称运动也就成了各种规定，也就是说，成了限定和限制。通过这些限制，"指称显现物的绽放过程"这一表达式所表示的内容已在某种程度上丧失了。如果它在我们的经验中是以生动的表达式道出活生生的经验，它也是这样的

---

① 关于 phusis（自然）这个词，《形而上学》，△,4 指出："phusis 在第一种意义上表示生长着的东西的产生过程……在另一种意义上，它又是使生长着的东西得以产生的最基本的内在因素；它也是所有自然存在物的最基本运动的原则，它本质上就处在这种自然存在物中……简言之，它就是自然……；它还是存在物的本质，这种存在物本质上并且就其本身而言就具备它们的运动原则。"

阶段,在那里,我们借以上升到语言的顶峰的运动与我们借以退回到现实、行为、制作、运动之间的区别的运动汇合起来。

因此,思辨话语的任务是寻找这样的地方,在那里,"显现"表示"生长着的东西的产生"。这种设想与计划使我们重新跨越了海德格尔的道路。他的后期哲学试图以思辨的思想去回应诗人的言说。海德格尔的回忆更为合适,因为他在批评对隐喻的形而上学解释的过程中把绽放的隐喻作为隐喻的隐喻:我们的语词之花——"Worte, wie Blumen"(语词像花朵)——道出了存在的绽放①。

的确,海德格尔的哲学在我们的研究即将结束之时被不折不扣作为一种尝试并且是作为不可回避的尝试。这是我们必须从中汲取灵感的尝试,只要它明显有助于按照语义学的意图来确立思辨的思想,而这种思想推动了亚里士多德对存在的多种意义的研究。这也是我们必须排除的尝试,因为思辨与诗歌的差别重新受到了威胁。

我同意海德格尔的一些主要解释者的看法②,后期海德格尔思想的核心是 l'Erörterung(探讨)与 l'Ereignis(缘起)③的共同归属性。第一个术语表示对"地点"的探寻,同时也表示对这种探求的"注释";第二个术语表示要思考的"事情本身"。作为"存在的拓扑学",探讨与缘起的共同归属表示思辨思想的"构造活动"。

缘起与以前被称为现实/潜能的东西具有相同的意蕴。拒绝将这

---

① 《在通向语言的途中》,第 206 页;参见第 3 节。

② 波格尔:《海德格尔的思想之路》,普富林根,内斯克出版社,1963 年版;法译本《海德格尔的思想:通向存在之路》,奥比埃出版社,1967 年版,第 365－407 页。拉富克里埃尔:《海德格尔论思想的命运与上帝的死亡》,海牙,奈霍夫出版社,1967 年,第 1－40 页。蓬泰尔:《类比与历史性》,第 1 卷,弗赖堡,赫尔德兄弟出版社,1969 年版。

③ 缘起(l'Ereignis)是后期海德格尔的重要术语之一。我国学术界对此词的翻译颇多,除少数不得要领之外,大多数翻译都反映了原文的某些意义,如"发生"、"大道"、"自在起来"、"自缘构成"等等。以译者愚见,对此词不应以一个固定的词去翻译,因为它原本是一个保留了"事件"和"发生"这一常识意义的隐喻用法,海德格尔是在不尽相同的意义上使用此词的,但有两点比较确定,Ereignis 既有静态的"本源"之意,又有动态的"自出"之意,由此方有"存在"的"绽放"。我在这里姑且译作"缘起"。海德格尔出于对德语的酷爱故意以隐喻的方式恢复一些日常语词的占义,又以新义赋予这些日常语词。他为开拓语词空间所做的努力让人惊诧和感佩。——译者

一概念的丰富性归结为事件或过程已从消极的方面证明了这一点；同样，缘起与 es gibt（德文的"有"）的关联则从积极的方面证明了这一点，es gibt 在"给与"的外表下表明了"显现"的绽放过程。Ereignis 与 es gibt 标志着开敞与展开，正因为这种开敞与展开，才存在判断主体所面对的各种对象。

被这样加以思想的"事情"，用拓扑学的术语讲，表示"区域"，表示走向"汇合"的能力，表示"接近"的近似性。我们尚没有通过运用相似性为这种距离的变动做好准备吗？

探讨表明了与存在的困难相对应的言说困难。[①] 一个读者只要承认了已经融入有关存在类比的古老学说的思想成果，就不会对这一点感到吃惊。当这位哲学家在两条战线上抵挡难以言表的东西的诱惑，抵挡"日常言语"的力量时，简言之，当他争取一种既不意味着模糊性的胜利也不意味着听众可以利用和支配的符号的胜利的"言说"，由于他在那种致力于意义撒播活动的软弱话语与通过"种"的逻辑对一义性的把握之间寻找中间道路，他所处的地位与古代思想家或中世纪的思想家所处的地位难道不相似吗？

探讨在走向缘起时，也走向"相同"，走向"同一"，正是这种"同一"使它有资格成为思辨的思维。[②] 这种"相同"相当于古人心目中的"类似"，因为相似在这里意味着汇聚。

这也就是说思辨话语即将再次回到诗的地位吗？丝毫不会。即

---

① 这些术语源于布雷东的《论原理》，巴黎，"宗教学丛书"，1971 年版，第 137 页。

② "每个思想家仅仅思考独一无二的思想……思想家仅仅需要独一无二的思想。思想家的困难在于反思这种独一无二的思想，把这种仅有的思想理解为他必须思考的独一无二的东西；思想家的困难也在于思考这种独一无二者，思考这种相同者，以适当的方式谈论这个相同者。"见《什么叫作思？》，蒂宾根，尼迈耶尔出版社，1972 年第三版，第 20 页；法译本，巴黎，法国大学出版社，1959 年版，第 48 页。引用这段原文的格雷希评论说："以思想的方式质疑海德格尔的思想意味着首先质疑这个使其思想处于不安状态的'相同者'。"见"海德格尔思想中的同一性与差异性。缘起（Ereignis）之路"，载《哲学与神学杂志》，1973 年 1 月号，第 73 页。

便我们把 l'Ereignis 称为隐喻,[①]它也是哲学家的隐喻,它意味着我们可以严格地将隐喻称为存在的类比,这种类比始终不同于诗人的隐喻。正如海德格尔在《走出思想的体验》[②]中所做的那样,他将诗歌话语与哲学话语相提并论,而不是将它们混为一谈的做法,证明了要加以思考的"相同性"与隐喻的"相似性"之间的不可逾越的差距。在这篇短文中,值得注意的是,诗歌并不作为哲学格言的装饰品,后者也并未构成诗歌的传统:诗歌与格言彼此呼应,这种呼应尊重它们的差别。诗人以诗化的思想的思辨能力去适应思化的诗歌的想象能力。

毫无疑问,当哲学家选择思化的诗歌——本身像荷尔德林那样对语言进行诗化的诗人的诗歌作为对象时,当他以诗化的思想,以"半诗歌性的思想"来回应诗人时,这种差别是无限的。甚至在此时,思辨的思想使用语言的隐喻的手法去创造意义并因此通过语义更新去回应需要表达的"事物"的要求。只要思辨的思想因为自己正在思想而意识到自己截然不同并且正进行回应,这种方法就没有什么见不得人的地方。哲学家的各种隐喻与诗人的隐喻可能十分相似,这种相似性表现在,它们像诗人的隐喻一样偏离了对象世界和日常语言世界,但是它们不会与诗人的隐喻混淆不清。这一点必定适用于已经由柏拉图和黑格尔运用过的著名的语源正字法(étymologisme)。在复活某些死的隐喻或恢复一个词的某些古义时,哲学家完全可以尝试着说出新奇的东西或陌生的东西。我们自己的研究使我们有理由指出,对语言的这种用法丝毫不包括"原始意义"的秘密。在现有的话语事件中,被埋葬的意义变成了新的意思,当思辨的思想用它去开辟通向"事物"本身的道路时,这样做就更有理由。我们同样必须考虑恢复使用古代的

---

① 格雷希的《词与玫瑰——海德格尔的隐喻》(载《哲学与神学杂志》1973 年 7 月号)指出:"l'Ereignis 是保证海德格尔的隐喻思想并因此保证哲学话语本身的连续性的最终要求。"(第 449 页)
② 《走出思想的体验》,普富林根,内斯克出版社,1954 年版;法译本《思想的体验》,载《问题》III,伽里玛出版社,1966 年,第 17 - 42 页。我们来看看这几句格言(格雷希译,前引书,第 446 页):"思想的诗性仍然被遮盖着。——在显示这种诗意的地方,它长期以来类似于半诗意的理性乌托邦——但思想的诗歌事实上是存在的拓扑学,这种拓扑学向后者(存在)道出了本质的居所。"参见其他译文,载《问题》III,第 37 页。

隐喻,如,光的隐喻,土地的隐喻,居所的隐喻,道路的隐喻。它们在新语境中的用法意味着更新。这些相同的隐喻可以为关于不可见的世界的柏拉图主义服务,或者赞美显现过程的可见性。正因为如此,如果不给任何隐喻以特权,也就不能禁止任何隐喻。因此,出现下述现象一点也不奇怪:古人对存在的多义性的思考又得以恢复,并且人们以研究存在的类比的理论家的方式去更多地思考指称——思考多义性,而这种多义性不同于单纯的撒播——不同于歧义性①。在与存在的这种新的多义性的斗争中,哲学表明,思想并不等于诗化。

有人会提出异议说,这种解读海德格尔的方式并未考虑到他想与形而上学决裂(的事实),也没有考虑到跳出诗化的思想所要求的形而上学的循环。

我承认,在此,我为海德格尔采取的立场感到遗憾。

以前的西方思想史保持着形而上学的统一性,我从这一事实中只能看到复仇心理的征兆,然而,这种诗化的思想恰恰要求抛弃复仇心理,同时也抛弃与之不可分割的强力意志。“这种”形而上学的统一性是对海德格尔思想的事后建构,其目的是为它自己的思想劳作提供根据并且为放弃不再愿意超越形而上学的那种思想提供根据。但为什么这种哲学拒绝把此一决裂的好处以及它的自我更新的好处给予它的所有先驱呢? 我觉得,现在应该停止出于方便用一个词即“形而上学”来概括所有西方思想,那种出于方便的做法已经成了思想的惰性。②

如果我们可以说海德格尔属于思辨哲学阵营,那是因为他事实上

① 《什么叫作思?》,第68页;法译本,第113页。《在通向语言的途中》,第74-75页。
② 用“表象”这个极为模糊的词去涵盖所有西方思想的实际倾向招致了同样的批评。人们忘记了在哲学上相同的语词一再出现,但意义不断更新,而这些意义是由一系列语境意义赋予这些语词的。在这一点上,我无法赞同格雷希的看法,他在“再现的思想”中看到了“对存在的独一无二的看法”,他说,“这就是隐含在这种思想的所有历史成果之中的基本规定”(前引书,第84页)。然而,这位作者又写道:“l'Ereignis 使我们直接面对思想的长期痛苦,这种痛苦乃是它与存在的关系问题。”(第77页)海德格尔本人在谈到 l'Ereignis 时不是指出,如果它是思想中闻所未闻的东西,它也就是“西方哲学的古老思想中最为古老的东西”(《面向思的事情》,蒂宾根,尼迈耶尔出版社,1969年,第25页)。

以新的思想和新的话语并且出于为新经验服务的目的去完成与他的先驱的任务相似的任务。

在他之前,还有哪位配享有这一名称的哲学家没有思考过道路的隐喻并且不把自己看作第一个指点迷津(它是自我言说的语言本身)的人呢? 有哪个哲学家不追求"根据"、"基础"、"居所"和"明晰"呢? 有哪个哲学家不相信,真理就"近在咫尺",但又难以认知,甚至难以表述,它是隐晦的但又是明显的,它是敞开的,但又被遮蔽着呢? 有哪位哲学家不以这样或那样的方式将思想的前进运动与"后退"一步的"倒退"能力联系起来呢? 有哪个哲学家不努力将"思想的开端"与编年史的所有开端区分开来呢? 有哪位哲学家不把他的最根本任务视为指向自身并且针对自身的思想劳作呢? 哪个哲学家不相信为了继续我们的工作,我们必须先休息一下然后"跳出"既定观念的循环? 有哪位哲学家不将从视域出发的思想与通过对象而进行的认识对立起来,将沉思性的思想与表象性的思想对立起来呢? 哪个人不知道,"道路"与"地点"归根到底相同,"方法"与"事物"是同一的? 哪个人不知道思想与存在的关系并非与语词的逻辑意义的关系呢? 哪个人不知道这种关系并不以先于它的关系项为前提,而是以这样或那样的方式构成了思想与存在的共同归属呢? 最后,在海德格尔之前,有哪位哲学家不试图从思想与存在的共同归属出发认为同一性不同于同义反复呢?

正因为如此,与海德格尔对他自身的解释相比,他的l'Erörterung-Ereignis(探讨—缘起)哲学的价值只能以他对不断增加的思想和存在疑难来衡量。这位哲学家先后写下 Sein,seyn,sein,这里涉及以被打上×号的形式而出现的存在。我们并不是第一次为了认识存在的保留和宽厚,为了认识它的节制和无根据性而删掉存在。海德格尔像他之前的思辨思想家们一样试图寻找关键词,寻找从根本上"包含所有活动的关键词"。对他来说,es gibt 就是这样的关键词。它带有特定的本体论标志,在那里,这个中性词比人本身更能言说,在那里,天赋同时预示着命运。这种本体论源于倾听。希腊人比希伯来人更关注倾听,尼采比克尔恺郭尔更关注倾听。这样,现在我们就必须倾听本体论而不是创立本体论。这样,它就没有特权去反对因"这种"形而上学的终结而被降格的所有其他本体论。它的不容否认的意图是结束存在的历史,仿佛"存在从事件的缘起中消失了"。

这种意图的代价是最近的著作具有难以克服的模糊性,这些著作既部分遵循它与思辨思想的连续性的逻辑,又部分遵循它与形而上学决裂的逻辑。第一种逻辑把 Ereignis 和 es gibt 置于一种在中途不断自我修正的思想传统中,这种传统也不断寻求一种比日常言语更为恰当的言说方式,寻求一种既是表明又是让其存在的言说方式,寻求一种决不放弃话语的思想。第二种逻辑导致了一系列的抹除与取消活动,它们把思想抛入了真空,使它回到了晦涩和矫揉造作的状态并使语源学游戏回到了对"原始意义"的神秘化。尤为重要的是,第二种逻辑要求使话语摆脱命题的状态,忘记黑格尔有关思辨命题的教导,而思辨命题仍然是命题。① 正因如此,这种哲学为模糊性和不可表达性的诱惑,甚至为语言的某种绝望情绪重新注入了活力,这种绝望情绪接近维特根斯坦的《逻辑哲学论》的倒数第二个命题所表达的情绪。

最后,我只想保留晚期海德格尔的这种令人钦佩的声明:"在思与诗之间存在着隐蔽的亲缘关系,因为两者都致力于为语言服务并且竭尽全力地表现自己。然而,在这两者之间也存在着万丈深渊,因为它们'处在彼此截然分离的山顶之上'。"②

这里所要描述的就是不同话语方式在近似性和差异性方面的辩证法。

一方面,诗,本质上并且独自地为思想提供了"具有张力的"真理观的轮廓;后者概括了语义学所揭示的各种"张力":主词与宾词之间的张力,字面解释与隐喻解释之间的张力,同一性与差异性之间的张

---

① 黑格尔:《精神现象学》"序言",第 4 节;法译本,奥比埃出版社,1939 年版,第 50-62 页。难道我们因为黑格尔在写"真理即主体"时高扬了主体的地位而对他表示不满吗? 主体并不是海德格尔公正地批评的那个妄自尊大的孤独的自我。这一观点既适用于主体也适用于表象:在我们之后并不存在固定不变的、单一的主体哲学。

② 《什么是哲学?》,普富林根,内斯克出版社,1956 年版,第 45 页;法译本,伽里玛出版社,1957 年版,第 50 页。

力。其次,它把这些张力纳入了有关一分为二的指称的理论中。最后,它使这些张力最终演变为系词的悖论,按照这种悖论,作为所指的存在既"存在"又"不存在"。通过陈述的这种表达方式,诗在与其他话语形式发生联系时,①表达并保留了归属体验,这种体验把人纳入话语并把话语纳入存在之中。

另一方面,思辨的思想将其工作建立在隐喻陈述的能动性的基础上并根据它自身的意义空间对其工作进行安排。它的回应之所以可能,仅仅是因为构成关键事件的间距与诗歌话语揭示或重新获得的那种归属体验是同时出现的。② 是因为诗歌话语作为文本和作品③预示着思辨思想进行最深入思考的那种间距。最后,指称的二分和对现实性的重新描述经历了虚构的想象变化,当思辨的话语反映和重新表述这种间距的特殊形象化表达时,指称的二分和对现实的重新描述就会作为这种特殊形象化表达而出现。

由"具有张力的"诗歌的真理以这种方式提供给思想的东西乃是最本源和最隐蔽的辩证法:这是全部归属体验与开辟了思辨思想的空间的间距能力之间的辩证法。

---

① 归属体验"浇灌着"不同于诗歌话语的其他话语;它不仅先于审美意识及其趣味判断,而且先于历史意识及其对偏见的批评,先于所有的语言意识及其掌握和支配符号的意图。从这种三分法中,我们可以发现三个领域,加达默尔在《真理与方法》中表述的哲学诠释学就介于这三个领域之间。

② 在另一部著作中——我曾在《当代哲学》第 17 卷,1973 年 2/4 月号中发表过其中的两篇摘要,题目是"诠释学的任务"(载该杂志第 112 - 128 页)和"诠释学的间距功能"(载该杂志第 129 - 141 页)——我在从施莱尔马赫到加达默尔的德语诠释学的范围内,并且依据加达默尔首先就人文科学,继而就批判的社会科学,主要就意识形态批判进行的争论,提出了归属与间距的辩证法。我的论文《诠释学与意识形态批判》(载《消除神秘化与意识形态》,卡斯特利编,奥比埃出版社,1973 年版,第 25 - 64 页)将争论的后一方面置于首要地位。

③ 我在别处已经指出"文本"概念以什么方式包含了各种各样的间距形式,这种间距不仅与写作有关,而且与作为作品的话语的形成有关("何为文本?"载《诠释学与辩证法——加达默尔纪念文集》,蒂宾根,莫尔出版社,1970 年版,第 2 卷,第 181 - 200 页)。

法汉专门术语对照

A

actes conférant la signification 赋义行为

allégorisme 寓意化解释

analogie 相似,类比

apophantique 阳否阴述法

arbre disjonctif 更替树

argumentation 论辩

argument 论据

articulation 表达,连接

asémique 无词义

assimilation 同化

association 联想

attribut secondaire 第二性质

attribut 属性,宾词

attribution 归属关系,归属活动

C

catachrèse 词的误用,夸张引申

catharsis 净化,陶冶

champ associatif 联想场

champ sémantique 语义场

chiasme 交错配置法

clichesine 俗语

co-appartenance 共同归属性

code lexical 词码

code 信码,编码

combinaison 组合

comparaison 明喻,比喻

complicité 协同关系

composition 写作

connotation 内涵,涵义

constatif 述愿语

constellation 词集,语簇

D

déconstruction 解构

definition génétique 发生定义

degré de présentation 显现度

degré figuré 转义度

degré rhétorique zéro 修辞学零度

délexicalisation 去词化

démonstration 证明

dénomination déviante 反常命名

dénomination 命名

dénotation 外延,指示,指称

déontologie 义务论

déplacement du sens 意义转移

diachronie 历时性

diaphore 互换

dichotomie 二分,二分法

discours 话语

discursivité 离散性,松散性

disposition　布局,剪裁配置法

dissémination　撒播

dynamisme　活力,活力论

E

écart　偏离,偏差,间距,转义

effet de sens　意义效应

élocution　口头表达

emprunté　借用,借用词

ennoblissement　升华

énoncé　陈述

entendement　理解,知性

enthymème　推理,省略三段论

entité　实体

epiphore　名称转移

époché　悬置

ethe　个性,性格

ethos　时代精神,普遍精神气质,理想,普遍特性

étymologie　语源学

étymologisme　语源正字法

euphémisme　婉转

extension du sens　意义扩展

extra-linguistique　超语言学

F

fiction　虚构,虚拟

figure　形象,形象化表达,修辞格

figuré　转义

focalisation　聚集

fonction conative　意动功能

fonction heuristique　启发功能

fonction iconique　象形功能，象似功能

G

génotype　基因型

grammaire logique　逻辑语法

graphème　词素

Groupe de Liège　列日团体

groupe　集群

H

herméneutique　诠释学

hiatus　间断

hypotypose　形象化的描写

I

lcône　象形，形象

identification　认同

identité sémantique　语义同一性

image　印象，意象，形象化比喻

imagination productive　创造性想象

infra-linguistique　基础语言学

innovation sémantique　语义更新

intente　意向内容

irémsme　求同存异论

irome　反讽

isotepie　同位素，同位意义

L

langue d'arrivée　目标语言

langue de départ　起始语言

lenigme　隐晦

léxèmatique　词素学

lexème　词干，词素

407

lexicalisation 词化

lexis 道白,陈述,叙述

litote 曲言法

locution 言语

M

métabole 变换反复法

métaphore 隐喻

métaphore d'invention 新颖的隐喻

métaphore in absentia 隐性隐喻

métaphore in praesentia 显性隐喻

métaphore-énoncé 隐喻陈述

métaphore-mot 隐喻语词

métaphoriser 隐喻化,做隐喻

métaphysique 形而上学

métaplasme 词形变化法

métasémèmes 义位转换法

métataxe 句式变化法

méthodologie 方法论

métonymle 换喻,借代

mlmesis 模仿

modèle 模型,模式

Monisme du signe 符号一元论

morphème 词素

muthos 情节

N

nouvelle rhétorique 新修辞学

O

obsession substitutive 替代性观念

omniprésence 普遍存在

onto-théologie 本体论—神学

opération 运算,运作,操作

orthogonans 正交

oxymore 逆喻

P

palimpseste 隐迹纸本

parabole 寓意

paradigmatique 词例学

paradigme 范例,例词

paraphrase 解述,翻译

paronymie 近音词

pejoration 贬义词

performatif 述行词

pertinence sémantique 语义适当性

persuasion 劝说

phénotype 表现型

phonème 音素,音位

phonologie 音韵学,音位学

pléonasme 同义叠用

poésie tragique 悲剧诗

poétique 诗学

poiesis 创作,制作

postulats saussuriens 索绪尔假设

prédication 述谓活动,述谓关系

prédication impertinente 不适当的述谓关系

prédicatum 谓词成分

prétérition 暗示忽略法

preuve 认证

propositioin 命题

proximité 近似性

R

raison 理由,理性,推论

rapprochement 接近

réalité 现实,实在

rédescription par la fiction 虚构式重新描述

réduction 现象学还原

réduction d'écart 偏差的缩小

reel 实在

référence 指称

référence dédoublée 一分为二的指称

référence de premier degré 一级指称

référence de second degré 二级指称

régime de langage 语簇

règles de segmentation 切分规则

représentation 再现,描述,表象

ressemblance 相似性

rhétorique 修辞学

rhétorique restreinte 狭义修辞学

S

schéma 图式

segmentation 切分

sémantème 义素

sémantique 语义学

sémantique de la phrase 语句语义学

sémantique du mot 语词语义学

semblable 相似

sémèmes 义位

sème 义素

sémiotique 符号学

sens antecipe 预期意义

sens quasi-sensoriel 准感性意义

signification 意思，意义，意指作用

signifié 所指

signifier 能指

sous-doce 子信码

stratégie de discours 话语策略

structuralisme 结构主义

surdétermination 词义限制

symbole 象征，记号

syncatégorèmatique 综合范畴学

synchronie 共时性，同时性

synecdoque 提喻

synesthésie 联觉，通感

synonymie 同义词叠用法

syntagmatique 意群学

syntagme 意群

T

taxinomie 分类，分类学

taxinomique 分类的，分类学的

tenor 内容

théorie de la substitution 替代理论

théorie de la tension 张力理论

traits 语符

transfert selon l'analogie 类比置换

transposition du nom 名称转移

trope 比喻，转义

tropologie 比喻学，比喻

U

unité de référence 指称单元

V

véhicule 表达手段

vérificationiste 证实论者

vérité métaphorique 隐喻的真实

文　献 *

Aldrich, Virgil C., « Pictorial Meaning, Picture-Thinking, and Wittgenstein's Theory of aspects », *Mind*, 67, janvier, 1958.
— « Image-Mongering and Image-Management », *Philosophy and Phaenomenological Research*, XXIII, sept. 1962.
Aristote, *Organon :* I *Catégories*, II *De l'interprétation*, V *Les Topiques*, VI ; *Les Réfutations sophistiques;* trad. fr., J. Tricot, Paris, Vrin, 1946-1950.
— *Les Topiques* l. I à IV, trad. fr., et introduction, J. Brunschwig, Paris, éd. des Belles Lettres, 1967.
— *La Métaphysique*, trad. fr. et commentaire, J. Tricot, 2 vol., Paris, Vrin, 1953.
— *Éthique à Nicomaque*, trad. fr., introduction, notes et index, J. Tricot, Paris, Vrin, 1959.
— *Rhétorique*, t. I, II, trad. fr., Dufour, Paris, éd. des Belles Lettres, 1961 ; t. III, trad. Wartelle, *ibid.*, 1973.
— *Poétique*, trad. fr., Hardy, Paris, éd. des Belles Lettres, 1932, 1969⁵.
— *Physique*, trad. fr., Carteron, Paris, éd. des Belles Lettres, 1931.
Arnold, Uwe, *Die Entelechie*, Vienne et Münich, Oldenbourg, 1965.
Aubenque, Pierre, *Le Problème de l'être chez Aristote. Essai sur la problématique aristotéllcienne*, Paris, PUF, 1962.
Austin, John Langshaw, *How to do things with words?*, éd. J. O. Urmson, Oxford The Clarendon Press, 1962; trad. fr. : *Quand dire, c'est faire*, Paris, éd. du Seuil, 1970.
— *Philosophical Papers*, éd. J. O. Urmson et G. J. Warnock, Oxford, Clarendon Press, 1961. Cf. *La Philosophie analytique*, Paris, éd. de Minuit, 1962.
— « Performatif-Constatif », in *La Philosophie analytique*, p. 271-281.
Bachelard, Gaston, *La poétique de l'espace*, PUF, 1957.
— *La poétique de la rêverie*, PUF 1960.
Bacon, Francis, *Novum Organum* (1620), Londres, Routledge and Sons, 1905.
Bally, Charles, *Traité de Stylistique française*, Genève-Paris, Georg et Klinksieck, 3ᵉ éd., 1951.
— *Linguistique générale et linguistique française*, Berne, A. Francke, 1932, 1944, 1965⁴.
Barfield, Owen, *Poetic Diction : A Study in Meaning*, New York, McGraw Hill, 1928, 1964².
Barthes, Roland, « L'ancienne rhétorique, aide-mémoire », *Communications*, 16, p. 172-229, Paris, éd. du Seuil, 1970.
Beardsley, Monroe C., *Aesthetics*, New York, Harcourt, Brace and World, 1958.
— « Metaphor », *Encyclopaedia of Philosophy*, Paul Edwards, New York, Macmillan, vol. 5, 1967, p. 284-289.
— « The Metaphorical Twist », *Philosophy and Phenomenological Research*, 22,

---

* On trouvera une ample bibliographie annotée des travaux sur la métaphore dans : Shibles, Warren A., *Metaphor : an Annotated Bibliography and History*, Whitewater, Wisconsin, Language Press, 1971.

活
的
隐
喻

mars 1962, p. 293-307.
Benveniste, Émile, *Problèmes de linguistique générale*, I, Paris, Gallimard, 1966.
— « La forme et le sens dans le langage », *Le Langage, Actes du XIIIe congrès des sociétés de philosophie de langue française*, Neuchâtel, La Baconnière, 1967, p. 27-40.
Berggren, Douglas, « The Use and Abuse of Metaphor », *Review of Metaphysics*, 16, I (décembre 1962), p. 237-258; II (mars 1963), p. 450-472.
Bergson, Henri, « L'effort intellectuel », in *L'Énergie spirituelle (Rev. phil.*, janvier 1902).
— « Introduction à la Métaphysique », in *La Pensée et le Mouvant* (RMM, 1903). (Cf. *Œuvres*, Édition du Centenaire, Paris, PUF, 1963.)
Black, Max, *Models and Metaphors*, Ithaca, Cornell University Press, 1962.
Bloomfield, Leonard, *Language*, New York, Holt, Rinehart and Winston 1933, 1964².
Breal, Michel, « Les lois intellectuelles du langage », *Annuaire de l'Association pour l'encouragement des études grecques en France*, 1883.
— *Essai de Sémantique, Science des Significations*, Paris, Hachette, 1897, 1911⁵.
Breton, Stanislas, *Du Principe*, Paris, Bibl. des Sc. Rel., 1971.
— « Symbole, schéma, imagination. Essai sur l'œuvre de R. Giorgi ». *Revue philosophique de Louvain*, fév. 1972.
Brunschwig, Jacques, *Introduction* à la trad. fr. des *Topiques* d'Aristote, livres I à IV, Paris, éd. des Belles Lettres, 1967.
Brunot, Ferdinand, et Bruneau, Charles, *Précis de grammaire historique de la langue française*, Paris, Masson, 1937.
Bühler, Karl, *Sprachtheorie : die Darstellungsfunktion der Sprache*, Jena, Verlag von Gustav Fischer, 1934 (« die sprachliche Metapher », p. 342-356).
Burke, Edmond, *Reflections on the Revolution in France* (1790), éd. F. G. Selby, Londres, Macmillan, 1890.
Burke, Kenneth, *A Grammar of Motives* (« Four Master Tropes », p. 503-517), New Jersey, Prentice Hall, 1945.
Cassirer, Ernst, *Philosophie der Symbolischen Formen*, 3 vol., Darmstadt wissenschaftliche Buchgesellschaft 1953 (1924); trad. fr. : *La Philosophie des formes symboliques*, Paris, éd. de Minuit, 1972.
Cellier, Léon, « D'une rhétorique profonde : Baudelaire et l'oxymoron », *Cahiers internationaux de symbolisme*, n° 8, 1965, p. 3-14.
Chaignet, Anthelme Edouard, *La Rhétorique et son histoire*, Paris, E. Bouillon et E. Vieweg, 1888.
Chenu, Marie-Dominique, *La Théologie au XIIe siècle*, Paris, Vrin, 1957.
— *La Théologie comme science au XIIIe siècle*, Paris, Vrin, 1957.
Chomsky, Noam, *Syntactic Structures*, La Haye, Mouton, 1957; trad. fr. : *Structures syntaxiques*, Paris, éd. du Seuil, 1969.
— *Aspects of the theory of syntax*, Cambridge, MIT Press, 1965; trad. fr. : *Aspects de la théorie syntaxique*, Paris, éd. du Seuil, 1971.
Cohen, Jean, *Structure du langage poétique*, Paris, Flammarion, 1966.
Cope, Edward Meredith, *An Introduction to Aristotle's Rhetoric*, Londres et Cambridge, Macmillan, 1867.
Cope, Edward Meredith, et Sandys, John Edwin, *The Rhetoric of Aristotle with a commentary*, 3 vol., Cambridge University Press, 1877.
Crane, Ronald Salmon (éd.), *Critics and Criticism. Essays in Method by a Group of the Chicago Critics*, The University of Chicago Press, 1952.
Darmesteter, Arsène, *La Vie des mots étudiés dans leur signification*, Paris, Delagrave, 1887.
Décarie, Vianney, *L'Objet de la métaphysique selon Aristote*, Montréal-Paris, Vrin, 1961.
De Lubac, Henri, *Exégèse médiévale*, seconde partie, II, Paris, Aubier, 1964.
Denys l'Aréopagite (pseudo-), *Œuvres complètes*, trad. fr., Paris, Aubier, 1943.

De Raeymaeker, Louis, « L'analogie de l'être dans la perspective d'une philosophie thomiste », *L'Analogie, Revue internationale de philosophie,* 87, 1969/1, p. 89-106.

Derrida, Jacques, « La mythologie blanche », in *Rhétorique et philosophie, Poétique,* 5, Paris, éd. du Seuil, 1971. Repris dans *Marges de la philosophie,* Paris, éd. de Minuit, 1972, p. 247-324.

Descartes, René, *Meditationes de prima philosophia,* texte lat. et trad. du duc de Luynes; introduction et notes par Geneviève Lewis, 5e éd., Paris, Vrin, 1960.

Dilthey, Wilhelm, « Die Entstehung der Hermeneutik » (1900) (*Gesammelte Schriften*), Leipzig-Berlin, Teubner, 1921-1958, t. V. Trad. fr. : « Origine et développement de l'herméneutique », in *Le Monde de l'esprit,* vol. 1, p. 319-340 (par M. Remy), Paris, Aubier, éd. Montaigne, 1947.

Dobson, John Frederic, *The Greek Orators,* New York, Freeport, 1919, 1967.

Dufrenne, Mikel, *Phénoménologie de l'expérience esthétique,* Paris, PUF, 1953.

— *Le Poétique,* Paris, PUF, 1963.

Dufour, Médéric, *Introduction* à la trad. fr. de *Rhétorique,* I et II d'Aristote, éd. des Belles Lettres, 1932.

Dumarsais, César, *Des tropes ou des différents sens dans lesquels on peut prendre un même mot dans une même langue,* Paris, Dabo-Butschert, 1730, 1825.

Düring, Ingemar, *Aristoteles, Darstellung und Interpretation seines Denkens,* Heidelberg, Carl Winter, 1966.

Eberle, Rolf, « Models, Metaphors and Formal Interpretations », *Appendice* à Colin M. Turbayne, *The Myth of Metaphor,* The University of South Carolina Press, 1970.

Else, Gerald F., *Aristotle's Poetics. The Argument,* Cambridge, Mass., Harvard University Press, 1963.

Esnault, Gaston, *L'Imagination populaire : métaphores occidentales,* Paris, PUF, 1925.

Estève, Cl. L., *Études philosophiques sur l'expression littéraire,* Paris, 1938.

Fabro, Cornelio, *Partecipazione e causalità secondo S. Tommaso d'Aquino,* Turin, 1960; trad. fr., Louvain, Publications universitaires de Louvain, 1961.

Firth, John Rupert, *Papers in Linguistics* (1934-1951), Oxford University Press, 1957.

Fontanier, Pierre, *Les Figures du discours* (1830), *Introduction* par Gérard Genette, « La rhétorique des figures », Paris, Flammarion, 1968.

Frazer, sir James, *The Golden Bough,* New York, Macmillan, 1923.

Frege, Gottlob, « Ueber Sinn und Bedeutung », *Zeitschrift für Philosophie und philosophische Kritik,* 100, 1892; trad. fr. : « Sens et dénotation » in *Écrits logiques et philosophiques,* Paris, éd. du Seuil, 1971; trad. angl. : « On Sense and Reference », in *Philosophical Writings of Gottlob Frege,* Oxford, Blackwell, 1952.

Freud, Sigmund, *Die Traumdeutung, Gesammelte Werke,* t. II et III, Francfort, S. Fischer, 1961; trad. fr. : *L'Interprétation des rêves,* Paris, PUF, 1967.

Frye, Northrop, *Anatomy of Criticism,* Princeton University Press, 1957; trad. fr. : *Anatomie de la critique,* NRF, Gallimard, 1970.

Gadamer, Hans-Georg, *Wahrheit und Methode,* Tübingen, J. C. B. Mohr, 1960, 1965[2], 1973[3].

Geach, Peter Thomas, *Mental Acts,* Londres, Routledge and Kegan Paul, 1957.

— *Logic Matters.* Collected articles in English, Berkeley, U. of California Press, 1972.

Geiger, Louis-Bertrand, *La Participation dans la philosophie de S. Thomas d'Aquin,* Paris, Vrin, 1942, 1953[2].

Genette, Gérard, « La rhétorique restreinte », *Communications,* 16, Paris, éd. du Seuil, 1970.

— *Figures,* I, Paris, éd. du Seuil, 1966.

Gilson, Étienne, *Le Thomisme,* Paris, Vrin, 6e éd., 1965.

— *L'Être et l'Essence,* Paris, Vrin, 1948.

Godel, Robert, *Les Sources manuscrites du Cours de linguistique générale de F. de Saussure*, Genève, Droz; Paris, Minard, 1957.

Golden, Léon, « Catharsis », *Transactions of the American Philosophical Association*, XLII, 1962, p. 51-60.

Golden, Léon, et Hardison, O. B., *Aristotle's Poetics, a Translation and Commentary for Students of Literature*, Englewood Cliffs, Prentice Hall, 1958.

Gombocz, Zoltàn, *Jelenstéstan*, *Pécs*, 1926 (cf. S. Ullmann).

Goodman, Nelson, *Languages of Art, an Approach to a Theory of Symbols*, Indianapolis, The Bobbs-Merrill Co, 1968.

Granger, Gilles-Gaston, *Essai d'une philosophie du style*, Paris, A. Colin, 1968.

Greimas, Algirdas Julien, *Sémantique structurale, Recherche de méthode*, Paris, Larousse, 1966.

— *Du Sens. Essais sémiotiques*, Paris, éd. du Seuil, 1970.

Greisch, Jean, « Identité et différence dans la pensée de Martin Heidegger, Le chemin de l'*Ereignis* », in *Revue des sciences philosophiques et théologiques*, vol. 57, n° 1, Paris, Vrin, janvier 1973, p. 71-111.

— « Les mots et les roses. La métaphore chez Martin Heidegger » in *Revue des sciences philosophiques et théologiques*, vol. 57, n° 3, Paris, Vrin, juillet 1973, p. 443-456.

Grice, Paul, « Meaning », *Philosophical Review*, 1957.

— « Utterer's Meaning, Sentence-Meaning, and Word-Meaning », *Foundations of Language*, août 1968.

— « Utterer's Meaning and Intentions », *Philosophical Review*, 1969.

Groupe μ (J. Dubois, F. Edeline, J. M. Klinkenberg, P. Minguet, F. Pire, H. Trinon, Centre d'études poétiques, Université de Liège), *Rhétorique générale*, Paris, Larousse, 1970.

Guéroult, Martial, « Logique, argumentation et histoire de la philosophie chez Aristote », in *Mélanges* en hommage à Ch. Perelman : *La Théorie de l'argumentation. Perspectives et applications*, Louvain-Paris, Nauwelaerts, 1963.

Harris, Zellig Sabbettai, *Methods in Structural Linguistics*, Chicago, The University of Chicago Press, 1951.

Hardison, O. B., voir Golden.

Hegel, Georg Wilhelm Friedrich, *Esthétique*, II, trad. fr., Paris, Aubier, 1964.

— *Encyclopédie des sciences philosophiques*, trad. fr., Paris, Vrin, 1952.

— *Phénoménologie de l'Esprit*, trad. fr., Paris, Aubier, 1939.

Heidegger, Martin, *Der Satz vom Grund*, Pfullingen, Neske, 1957; trad. fr. : *Le Principe de raison*, Paris, Gallimard, 1962.

— *Sein und Zeit*, Tübingen, Niemeyer, 1927, 1963[10]; trad. fr. : *L'Être et le Temps*, Paris, Gallimard, 1964.

— *Unterwegs zur Sprache*, Pfullingen, Neske, 1959.

— *Was heisst Denken?*, Tübingen, Niemeyer, 1954, 1971[3]; trad. fr. : *Qu'appelle-t-on penser?*, Paris, PUF, 1959.

— *Aus der Erfahrung des Denkens*, Pfullingen, Neske, 1954; trad. fr. : « L'expérience de la pensée », in *Questions*, III, Paris, Gallimard, 1966.

— *Zur Sache des Denkens*, Tübingen, Niemeyer, 1969.

— *Der Satz vom Grund*, Pfullingen, Neske, 1957; trad. fr. : *Le Principe de raison*, Paris, Gallimard, 1962.

— *Was ist das — die Philosophie?* Pfullingen, Neske, 1956, 1963[3]; trad. fr. : *Qu'est-ce que la philosophie?*, Paris, Gallimard, 1957.

Henle, Paul, « Metaphor » in *Language, Thought, and Culture*, éd. Paul Henle, Ann Arbor, University of Michigan Press, 1958.

Hempel, C. G., et Oppenheim, P., « The Logic of Explanation » in *Readings in the Philosophy of Science*, éd. par Feigl H. et Brodbeck M., New York, 1953.

Henry, Albert, *Métonymie et Métaphore*, Paris, Klincksieck, 1971.

Herrschberger, Ruth, « The Structure of Metaphor », *Kenyon Review*, 5, 1943.

Hesse, Mary B., « The explanatory function of Metaphor », in *Logic, Methodology and Philosophy of Science*, éd. par Bar-Hillel, Amsterdam, North-Holland, 1965; repris en « Appendice » à *Models and Analogies in Science*, University of Notre Dame Press, 1966, 1970.

Hester, Marcus, B., *The Meaning of Poetic Metaphor*, The Hague, Mouton, 1967.

Hirsch, Eric Donald, *Validity in Interpretation*, New Haven et Londres, Yale University Press, 1967, 1969.

Hjelmslev, Louis, *Prolegomena to a Theory of Language*, 1943, trad. angl. the University of Wisconsin Press, 1961.

— *Essais linguistiques* (*Travaux du Cercle linguistique de Copenhague*, XII), Copenhague, Nordisk Sprog-og Kulturforlag, 1959.

Hospers, John, *Meaning and Truth in the Arts*, Chapel Hill, The University of North Carolina Press, 1948.

Humboldt, Wilhelm von, *Ueber die Verschiedenheit des menschlichen Sprachbaues und ihren Einfluss auf die geistige Entwicklung des Menschengeschlechts* (1836), Bonn, Dümmler 1960 (fac-sim.); trad. fr. : *Introduction à l'œuvre sur le Kavi et autres essais* par Pierre Caussat, éd. du Seuil, 1974.

Husserl, Edmund, *Logische Untersuchungen*, 2° éd., Halle, Niemeyer, 1913; trad. fr. : *Recherches logiques*, Paris, PUF, 1969; trad. angl. : *Logical Investigations*, International Library of Philosophy and Scientific Method, Londres, Routledge and Kegan Paul, 1970.

— *Ideen I, Husserliana*, III, La Haye, Nijhoff, 1950; trad. fr. : *Idées directrices pour une phénoménologie pure*, Paris, Gallimard, 1950.

— *Nachwort zu den Ideen I, Husserliana V*, p. 138-162; trad. fr. : « Postface à mes Idées directrices pour une phénoménologie pure », *Revue de métaphysique et de morale*, 1957, p. 369-398.

Jakobson, Roman, « Two Aspects of Language and Two Types of Aphasia Disturbances », *Fundamentals of Language*, La Haye, Mouton, 1956; trad. fr. : « Deux aspects du langage et deux types d'aphasie », in *Essais de linguistique générale*, chap. II, Paris, éd. de Minuit, 1963.

— « Results of the Conference of Anthropologists and Linguists », *Suppl. to Intern-Journal of American Linguistics* 19/2, 1953; trad. fr. : « Le langage commun des linguistes et des anthropologues », in *Essais...*, chap. I.

— « Closing statements : Linguistics and Poetics » in T. A. Sebeok, *Style in Language*, New York, 1960; trad. fr. : « Linguistique et poétique » in *Essais...*, chap. XI.

— « La Linguistique » in *Tendances principales de la recherche dans les sciences sociales et humaines*, chap. VI, Paris-La Haye, Mouton-Unesco, 1970.

Kant, Emmanuel, *Critique de la Raison pure*, trad. Tremesaygues et Pacaud, Paris, PUF, 1963.

— *Critique de la Faculté de juger*, trad. A. Philonenko, Paris, Vrin, 1965.

Kennedy, George Alexander, *The Art of Persuasion in Greece*, Princeton University Press, 1963.

Klubertanz, George Peter, *St Thomas Aquinas on Analogy. A textual Analysis and systematic Synthesis*, Chicago, Loyola University Press, 1960.

Konrad, Hedwig, *Étude sur la métaphore*, Paris, Lavergne, 1939; Vrin, 1959.

Ladrière, Jean, « Discours théologique et symbole », *Revue des sciences religieuses*, Strasbourg, t. 49, nos 1-2, 1975.

Laffoucrière, Odette, *Le Destin de la pensée et la « Mort de Dieu » selon Heidegger*, La Haye, Nijhoff, 1967.

Langer, Suzanne K., *Philosophy in a New Key*, Harvard University Press, 1942, 1951, 1957.

— *Feeling and Form. A Theory of Art*, New York, C. Scribner's, 1953.

Le Guern, Michel, *Sémantique de la métaphore et de la métonymie*, Paris, Larousse,

文
献

417

1973.

Lewin, Kurt, *Field Theory in Social Science*, New York, 1951 (cf. Max Black, *op. cit.*, p. 241, n. 33).

Linsky, Leonard, *Referring*, Routledge et Kegan Paul, 1967; trad, fr., *Le problème de la référence*, Paris, éd. du Seuil, 1974.

Lossky, Vladimir, « Le rôle des analogies chez Denys le pseudo-Aréopagite », *Archives d'histoire doctrinale et littéraire du Moyen Age*, 1930, p. 279-309.

Lucas, Donald William, *Aristotle's Poetics*, texte grec, introduction, commentaire et appendices, Oxford, Clarendon Press, 1968.

Lyttkens, H., *The Analogy between God and the World. An Investigation of its Background and Interpretation of its Use by Thomas of Aquino*, Uppsala, Almqvist et Wiksells, 1952.

Martinet, André, *Éléments de linguistique générale*, Paris, A. Colin, 1961.

« Le mot », Diogène, n° 51, Paris, Gallimard, 1965.

— *A functional View of Language*, Oxford, Clarendon Press, 1962.

Marty, Anton, *Untersuchungen zur Grundlegung der allgemeinen Grammatik und Sprachphilosophie*, Halle, Niemeyer, 1908.

Matoré, Georges, *La Méthode en lexicologie. Domaine français*, Paris, Didier, 1953.

McCall, Marsh, *Ancient Rhetorical Theories of Simile and Comparison*, Cambridge (Mass.), Harvard University Press, 1969.

McKeon, Richard, « Literary Criticism and the Concept of Imitation in Antiquity », *Modern Philology*, août 1936; repris dans *Critics and Criticism* (voir R. S. Crane).

— « Imitation and Poetry » in *Thought Action and Passion*, chap. IV, The University of Chicago Press, 1954, 1968.

Meillet, Antoine, « Comment les mots changent de sens », *Année sociologique*, 1905-1906, repris dans *Linguistique historique et Linguistique générale*, 2 vol., Paris, Champion, 1921 et 1938.

Montagnes, Bernard, *La Doctrine de l'analogie de l'être d'après St Thomas d'Aquin*, Louvain-Paris, Nauwelaerts, 1963.

Morier, Henri, *Dictionnaire de poétique et de rhétorique*, Paris, PUF, 1961.

Morris, Charles William, *Signs, Language and Behavior*, New York, Prentice-Hall, 1946.

Navarre, Octave, *Essai sur la rhétorique grecque avant Aristote*, Paris, Hachette, 1900.

Nietzsche, Friedrich, *Le Livre du philosophe*, trad. fr., A. K. Marietti, Paris, Aubier-Flammarion, 1969.

— « Rhétorique et Langage », textes trad., présentés et annotés par Lacoue-Labarthe et J.-L. Nancy, *Poétique*, 5, éd. du Seuil, 1971, p. 99-142.

Nyrop, Kristoffer, *Grammaire historique de la langue française*, t. IV : *Sémantique*, Copenhague, E. Bojeson, 1913.

Ogden, Charles Kay, et Richards, Ivor Armstrong, *The Meaning of Meaning*, Londres, Routledge and Kegan Paul, 1923, 1946[8].

Osgood, Charles Egerton, « The Nature and Measurement of Meaning », *Psycholinguistical Bulletin*, XLIX, 1952, p. 197-237.

Osgood, Charles Egerton, et Sebeok, Thomas A., *Psycholinguistics. A survey of Theory and Research Problems*, Bloomington, Indiana University Press, 1965.

Pepper, Stephen C., *World Hypotheses*, University of California Press, 1942.

Peirce, Charles Sanders, *Collected Papers*, Cambridge (Mass.), Harvard University Press, 1931-1958, t. II : *Elements of Logic*.

Penido, M. T. L., *Le Rôle de l'analogie en théologie dogmatique*, Paris, Vrin, 1931.

Perelman, Ch., et Olbrechts-Tyteca, L., *La Nouvelle Rhétorique. Traité de l'Argumentation*, Paris, PUF, 1958 (2 vol.); trad. angl. : *The New Rhetoric : a Treatise on Argumentation*, University of Notre Dame Press, 1969.

Platon, *Dialogues*, Paris, éd. des Belles Lettres.

Pöggeler, Otto, *Der Denkweg Martin Heideggers*, Pfullingen, Neske, 1963; trad. fr., *La Pensée de Martin Heidegger : un chemin vers l'être*, Paris, Aubier, 1967.

Pottier, Bernard, « Vers une sémantique moderne », in *Travaux de linguistique et de littérature*, publiés par le Centre de Philosophie et de Littératures romanes de l'Université de Strasbourg, tome II-1, (1964).

— *Présentation de la linguistique. Fondements d'une théorie*. Paris, Klincksieck, 1957.

Price, Henry Habberley, *Thinking and Experience*, Londres, New York, Hutchinson's University Library, 1953, 1969².

Prieto, et Muller, Ch., *Statistique et Analyse linguistique*, faculté des lettres et sciences humaines de Strasbourg, 1966.

Puntel, L. B., *Analogie und Geschichtlichkeit*, t. I, Freiburg i. B., Herder, 1969.

Quintilien, *De Institutione Oratoria Libri Duodecim*, Leipzig, 1798-1834; trad. fr. : *Institution oratoire*, Paris, Garnier, 1933-1934.

Richards, Ivor Armstrong, *The Philosophy of Rhetoric*, Oxford University Press, 1936.

— *Coleridge on Imagination*, Londres, Routledge and Kegan Paul, 1934, 1962³.

Ross, William, David, *Aristotle*, Londres, Methuen, 1923, 1956³; trad. fr. : *Aristote*, Paris, Vrin, 1930.

Roudet, Léonce, « Sur la classification psychologique des changements sémantiques », *Journal de psychologie*, XVIII, 1921.

Russell, Bertrand, « On denoting » (1905) in *Logic and Knowledge. Essays (1901-1950)*, Londres, G. Allen and Unwin, 1956.

Ruwet, Nicolas, Préface à Roman Jakobson, *Essais de linguistique générale*, Paris, éd. de Minuit, 1966.

Ruyer, Raymond, « L'expressivité », *Revue de métaphysique et de morale*, 1954.

Ryle, Gilbert, *The Concept of Mind*, Londres, Hutchinson and Co, 1949.

— « The theory of meaning », *British Philosophy in the Mid-Century*, éd. C. A. Mace, Londres, Allen and Unwin, 1957.

Saussure, Ferdinand de, *Cours de linguistique générale*, éd. critique préparée par Tullio de Mauro, Paris, Payot, 1972.

Searle, John, *Speech Acts*, Cambridge University Press, 1969; trad. fr. : *Les Actes de langage*, Paris, Hermann, 1972.

Shelley, Percy B., « Defense of Poetry », *The Complete Works of Percy B. Shelley*, 10 vol., New York, Gordian Press, 1965, vol. 7.

Shibles, Warren A., *An Analysis of Metaphor*, La Haye, Mouton, 1971.

— *Metaphor : an Annotated Bibliography and History*, Whitewater, Wisconsin, Language Press, 1971.

Stanford, William Bedell, *Greek Metaphor. Studies in Theory and Practice*, Oxford, Blackwell, 1936.

Stern, Gustaf, *Meaning and Change of Meaning, with Special Reference to the English Language*, Göteborgs Högskolas Årsskrift, 1931 (Indiana UP, 1968).

Stevens, Wallace, *The Collected Poems of Wallace Stevens*, New York, Knopf, 1959.

Strawson, Peter Frederick, « On Referring », *Mind*, LIX, 1950.

— *Individuals. An Essay in Descriptive Metaphysics*, Londres, Methuen, 1959; trad. fr., Paris, éd. du Seuil, 1973.

— « Intention and Convention in speech acts », *The Philosophical Review*, LXIII, 1964.

Thomas (saint), *Commentaire au Livre des Sentences*, Rome, éd. Piana, 1570.

— *De Principiis Naturae*, Fribourg, éd. Pauson, 1950; trad. fr., J. Madiran.

— *In XII Libros Metaphysicorum expositio Liber IV*, Turin, éd. Cathala-Spiazzi, 1950.

— *De Veritate (Quaestiones disputatae)*, Turin, éd. Spiazzi, 1949.

— *De Potentia (Quaestiones disputatae)*, Turin, éd. Pession, 1949.

419

活
的
隐
喻

— *Summa theologica*, Rome, éd. Léonine; trad. fr., *Somme théologique*, trad. Sertillanges, Paris, éd. de la *Revue des jeunes*, 1925 sq.
— *Lexicon of Saint Thomas Aquinas*, R. J. Deferrari et Mc Guiness, Washington, Cath. Un. of American Press, 1948.
Todorov, Tzvetan, *Littérature et Signification*, Appendice : « Tropes et Figures », Paris, Larousse, 1967.
Toulmin, Stephen Edelston, *The Philosophy of Science ; an Introduction*, Londres, New York, Hutchinson's Univ. Library, 1953.
Trier, Joseph, *Der deutsche Wortschatz im Sinnbezirk des Verstandes. Die Geschichte eines sprachlichen Feldes*, I : *Von den Anfängen bis zum Beginn des 13 Jh.* Heidelberg, 1931.
— « Deutsche Bedeutungsforschung », *Germanische Philologie : Ergebnisse und Aufgaben. Festschrift für O. Behaghel*, Heidelberg, 1934.
— « Das sprachliche Feld. Eine Auseinandersetzung », *Neue Jahrbücher für Wissenschaft und Jugendbildung*, X, 1934.
Turbayne, Colin Murray, *The Myth of Metaphor*, Yale University Press, 1962. Revised ed., the University of South Carolina Press, 1970 (Appendice : « Models, Metaphors, and Formal Interpretations »).
Ullmann, Stephen, *The Principles of Semantics*, Glasgow Jackson et Oxford Blackwell 1951 (2e éd. augmentée, 1959).
— *Précis de Sémantique française*, Berne, A. Francke, 1952, 1965[3].
— *Semantics. An Introduction to the Science of Meaning*. Oxford, Blackwell, 1962, 1967.
Urban, Willbur Marshall, *Language and Reality*, Londres, Allen and Unwin, New York, Macmillan, 1939, 1961[3].
Vinsauf, Geoffroy de, *Poetria Nova*, éd. par E. Faral dans les *Arts poétiques des XIIe et XIIIe siècles*, Paris, Librairie Honoré Champion, 1958, p. 27-33.
Vuillemin, Jules, *De la logique à la théologie. Cinq études sur Aristote*, Paris, Flammarion, 1967.
Wellek, René, et Warren, Austin, *Theory of Literature*, New York, Harcourt, Brace and World 1949, 1956[3]; trad. fr., *La Théorie littéraire*, Paris, éd. du Seuil, 1971.
Wheelwright, Philip, *The Burning Fountain*, éd. révisée, Indiana University Press, 1968.
— *Metaphor and Reality*, Indiana University Press, 1962, 1968.
Whorf, Benjamin Lee, *Collected Papers on Metalinguistics*, Washington DC, Foreign Service Institute, Dept. of State, 1952.
Wimsatt, W. K., et Beardsley, M., *The Verbal Icon*, U. of Kentucky Press, 1954.
Wittgenstein, Ludwig, *Logisch-philosophische Abhandlung*, 1922; trad. fr. : *Tractatus Logico-Philosophicus;* Paris, Gallimard, 1972.
— *Philosophical Investigations* (1953), New York, Macmillan, 1953, 1968[3]; trad. fr., *Investigations philosophiques*, Paris, Gallimard, 1972.
— *Blue and Brown Books*, New York, Harper, 1958; trad. fr. : *Le Cahier bleu et le Cahier brun*, Paris, Gallimard, 1965.
Wolfson, Harry Austryn, « The amphibolous Terms in Aristotle, Arabic Philosophy and Maimonides », *Harvard Theological Review*, 31, 1938, p. 151-173.
Wundt, Wilhelm, *Völkerpsychologie. Eine Untersuchung der Entwickelungsgesetze von Sprache, Mythos und Sitte*, 2 vol., Leipzig, 1922, vol. II : *Die Sprache* 1903.